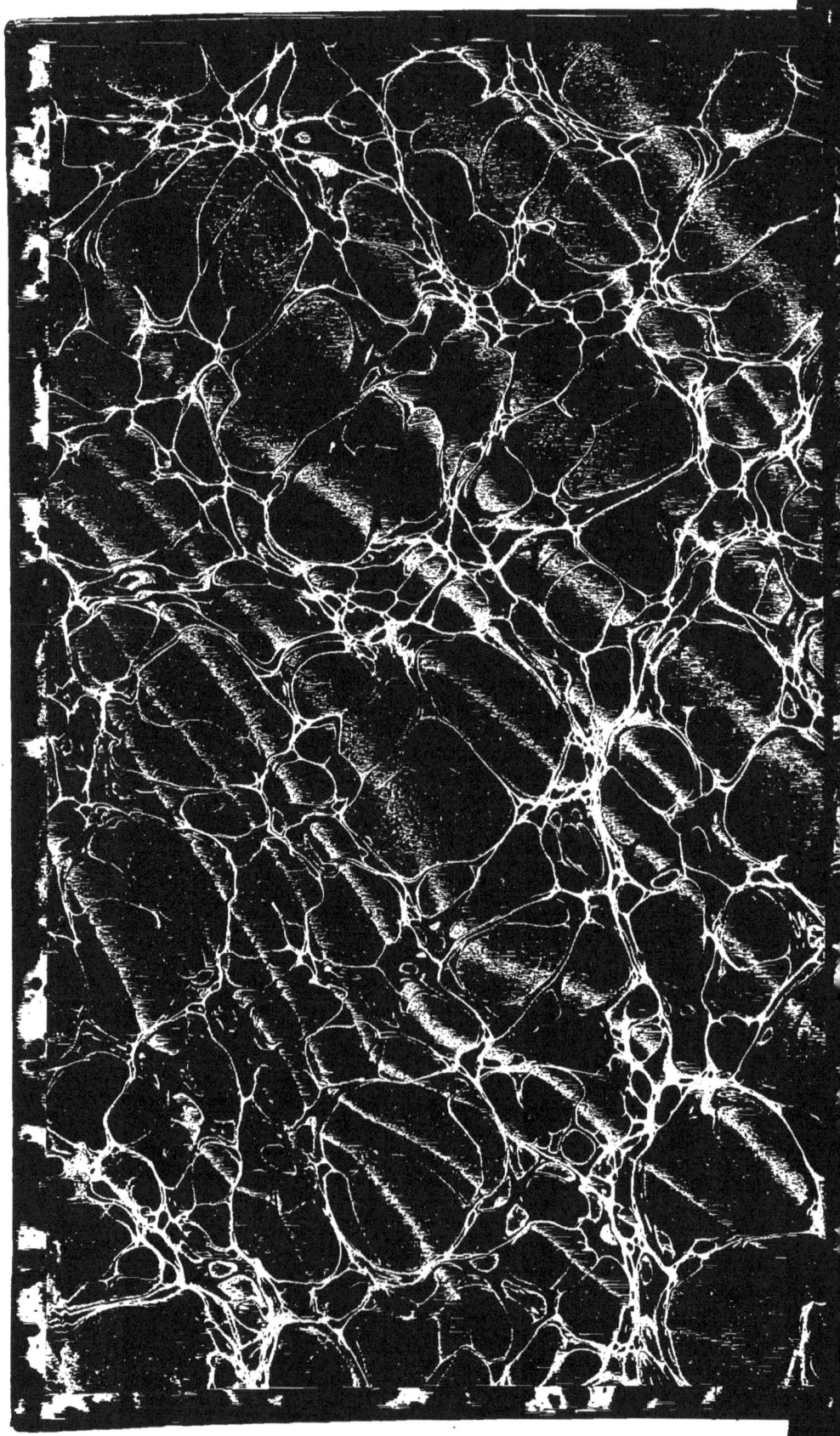

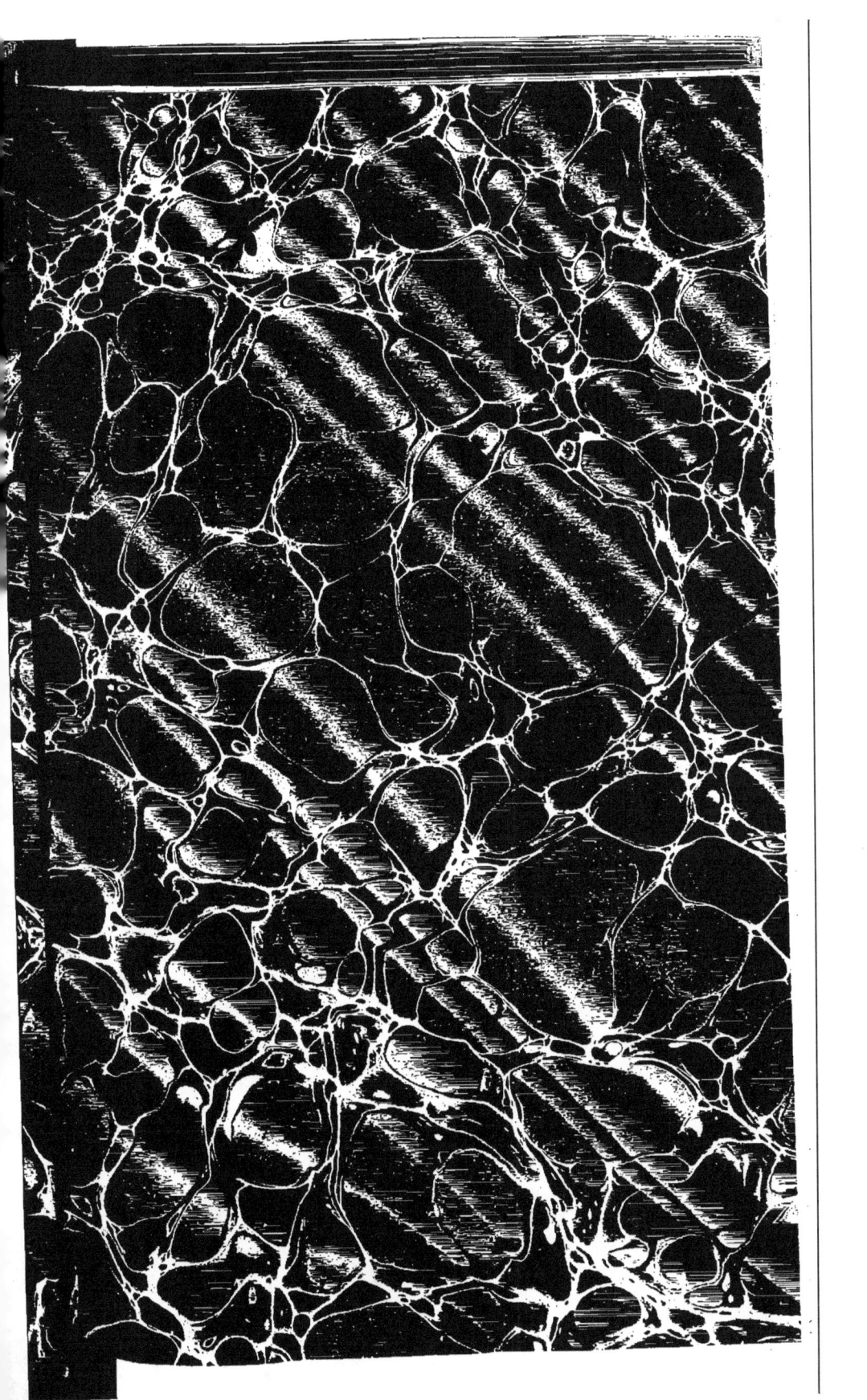

COMMENTAIRE

DE LA LOI

SUR LES CHEMINS VICINAUX.

II.

A PARIS,

CHEZ JOUBERT, LIBRAIRE, RUE DES GRÈS, 14.

A STRASBOURG,

CHEZ LAGIER jᵉ, LIBR., RUE MERCIÈRE, 10.

DIJON, IMPR. DE FRANTIN.

COMMENTAIRE

DE LA LOI DU 21 MAI 1836

SUR LES

CHEMINS VICINAUX,

COMPRENANT

UN TRAITÉ GÉNÉRAL DE L'ALIGNEMENT,

AINSI QUE DES NOTIONS ÉTENDUES
SUR L'*EXPROPRIATION POUR CAUSE D'UTILITÉ PUBLIQUE*,
LES *RÉGLEMENTS MUNICIPAUX*, etc.;

PAR M. Victor DUMAY,

CHEVALIER DE LA LÉGION D'HONNEUR, AVOCAT A LA COUR ROYALE
ET MAIRE DE LA VILLE DE DIJON.

NOUVELLE ÉDITION.

II.

A DIJON,

CHEZ VICTOR LAGIER, LIBR.-ÉDIT., PLACE ST.-ÉTIENNE.

1844.

» dicité des amendes prononcées par le Code
» pénal, qui formeraient une pénalité illusoire
» sans l'obligation de démolir; » obligation,
ajouterons-nous, qu'il répugnera toujours au juge
de paix, tenant le tribunal de police, d'imposer
à cause des conséquences très-graves qu'elle peut
avoir en de certaines circonstances.

28° Si, comme on vient de le voir, la matière
des travaux confortatifs a donné lieu, en droit, à de
graves difficultés qui paraissent aujourd'hui apla-
nies, elle en présente en fait qui sont loin d'être
résolues, aucune loi ne les ayant prévues, et une
jurisprudence fixe ne pouvant même s'établir à ce
sujet à raison de la diversité des circonstances.

Pour atténuer les conséquences, il faut en convenir, très-onéreuses de la servitude d'alignement
et pour concilier jusqu'à un certain point les intérêts privés avec l'intérêt public, l'usage s'est introduit de distinguer les travaux qui peuvent être faits
aux bâtiments ou portions de bâtiments sujets à retranchement en deux catégories (a) : Ceux qui, en

_____

(a) On a prétendu que cet usage avait son fondement dans
les dispositions législatives et réglementaires suivantes, concernant les constructions sur le bord des voies publiques :

L'ordonnance du prévôt de Paris, pour la voirie, du 22
septembre 1600, porte défense « d'innover aucune chose
» au devant des maisons et autres lieux où il y a saillie ou
» pans de bois, iceux réédifier, ne faire ouvrage en icelles
» qui les puisse *conforter, conserver ou soutenir.* »

L'édit de Henri IV, de décembre 1607, défend au grand-

reconfortant ou consolidant les constructions, peuvent prolonger indéfiniment leur durée ou au moins
en reculer le terme, et ceux qui, sans produire cet

---

voyer de permettre « qu'il soit fait aucune saillie, avance et
» pans de bois, et même à ceux où il y en a à présent, de
» contraindre les réédifier, ni faire ouvrages qui les puissent
» *conforter, conserver et soutenir,* et pourvoir à ce que les rues
» s'embellissent et élargissent au mieux que faire se pourra. »

L'ordonnance des trésoriers de France, du 1er avril 1697,
prohibe « de faire, ni faire faire aucuns ouvrages qui puissent
» *conserver* ou *conforter* les saillies, traverses et avances sur
» rues, voies et places publiques...., rétablir aucune maison.....
» sans, au préalable, en avoir pris permission..... »

Une autre ordonnance du bureau des finances de Paris, du 29
mars 1754, fait défenses « de construire ou reconstruire, soit
» en entier, *soit en partie*, aucun bâtiment, sans en avoir pris
» alignement; » ladite ordonnance confirmée et étendue à tout
le royaume par l'arrêt du conseil du 27 février 1765, contenant inhibition « de construire, reconstruire ou *réparer* aucuns
» édifices..... sans en avoir obtenu les alignements ou per-
» missions. »

Une autre ordonnance des trésoriers de France, du 30 avril
1772, porte défense « de construire ou *reconstruire, soit en*
» *entier, soit en partie,* aucuns bâtiments, sans en avoir pris
» les alignements. »

L'arrêt du conseil, du 7 septembre 1755, en approuvant des
plans d'alignement pour la ville de Châlons-sur-Marne, « or-
» donne que lesdits plans seront exécutés, de la part des pro-
» priétaires, dans le cas seulement où par vétusté, incendie
» ou autres accidents survenus à leurs bâtiments, lesdits pro-
» priétaires seront obligés de les reconstruire, — et fait défense
» auxdits propriétaires de maisons, murs et autres édifices qui
» doivent être retranchés et reculés en conséquence desdits

effet, permettent au propriétaire d'y opérer des changements utiles ou agréables; ceux-ci sont autorisés par l'administration; les premiers sont défendus et doivent être détruits lorsque par fraude ils ont été exécutés. M. Garnier, *Traité des chemins*, pag. 131 et 132, 4° édit., explique ainsi cette différence : « L'obligation imposée aux riverains
» d'obtenir un alignement préalable.... est dictée
» par la nécessité d'empêcher les constructions
» dans l'espace de la route ou la consolidation des
» façades de bâtiments à supprimer. Les répara-
» tions qu'on y ferait, en les fortifiant, ajourne-
» raient indéfiniment l'établissement ou l'élargis-
» sement. C'est pour ne pas payer des indemnités
» considérables et ne débourser que la valeur du
» terrain, que l'administration attend la chute des
» bâtiments par vétusté. Il est donc indispensable
» qu'on prohibe tous les ouvrages qui prévien-

» alignements, d'en reconstruire les faces, *même d'y faire des*
» *réparations tenant lieu de reconstruction*, à peine de démo-
» lition d'icelles et de 50 liv. d'amende et de tous dépens. »
Enfin la déclaration du roi, du 12 juillet 1779, concernant la ville de Versailles, exige « que tous les édifices qui seront
» entrepris, soit par construction entièrement nouvelle, *soit*
» *par réparation plus ou moins entière*, ne puissent être
» commencés que d'après l'attache et permission du grand-
» voyer, sur les plans, profils et élévations qui lui seront
» présentés par les propriétaires ou leurs entrepreneurs et dont
» il fera faire la vérification..... et à raison desquels il sera
» prescrit par le grand-voyer, pour les cas qui l'exigeront,
» toute retraite nécessaire. »

» draient ou retarderaient cette chute; — d'un
» autre côté, la propriété est un droit sacré qui
» mérite aussi quelque faveur. Il convenait donc
» d'autoriser les réparations qui, sans reconforter
» le bâtiment, avaient pour but de procurer au
» possesseur la jouissance d'un héritage encore en
» bon état. »

Telle est la théorie qui paraît assez simple; mais
en pratique et dans l'application, comment discerner
les ouvrages qui doivent être rangés dans l'une ou
l'autre classe; à quel caractère certain peut-on les
reconnaître? voilà ce qu'aucune mesure législative
ne saurait préciser, car c'est de ce cas surtout que
l'on doit dire *ex facto jus oritur.*

A défaut de principes positifs, nous extrairons
des circulaires ministérielles et de la jurisprudence,
quelques règles qui pourront servir de guide dans
les cas analogues.

La durée d'une construction dépendant essentiellement de la solidité des fondations et du rez-
de-chaussée, on en a induit que les propriétaires
ne doivent reculer sur l'alignement leurs bâtiments
qu'autant qu'ils touchent à ces parties, mais que
lorsqu'elles sont reconnues solides, on doit autoriser
la réparation et l'entretien des étages supérieurs,
notamment par ravalements, peintures et badigeons, changements de corniches, d'entablements,
remplacements de poutres, réfections de combles,
de charpentes et couvertures, percements et suppressions de baies et autres ouvrages de cette

nature. « La dégradation d'un étage supérieur,
» dit une circulaire ministérielle du 13 février
» 1806, ne peut être un motif pour condamner
» les parties inférieures. De ce qu'une façade
» devra être reculée, il n'en résulte pas qu'on ne
» doive pas entretenir les parties supérieures ; car
» s'il en était ainsi, du moment où le nouvel
» alignement serait arrêté, on pourrait interdire
» au propriétaire tout entretien, même de la
» couverture établie sur cette façade. Cette doc-
» trine serait attentatoire à la propriété, elle serait
» contradictoire avec le principe même qui l'établit;
» car on n'ajourne la démolition que pour épargner
» à l'état, ou à la commune, la nécessité de payer
» l'immeuble, dans la supposition que le pro-
» priétaire n'ayant à le démolir que lorsqu'il
» tombera de lui-même en ruine, il subira une
» petite perte. Mais, si l'on hâte cette ruine, en
» empêchant le propriétaire de soigner même les
» parties supérieures de sa maison ; et si, parce
» qu'elles sont défectueuses vers le toit, on exige
» qu'il démolisse le tout, on rendra illusoire
» l'ajournement accordé pour sa démolition, et
» l'on rentrera ainsi dans le cas de l'obligation :
» 1° de faire juger par le gouvernement qu'il est
» nécessaire de détruire sur-le-champ l'édifice;
» 2° de payer le prix avant de commencer la dé-
» molition. » (*Code administratif* par Fleurigeon, v° *voirie.*) C'est ce qui résulte également
de quatre arrêts du conseil d'état, des 10 avril

1783, 25 août 1784, 22 juin 1811 et 14 juillet
1831 (*Mayet*). — « L'administration , dit
» M. Garnier dans le traité qui vient d'être cité,
» p. 133, 4ᵉ édit., ne permet pas de réparer les
» fondations et le rez-de-chaussée des bâtiments
» sujets à reculement , lorsque ces réparations
» tendent à consolider la façade.....; l'autorité ne
» peut refuser la permission de reconstruire ou
» réparer les étages supérieurs , tant que les
» fondations et le rez-de-chaussée sont en bon
» état.....; dès qu'on en interdit la consolidation
» (de ces derniers objets), les intérêts de l'admi-
» nistration sont garantis et l'existence de ce
» bâtiment est limitée au terme le moins éloigné
» possible, car la chute de la façade oblige le pro-
» priétaire à démolir son bâtiment, une construc-
» tion sans mur de face étant inutile et souvent
» dangereuse. »

Ces principes, aussi enseignés dans le *Cours de
droit administratif* de M. Cotelle, tom. 3 ,
pag. 243, 2ᵉ édit., sont plus amplement expliqués
dans une lettre écrite par le ministre de l'intérieur,
le 3 juillet 1827, au préfet de la Seine, pour ré-
pondre aux objections qu'avait faites ce magistrat
contre la distinction entre les réparations du rez-
de-chaussée et celles des étages supérieurs; M. le
ministre lui dit : « Ainsi ces règles seraient, selon
» vous, tantôt trop nuisibles, tantôt trop favo-
» rables aux intérêts de la propriété privée; —
» quels que soient les inconvénients dont vous les

» jugiez susceptibles, je ne puis cependant con-
» sentir à ce qu'il y soit apporté aucune modifica-
» tion qui s'écarterait des bases établies par la loi,
» — bien que le système de prohibition, suivi par
» l'administration, ne soit textuellement indiqué
» par aucun des actes de l'ancienne ni de la nou-
» velle législation portant réglement pour la
» voirie, on ne saurait méconnaître que ce sys-
» tème a un fondement légal. L'édit de 1607, la
» déclaration de juin 1693, l'arrêt du conseil du
» 27 février 1765 et tous les réglements subsé-
» quents, ont établi et confirmé la défense de bâtir
» et de réparer les édifices le long des voies
» publiques, sans la permission de l'autorité
» compétente. Ce principe posé, l'administration
» a dû se tracer une marche propre à substituer,
» autant qu'il est possible, une règle conciliatoire
» à un arbitraire absolu. Investie du pouvoir d'in-
» terdire la réparation des bâtiments dont l'exis-
» tence s'oppose à ce que les rues s'embellissent
» et s'élargissent au mieux que faire se pourra
» (pour me servir des expressions employées dans
» les anciennes ordonnances), l'autorité adminis-
» trative a pensé qu'il était équitable de res-
» treindre l'interdiction aux seuls travaux qui
» tendraient à prolonger la durée des construc-
» tions, savoir la consolidation des fondations et
» du rez-de-chaussée. — Cette règle est suivie
» partout sans opposition, bien qu'elle n'ait été
» établie d'une manière générale par aucun acte

» de l'autorité souveraine..... Au surplus, vous
» reconnaîtrez que la règle dont il s'agit n'est
» point inconciliable avec vos propres doctrines;
» — en effet, la prohibition qui frappe le rez-de-
» chaussée n'est point absolue et n'empêche pas
» qu'on ne permette les travaux d'appropriation
» et toute espèce de changements, tels que ou-
» vertures de baies, suppression de trumeaux, etc.,
» qui n'ajoutent rien à la solidité du mur de face,
» à charge par le propriétaire de se conformer
» aux indications de l'autorité locale; et c'est
» d'après ce principe que j'ai, dans plusieurs
» cas, approuvé des décisions par lesquelles vous
» aviez autorisé, soit la substitution de poteaux
» en bois, d'une dimension déterminée, aux
» anciens supports d'une maison sujette à retran-
» chement, soit des ouvrages analogues au rez-
» de-chaussée d'autres bâtiments dans la même
» position, quand ces sortes d'ouvrages ne devaient
» point en changer l'état, sous le rapport de la
» solidité. — D'une autre part, les permissions
» que les administrations locales sont autorisées à
» accorder pour les réparations des étages supé-
» rieurs, sont toujours subordonnées à la con-
» dition expresse que les fondations et le rez-de-
» chaussée auront été reconnus solides. Ce n'est
» donc pas indistinctement que ces réparations
» sont tolérées..... — Il résulte des observations
» qui précèdent : 1° que les prohibitions en
» matière de voirie s'appliquent exclusivement

» aux fondations et au rez-de-chaussée des bâti-
» ments, sans s'étendre toutefois aux ouvrages
» de conservation et d'appropriation qui peuvent
» être permis avec les précautions convenables
» pour empêcher toute consolidation proprement
» dite ; 2° que les parties supérieures, à partir du
» cordon du premier étage jusqu'aux combles
» inclusivement, doivent être dégagées de l'in-
» terdiction de consolider ; 3° mais que l'autorité
» municipale est libre de refuser toute permission,
» soit pour le rez-de-chaussée, soit pour les étages
» supérieurs, s'il résulte du rapport des gens de
» l'art que l'ensemble de la construction manque
» d'une solidité suffisante ; le recours de droit
» demeurant ouvert aux parties. »

C'est d'après cette doctrine, avec laquelle nous
devons convenir cependant que quelques décisions
du conseil d'état, notamment des 8 septembre
1832 (*Lafitte*) et 12 décembre 1834, ne paraissent
pas s'accorder parfaitement, qu'il a été jugé que
même dans les parties inférieures des bâtiments
on devait autoriser :

1° Les simples badigeons et les peintures ; ces
sortes d'ouvrages ne servant pas à consolider les
constructions, mais seulement à les conserver.

2° Les crépis et ravalements qui évidemment
ne tendraient pas à consolider (arrêt du conseil, du 14 octobre 1836 ; *Ramond, Dalloz,*
38-3-215), comme ceux, par exemple, appliqués
à des constructions en pierre de taille (arrêt du

même, conseil du 22 février 1838); car s'ils avaient
un effet confortatif, tels que des enduits pleins ou
des plâtrages, ils seraient prohibés, ainsi que l'a décidé le même conseil par arrêts des 22 février 1821 ;
23 mai et 4 juillet 1827, 26 octobre 1828; 12 avril
et 1er septembre 1832 ; 22 février 1838 (*Dalloz,*
39-3-78), et la Cour de cassation, par arrêts des 23
juillet 1835 (*Dalloz,* 35-1-381) et 19 novembre
1840 (*Sirey,* 42-1-72).

3° Les percements de baies, portes et croisées,
avec simples encadrements en bois et non en pierre
de taille, moëllons et voûtes ; les reprises ou rac-
cordements de maçonnerie autour des cadres ne
devant d'ailleurs être faits que sur la largeur
strictement nécessaire pour l'exécution du travail
(arr. du cons., du 6 février 1839, *Dalloz,* 40-
3-27).

4° Les travaux devenus nécessaires par suite de
la chute de la maison voisine, pour remettre seulement les choses dans l'état où elles étaient avant
l'accident ; car si ils ne suffisaient pas pour la
solidité du bâtiment, il y aurait lieu à le démolir
(arrêt du cons. d'état, du 8 mai 1822; — *Dalloz,* Recueil alph., tom. 12, p. 981, n° 7 ; —
Davennes).

5° La réparation de la portion désormais en
saillie d'un côté, du mur mitoyen séparatif de
deux maisons, dont l'une a, par suite de réédification de sa façade, subi le reculement indiqué
par l'alignement. Quant à la reconstruction totale
de cette portion détruite lors de la démolition du

mur de face, elle ne peut être autorisée que sous
es conditions suivantes, savoir : dans la hauteur
du rez-de-chaussée, au moyen d'une maçonnerie
en briques à plat, ravalée des deux côtés, et en
contre-haut de cette partie par un pigeonnage de
huit centimètres d'épaisseur (décision du ministre
de l'intérieur, du 19 août 1815, approbative d'un
rapport du conseil des bâtiments civils du même
jour, — arrêt du conseil d'état, du 24 juin 1816,
Delime [a]).

---

[a] Dans une lettre du 24 mars 1823, le ministre de l'intérieur écrivait au préfet de la Seine, qui lui avait adressé des
observations sur une décision analogue du 4 décembre précédent : « En droit, tout propriétaire doit être autorisé à se clore,
» tant que ses constructions ne sont pas arrivées à un degré de
» vétusté tel qu'il y ait péril à les conserver. La maison de la
» dame Cornuot, examinée par un des membres du conseil
» des bâtiments civils, a paru suffisamment solide pour n'ins-
» pirer aucune crainte; on ne pouvait donc sans injustice
» en ordonner la démolition, et le rétablissement du mur
» détruit était une conséquence de la conservation ; — je ne
» pense pas qu'un mur de 40 centimètres d'épaisseur, adhérent
» simplement à la façade et sans aucune liaison avec celle-ci,
» puisse consolider le bâtiment; le conseil des bâtiments civils,
» qui a proposé ce moyen, en a la même opinion. Toutefois,
» pour ne rien donner à l'arbitraire et fonder à l'avenir les
» décisions à rendre en pareille matière sur des antécédents
» légalement établis, il me paraît utile de prendre pour base,
» dans les cas semblables qui pourraient se présenter par la
» suite, le système de construction indiqué par les décisions et
» l'ordonnance rendues dans l'affaire du sieur Delime, et qui
» consiste à faire, dans la hauteur du rez-de-chaussée, un
» mur de briques à plat, ravalé des deux côtés, et dans le
» surplus un cloisonnage de huit centimètres d'épaisseur. »

6° La construction d'un pan de bois sur la partie retranchable, s'il ne se rattache par aucun lien de fer au mur de face (arrêt du cons. d'état, du 12 juillet 1837, *Boullard*, — *Dalloz*, 38-3-220).

7° La reprise en moëllons faite à l'intérieur dans un mur mitoyen, lorsque de tout temps ce mur a été soutenu par une chaîne (arr. du cons., du 22 août 1838; — *Dalloz*, 39-3-142); mais s'il y avait adossement au mur de face d'un nouveau bâtiment, se reliant immédiatement avec ce mur, il y aurait consolidation prohibée (arr. du cons., du 14 juin 1837, *Forgeron*, —*Dalloz*, 38-3-220); il en serait de même du redressement d'un plancher et d'applications d'enduits au mur de face dans l'intérieur de la maison (arrêt du cons., du 12 juillet 1837, *Plé*, — *Dalloz*, 38-3-221).

8° La construction d'un mur de refend perpendiculaire au mur de face, si le propriétaire a laissé ou consent à laisser entre les deux murs un intervalle qui sera rempli seulement avec du plâtre (arr. du cons., du 12 juillet 1837, *Dalloz*, 38-3-221).

9° L'établissement de devantures de boutiques et le placement dans le mur de poteaux à cet effet (arrêt de la Cour de Paris, du 19 juillet 1834, *Langlois*, — *Dalloz*, 35-2-36).

10° Le placement sur toute la longueur de la façade, d'une pièce de charpente neuve assemblée avec les poutres du plancher du premier étage, et

destinée à en remplacer une autre formant la base
des étages supérieurs, qui se trouvait en saillie sur
le rez-de-chaussée (arrêt du cons., du 22 février
1838, — *Dalloz*, 39-3-78).

Mais on devrait prohiber les travaux ci-après,
qui sont considérés comme confortatifs :

1° Le remplacement, par des colonnes en fonte,
d'un poteau de bois qui servait de soutien au poi-
trail de la baie d'une boutique (arrêts du cons.,
des 23 octobre 1835, *Letourneur*, — *Dalloz*,
36-3-53; — 11 avril 1837, *Basset*, — *Dalloz*,
38-3-220, — 5 septembre 1836; — *Desorme*,—
Dalloz, 38-3-222).

2° Le redressement et la pose, sur un dé neuf
en pierre, d'un poteau en bois existant à la baie
d'une porte (arr. du cons., du 11 avril 1837,
Chaudeau, — *Dalloz*, 38-3-220).

3° La substitution de colonnes en fonte à d'anciens pilastres en fer et de nouveaux demi-poitrails
à d'anciens (arr. du cons., du 22 février 1838,
Leroy, — *Dalloz*, 39-3-71).

4° L'établissement d'un plancher dans une ancienne cage d'escalier formant l'angle d'une rue
et ayant pour effet de soutenir le mur de face
(arrêt du cons., du 17 août 1836, *Martin*, —
Dalloz, 38-3-215).

5° Le placement d'une chaîne en fer et d'un
tirant avec son ancre, dans un mur de côté, pour
retenir la jambe étrière du mur de face isolée par
la démolition de la maison voisine (arr. du cons.,
du 22 août 1838; — *Bligny*, *Dalloz*, 39-3-142).

6° Les ouvrages exécutés à une maison qui se détériore par suite de la rupture de l'assise supérieure de la jambe étrière (arr. du cons., du 11 avril 1837 ; — *Farina, Dalloz*, 38-3-220).

7° L'introduction dans le mur de face de tous pieds-droits, jambages et linteaux en matériaux neufs ou vieux autres que bois d'une épaisseur déterminée par un arrêté de la voirie (*Cours de droit adm.* de M. Cotelle, tom. 3, pag. 245, 2ᵉ édit.).

8° L'abaissement ou la réduction de hauteur d'un mur, comme il a été dit ci-dessus, page 505.

Si cet abaissement est considéré comme consolidation, par suite de la décharge qu'il procure à la partie inférieure du mur conservée, devrait-on décider *à contrario* que la surélévation doit être autorisée?

Pour l'affirmative, on peut dire que l'exhaussement, en produisant une surcharge, est de nature à accélérer la ruine du mur; que c'est par ce motif que l'art. 658 du Cod. civ. soumet le copropriétaire du mur mitoyen, qui veut l'élever, à une indemnité; que l'arrêt du conseil, du 27 février 1765, ne s'oppose pas à ce que ce genre de travail soit autorisé; que ceux des 10 avril 1783, 25 août 1784 et 22 juin 1811 (*Guibert et Combeguilles*), ne défendent de toucher qu'aux fondations et au rez-de-chaussée; qu'enfin un dernier arrêt de ce même conseil, du 18 juillet 1821, rapporté par M. Garnier, qui y donne son approbation (*Tr. des chem.*, pag. 143, 4ᵉ édit.), a maintenu une surélévation faite à un mur sujet à reculement, en condamnant seulement à l'amende pour défaut de permission préalable.

Nonobstant ces raisonnements et autorités, nous ne pensons pas que la permission doive être accordée dans tous les cas; d'une part, il est possible que l'exhaussement, en se reliant à d'autres constructions ou en donnant plus de résistance à la poussée d'une voûte, soit une véritable consolidation, et, d'un autre côté, il ne faut pas perdre de vue que la défense de réédifier ou réparer sur la partie retranchable a non-seulement pour but de hâter le moment de la réunion de cette partie à la voie publique, mais aussi d'empêcher qu'elle n'acquière une valeur plus considérable dont la commune serait obligée de payer le montant si, au lieu d'attendre la démolition par le propriétaire, elle voulait obtenir le rélargissement immédiat de la voie publique, au moyen de l'expropriation; on conçoit, en effet, qu'en élevant sur le mur de clôture d'un jardin ou d'une cour une façade de bâtiment, ou en transformant en maison d'habitation un hangar ou un magasin, on en rendrait l'acquisition beaucoup plus onéreuse à la ville, que si on eût laissé les choses dans leur premier état; tel est aussi l'avis des auteurs du *Journal des communes*, tom. 8, pag. 93.

Au reste, nous le répétons, tout dans cette matière dépend des circonstances; les diverses décisions que nous venons de rapporter ne sont

point des règles invariables, elles ne doivent être
considérées que comme des précédents susceptibles de modifications et seulement utiles à consulter (*a*). En effet, telle réparation (un enduit,
par exemple) qui n'est pas confortative, mais

(*a*) Nous citerons encore au même titre les articles ci-après
du réglement de grande voirie, pour le département de la
Côte-d'Or, approuvé par M. le préfet, le 23 septembre 1839.

« Art. 4. — L'ouverture de portes et de croisées dans les
façades des maisons en saillie ou en retraite sur l'alignement,
pourra être autorisée, mais aux conditions suivantes :

1° De n'entourer que de cadres en bois les ouvertures nouvelles;

2° De ne reprendre les maçonneries autour des cadres, que
sur la largeur strictement nécessaire pour l'exécution du travail;

3° De ne point armer les poutres formant recouvrement des
ouvertures, et de ne pas les consolider par arcs-boutants destinés à les empêcher de fléchir à leur milieu.

Dans les maisons en charpente ou dont les ouvertures seraient
déjà garnies de cadres en bois, nulle modification d'ouverture
ne pourrait être autorisée, si ces bâtiments étaient en saillie ou
en retraite sur l'alignement. »

« Art. 5. — L'exhaussement d'un bâtiment en saillie ou en
retraite sur l'alignement, devra être autorisé toutes les fois que
les fondations et les murs du rez-de-chaussée sont en état de
supporter le nouvel étage.

On pourra aussi permettre la réparation ou reconstruction
des entablements, corniches ou attiques, dans un bâtiment dont
le rez-de-chaussée serait solidement établi. »

« Art. 6. — Les crépissages ou rejointements ne devront être
autorisés que dans les constructions en pierre de taille.

Les badigeonnages ou blanchissages au lait de chaux pourront toujours être permis. »

seulement d'ornement, si elle est appliquée à une construction neuve, devient une consolidation véritable lorsqu'elle est faite à un mur en mauvais état ou qu'elle est exécutée avec certains matériaux ou certaines précautions ; aussi, comme le recommande avec beaucoup de raison M. Cotelle (*Cours de dr. adm., tom. 3, pag. 245, 2ᵉ édit.*), « la
» difficulté étant, en général, très-grande pour
» empêcher l'emploi des moyens confortatifs, les
» hommes de l'art chargés d'exercer cette surveil-
» lance pour l'administration, ne sauraient être
» trop circonspects dans l'appréciation des ouvrages
» projetés et pour lesquels on demandera une
» permission, de même que dans la vérification
» des travaux exécutés, pour prévenir l'abus qu'on
» fait fréquemment des permissions, dont on
» dépasse les limites, ou par lesquelles on essaie
» de couvrir tout ce qu'il plaît d'entreprendre. »

L'unique garantie du maintien des règles établies consiste, d'une part, dans la prohibition absolue de faire sans permission ou alignement, aucune espèce d'ouvrages, même évidemment non confortatifs, ce dont les particuliers ne doivent jamais se rendre juges ; d'un autre côté, dans le soin trop souvent négligé, de la part des agents de l'administration, de procéder, après la construction ou la réparation, à un recollement exact et minutieux de ce qui a été fait, et enfin dans la poursuite et la répression fermes, générales et impartiales des contraventions.

Malgré les raisons déduites dans les passages ci-
dessus rapportés du *Traité des chemins* de M.
Garnier et des circulaires ministérielles des 13
février 1806 et 3 juillet 1827 pour justifier la
distinction relative aux travaux confortatifs et à
ceux qui sont réputés ne point avoir ce caractère,
nous ne pouvons donner notre assentiment à cette
théorie. Sans parler des difficultés inextricables
qu'elle présente dans l'application, des fraudes
auxquelles elle donne naissance, du pouvoir arbitraire dont elle investit les agents de l'administration parties intéressées et cependant juges nécessaires et exclusifs des questions, nous pensons
qu'elle n'a rien de légal et de rationnel.

Deux moyens sont ouverts pour arriver à la
rectification ou au rélargissement des voies publiques : l'un consiste à s'emparer sur-le-champ
des portions de bâtiments nécessaires à ce but,
en en payant sur-le-champ aussi et même préalablement la valeur intégrale, c'est *l'expropriation;*
l'autre, à n'en acquérir que le sol successivement
et à mesure que, par un fait indépendant de la
volonté de l'administration, c'est-à-dire par accident, vétusté ou démolition spontanée de la part
du propriétaire, les constructions élevées sur la
surface viennent à être détruites, c'est *l'alignement* emportant comme conséquence nécessaire
la prohibition de reconstruire ou réparer, puisque
s'il en était autrement, on reculerait à volonté et
par suite indéfiniment, l'époque de la réunion à

la voie publique, des parties sujettes à retranchement.

Quelques personnes, poussant à l'excès le respect
pour le droit de propriété et ne tenant aucun
compte de l'intérêt public, regardent la servitude
d'alignement comme inique et vexatoire et voudraient que, dans tous les cas, l'administration
n'employât que le moyen de l'expropriation ; nous
ne partageons point cet avis, et nous croyons qu'en
retour des avantages que les riverains des voies de
communication en retirent, il est juste qu'ils soient
soumis à quelques charges et à quelques sacrifices;
mais tel n'est pas le point que nous examinons; il n'est
pas nécessaire de remonter aussi haut; tous les bons
esprits ont aujourd'hui fait justice de ces exagéra-
tions, et, comme le dit M. Cotelle (*Cours de dr.
adm.,* tom. 3, pag. 227, 2ᵉ édit.), « de ce libéralisme
» d'apparat, ainsi que de ces sympathies, si vives en
» apparence, que l'esprit d'opposition a manifestées
» pendant longtemps en faveur de la propriété (*a*). »

(*a*) Voici comment s'explique à cet égard M. le conseiller
d'état Tarbé de Vauxclairs, dans son *Dictionnaire des travaux
publics,* vᵒ *alignement*, pag. 14.

« Les partisans de l'exercice illimité du droit de propriété,
» ne cessent de réclamer contre l'application des réglements de
» voirie, surtout en ce qui concerne la police des alignements
» et des réparations de façades de maisons. Il est vrai que,
» lorsqu'elle ne porte que sur des propriétés autres que la
» leur, ils se taisent, parce qu'ils en profitent avec l'univer-
» salité des habitants; mais quand leurs intérêts privés se

Le droit d'alignement qu'il faudrait créer, s'il n'existait pas, étant consacré, nous nous demandons seulement si, entre ce moyen et celui de l'expropriation, on en admettra un troisième, ou plutôt si on
subdivisera le premier sous le rapport de l'étendue
et de la portée de la prohibition qui en forme la
sanction ; il ne nous paraîtrait pas qu'il dût en être
ainsi. D'après nous , la défense de toucher aux
constructions devrait être générale et sans distinction entre les travaux destinés à les conserver ou
à en faciliter la jouissance, et ceux qui pourraient
avoir pour effet de les consolider et d'en prolonger
la durée. Du moment que l'on veut agir par un
système de gêne et d'entraves, pourquoi le borner
à certains cas et s'en départir dans d'autres qui
ne sont pas plus favorables? pourquoi, en défendant la conservation de la chose, en faciliter la
possession? pourquoi permettre des modifications
qui tendent à la rendre plus agréable et plus
productive, et empêcher celles qui auraient pour
effet d'en assurer la solidité? pourquoi admettre

» trouvent menacés ou compromis, c'est alors qu'ils réclament
» vivement, et ils ne manquent pas de trouver des défenseurs
» habiles qui, à l'aide de sophismes spécieux, cherchent à
» renverser des principes de bonne administration, sans lesquels
» la France serait demeurée plongée dans son ancien état de
» barbarie. On ne devrait jamais oublier que dans cette matière
» il s'agit d'une servitude imposée à la propriété dans l'intérêt
» de tous, et qui, comme les servitudes militaires, se trouve
» implicitement comprise dans l'art. 650 du Cod. civ. »

une différence qui dépend uniquement du hasard, et laisser le propriétaire d'une maison solidement bâtie, maître de l'approprier à ses besoins, à ses intérêts, à sa commodité et jusqu'à ses caprices, tandis que le possesseur d'une construction moins bonne devra la laisser périr complétement sans qu'il lui soit permis d'y porter remède; le riche pourra embellir et améliorer son hôtel, et le pauvre devra se laisser ensevelir sous les ruines de sa chaumière; il faudrait dire à tous deux : jouissez de vos bâtiments dans leur état actuel, tant qu'ils pourront subsister; tout changement quelconque, de nécessité, d'utilité ou de simple ornement, y est également interdit; gardez-les comme ils sont, ou démolissez-les, *sint ut sunt, aut non sint.*

Mais on fait plusieurs objections contre cette règle absolue, qui a cependant pour elle le triple avantage d'une extrême simplicité, d'une grande facilité d'application et d'une parfaite égalité.

Et d'abord, selon la circulaire du 13 février 1806, elle serait attentatoire à la propriété; on ne le nie pas, mais c'est uniquement par ce moyen là même, sans lequel il est impossible de la concevoir, qu'opère la servitude d'alignement; empêcher un propriétaire de soutenir sa maison qui menace ruine, ce n'est assurément pas porter une atteinte moins grave à son droit de propriété que de lui défendre d'y ouvrir des portes et des fenêtres, de la badigeonner, etc.

En second lieu, la même circulaire prétend qu'une pareille règle est contradictoire avec le principe qui l'établit, puisque, en hâtant la chute de l'édifice par l'impossibilité d'y faire des réparations, on force l'état ou la commune à effectuer plutôt un paiement que le mode d'acquisition par voie d'alignement avait, au contraire, pour but de reculer. — Il y a ici confusion d'idées ; l'avantage de l'alignement n'est pas de différer l'acquittement de l'indemnité, puisqu'en le retardant il y a aussi retard dans l'amélioration, ce qui est un véritable inconvénient ; il consiste à ne payer que la valeur du sol, au lieu de celle du sol et de la construction, comme dans le cas de l'expropriation ; aucune administration ne se félicitera de n'avoir à payer que dans 50 ou 100 ans la valeur du sol d'une construction qui obstrue le passage ou nuit à sa commodité ; le bénéfice n'est pas dans le délai, il existe seulement dans le mode d'évaluation.

Mais, dit la circulaire du 3 juillet 1827, « bien » que le système de prohibition, suivi par l'ad- » ministration (c'est-à-dire modifié par la dis- » tinction des travaux confortatifs et non confor- » tatifs), ne soit textuellement indiqué par aucun » des actes de l'ancienne ni de la nouvelle légis- » lation, on ne saurait méconnaître qu'il a un » fondement légal. » Nous soutenons, au contraire, que ce système est clairement indiqué par tous les monuments législatifs, mais pour le proscrire et non pour l'adopter ; nous avons rapporté

plus haut, en note, le texte des divers édits et
réglements sur la matière. Or, tous défendent
également de *conforter, conserver* et *soutenir*
les constructions en dehors de l'alignement, de
les *réparer* et de les *reconstruire , soit en entier,*
soit en partie; expressions qui, dans leur généralité, comprennent également toutes les réparations de quelque nature qu'elles soient, confortatives ou non; nous ne connaissons aucun texte
qui, de près ou de loin, autorise cette distinction
que l'on ne trouve que dans les décisions de l'autorité administrative, dans quelques arrêts des
tribunaux et dans les auteurs (*a*); le fondement
en est donc seulement dans une jurisprudence
assez récente et non dans la loi.

(*a*) L'un des plus anciens auteurs où on trouve cette distinction, est Perrot, dans son *Dictionnaire de voirie*, publié en 1782,
et où il s'explique ainsi : « L'alignement n'est pas requis seu-
» lement pour construire ou reconstruire sur la voie publique ;
» on doit de même l'obtenir *pour les ouvrages qui tendent à*
» *conforter les bâtiments.* S'il en était autrement, on ne par-
» viendrait jamais à donner aux rues les directions et largeurs
» dont elles sont susceptibles pour la commodité et l'utilité
» publiques, parce que chaque propriétaire qui se trouverait
» dans le cas d'éprouver un retranchement nuisible à ses
» intérêts, au lieu de reconstruire dans un temps la totalité
» de sa maison, entreprendrait à diverses fois les parties par
» sous-œuvre sur les anciens vestiges et éluderait par ce moyen
» un retranchement nécessaire : c'est une ruse qui se pratique
» tous les jours, surtout dans les rues de la ville de Paris où le
» terrain est plus précieux. »

« L'administration, ajoute la même circulaire,
» a dû se tracer une marche propre à substituer,
» autant qu'il était possible, une règle concilia-
» toire à un arbitraire absolu. » Que la distinction dont il s'agit, soit conciliatoire en ce sens
qu'elle permet de faire à peu près ce que l'on
veut, c'est ce que nous reconnaîtrons volontiers;
mais loin d'y trouver un motif d'approbation,
nous y voyons au contraire la raison qui doit la
faire proscrire. Quelle est donc la valeur d'une
règle qui doit se plier à tous les cas particuliers,
qui maintient dans l'un ce qu'elle défend dans
l'autre? Par l'exposé succinct que nous avons présenté plus haut de la jurisprudence sur la matière,
on a vu que la même réparation, permise au premier étage, était prohibée au rez-de-chaussée,
autorisée dans une maison réputée solide, devait
être empêchée dans un bâtiment jugé ruineux;
que la substitution du bois à la pierre était tolérée,
comme si une pièce de chêne neuf, mise à la place
d'une pierre délitée, ne prolongeait pas évidemment la durée de la construction; que le percement d'ouvertures et l'exhaussement des murs
devaient être autorisés, comme si, selon les circonstances, les précautions employées et la nature
des matériaux, ces travaux ne pouvaient jamais
avoir l'effet de consolider; nous avouerons, d'ailleurs, que nous ne comprenons pas bien la différence entre des ouvrages qui conservent simplement la chose sans en augmenter la durée, et

ceux qui prolongent cette durée, et en admettant
qu'elle existe dans certains cas, comment en juger,
et qui en sera le juge? ce ne sera pas un tribunal
qui prononcera après discussion, ce sera le plus
souvent un agent subalterne sans responsabilité,
dont le travail est forcément adopté de confiance
par l'administrateur en titre; si, comme le dit
l'illustre chancelier d'Angleterre (*aphor.*, 8 *et* 46),
*optima lex est quae minimùm relinquit arbitrio
judicis ; optimus judex qui minimùm sibi*, il
faut convenir que le principe de la distinction des
réparations est bien vicieux, car il n'y en a point qui
soit aussi vague et aussi élastique ; celui de la prohibition complète est bien plus net et plus précis ; il
peut être sévère, mais il ne doit pas encourir au
moins le reproche injuste que lui adresse la circulaire, d'être d'un *arbitraire absolu.*

Nous verrons, au § suivant, que M. le ministre
a lui-même reconnu dans un cas analogue, les
inconvénients d'un système qui n'a rien de fixe
et dont l'application est entièrement subordonnée
aux faits et aux circonstances. Une loi, quelque
dure qu'elle soit, sera plus facilement exécutée
lorsqu'elle s'appliquera à tous indistinctement,
que lorsqu'elle ne frappera que quelques-uns.

La dernière considération que la circulaire
dont il s'agit fait valoir en faveur de la restriction de l'interdiction, aux seuls travaux qui tendraient à prolonger la durée des bâtiments, est
l'équité.

« Rien , dit le savant président Bouhier, dans
» une dissertation trop peu connue, insérée dans
» ses *Observat. sur la cout. de Bourgogne,*
» (*ch.* 2, n°s 43 *à* 54, *tom.* 1er, *pag.* 373 *et suiv.*),
» rien n'est plus commun dans la bouche de tout
» le monde que ce beau mot d'*équité*, qui doit
» faire le fond de tout honnête homme et plus
» particulièrement du juge, suivant la règle du
» droit : *aequitas in omnibus quidem rebus ,*
» *maximè tamen in jure spectanda est*, mais
» il n'y a rien où l'on soit si sujet à se tromper,
» que sur la vraie intelligence de ce mot; » en
effet, il ne sert le plus souvent qu'à déguiser l'arbitraire, à favoriser l'injustice et à justifier la violation de tout principe, *qui tantùm naturae tri-*
buunt ut jus omne ad aequitatem arbitrariam ,
rationemque privatam revocant..... jus in in-
certo ponunt, quia faciunt arbitrarium. « C'est
» une fausse équité, ajoute Daguesseau (9e *mer-*
» *cur.*), que celle qui n'est ingénieuse à pénétrer
» dans l'intention du législateur, que pour l'élu-
» der, qui la sonde en ennemi captieux, plutôt
» qu'en ministre fidèle, qui combat la lettre par
» l'esprit et l'esprit par la lettre, afin qu'au milieu
» de cette contradiction apparente, la véritééchappe,
» *la règle disparaisse et le juge demeure*
» *maître.* » En législation, le plus grave des inconvénients n'est pas toujours la sévérité des dispositions, c'est plutôt l'absence de toute disposition ou , ce qui est équivalent, l'incertitude et le

vague de celles qui existent, car, comme le dit
Quintilien (*déclam*. 264), *quid interest nullae
sint, an incertae leges?*

D'ailleurs, c'est vainement que nous cherchons
l'équité de la mesure dont il s'agit; pour qu'elle
existât, il faudrait que le tempéramment proposé
s'étendît à tous les cas, et que tous les citoyens
pussent également l'invoquer; mais tel n'est point
l'effet de la restriction de la prohibition; absolument inutile pour ceux dont les bâtiments ne sont
pas solides et qui se trouveraient dans la nécessité
d'y faire des réparations, elle ne profite qu'aux
propriétaires d'édifices en bon état, qui veulent
les améliorer, les embellir et en tirer un meilleur
parti; contrairement aux principes, la faveur est
pour ces derniers *qui certant de lucro captando,*
tandis que les rigueurs sont réservées à celui *qui
certat de damno vitando.* Comme on le voit,
cette règle, qualifiée de *conciliatoire* par la circulaire, ne concilie rien, à vrai dire; trop facile pour
les uns, sa rigueur reste inflexible pour les autres;
elle ne forme pas un terme moyen entre deux
extrêmes; sans doute elle peut être commode pour
l'administration qui, nous en avons la conviction,
ne se sert ordinairement du pouvoir arbitraire
qu'elle lui laisse, que pour atténuer, dans certains
cas qui paraissent le réclamer, les conséquences
fâcheuses d'un principe absolu, mais elle n'est
point équitable en elle-même; ce ne serait que par
une application fausse, détournée et abusive,

qu'elle pourrait le devenir, si toutefois il y avait jamais équité à s'écarter des dispositions d'un texte précis et si, contre la maxime de Dumoulin, *homo debet sequi aequitatem legis, non proprii capitis*, le juge ou l'administrateur pouvait substituer ses idées personnelles de justice, à la justice de la loi.

Enfin on ne doit pas se dissimuler que par la tolérance résultant de la distinction que nous combattons, on manque en partie le double but que l'on veut atteindre par l'alignement : d'une part, celui d'amener, par une gêne dans la jouissance de ses droits, le propriétaire à se décider, pour en recouvrer la libre possession, à un reculement immédiat, et, d'un autre côté, celui de l'empêcher d'améliorer sa chose et par suite d'augmenter la valeur de l'indemnité que l'administration serait dans la nécessité de lui payer si, pour hâter l'amélioration, elle voulait user du moyen de l'expropriation.

En résumé, nous pensons qu'à part les simples réparations d'entretien des toits, qui sont ordinairement annuelles et de peu de conséquence, tous les travaux et changements quelconques sans distinction de leur nature, de leur importance, de leur mode d'exécution, des parties auxquelles ils s'appliqueraient, devraient être prohibés dans les portions de bâtiment sujettes à reculement.

29° Une autre question qui a une certaine analogie avec celle que nous venons d'examiner, est

de savoir si on ne devrait pas admettre aussi une
différence dans la nature des réparations à autoriser
selon que l'utilité du rélargissement ou de la
rectification de la voie publique est plus ou moins
urgente; en effet, tous les alignements n'ont pas
le même caractère de nécessité ; il en est qui sont
principalement déterminés par des vues d'embellissement et de régularité, lorsque les rues, par
exemple, sont suffisamment larges et qu'elles présentent seulement des courbes ou des saillies qu'il
est sans doute très-convenable de faire disparaître,
mais qui, cependant, ne nuisent pas essentiellement à la commodité du passage, tandis que
d'autres sont d'une exécution véritablement indispensable à raison du peu de largeur de la voie
publique, insuffisante pour une circulation libre
et sûre. Ne conviendrait-il pas, pour arriver à la
prompte réalisation de ceux-ci, d'interdire avec
rigueur toute espèce de réparation, tandis que
relativement aux autres, une plus grande liberté
serait laissée aux propriétaires qui seulement, lors
de la reconstruction totale de leurs façades, seraient
obligés de les reporter sur la ligne arrêtée, mais
qui, jusque-là, pourraient y effectuer toutes les
réparations et modifications partielles qu'ils jugeraient utiles à leurs intérêts.

Ici la distinction reposerait sur des bases certaines, fixes et connues à l'avance, la largeur des
rues, distribuées sous ce rapport en deux classes;
elle ne dépendrait pas uniquement du hasard,

c'est-à-dire du plus ou moins de solidité des constructions, elle aurait, au contraire, son fondement
dans une raison d'utilité publique, la sûreté et la
commodité du passage; dégagée de tout arbitraire,
elle serait, en outre, d'une application simple et
facile. Par la généralité de la prohibition qu'elle
comporterait dans une des hypothèses et par l'assimilation de position de tous les propriétaires d'une
même catégorie, la gêne en résultant, paraîtrait
moins grave à chacun et trouverait une espèce de
compensation dans les avantages de la simultanéité
d'exécution que produirait la nécessité, pour tous,
de s'y soumettre presqu'en même temps.

Malgré ces considérations fondées en raison et
en équité, basées sur l'intérêt public et bien autrement puissantes, on ne peut en disconvenir, que
celles par lesquelles on essaie de justifier la théorie
des réparations confortatives, la distinction dont
il s'agit n'a point été accueillie par l'autorité supérieure; chargé par le conseil municipal de Dijon
de consulter à cet égard M. le ministre de
l'intérieur, nous avons reçu, en réponse à la demande que nous lui avons adressée et dans laquelle
étaient exposés avec quelque développement, les
avantages et les inconvénients de ce système intermédiaire, une lettre en date du 2 juillet 1841,
dont voici les principaux passages :

« Sans vous prononcer formellement, M. le
» maire, pour ou contre le mode indiqué par le
» conseil municipal, mais en rappelant néanmoins

» les principes qui paraissent s'opposer à ce qu'il
» reçoive son application, vous m'invitez à vous
» faire connaître mon avis particulier, afin qu'il
» serve de base à la détermination à intervenir. »

« Tout en appréciant les motifs qui ont dicté
» la demande du conseil municipal et qui prennent
» leur source dans le désir d'alléger autant que
» possible pour la propriété privée, les sacrifices
» qu'imposent les servitudes de voirie, je dois
» vous faire observer, M. le maire, que la dis-
» tinction que voudrait établir ce conseil, ne
» trouve sa justification dans aucun des précédents
» qui régissent la matière. Ce qu'il importe en
» effet d'éviter dans l'application des réglements
» restrictifs des droits de propriété, ce sont sur-
» tout les exceptions; car les lois étant de leur
» nature essentiellement impartiales, les charges
» qu'elles imposent doivent être également distri-
» buées : or, ce serait déroger à ce principe de
» toute équité que de contraindre, d'un côté, les
» propriétaires à se soumettre aux conditions d'un
» plan d'alignement arrêté, tandis que de l'autre,
» à certains d'entre eux, serait en quelque sorte
» réservée la faculté d'échapper, par tous les sub-
» terfuges dont sait habituellement profiter l'in-
» térêt privé, au préjudice qui pèsera inévitable-
» ment sur leurs voisins. Il faut reconnaître, en
» effet, que par cette faculté on ajournerait à une
» époque très-incertaine et beaucoup trop reculée
» des améliorations, qui, si elles ne sont pas aussi

» hautement réclamées que les autres par les
» besoins actuels de la circulation, sont cepen-
» dant dès-à-présent réputées utiles par le conseil
» municipal lui-même, et qui, d'un jour à l'autre,
» peuvent devenir indispensables. Ce serait, d'ail-
» leurs, n'envisager qu'un côté de la question
» dans une ville importante, si l'administration
» se bornait à provoquer l'élargissement de la voie
» publique là où elle est insuffisante pour le
» passage ; d'autres intérêts non moins graves,
» ceux de la salubrité, de la sûreté publique,
» exigent aussi des améliorations qui ne peuvent
» être laissées à l'abandon ; et il n'est pas indiffé-
» rent, non plus, que l'administration saisisse
» l'occasion que lui présente la confection du
» plan d'alignement, pour arriver, en se renfer-
» mant dans les limites d'une sage mesure, aux
» embellissements qui résultent pour une ville,
» de la régularité de ses voies publiques. Tout au
» plus y aurait-il lieu de faire exception, à l'égard
» des constructions riveraines des places pu-
» bliques, ainsi que le conseil d'état l'a établi
» dans plusieurs circonstances.

» En résumé, M. le maire, le conseil municipal
» ne conteste pas que les améliorations du passage
» ne soient également nécessaires au droit des
» maisons qu'il voudrait placer dans l'exception :
» un motif d'utilité se réunit donc ici à des vues
» de salubrité, d'embellissement et de régularité,
» pour que l'exécution du plan ne rencontre

» aucun autre obstacle que celui qui résultera
» forcément de l'état de conservation où se trou-
» vent ces maisons. »

Ces observations, basées sur les vrais principes,
et auxquelles il est impossible de ne pas donner
son adhésion, sont, comme nous l'avons annoncé
au § précédent, la condamnation la plus péremptoire de la jurisprudence administrative concernant les réparations confortatives ou non confortatives, en même temps que la réfutation la plus
énergique des motifs sur lesquels elle s'appuie.

30° Dans les lieux où l'alignement est obligatoire, il étend son action non-seulement sur les
rues et places proprement dites, mais aussi sur les
ruelles ou rues étroites pour lesquelles même il est
le plus nécessaire, ainsi que sur les impasses et
passages, pourvu toutefois qu'ils dépendent du
domaine public; ce principe est certain, et il ne peut
y avoir de difficultés que relativement à la nature
et au caractère de ces emplacements lorsque les
voisins en réclament la propriété à titre de cours
communes ou de dépendances de leurs maisons.
On peut voir à cet égard ce que dit M. Proudhon,
Traité du domaine public, nᵒˢ 352, 353, 354 et
355, ainsi que les arrêts de la Cour de Bourges du
15 décembre 1829, du Conseil d'état du 18 novembre 1829, *Delaunay* (*Dalloz*, 29-3-15), et
de la Cour de cassation des 4 août 1837, *Paté*
(*Dalloz*, 37-1-534), et 19 novembre 1840 (*Sirey*,
42-1-72). La présomption en cette matière est que

38

ces ruelles, passages et impasses appartiennent au
domaine public, lorsqu'ils sont ouverts constamment, qu'ils sont fréquentés par tout le monde et
que surtout quelques réparations, travaux, ou actes
de police y ont été faits par l'autorité municipale;
leur exclusion des limites des propriétés voisines
et leur assujettissement à un usage général doit, à
moins de titres positifs contraires, les faire réputer
publics, nonobstant la possession plus spéciale des
riverains qui ne doit être considérée que comme
le résultat de la tolérance; l'administration ayant
peu d'intérêt à empêcher ces derniers d'y faire des
dépôts, ou d'y prendre des aisances qui seraient
prohibés dans des rues ou places fréquentées par la
généralité des habitants; « attendu, porte le der-
» nier de ces arrêts, que les impasses font, comme
» les rues et les places publiques, partie du do-
» maine municipal des villes, bourgs et villages,
» et qu'ils ne sauraient par conséquent appartenir
» privativement aux propriétaires riverains; qu'on
» n'a pu dès-lors, sans se rendre passible de la
» peine prononcée par l'art. 471 Cod. pén., recré-
» pir ladite façade (donnant sur l'impasse), etc.... »
Comme l'ont jugé les autres décisions aussi précédemment citées, la seule possession des riverains
ne pourrait donner lieu à une question préjudicielle capable de suspendre l'action en répression
d'empiétements ou de travaux de construction
exécutés sans autorisation préalable.

Quant aux promenades publiques, elles ne

jouissent point du privilége de l'alignement proprement dit; leurs limites ne peuvent être déterminées que par un bornage ordinaire qui en diffère
essentiellement par la forme et par les effets.

Par la *forme*, en ce que le bornage ne peut
être opéré que du consentement des deux voisins
ou, à défaut, en vertu d'une décision de la justice
qui, en connaissance de cause, supplée celui du
récalcitrant ; tandis que l'alignement est tracé par
l'autorité seule et sans le concours réel du riverain
qui, lors des informations préalables, a simplement la faculté de fournir ses observations auxquelles on n'a que tel égard que de raison ; l'un est
dans la forme des actes synallagmatiques, l'autre
n'est qu'unilatéral.

Par les *effets*, le bornage est seulement *décla-
ratif* de l'étendue et de la limite d'héritages contigus. Il ne transfère, en droit, aucune partie de la
propriété de l'un à l'autre ; il dit seulement *hìc
ager est meus ; ille tuus* ; l'alignement, au contraire, est aussi *attributif* de propriété, c'est-à-dire
que, selon que le commande l'utilité publique, il
enlève aux héritages privés des portions qu'il réunit
ipso facto au domaine public, à la charge seulement d'une indemnité pécuniaire en laquelle,
d'après les termes énergiques de l'art. 15 de la loi
du 21 mai 1836, *il résout le droit des riverains* ;
d'où la conséquence, que dans l'un la question de
propriété est essentiellement préjudicielle, puisque
l'on ne peut fixer les limites d'un fonds que lorsque

son étendue, son assiette et sa consistance sont préalablement déterminés, tandis que dans l'autre, le jugement de l'exception de propriété ne doit pas nécessairement précéder l'opération, du moment qu'il ne peut avoir aucune influence sur ses résultats, et que, fût-il décidé que la portion de terrain réunie à la voie publique par l'alignement est la propriété du voisin, elle ne devrait pas moins y rester incorporée sauf indemnité; le premier n'a que les effets d'un partage; le second emporte souvent aussi l'expropriation du sol.

La raison de la différence sous ce rapport, entre les voies publiques et les promenades, est que l'élargissement et la rectification des unes sont de plein droit réputés d'utilité publique comme répondant à un besoin social, tandis que l'agrandissement ou l'amélioration des autres est de pur agrément et ne pourrait donner lieu à expropriation que si la nécessité, ce qui n'est guère à présumer, en était déclarée par une ordonnance royale spéciale.

Mais si, à cet égard, les promenades publiques sont dans une condition moins favorable que les chemins, elles ont aussi un privilége particulier qui n'existe point en faveur de ceux-ci, nous voulons parler de l'impossibilité, non-seulement d'y prendre de plein droit des jours, issues, passages et autres aisances, mais même d'y en acquérir par prescription; « il faut remarquer, dit M. Troplong, *Traité de la* » *prescription*, n° 165, la différence qu'il y a entre

» des allées ouvertes au public pour sa promenade
» et des chemins livrés à la circulation pour les
» besoins de l'agriculture et du commerce. Les pre-
» mières ont un usage plus restreint ; elles ne sont
» pas destinées à être fréquentées en voiture, à être
» dominées par des servitudes de jours, de portes,
» d'issues, comme les grandes et petites routes,
» les rues et places des villes. Je ne pense donc pas
» qu'on puisse acquérir sur une promenade, par
» la prescription, les servitudes légalement pres-
» criptibles qui nuiraient à l'ornement, à la com-
» modité et à la sûreté de ceux qui ont droit de la
» fréquenter. L'ornement et la commodité des
» choses publiques ont aussi leur droit à l'impres-
» criptibilité : *quia publicorum usus*, dit d'Ar-
» gentré, *non solùm ex commodo, sed ex or-*
» *natu etiam et facie aestimatur*. Mais, si une
» servitude ne nuisait en rien à la destination de
» la promenade, j'incline à penser que la prescrip-
» tion la ferait maintenir » Cette opinion, aussi
adoptée par M. Proudhon, *Tr. du dom. pub.*,
n° 356, a été consacrée par un arrêt de la Cour de
Poitiers, du 31 janvier 1837 (*Sirey*, 38-2-78),
portant que « le terrain des Giliers ayant été trans-
» formé en promenade publique par l'autorité com-
» pétente, cette destination a eu pour effet de le
» retrancher du nombre des choses qui sont dans
» le commerce, et qu'on ne peut prescrire les
» choses qui ne sont pas dans le commerce. »
Ainsi donc, si la commune est obligée d'appeler

en bornage pardevant les tribunaux les voisins des
promenades publiques, et si ces derniers ont le
droit, lorsque la ligne de leurs héritages est déterminée, d'y établir des murs et constructions sans
demander d'alignement et de permissions de construire, le maire pourra aussi, non-seulement les
forcer à se conformer aux dispositions des articles
671 et suivants du Cod. civ. relatifs à la distance
des plantations, des vues, etc., mais encore faire
supprimer les servitudes de cette nature, quelque
anciennes qu'elles soient, qui nuiraient à la destination de cette partie du domaine public communal.

Inutile d'ajouter que la voie de l'alignement
peut encore moins être employée pour déterminer
les limites des autres propriétés communales, tels
que terres, prés, bois, pâturages, terrains vains et
vagues, etc.; pour ces héritages, les communes
sont soumises aux mêmes obligations, et jouissent
des mêmes droits que les particuliers; la délimitation, notamment, ne peut s'en faire que d'un
commun accord ou judiciairement d'après les règles
du droit commun, telles que nous les avons exposées dans *l'Appendice au traité de la compétence des juges de paix* de M. Curasson, 2ᵉ édit.,
et dans le *Traité des actions possessoires*, etc.,
du même auteur, pag. 469 et suiv.

31° L'alignement produisant deux effets fort
graves pour le propriétaire dont le bâtiment est
sujet à reculement, l'un de l'empêcher d'y faire

des réparations et améliorations, et l'autre de
réunir de plein droit, lors de la démolition, la
portion retranchable à la voie publique, moyennant
une indemnité équivalente à la simple valeur du
sol nu, sans égard à la dépréciation que cette
distraction peut causer au surplus de la propriété,
il s'agit de savoir si, pour ces sortes de préjudices,
il peut y avoir lieu à garantie de la part de l'acquéreur contre le vendeur, conformément aux art.
1626 et 1638 du Cod. civ.

La question doit être examinée dans les différentes hypothèses où elle peut se présenter.

Supposons d'abord qu'il n'existe aucun plan
d'alignement, et que l'acquéreur d'une maison
voulant la reconstruire, en demande la permission
à l'autorité municipale qui lui ordonnera de reculer
plus ou moins; il y aura-t-il lieu à garantie pour
un tel préjudice?

Non assurément, car cette éviction résultant
d'une loi générale, était présumée connue. « Peu
» importe, dit M. Troplong, *Traité de la vente,*
» n° 418, d'où vienne la connaissance qu'a l'ache-
» teur du danger de l'éviction. Si cette connais-
» sance existe positivement, elle suffit pour que
» l'acheteur ne puisse rien reprocher au vendeur
» au sujet d'une éviction à laquelle il a dû s'at-
» tendre (Pothier, *Tr. de la vente ,* n° 188). —
» La loi 27, Cod. *de evict ,* me paraît décisive.
» Elle ne s'enquiert que d'une chose. L'acheteur
» a-t-il connu le péril (*Sciens*)? Ce point une fois

» constaté, elle ne recherche pas quelle est la voie
» qui a conduit l'acheteur à ces informations ; car
» ceci est indifférent. En effet, c'est le cas de répé-
» ter avec Cicéron : *Ubi judicium emptoris est,*
» *ibi fraus venditoris quae potest esse?* — Et
» c'est en partant de cette idée, que l'ancienne
» jurisprudence décidait que l'acheteur n'avait pas
» de recours en garantie pour l'éviction causée par
» le retrait lignager (*Pothier*, n° 88) ; car ce
» retrait procédait d'une loi municipale que nul
» n'était censé ignorer : *Ex consuetudine notâ*
» *lippis et tonsoribus,* comme dit Tiraqueau,
» (*de ret. gent.*, § 12, *glos.* 1, n° 6.) — Voilà
» aussi pourquoi le retrait successoral, consacré
» par l'art. 841 du Cod. civ., ne donne pas ouver-
» ture à la garantie (*M. Duranton*, t. 16, n° 259).
» C'est une cause d'éviction présumée connue. —
» Enfin la règle qui veut que le vendeur ne soit pas
» tenu des servitudes apparentes (1638 C. c.) et
» des défauts visibles de la chose (1642), est la
» conséquence de ce principe. »

Aussi, par arrêt du 21 janvier 1835 (*Sirey*, 35-
2-247), la Cour royale d'Orléans a-t-elle, dans un
cas de cette nature, rejeté une demande en garantie en adoptant les motifs suivants : « Considé-
» rant que l'éviction, dans le sens de la loi, repose
» essentiellement sur le droit d'un tiers, qui pré-
» tend, pour tout ou partie, avoir la propriété qu'il
» revendique, et en force le délaissement ; —
» qu'il n'y a aucune identité entre l'éviction qui

» constitue la recherche en garantie contre un
» vendeur, et la perte qu'un propriétaire peut
« éprouver par suite des alignements que l'autorité
» municipale est dans le droit d'accorder ; — que
» si la loi de 1807 a voulu faire cesser tout arbi-
» traire dans une matière aussi délicate, elle n'a
» point créé un droit nouveau ; — que si tout pro-
» priétaire de maison ne peut bâtir sans obtenir
» un alignement, cette obligation est de droit
» commun et inhérente à la propriété, dans l'in-
» térêt des villes et des communes ; — qu'il suffit
» d'ailleurs que l'indemnité du terrain soit payée
» par la ville, dans le cas de démolition volontaire
» ou forcée par la vétusté, pour que le délaisse-
» ment forcé ne soit qu'à la charge d'une véritable
» indemnité ; — qu'il suffit enfin qu'il n'y ait
» aucune identité entre le principe ordinaire des
» évictions et la question de voirie qui est de
» droit public, pour en tirer la conséquence que
» l'acquéreur n'est pas fondé dans sa demande. »

Nous pensons que la solution devrait être iden-
tique lors même qu'il existerait un plan d'alignement arrêté antérieurement à la vente, et d'où
résulterait la nécessité du reculement, parce que
l'acquéreur devrait être présumé en avoir eu
connaissance et serait en tort de ne l'avoir pas
consulté; l'existence de ces plans arrêtés par ordonnances royales et précédés d'informations faites
avec une grande publicité, étant une chose notoire
dans la commune.

Dans une espèce analogue, la Cour royale de
Grenoble a, suivant arrêt du 2 juillet 1840
(*Sirey*, 41-2-191) et malgré une promesse générale de garantie, rejeté le recours de l'acquéreur
contre le vendeur dans les termes suivants : « At-
» tendu que lorsque Crozat a acquis, des héritiers
» Faure, la maison dont il s'agit, il ne pouvait
» ignorer que la ville de Valence avait été classée
» comme place de guerre par la loi de juillet 1791;
» il savait, d'ailleurs, que cette maison était
» confinée par le rempart, ainsi que cela est énoncé
» dans son acte d'acquisition, et qu'il s'exposait,
» par conséquent, à tous les inconvénients ou
» préjudices résultant du voisinage des fortifica-
» tions; — Attendu, dès-lors, qu'il est évident
» que la garantie n'a été stipulée que pour le cas
» d'éviction de la chose vendue, procédant du
» fait des vendeurs eux-mêmes, et non pour le
» fait du gouvernement, à raison d'une simple
» servitude militaire apparente qui était indiquée
» dans l'acte d'acquisition, où la maison est dite
» tantôt adossée aux remparts, tantôt confinée au
» nord par le rempart....; Déclare l'état proprié-
» taire de la partie du mur d'enceinte contre la-
» quelle est adossée la maison de Crozat; déclare
» cette partie du mur franche de tout droit de
» mitoyenneté ou d'appui; condamne, en con-
» séquence, Crozat à dégarnir et rendre libre
» cette partie du mur d'enceinte, sauf à lui à
» clore et consolider sa maison de ce côté par un

» contre-mur construit entièrement sur son sol
» et sans appui sur le mur de l'état; met les hé-
» ritiers Faure hors de cour sur la demande en
» garantie. »

Enfin nous admettrons une troisième hypothèse,
celle où, à défaut de plan général arrêté, le vendeur aurait, antérieurement à l'aliénation, demandé un alignement partiel qui lui aurait été
délivré par le maire, avec la condition de reculer,
mais dont il n'aurait point donné connaissance à
son acquéreur.

Notre avis est que, dans ce cas, on devrait
accorder la garantie contre le vendeur, parce qu'il
y aurait de sa part dissimulation et fraude, et que,
d'ailleurs, l'éviction se trouverait consommée avant
la vente; pour qu'une charge ne donne lieu à
aucun recours, il faut que le vendeur et l'acquéreur
l'aient également connue *si sciens à sciente
emerit,* dit Tiraqeau (*de retract. gent.,* § 12,
glos. 1, n°s 7 et 8); il faut que les deux positions soient égales; quand on achète une maison
dans une localité où il n'y a point d'alignement
arrêté, on pourra, à la vérité, être assujetti à un
reculement quand, plus tard, on voudra rebâtir,
mais il y a incertitude; l'acquéreur court des
chances favorables ou défavorables; il n'en est
plus de même ici, puisqu'il y a décision prise et
éviction réalisée; la maison n'est plus entière, et
une partie n'en existe désormais que précairement;
la valeur du sol sera payée, il est vrai, lors de la

dépossession effective, mais elle ne nous paraît pas former une indemnité suffisante, et nous n'approuvons pas le motif donné à cet égard, par l'arrêt de la Cour d'Orléans qui vient d'être cité ; le dédommagement est trop peu en rapport avec le préjudice éprouvé, surtout lorsque, comme dans notre espèce, il y a mauvaise foi. L'expropriation pour cause d'utilité publique ne donne pas plus lieu à la garantie que l'alignement, mais c'est à la condition qu'elle n'aura pas été opérée avant la vente. « L'éviction, dit M. Tro-» plong (*Traité de la vente*, n° 423), dont le » principe est *postérieur* au contrat, reste pour le » compte de l'acquéreur. Ainsi, si je suis exproprié » pour cause d'utilité publique et en vertu de me-» sures d'administration, ordonnées *après la* » *vente*, je n'aurai pas de recours contre vous; » d'où, *à contrariò*, il y aurait lieu à ce recours si l'expropriation était antérieure, et qu'on l'eût dissi-mulée à l'acquéreur.

32° Au reste, lorsqu'une propriété est assujettie à un retranchement par suite, soit d'un plan d'alignement approuvé par ordonnance royale, soit d'un arrêté particulier du maire, soit d'un arrêté du préfet rendu en vertu de l'art. 15 de la loi du 21 mai 1836 s'il s'agit d'un chemin vicinal, l'indemnité en résultant doit appartenir à l'acqué-reur, à moins que le vendeur n'ait fait à cet égard une réserve expresse ; c'est ce qui a été décidé par un arrêt du conseil d'état, du 20 novembre 1840

(*Sirey*, 41-2-157), dans une espèce où il s'agissait d'une indemnité due par l'état à raison de dommages occasionnés par des travaux publics antérieurement à la vente, mais dont le réglement n'avait eu lieu que postérieurement; « sur le moyen » tiré, portent les motifs, de ce que les sieur et » dame Maillart n'auraient acquis les propriétés » dont il s'agit que depuis la construction du » déversoir, et, par suite, n'auraient pas qualité » pour réclamer une indemnité à raison de cette » construction : — considérant qu'il est reconnu » par l'administration qu'en vendant aux sieur » et dame Maillart les propriétés dont il s'agit, » leurs auteurs n'ont fait aucune réserve; que » dès-lors les requérants ont acquis tous les droits » mobiliers et immobiliers attachés auxdites pro- » priétés, et notamment celui de réclamer, le » cas échéant, l'indemnité en litige..... »

33° Par application des mêmes principes, les portions de terrain qui, au moyen de l'alignement, se trouveraient retranchées de la rue ou du chemin, devraient appartenir à l'acquéreur, à la charge d'en payer le prix à la commune, conformément aux art. 53 de la loi du 16 septembre 1807, et 19 de celle du 21 mai 1836, sans que le vendeur puisse les conserver pour lui.

Vainement ce dernier prétendrait-il que, la présomption étant que la voie publique a été originairement formée aux dépens de sa propriété, c'est à son profit que doit avoir lieu la restitution par suite

de la résolution de sa dépossession *causâ datâ,
causâ non secutâ*, du moment que le motif d'u-
tilité publique qui l'avait fait dépouiller n'existe
plus; et que c'est même à l'aide de cette présomption que M. le comte Roy, rapporteur de la loi
du 21 mai 1836, a justifié la disposition de l'art.
19 qui consacre le droit de préférence accordé aux
riverains.

Nous pensons, au contraire, que c'est au profit
du possesseur actuel que, par une sorte d'accrois-
sement *de re, ad rem*, doit s'opérer la cession du
terrain désormais inutile à la voie publique; d'une
part, et lors même que la présomption invoquée
serait exacte, le véritable motif qui a déterminé le
privilége de préemption en faveur des voisins, et
qui est de ne pas permettre l'interposition d'un
tiers entre la rue ou le chemin et le voisin qui y
touchait précédemment, s'opposerait toujours à ce
que la parcelle abandonnée tombât en d'autres
mains que celles du propriétaire du fonds contigu
qui, autrement, se trouverait privé de ses jours et
de ses issues. « Il ne serait pas tolérable, dit
» M. le comte Roy dans le même rapport, que
» par la suppression du chemin, des étrangers
» pussent venir s'établir au milieu de la propriété
» (du riverain) et quelquefois même au milieu
» de sa cour; » c'est aussi principalement par cette
considération que MM. Delalleau (*Traité de l'exprop.*, n° 711) et Cotelle (*Cours de droit adm.*,
tom. 1, pag. 527, 2ᵉ édit.) se décident en faveur

de l'acquéreur dans une hypothèse bien moins
favorable que la nôtre, celle de la rétrocession
en vertu de l'art. 60 de la loi du 3 mai 1841 des
terrains expropriés, mais non employés aux travaux pour lesquels ils étaient destinés ; « nous
» croyons, dit le premier de ces auteurs, que
» l'acquéreur est l'ayant-droit de l'ancien pro-
» priétaire pour tout ce qui tient à l'immeuble
» par lui acquis, et que c'est à lui qu'appartient
» le droit d'exiger la rétrocession. Cette interpré-
» tation est d'ailleurs la plus conforme à l'équité.
» Si le canal ou la route devait traverser la propriété
» et la diviser en deux, serait-il juste que le ven-
» deur pût se rendre, par privilége, acquéreur du
» terrain intermédiaire ? et son seul but ne serait-
» il pas de forcer l'acquéreur de lui racheter ce
» terrain à un très-haut prix ? En aliénant le sur-
» plus de sa propriété, il a nécessairement trans-
» mis tacitement à l'acquéreur tous les droits qui
» se rattachaient à cet immeuble, et par conséquent
» celui de réclamer éventuellement la remise du
» surplus du terrain, s'il n'était pas employé aux
» travaux d'utilité publique projetés. »

D'un autre côté, s'il peut arriver qu'une voie
publique ait été originairement établie aux dépens
des propriétés qu'elle traverse, nous sommes loin
de regarder cette hypothèse comme la plus générale ; lors de la division du sol entre les premiers
possesseurs, les chemins nécessaires à son exploitation ont été laissés en dehors des différents lots,

et alors ce sont les principes de l'alluvion qui
doivent être appliqués quand ces chemins viennent
à être supprimés, rétrécis ou redressés; or, en
pareil cas, les terrains conquis sur les eaux appartiennent, à moins de stipulations contraires, à
l'acquéreur, ainsi que l'a jugé la Cour de cassation,
le 11 novembre 1840 (*Sirey*, 40-1-1001), en
rejetant le pourvoi formé contre un arrêt de la
Cour de Rouen du 30 janvier 1839 (*Sirey*, 39-
2-252) qui portait que « les modifications éven-
» tuelles (du fonds) sont au profit comme au
» détriment des acquéreurs....; que si la réclama-
» tion (du vendeur) était accueillie, elle aurait
» pour étrange conséquence de réserver aux ven-
» deurs successifs..... le droit de revendiquer les
» extensions provenant de la retraite des eaux,
» sans être tenus de supporter les retranchements
» opérés par l'envahissement du fleuve..... »

34° L'acquisition des terrains nécessaires à
l'établissement, au rélargissement ou à l'alignement des chemins vicinaux de grande et de petite
communication n'est passible, aux termes de l'art.
20 de la loi du 21 mai 1836, que du droit fixe
d'un franc, pour l'enregistrement. Nous soutenons
même (n°s 70 et 102, pages 262 et 406, ci-
dessus) que cette formalité doit être remplie
gratis lorsque l'acquisition, au lieu d'être amiable,
a été opérée par voie d'expropriation, en vertu de
l'art. 16 de la même loi.

Un avis du conseil d'état du 18-25 janvier 1837

et une circulaire du ministre de l'intérieur du 10
décembre 1839, ayant décidé qu'au préfet appartenait le droit de donner les alignements en vertu
de la même loi, dans les rues des bourgs et villages servant au passage des chemins vicinaux de
grande communication, on doit en induire que
les cessions de terrains nécessitées par ces alignements ne sont également passibles que du droit
fixe d'un franc.

Comme l'ouverture des rues nouvelles dans les
villes, bourgs et villages, ne peut guère avoir lieu
qu'au moyen de l'expropriation, il en résulte, aux
termes de l'art. 58 de la loi du 3 mai 1841, une
exemption complète des droits de mutation et de
timbre pour les cessions de bâtiments et de terrains
faites dans ce but; il n'est pas même nécessaire que
le jugement d'expropriation ait été prononcé par
le tribunal, il suffit qu'il y ait ordonnance royale
déclarative de l'utilité publique, suivie de l'arrêté
du préfet déterminant les propriétés qui doivent
être cédées.

En sera-t-il de même pour les cessions des parties
de terrains et de bâtiments qui, d'après un plan
d'alignement approuvé par ordonnance royale,
doivent être réunies au sol des rues et des places des
villes, bourgs et villages qui ne sont traversées ni
par de grandes routes, ni par des chemins vicinaux
de grande communication?

Un jugement du tribunal de première instance
de Caen, du 25 août 1842, rapporté dans le *Re-*

*cueil des lois, arrêts, etc., sur l'enregistrement,
le timbre, etc.,* par M. Roland (art. 6561, tom.
4, pag. 733), adopte la négative et soumet le
montant de l'indemnité revenant au propriétaire
au droit de mutation de 5 et demi p. $_0/^{0}$, non
compris le dixième, sur le motif que la loi du 22
frimaire an VII n'admet aucune distinction entre
les acquisitions faites par les communes et celles
faites par les particuliers; que si l'art. 7 de la loi
du 16 juin 1824 avait déclaré que les communes ne
paieraient qu'un droit fixe de 10 fr. pour enregistrement et transcription, lorsqu'il s'agirait d'une
destination d'utilité publique, cette faveur a été
retirée par l'art. 10 de la loi du 18 avril 1831;
que l'affranchissement de tout droit par l'enregistrement *gratis,* n'est accordé par la loi du 3 mai
1841, qu'aux contrats et actes faits en vertu de
cette loi et à la condition expresse qu'avant l'acquisition il sera obtenu un arrêté du préfet pour
les autoriser; que cette exception est de droit étroit
et que l'ordonnance royale qui *homologue* un plan
d'alignement ne peut être l'équivalent de la condition dont il s'agit.

Nous ne pouvons donner notre assentiment à
cette décision qui aurait pour effet de soumettre
à une exception qu'aucune raison particulière ne
justifie, une hypothèse évidemment pareille à
celles dont nous avons, à dessein, présenté le rapprochement ci-dessus.

Si nous demandons l'exemption des droits d'en-

registrement pour la transmission des terrains à
réunir à la voie publique au moyen d'alignements,
ce n'est point en vertu d'un privilége spécial en
faveur des communes et à raison de leur qualité
de corps moraux, c'est parce que l'opération dont
il s'agit est une véritable expropriation pour cause
d'utilité publique, qu'elle en revêt toutes les
formes, qu'elle en offre toutes les garanties et
qu'au fond elle en produit tous les effets. Ce qui
constitue l'expropriation et ce qui la différencie des
ventes ordinaires, c'est la déclaration d'utilité publique résultant d'une loi ou d'une ordonnance
royale rendue après l'accomplissement de certaines
formalités; or, ces conditions ne se rencontrent-
elles pas toutes dans l'alignement? n'y a-t-il pas,
à vue de plans, enquête dans la forme prescrite
par le réglement d'administration publique du 23
août 1835, et ensuite ordonnance royale qui approuve le tracé et en déclare l'utilité publique?
n'y a-t-il pas lieu, conformément à la circulaire
ministérielle du 23 août 1841, de recourir au jury
spécial pour fixer l'indemnité, si un accord n'intervient pas entre la commune et les particuliers?
Aussi cette circulaire, après avoir rappelé que les
informations prescrites par celle du 29 octobre
1812, comme préliminaire à l'approbation des
plans d'alignement, différaient des enquêtes exigées en cas d'expropriation par l'ordonnance
royale du 23 août 1835, continue-t-elle ainsi :
« Puisque les plans d'alignement approuvés par

» le roi sont appelés à avoir *la même valeur et*
» *les mêmes effets* que les ordonnances déclara-
» tives d'utilité publique (en cas d'expropriation),
» il est nécessaire que les dispositions légales,
» particulières à la procédure qui précède l'obten-
» tion des unes, soient appliquées à celle qui est
» suivie à l'égard des autres. »

Les légères différences que l'on n'a pu faire
disparaître ne tiennent pas au fond des choses,
mais seulement à des circonstances particulières
et accessoires. Par exemple, si le préfet n'a point
à prendre d'arrêté après l'ordonnance et ensuite
d'une nouvelle enquête, pour déterminer les propriétés à céder, c'est que le plan parcellaire et
l'enquête d'application du projet au terrain ont
précédé cette ordonnance qui en contient l'approbation spéciale et formelle et par suite la désignation des terrains; si un jugement n'est point
nécessaire (et d'ailleurs l'art. 53 de la loi du 3
mai 1841 n'en fait pas une condition pour l'exemption du droit d'enregistrement), c'est que dans
l'alignement on n'a pas besoin de déposséder ins-
tantanément, et, on peut en quelque sorte dire,
violemment, le propriétaire qui, après la démolition de son bâtiment, se trouve dans la nécessité
de faire de lui-même l'abandon du sol pour obtenir la permission de reconstruire sur la ligne qui
lui a été tracée. Pourquoi alors l'assimilation de
valeur et d'effets résultant de l'identité de but, de
formes et de garanties, ne s'étendrait-elle pas au

bénéfice de l'exemption des droits d'enregistrement?

Il nous semble donc que c'est sans motifs suffisants que l'on veut distinguer deux choses identiques et que, par une espèce de jeu sur les mots, on retire à la partie le privilège que l'on accorde au tout. Nous avons l'espoir que si la question était soumise à la Cour de cassation, elle serait résolue dans un sens plus conforme, non-seulement à l'esprit de la loi qui a voulu favoriser les entreprises d'utilité publique et affranchir les communes de droits onéreux pour des acquisitions de propriétés qui ne sont point productives de revenus, mais encore à son texte qui attache le bénéfice de l'exemption à la seule déclaration d'utilité publique faite par le pouvoir souverain. Au reste, elle a déjà été décidée d'une manière conforme à notre avis par un jugement du tribunal civil de la Seine, du 6 janvier 1841, rapporté également dans le recueil de M. Roland (art. 6142, tom. 4, pag. 572). Dans l'espèce de cette sentence, le plan d'alignement n'avait pas même été approuvé par ordonnance royale, parce qu'il s'appliquait à une localité dont la population était inférieure à 2,000 habitants et pour laquelle, par conséquent, la loi du 16 septembre 1807 n'était point obligatoire. Il y a même plus, c'est qu'un ancien maire de Vaise ayant, par une pétition adressée à la chambre des députés, demandé une loi qui diminuât les frais de cession des parcelles de terrain par suite d'ali-

guement, la chambre a passé à l'ordre du jour dans
la séance du 15 février 1843, en adoptant les conclusions de sa commission ainsi motivées par
M. Ternaux, rapporteur : « Une circulaire émanée
» du ministre de l'intérieur, en date du 23 août
» 1841, a reconnu que le réglement des indem-
» nités dues pour terrains retranchés devait avoir
» lieu dans les formes et suivant les règles tracées
» par la loi du 3 mai 1841 ; cette nouvelle manière
» de procéder évitera encore des frais considérables
» aux communes, puisqu'en vertu de l'article 58
» de cette loi, tous les actes que son application
» entraîne sont exemptés des droits de timbre et
» d'enregistrement. » (*Moniteur du 16 février
1843, n° 47, pag. 283.*)

Si cependant on admettait que le droit de mutation fût dû, il faudrait dire, d'une part, qu'il
serait à la charge exclusive de la commune en sa
qualité d'acquéreur, conformément aux art. 1593
du Cod. civ. et 31 de la loi du 22 frimaire an VII,
et, en second lieu, qu'il ne serait prescriptible que
par trente années, à moins que la transmission
de propriété ne se trouvât mentionnée dans un
acte soumis à l'enregistrement, cas auquel la prescription s'accomplirait par le laps de deux ans,
suivant le n° 1er de l'art. 60 de ladite loi. Les 30
années courraient du jour même de l'acte constatant la mutation de propriété, parce que le maire
l'ayant signé, il devient authentique et acquiert
une date certaine.

Par les raisons déduites au n° 99, pag. 336, ci-dessus, nous pensons que les cessions de terrains à faire aux riverains par les villes et communes, en exécution d'alignements, ne sont point exemptes du droit d'enregistrement, comme, selon nous, doivent l'être celles en sens inverse.

35° La réunion par voie d'alignement, au domaine public, de parcelles de propriétés privées ne pouvant avoir pour effet de les affranchir des hypothèques grevant le fonds dont elles sont distraites, il y aura lieu à remplir les formalités prescrites par la loi pour opérer la purge; cependant, comme ces parcelles sont souvent d'une valeur très-faible, une ordonnance royale du 18 avril 1842 a établi à ce sujet les règles suivantes : « — Art. 1er. Les maires des communes, auto- » risées à cet effet par délibérations des conseils » municipaux, approuvées par les préfets, pour- » ront se dispenser de remplir les formalités de » purge des hypothèques, lorsqu'il s'agira d'ac- » quisitions d'immeubles faites de gré à gré et dont » le prix n'excédera pas 100 francs. — Art. 2. A » l'égard des acquisitions faites en vertu de la loi » du 3 mai 1841, sur l'expropriation pour cause » d'utilité publique, les maires seront tenus de » se pourvoir également de l'autorisation des » conseils municipaux et de l'approbation des » préfets, avant d'exercer la faculté donnée par » l'art. 19 de la susdite loi, de ne point purger » les hypothèques pour les acquisitions dont la

» valeur ne s'élèverait pas au-dessus de 5oo fr. —
» Art. 3. En conséquence, les receveurs muni-
» cipaux pourront acquitter les mandats délivrés
» par les maires pour le paiement des acquisitions
» mentionnées dans les deux articles précédents,
» pourvu que ces mandats indiquent la délibéra-
» tion du conseil municipal, approuvée par le
» préfet, qui autorise le maire à ne pas procéder à
» la purge des hypothèques. — Art. 4. L'ordon-
» nance royale du 23 avril 1823 est rapportée
» en ce qui serait contraire à la présente. »

36° Nous avons dit, au § 28, page 578 ci-dessus,
que deux moyens étaient ouverts à l'administration pour arriver à l'établissement et à la rectification des voies publiques de toute espèce, routes,
chemins ou rues : celui de l'expropriation et celui
de l'alignement. Le premier est général : il peut
être employé dans tous les cas ; mais il n'en est pas
de même du second, qui est restreint dans de certaines limites souvent fort difficiles à déterminer,
et que cependant l'autorité ne doit jamais dépasser.

Pour bien saisir l'importance de la distinction,
non moins que pour poser les principes destinés à
servir de base aux solutions des diverses espèces, il
est indispensable de présenter dans un court parallèle, les points de dissemblance qui existent entre
ces deux moyens ayant également pour résultats
définitifs une atteinte à la propriété privée.

Ils diffèrent dans leur principe, dans leur portée,
par leur mode d'action et par l'époque de leur

exercice, par la nature de l'indemnité qu'ils entraînent, enfin par les formes dont ils sont entourés.

Dans leur *principe :* ═ l'expropriation dérive seulement du contrat social général et de la règle de droit universel qui veut que l'intérêt d'un seul cède à l'intérêt de tous, *selon*, comme le dit Grotius (*liv.* 3, *chap.* 20, § 7, n° 2), *l'intention raisonnablement présumée de ceux qui ont formé les sociétés.* — L'alignement, au contraire, a sa source dans un quasi-contrat spécial d'une sorte de communauté de fait entre l'administration et les propriétaires riverains; en construisant sur la voie publique, ces derniers y acquièrent gratuitement des droits d'issues, de jours, d'écoulement d'eaux et de passage, en échange desquels il est juste qu'à leur tour, ils soient soumis à tous les réglements de police qui ont pour objet le bon état de viabilité, la sécurité et la salubrité publiques, ce qui emporte l'obligation implicite de fournir, aux dépens de leurs propriétés, les portions de terrain nécessaires pour atteindre ces buts; tirant plus que tous les autres citoyens des avantages immédiats des voies de communication pour eux et leurs héritages, il faut, par réciprocité, qu'ils se trouvent assujettis, dans l'intérêt du chemin, à des charges plus onéreuses que celles qui pèsent sur les propriétaires de fonds privés de pareils bénéfices.

Dans leur *portée :* ═ l'expropriation s'applique d'une manière générale à toute espèce de propriété, quelles que soient sa situation, son importance et son étendue; selon les besoins et les circonstances, elle l'attaque dans son ensemble ou dans ses parties; quand elle ne prend pas le fonds en totalité, elle le divise en en rendant souvent une des portions inaccessible ou improductive, en enlevant, par exemple, des bâtiments à une exploitation rurale, des terres à une métairie, la force motrice à une usine. — L'alignement, au contraire, ne porte presque jamais que sur une parcelle du fonds, qu'il entame seulement sur un de ses bords sans le morceler et sans en détruire l'ensemble, procurant même quelquefois une plus-value importante à ce qu'il laisse. = Par l'une, le domaine public se trouve augmenté d'un fonds qui incontestablement ne lui a jamais appartenu; au moyen de l'autre, l'administration ne fait souvent qu'obtenir le relâchement d'anticipations commises à une époque où les constructions n'étaient assujetties à aucune règle ni à aucune surveillance. = La première est nécessairement et dans tous les cas une acquisition; le second n'est pour ainsi dire qu'une mesure de police et une restitution. = Ce dernier a pu être prévu; celle-là vient frapper inopinément le propriétaire. « Dans le premier cas, dit M. Cotelle » (*Cours de droit administratif*, tom. 3, p. 225, » 2ᵉ édit.), la condition de la propriété se trouve » *subitement* changée par une circonstance im-» prévue, et il y a sacrifice complet, privation » d'une partie de la propriété dans son état pré-

» sent; dans le second cas, le droit de propriété se
» trouve modifié par l'exercice d'une charge *anté-*
» *rieurement imposée* sur le fonds, qui le pla-
» çait dans une condition exceptionnelle et *connue*
» *du propriétaire.* »

Par leur *mode d'action et par l'époque de
leur exercice.* ⚌ L'expropriation produit son effet sur-le-champ et simultanément par rapport à
tous les fonds qu'elle comprend; aussitôt que les
formalités qui la constituent sont remplies, elle enlève du même coup la propriété et la possession. —
L'alignement n'opère qu'à la longue et successivement; en rendant la propriété précaire et en la tenant sous le coup d'une menace perpétuelle, il
respecte cependant la jouissance. ⚌ L'une est ac-
tive, elle s'empare de la chose et démolit; l'autre
est en quelque sorte passif, il se borne à interdire
et laisse agir le temps, qui seul lui procure son
exécution. ⚌ Avec l'une on fait rapidement de
grands travaux nouvellement conçus; avec l'autre
on se borne à améliorer lentement ce qui existe. ⚌
Quand l'autorité supérieure a déclaré l'utilité publique, le propriétaire du fonds compris dans le
projet d'expropriation a une action directe pour
forcer, dans un délai déterminé, l'administration
à le mener à fin et à lui payer son indemnité
(art. 14, 2ᵉ alin., et 55 de la loi du 3 mai 1841);
il n'en est pas de même du maître du bâtiment ou
de l'héritage sujet à reculement ou à retranchement : il ne peut agir en justice pour exiger son

paiement, il n'a que le moyen indirect, après avoir démoli, de demander à reconstruire. $=$ Quelques mois suffisent pour consommer l'une; des années et souvent des siècles sont nécessaires pour que l'autre ait entièrement produit son effet et arrive à son terme.

Par *la nature de l'indemnité à laquelle ils donnent lieu* : $=$ Celle en cas d'expropriation est complète; elle doit être de la valeur vénale de la chose dans son état actuel, y compris les constructions ou plantations, et en outre comprendre l'équivalent de la dépréciation du surplus de la propriété, en ayant toutefois, et par réciprocité, égard à l'augmentation de valeur immédiate et spéciale que ce surplus pourrait, d'un autre côté ou dans d'autres circonstances, recevoir des travaux.— L'alignement, au contraire, ne donne lieu qu'au paiement du prix du sol nu, sans égard aux constructions qui le couvraient, non plus qu'au dommage que le retranchement opéré peut causer au reste du terrain. $=$ Cette différence est nettement exprimée dans les deux articles suivants de la loi du 16 septembre 1807.

« Art. 49. — Les terrains nécessaires pour l'ou- » verture de canaux, de routes, de rues, la for- » mation de places et autres travaux reconnus » d'une utilité générale, *seront payés* à leurs pro- » priétaires, et *à dire d'experts d'après leur* » *valeur avant l'entreprise des travaux* (a). —

(a) Disposition qui est expliquée et complétée par les art. 51

» Art. 5o. Lorsqu'un propriétaire fait volontaire-
» ment démolir sa maison, lorsqu'il est forcé de
» la démolir pour cause de vétusté, *il n'a droit à*
» *indemnité que pour la valeur du terrain*
» DÉLAISSÉ, si l'alignement qui lui est donné par
» les autorités compétentes le force à reculer sa
» construction. »

Une autre différence essentielle, qui peut encore
rentrer dans celle de la nature et de l'étendue de
l'indemnité, consiste en ce que, dans le cas d'expropriation, la plus légère atteinte portée à un bâtiment, ou le morcellement, dans de certaines
conditions, d'une autre propriété, met l'administration dans la nécessité d'acquérir le tout si le propriétaire l'exige (art. 5o de la loi du 3 mai 1841);
tandis qu'en fait d'alignement, il faudrait que la
portion laissée au propriétaire ne fût plus susceptible, par son exiguité, de recevoir aucune espèce de
construction, pour que l'état ou la commune pût
être contraint d'acheter autre chose que ce qui est

et 52 de la loi du 3 mai 1841, ainsi conçus : « Art. 51. Si
» l'exécution des travaux doit procurer une augmentation de
» valeur immédiate et spéciale au restant de la propriété, cette
» augmentation sera prise en considération dans l'évaluation du
» montant de l'indemnité. » — « Art. 52. Les constructions,
» plantations et améliorations ne donneront lieu à aucune in-
» demnité, lorsque, à raison de l'époque où elles auront été
» faites ou de toutes autres circonstances dont l'appréciation
» lui est abandonnée, le jury acquiert la conviction qu'elles
» ont été faites dans la vue d'obtenir une indemnité plus
» élevée. »

rigoureusement nécessaire pour l'élargissement ou la rectification de la voie publique.

Enfin par *la forme.* = La procédure d'expropriation se compose, d'après la loi du 3 mai 1841, de trois parties distinctes : la première, entièrement administrative, ayant pour objet de faire déclarer l'utilité publique et d'appliquer contradictoirement avec les intéressés, le projet au terrain ; la seconde, du ressort exclusif des tribunaux civils gardiens-né de la propriété et seuls investis du pouvoir de la transférer en suppléant la volonté du maître refusant, après s'être préalablement assuré que toutes les formes protectrices des droits privés ont été observées ; enfin la dernière attribuée au jury chargé, seulement en qualité d'expert, de la fixation du chiffre de l'indemnité. — De ces diverses mesures, celles comprises dans la 1re et la 3e périodes sont seules applicables à l'alignement, et encore les formes de la première sont-elles simplifiées, puisque les deux enquêtes sont réduites à une seule, et que l'ordonnance royale, qui dans tous les cas suffit, déclare l'utilité publique en même temps qu'elle fait directement l'application du projet aux propriétés particulières, sans renvoi, pour ce second objet, soit à la commission instituée par l'art. 8 de la loi du 3 mai 1841, soit au conseil municipal et au préfet en conseil de préfecture, conformément aux art. 11 et 12 de la même loi (*a*). Quant à

_____

(*a*) Et encore cette partie des formes de l'expropriation, sur l'intervention de l'autorité judiciaire, elle n'est point utile à l'administration, en ce que celle-ci ne se trouve jamais dans le cas de se mettre de vive force en possession de la parcelle de propriété destinée au rélargissement de la voie publique, le sol de cette parcelle s'y réunissant forcément par le fait à raison de l'impossibilité pour le propriétaire d'y élever de nouvelles constructions après la démolition de celles qui y existaient et dont il lui était interdit de prolonger la durée par des réparations.

Ces principales différences entre l'expropriation et l'alignement, étant signalées, abordons la question qui fait l'objet de ce §, et recherchons, à l'aide des notions ci-dessus, quand la voie de l'alignement peut ou non être employée.

Selon nous, le principe est qu'il ne doit y avoir lieu à *alignement* que lorsqu'il s'agit du rélargissement d'une voie publique ou d'une légère rectification ayant pour but de faire disparaître des saillies, des renfoncements ou des courbes; mais que quand l'administration veut ouvrir une rue nouvelle, former une place ou opérer un redresse-

laquelle nous reviendrons plus tard, n'a-t-elle été étendue à l'alignement que par analogie et récemment en vertu de la circulaire ministérielle du 23 août 1841; auparavant tout se bornait à une enquête moins solennelle que celle organisée par l'ordonnance royale du 23 août 1835, et à une estimation par experts, à vue de laquelle statuait le conseil de préfecture, conformément aux art. 56 et 57 de la loi du 16 septembre 1807.

ment tel que dans une partie notable il faille abandonner le tracé existant pour y en substituer un différent, elle doit nécessairement recourir à la voie de l'expropriation.

Les cas d'application de chacun de ces moyens sont assez nettement indiqués, relativement aux chemins vicinaux, par les art. 15 et 16 de la loi du 21 mai 1836, dont les dispositions doivent, par analogie, servir de règles pour les routes et les rues : « Les arrêtés des préfets portant *reconnais-* » *sance et fixation de la largeur* d'un chemin » vicinal, dit le 1ᵉʳ de ces articles, attribuent dé- » finitivement au chemin le sol compris dans les » limites qu'ils déterminent. Le droit des proprié- » taires riverains se résout en une indemnité qui » sera réglée à l'amiable ou par le juge de paix du » canton, sur le rapport d'experts nommés confor- » mément à l'art. 17. — Les travaux *d'ouverture* » *et de redressement* des chemins, déclare le 2ᵉ, » seront autorisés par le préfet. Lorsque pour » l'exécution du présent article, il y aura lieu de » recourir à l'expropriation, le jury spécial chargé » de régler les indemnités ne sera composé que de » quatre jurés, etc...... » Dans l'hypothèse du premier, concernant un simple rélargissement, il y a *alignement;* dans le second, qui comprend la création d'une voie nouvelle ou, comme nous l'avons expliqué n° 64 ci-dessus, la substitution d'un tracé en ligne droite à une ligne courbe ou sinueuse qui est abandonnée, on est obligé de re- courir à *l'expropriation.*

La différence de formes et d'effets entre les deux
cas n'est point le résultat de l'arbitraire; elle repose sur la raison et sur le droit; pour s'en convaincre il suffit de rappeler quelques-uns des traits
du parallèle présenté plus haut. Lorsqu'on joint une
voie publique, on en a retiré pendant longtemps les
avantages; en retour, on doit aussi supporter les
charges qu'entraîne sa proximité; on a d'ailleurs
pu et dû prévoir ces charges; l'acquéreur du fonds
voisin a nécessairement pris en considération
l'état de la voie qui le dessert, et il a fixé son
prix en conséquence; si le chemin ou la rue était
étroit et incommode, la propriété avait moins de
valeur, soit à cause de la difficulté d'y aborder, soit
par la prévision d'un rélargissement à opérer aux
dépens des héritages joignant; en général, le retranchement exigé est peu considérable, il ne porte
que sur une des rives du fonds; loin de déprécier
le surplus, il lui procure souvent une plus-value
importante; enfin, ordinairement ce retranchement
n'est qu'une restitution. Or rien de pareil quand
l'administration ouvre une voie nouvelle ou forme
une place; le propriétaire dépouillé n'a point pro-
fité antérieurement de leur voisinage, il n'en jouira
pas à l'avenir, puisque son fonds lui est enlevé en
totalité, ou que, s'il lui en reste une portion, on
lui fait tenir compte de ce dont elle s'est améliorée;
il n'a pu supposer le nouveau projet et, par suite, y
avoir égard lors de son acquisition; il subirait donc
une perte évidente s'il était obligé de céder une

40

partie de sa maison moyennant le prix du sol nu qui lui sera pris et sur la légitimité de la possession duquel il ne peut cependant s'élever aucun doute.

Il est donc impossible que deux positions aussi dissemblables soient soumises aux mêmes règles et aux mêmes exigences; le droit civil nous offre un exemple de la différence que produisent dans les effets, des circonstances de natures diverses analogues à celles que nous venons de signaler; lorsqu'une rivière se retire insensiblement de l'une de ses rives en se portant sur l'autre, le propriétaire envahi ne peut, aux termes de l'art. 557 du Code civil, ni réclamer son terrain, ni prétendre à aucune indemnité, parce que, ayant joui des avantages que procure la contiguité d'un cours d'eau, il doit en subir les inconvénients, qui d'ailleurs sont prévus. « Il existe, disait M. Portalis en exposant » les motifs de cet article, une sorte de contrat » aléatoire entre le propriétaire du fonds rive- » rain et la nature, dont la marche peut à chaque » instant ravager ou accroître ce fonds. » Mais si, au lieu d'une simple corrosion des bords, il y a formation d'un nouveau cours au milieu d'un héritage, le propriétaire prend à titre d'indemnité, en vertu de l'art. 563 du même Code, l'ancien lit abandonné; et cette indemnité, que les lois romaines n'accordaient pas, a été introduite par la jurisprudence française comme équitable en ce qu'ici rien ne compense la perte qui survient subitement et sans qu'on ait pu s'y attendre.

Lors de la discussion de la loi du 7 juillet 1833, un député ayant proposé un amendement tendant à empêcher qu'au moyen de la disposition de la loi du 16 septembre 1807 sur les alignements, on éludât l'attribution qui allait être faite au jury du réglement de l'indemnité, M. Legrand, commissaire du roi, fixa avec beaucoup de précision la ligne de démarcation entre les deux hypothèses. « Une semblable application, dit-il, de la loi de 1807
» me paraît tout à fait illégale, et, pour ma part, je
» ne connais pas un seul cas où l'administration
» chargée des travaux qui s'exécutent sur les fonds
» de l'état, l'ait appliquée dans ce sens. Il ne suffit
» pas que le projet d'une communication nouvelle
» soit arrêté pour que les terrains et bâtiments qui
» se trouvent sur la ligne de cette communication
» soient, dès ce moment même, frappés des ser-
» vitudes essentiellement inhérentes aux bâtiments
» et terrains situés le long des routes déjà ouver-
» tes. Ces servitudes ne sont que le prix des avan-
» tages que procure la jouissance de la communi-
» cation ; si les avantages n'existent pas (et ils
» n'existent pas, si la communication n'est pas
» ouverte), les servitudes ne peuvent pas être in-
» voquées. En un mot, les servitudes ne peuvent
» pas être antérieures à l'ouverture de la route, du
» canal ou de la rue nouvelle, puisqu'elles ne dé-
» rivent que de l'existence même de ces commu-
» nications. Quand il s'agit de les ouvrir pour la
» première fois, ce n'est pas par mesure d'aligne-

» ment qu'on doit procéder, mais par voie d'ex-
» propriation. Il faut, dans ce cas, acheter et
» payer dans leur entière valeur les terrains et bâ-
» timents qui doivent servir d'emplacement aux
» travaux, et toute interdiction de bâtir ou de ré-
» parer qui reposerait sur un plan uniquement ar-
» rêté dans le cabinet, et lorsqu'il n'y a encore ni
» route, ni canal, ni rue, serait une interdiction
» contraire à l'esprit de la loi. » (*Moniteur du*
10 *février* 1833, pag. 340.) Mêmes principes dans
la circulaire du ministre de l'intérieur du 23 août
1841; après avoir, conformément à un avis du
conseil d'état du 1er avril précédent, étendu aux
plans d'alignement la nécessité de l'enquête prescrite par l'ordonnance royale du 23 août 1835
comme préalable à l'expropriation, elle ajoute : « Il
» ne suit pas de là, toutefois, que les administra-
» tions locales soient dispensées de procéder, en
» cas d'ouverture et de formation de rues ou au-
» tres voies publiques nouvelles, aux enquêtes
» spéciales et autres formalités prescrites par le
» titre 2 de la loi du 3 mai 1841 et par les ins-
» tructions antérieures, notamment par celle du
» 23 janvier 1836, qui établit à cet égard une dis-
» tinction utile à maintenir. Les dispositions de la
» présente circulaire ne s'appliquent qu'aux pro-
» priétés riveraines des voies anciennes soumises à
» la loi générale des alignements; c'est un point
» sur lequel je dois particulièrement insister (*a*). »

_____

(*a*) Dès 1829, le ministre de l'intérieur avait émis la même

A la vérité, l'article 52 de la loi du 16 septembre 1807 semble mettre sur la même ligne l'ouverture des rues nouvelles et l'élargissement des anciennes, et appliquer à l'un et l'autre cas le moyen de l'a-

---

doctrine dans une lettre adressée au préfet de la Seine qui lui demandait une décision sur le projet d'une rue à ouvrir depuis la place de l'Hôtel-de-Ville jusqu'à la rue de la Coutellerie : « *L'ouverture d'une nouvelle voie publique*, disait-il, *étant* » *soumise à des règles différentes de celles qui s'appliquent* » *au redressement des anciens alignements par mesure de voi-* » *rie*, le projet dont il s'agit devra faire l'objet d'une instruc- » tion spéciale. Il convient d'abord que le conseil municipal » délibère sur la dépense à faire pour *l'acquisition immédiate* » *et simultanée de tous les immeubles que doit traverser la* » *nouvelle rue.....*; lorsqu'on sera tombé d'accord sur la ques- » tion d'alignement, vous aurez à faire *procéder aux forma-* » *lités prescrites par la loi du 8 mars* 1810 (art. 7 et suiv.), » lesquelles devront précéder l'ordonnance du roi qui déclarera » l'utilité publique. » — Aussi M. Davenne, qui, dans son *Re-* *cueil des lois sur la voirie*, avait d'abord professé une opinion contraire, est-il revenu aux vrais principes dans son *Supplément* publié en 1830, où il dit : « L'interdiction des grosses répara- » tions ne s'applique, d'après les anciens réglements généraux » restés en vigueur, qu'aux propriétés bâties qui *bordent les* » *rues et les autres voies existantes dont l'élargissement ou* » *le redressement est reconnu nécessaire*. Les réglements ne » disent nulle part que cette interdiction puisse affecter les bâ- » timents au travers desquels on jugerait à propos de percer » des rues...... Les édifices dont la démolition est nécessaire » pour effectuer le percement d'une rue nouvelle, doivent être » acquis suivant le système de la loi du 8 mars 1810, et c'est » ce que des décisions ministérielles ont établi dans beaucoup » de cas. »

lignement; mais, à supposer que l'on dût entendre ainsi cet article, qui, venant après les articles 49 et 50, lesquels traitent distinctement de l'expropriation et de l'alignement, ne nous paraît avoir été décrété que pour attribuer compétence aux maires pour tout ce qui ne tient pas à la grande voirie, il est évident que sa disposition, à peu près indifférente dans une législation qui confiait aussi l'expropriation à l'autorité administrative, et qui soumettait aux mêmes formes toutes les atteintes à la propriété privée, aurait été abrogée par la loi du 8 mars 1810, et surtout par celles des 7 juillet 1833 et 2 mai 1841, qui ont créé des garanties spéciales et plus étendues pour l'expropriation proprement dite, en la plaçant notamment dans les attributions du pouvoir judiciaire.

C'est faute d'avoir fait cette distinction, sur laquelle nous avons dû insister en en recherchant le principe, à raison de son extrême importance, que des tribunaux et la Cour de cassation elle-même ont quelquefois commis de graves erreurs, et sont restés longtemps sans jurisprudence fixe et certaine.

Un sieur Chandesais était propriétaire, dans la ville de Tours, d'une maison touchant à la place du Marché, et à laquelle tenait, du côté opposé à la voie publique, un terrain clos de mur. Le maire, dans des vues d'amélioration, d'utilité ou d'embellissement de la ville, forma le projet d'employer la presque totalité de cette propriété à la *prolongation* de la place, et un plan d'alignement approuvé par ordonnance royale lui donna effectivement cette destination au moyen du tracé de la ligne rouge.

Nonobstant le tracé, Chandesais éleva sur ce terrain, et de l'autre côté de sa maison qu'il laissa intacte, une construction à une certaine distance de la voie publique telle qu'elle existait réellement; procès-verbal; arrêté du maire, confirmé par le préfet, qui ordonne la démolition; refus de Chandesais de s'y conformer; jugement du tribunal de police qui annulle la citation parce que « le terrain » clos dont il est encore propriétaire, n'ayant pas » reçu, de fait, le caractère de voie publique, l'ar- » rêté du maire avait excédé ses pouvoirs en or- » donnant la démolition. » Pourvoi de la part du ministère public; enfin arrêt de la Cour suprême, en date du 2 août 1828 (*Sirey*, 28-1-396), qui casse le jugement par les motifs suivants : « At- » tendu qu'aux termes de l'art. 52 de la loi du » 16 septembre 1807, nul ne peut élever des » constructions nouvelles ou faire exécuter des » travaux sur les terrains destinés dans les villes à » l'ouverture des nouvelles rues, à l'élargissement » des anciennes, sans avoir demandé et obtenu » l'alignement, que les maires sont tenus de don- » ner, conformément aux plans adoptés et arrêtés » par l'autorité royale, en exécution des disposi- » tions de la même loi....; attendu que c'est sans » aucun fondement que les propriétaires préten-

» draient pouvoir s'affranchir de l'exécution de ces
» plans, sous le prétexte que le terrain ou les édi-
» fices sur lesquels ils élèvent, ou auxquels ils
» ajoutent des constructions nouvelles, ou exécu-
» tent des travaux propres à en conserver la durée
» au-delà du terme présumé de leur existence, ne
» sont pas immédiatement liés avec la voie publique
» actuelle et en sont séparés par un espace plus ou
» moins prolongé ; que la voie publique est celle
» qui est déclarée telle par les ordonnances royales
» rendues en conformité de la loi ; que ces ordon-
» nances règlent aussi invariablement que légale-
» ment l'avenir, en laissant néanmoins au temps
» le soin d'amener progressivement leur exécution ;
» que, quoiqu'il y ait des objets intermédiaires
» entre le point qui sert actuellement au passage
» du public et celui qui est destiné à élargir un
» jour ce passage et à le rendre plus commode,
» plus convenable et plus sûr, le propriétaire ne
» peut arrêter la marche du temps par des travaux
» ou constructions nouvelles ; que dès le moment
» de la publication des ordonnances royales, son
» terrain a tous les caractères et est soumis à toutes
» les charges de la voie publique ; qu'un système
» contraire rendrait illusoire l'art. 52 de la loi du
» 16 septembre 1807 et paralyserait l'exécution
» des motifs d'ordre public, des vues salutaires et
» bienfaisantes qui ont déterminé ses dispositions ;
» — attendu qu'en fait il est constaté que le pré-
» venu a élevé, sans avoir pris l'alignement, une

» construction nouvelle sur un terrain marqué sur
» le plan pour servir à la prolongation de la place
» du Marché, etc.... »

Par suite , l'affaire ayant été renvoyée devant le
tribunal de police de Montbazon , ce tribunal ju-
gea comme celui de Tours , ce qui donna lieu , de
la part du ministère public, à un nouveau pourvoi
que la Cour de cassation, les chambres réunies, re-
jeta par un arrêt du 25 juillet 1829 (*Sirey*, 29-1-
302), ainsi motivé : « Attendu , en droit, que les
» terrains appartenant aux particuliers, et néces-
» saires pour l'ouverture des rues ou la formation
» des places projetées par les plans d'alignement
» des villes , ne peuvent devenir la propriété de
» ces villes qu'à l'aide de l'une des deux voies in-
» diquées par les art. 49 et 50 de la loi du 16 sep-
» tembre 1807 ; — que l'art. 52 de la même loi ,
» qui a transporté aux maires des villes l'attribu-
» tion antérieurement conférée aux trésoriers de
» France , et plus anciennement au grand-voyer,
» de donner les alignements, n'astreint d'ailleurs
» les propriétaires à demander aucune autorisation
» pour construire ; — que , d'après les anciens ré-
» glements auxquels cette loi n'a pas dérogé, les
» propriétaires et les architectes, ou autres ouvriers
» constructeurs, ne sont tenus de demander auto-
» risation avant d'entreprendre ou de commencer
» les travaux que lorsqu'il s'agit de constructions
» à établir *sur la voie publique,* ou de réparations
» à faire aux *murs de face sur route ou sur rue;.*

» mais qu'aucune autorisation préalable n'a besoin
» d'être requise pour construire ou réparer, dans
» l'intérieur, des portions qui n'auraient pas pour
» objet de *consolider le mur de face*, ou qui ne
» toucheraient pas à *la voie publique actuelle*,
» lors même que les propriétés sont destinées, par
» des plans arrêtés en conseil d'état, à faire, dans
» un temps plus ou moins éloigné, partie de la
» voie publique future ; — qu'on ne peut, en ef-
» fet, entendre par *voie publique* que l'emplace-
» ment devenu tel au moyen de l'acquisition con-
» sommée par l'autorité, soit aux conditions de
» l'art. 49, soit à celle de l'article 50, et par suite,
» dans ce dernier cas, de la démolition volontaire
» des édifices ou de leur destruction obligée pour
» cause de vétusté ; — attendu, en fait, qu'il ré-
» sulte du jugement attaqué : 1° que Chandesais
» n'a fait aucune reconstruction *du mur de face*
» *de sa maison* dont l'emplacement est destiné,
» par le plan d'extension future du marché de la
» ville de Tours, à faire un jour, mais ne fait pas
» encore partie de la *voie publique ;* — 2° qu'il a
» seulement remplacé par un mur de maçonnerie
» la clôture en bois d'un appentis existant dans
» l'intérieur de sa propriété ; 3° qu'il n'a en au-
» cune façon *consolidé son mur de face sur la*
» *rue actuelle ;* d'où il suit qu'il n'était aucune-
» ment astreint à demander autorisation de cons-
» truire, et que l'arrêté du maire de Tours, qui,
» faute par lui d'avoir demandé autorisation, a or-

» donné que sa construction serait démolie, a été
» rendu, par cet administrateur, hors des limites
» de sa compétence, et qu'en le déclarant ainsi, le
» tribunal de police municipale, séant à Montba-
» zon, n'a violé aucune loi ; — rejette, etc. »

La solution résultant de cet arrêt solennel est
parfaitement exacte ; il est seulement fâcheux, et
nous verrons bientôt les conséquences qui en ont
découlé, qu'au lieu d'avoir été motivée sur une
considération insignifiante, elle ne se soit point
appuyée sur la raison péremptoire que fournissait
l'espèce, savoir : que la maison et le clos du sieur
Chaudesais étant destinés au *prolongement* de la
place du Marché, c'est-à-dire à la *création d'une
voie nouvelle*, bien différente du *simple rélargissement d'une rue existante*, c'était par la voie
de *l'expropriation*, et non par celle de *l'alignement*, que la ville de Tours devait se les procurer.

En effet, cette proposition, aussi nouvellement
admise par le conseil d'état (*a*), que l'on peut faire

_____

(*a*) Le premier arrêt de ce conseil qui l'a consacrée est du
1er septembre 1832, dans l'affaire *Laffitte* (*Sirey*, 33-2-166).
« Considérant, porte-t-il, qu'aucune loi ne défend aux proprié-
» taires de maisons sujettes à reculement de faire des travaux
» dans l'intérieur, même sur la partie retranchable, pourvu que
» ces travaux n'aient pas pour effet de reconforter le mur de
» face..... L'administration ayant en tout temps le droit de vé-
» rifier si lesdits travaux ont été confortatifs du mur de face,
» et d'en poursuivre, s'il y a lieu, la démolition.... »

Cet arrêt a été suivi de plusieurs autres, en date des 12 décembre 1834, 25 mars et 28 mai 1835 ; le premier de ceux-ci

des constructions sur la portion de terrain retranchable, pourvu qu'elles ne tendent pas à reconforter le mur de face et qu'elles ne joignent pas immédiatement la voie publique, ne saurait se justifier ni par les anciens réglements, auxquels l'arrêt renvoie à tort, ni par la raison.

Par les *anciens réglements* : Pour s'en convaincre, il suffit de recourir à l'analyse exacte que nous en avons donnée ci-dessus, pag. 561 ; on n'y voit aucune distinction de cette espèce; au contraire, toute *réédification, soit en entier, soit en partie, toute réparation plus ou moins entière* de maisons faisant saillie, sont également interdites.

Par la *raison :* Le but que l'on se propose par l'alignement est d'arriver au rélargissement jugé nécessaire de la voie publique, et c'est par ce motif d'intérêt général qu'une servitude très-onéreuse est imposée à la propriété privée ; or elle doit s'étendre à toute la partie dont on a besoin, et on ne voit pas pourquoi on la restreindrait au simple mur de face, puisque la parcelle située de l'autre côté n'est pas moins destinée que son emplacement même, à faire partie de la rue; autrement on favorise la fraude, on éloigne indéfiniment l'amélioration et on vexe

---

ajoutant seulement à la réserve de vérification de la nature des travaux, celle « d'ordonner la destruction de tous les ouvrages » construits dans la partie retranchable dans le cas où le mur » de face viendrait à tomber ou à compromettre la sûreté de la » voie publique. »

les citoyens en pure perte ; si on ne prohibe que la
réparation du mur de face, le propriétaire ne manquera jamais, lorsqu'il le verra péricliter, d'en
élever un autre par derrière, à quelques centimètres de distance ; le premier démoli et celui-ci venant encore, après des siècles, à menacer ruine, un
troisième, bâti d'avance, se trouvera sur un nouveau plan, et ce sera ainsi, demi-mètre par demi-
mètre (car telle est ordinairement l'épaisseur de
ces murs), qu'il faudra conquérir l'espace indispensable à la bonne viabilité; ce sera, pendant plusieurs
générations, une lutte fatigante et onéreuse pour les
propriétaires, sans résultats utiles pour le public, et
peu digne et peu convenable pour l'administration.
Nous n'adoptons pas plus ce moyen terme, source
féconde d'arbitraire, que celui de la distinction des
réparations confortatives et non confortatives
contre lequel nous nous élevions naguères ; en
toute circonstance, nous voulons, autant que possible, une règle nette et précise qui nous montre
la limite de notre droit et qui nous dise : *Usque
hùc venies, et non procedes ampliùs.*

Il est vrai que pour essayer de remédier à ces inconvénients qui ne lui ont pas échappé, le conseil
d'état, par divers arrêts, notamment par ceux à la
date des 8 septembre 1832 et 12 décembre 1834,
cités ci-dessus en note, réserve à l'administration
le droit, d'une part, de vérifier à chaque instant si
les travaux faits à l'intérieur tendent à consolider
le mur de face, et, d'autre part, d'ordonner la

démolition de tous les ouvrages compris dans la
partie retranchable lorsque ce mur vient à être démoli; de son côté, la Cour de cassation, par deux
arrêts des 1ᵉʳ décembre 1832 et 4 mai 1833, dont
nous parlerons dans un instant, avait paru vouloir
décider que la nouvelle construction élevée sur la
partie retranchable en dedans d'une clôture déjà
existante, n'est exempte de contravention qu'autant qu'elle n'a pas été faite dans le but de remplacer immédiatement la clôture ancienne et afin
de servir de limite à la voie publique actuelle;
mais ces moyens sont ou illusoires et inexécuta-
bles, ou en opposition avec la faculté qu'on prétend résulter des anciens réglements. Comment, en
effet, reconnaître avec certitude, si des travaux faits
derrière un mur et exécutés avec art, le consolident
ou non; si, en les construisant, l'intention a été
d'en faire une nouvelle clôture pour la substituer
à l'ancienne; et, dans tous les cas, à quel titre
prescrire la démolition d'ouvrages établis en vertu
de ce que l'on reconnaît être un droit? C'est le
propre des mauvaises mesures de donner lieu,
pour en atténuer les conséquences, à des correctifs
aussi vicieux qu'elles et qui ne font souvent qu'ag-
graver le mal : *In vitium ducit culpæ fuga, si
caret arte.* Selon nous, il n'y a pas de milieu, il
faut renoncer complètement à la servitude d'alignement et à la prohibition de construire et de réparer sur les parties retranchables, qui la constitue,
ou il faut en exiger la rigoureuse exécution; tous

les moyens de conciliation auxquels la jurisprudence a eu recours, sont aussi vexatoires, et manquent entièrement le but (a).

Quoi qu'il en soit du mérite de ce motif, que

(a) Aussi, pendant que le conseil d'état adoptait la restriction
de la défense de consolidation aux seuls murs de face, la Cour de
cassation l'abandonnait à son tour et revenait sur son arrêt du
25 juillet 1829 qui l'avait consacrée : « Attendu, porte sa déci-
» sion du 5 juillet 1833 (*Sirey*, 33-1-863), que l'effet immédiat
» et nécessaire de l'ordonnance d'alignement a été d'empêcher
» que les terrains qu'elle a jugés devoir être réunis à la voie
» publique puissent, en attendant qu'ils en fassent effectivement
» partie, recevoir une destination préjudiciable à l'intérêt géné-
» ral par elle reconnu et déclaré ; qu'il n'est dès-lors permis d'y
» entreprendre aucunes constructions quelconques, sans avoir,
» au préalable, demandé et obtenu l'alignement, quand bien
» même ces constructions ne toucheraient pas immédiatement à
» la voie publique actuelle et s'en trouveraient séparées par un
» espace plus ou moins considérable, puisque décider le con-
» traire, ce serait attribuer aux propriétaires desdits terrains le
» droit de paralyser l'exécution de la loi ci-dessus rappelée, et
» rendre impossible l'accomplissement des vues d'utilité com-
» mune qui ont déterminé ses dispositions...... » Ces principes,
ensuite admis par un arrêt du conseil d'état du 24 décembre 1835
(*Delafuye*), ont été depuis constamment suivis par la Cour de
cassation, comme il résulte de son arrêt du 13 juillet 1838
(*Sirey*, 39-1-146), et plus positivement encore de celui du
16 juillet 1840 (*Sirey*, 40-1-745), dans lequel elle a soin de relever cette circonstance que, « d'après le plan d'alignement, la
» maison de la veuve Delalonde est sujette à retranchement, non
» pour l'*ouverture d'une voie nouvelle* à une époque indétermi-
» née, mais pour l'*élargissement de la voie publique actuelle* à
» une époque déterminée d'avance par les lois et réglements. »

nous avons dû discuter incidemment, on pouvait
supposer que désormais la question principale
était résolue d'une manière irrévocable; cependant
il en a été autrement. Faute d'une règle certaine,
non-seulement la chambre criminelle de la Cour de
cassation a persisté dans la doctrine de l'arrêt du
2 août 1828, mais, ce qu'il y a de plus extraordinaire, toutes les sections réunies y sont revenues
dans une seconde affaire concernant encore la ville
de Tours.

Un sieur Houtin, propriétaire d'une maison
sise au fond d'une impasse destinée à être prolongée et convertie en rue, fit dans sa cour, et
à deux mètres en arrière du mur de clôture, une
nouvelle construction; poursuivi pour ce fait, un
jugement du tribunal de police, appuyé sur le dernier arrêt Chandesais, le renvoya de la plainte et
fut déféré à la Cour suprême, qui le cassa le 1er décembre 1832, en renvoyant l'affaire au tribunal de
Vauvray; le nouveau juge de police ayant adopté
le même système que le premier, il y eut pourvoi
contre sa sentence, et cassation par arrêt solennel
du 4 mai 1833 (*Sirey*, 33-1-465), rendu contre
les conclusions de M. le procureur-général Dupin,
qui soutint, avec beaucoup de raison, que le citoyen
qui travaille chez lui, sur son terrain, ne peut en
être empêché tant qu'il n'a pas été exproprié, sous
le prétexte que son fonds entre dans le plan des
travaux publics, et que la ville, à une époque plus
ou moins rapprochée, sera dans le cas de l'acheter
pour l'exécution de ses projets.

La Cour royale d'Orléans, sur le renvoi qui lui fut fait de la cause, rendit, *classibus consultis*, un arrêt à la date du 11 juillet de la même année 1833 (*Sirey*, 33-2-562), qui condamna le sieur Houtin à l'amende d'un franc et à la démolition, par le motif « qu'il avait construit sur un terrain
» désigné pour faire un jour partie de la voie pu-
» blique......; qu'en agissant ainsi, il n'avait eu
» pour but que de substituer une nouvelle clôture
» à celle qui existait précédemment, et qui, joi-
» gnant la voie publique, ne pouvait, même en
» reculant, être réparée ni reconstruite sans auto-
» risation du maire..... »

Si, aux termes de la loi du 30 juillet 1828, cet arrêt était inattaquable, il ne lui était heureusement pas réservé cependant de fixer la jurisprudence ; la Cour de cassation ayant été de nouveau saisie de la question, l'a résolue dans un sens opposé par trois arrêts en date des 24 novembre 1837 (*Sirey*, 37-1-962), 17 mai 1838 (*S.*, 38-1-932), et 16 juillet 1840 (*S.*, 40-1-745), dont le premier est ainsi conçu :
« Attendu que l'édit du mois de décembre 1607 et
» l'arrêt du conseil du 17 février 1765 n'obligent les
» propriétaires qui veulent construire ou réparer
» des bâtiments, à demander une autorisation ou
» la fixation de l'alignement qu'autant que les édi-
» fices sujets aux réparations, ou les terrains sur
» lesquels les constructions doivent avoir lieu,
» joignent la voie publique ; — que par ces mots
» *voie publique,* on ne doit entendre que l'em-

» placement actuellement affecté à la circulation,
» et non les terrains qui sont désignés par les
» plans pour former, à une époque indéterminée,
» une voie publique nouvelle ; — attendu que la
» loi du 16 septembre 1807 n'a pas étendu les dis-
» positions de l'édit de 1607; que l'art. 52 de cette
» loi, qui porte que, pour l'*ouverture des nou-*
» *velles rues* comme pour l'élargissement des an-
» ciennes, les alignements seront donnés par les
» maires, se rapporte aux articles précédents, no-
» tamment à l'art. 49, qui exige que les terrains
» nécessaires pour l'*ouverture des nouvelles*
» *rues* soient payés à leurs propriétaires; que dès-
» lors l'art. 52, en parlant de l'alignement à don-
» ner pour l'ouverture des nouvelles rues, suppose
» nécessairement l'acquisition préalable et le paie-
» ment, conformément à l'art. 49, des terrains sur
» lesquels ces rues nouvelles doivent être ouver-
» tes; ce qui n'est, au surplus, que la conséquence
» du principe posé dans l'art. 9 de la Charte et
» dans l'art. 545 du Code civil, que nul ne peut
» être contraint de céder sa propriété, si ce n'est
» pour cause d'utilité publique, et moyennant une
» juste et préalable indemnité ; — attendu que,
» jusqu'à ce que l'acquisition des terrains désignés
» pour former une voie publique nouvelle ait été
» consommée, les propriétaires de ces terrains ne
» doivent éprouver aucune gêne dans l'exercice
» légal de leur droit de propriété.... »

Espérons que cette doctrine, dont nous avons

posé le principe, indiqué la raison et démontré
l'équité dans le parallèle placé au commencement
de ce §, ne sera plus méconnue et recevra, dans les
différents cas qui se présenteront, une application
franche et sans détour; la difficulté qu'elle a eu à
prévaloir nous fournit une preuve des erreurs auxquelles expose l'absence d'une règle positive et ba-
sée sur le fond même des choses; on peut sans doute
approcher de la vérité, l'atteindre même, mais
comme c'est par l'effet du hasard, rien ne garan-
tit la persévérance dans la bonne voie (a).

(a) La solution donnée dans ce § rend sans but la disposition
de la circulaire ministérielle du 18 août 1808, qui prescrit d'indiquer, sur les plans d'alignement, les rues à percer, leur direction, leur largeur et les bâtiments qu'il faudrait détruire, ou
du moins ces indications ne seraient utiles que comme vues d'a-
venir ou projets proposés aux administrations futures; mais
alors il serait bon d'avertir qu'elles n'ont aucun effet légal,
qu'elles ne grèvent la propriété d'aucune servitude ou prohibition, et que les améliorations auxquelles elles s'appliquent ne
pourront se réaliser qu'au moyen de l'accomplissement de toutes
les mesures constituant l'expropriation pour cause d'utilité publique.
Nous pensons que non-seulement la formule qui termine ordinairement les ordonnances royales approbatives des plans d'a-
lignement : « Il est expressément interdit aux propriétaires de
». réparer ou de reconstruire les bâtiments existants sur les ter-
» rains qui, d'après le plan ci-joint, doivent un jour faire partie
» de la voie publique, ces bâtiments devant être démolis lors-
» que leur état de vétusté sera reconnu dangereux; » nous
pensons, disons-nous, que non-seulement cette formule n'aura
aucune valeur par rapport aux projets de rues et places à ouvrir,

37° Au reste, lorsqu'il s'agit du cas de véritable alignement, c'est-à-dire du simple rélargissement, quelle qu'en soit l'étendue, de la voie publique existante, il n'y a pas lieu de distinguer entre l'hypothèse où il comprendrait la totalité ou presque totalité de l'emplacement d'une maison et celle où il n'en enlèverait qu'une faible partie, qui ne nuirait pas à l'usage du surplus; dans l'une comme dans l'autre, le droit de l'administration serait le même pour empêcher tous travaux sur la partie

---

puisque le pouvoir royal ne peut créer de servitudes en dehors des cas prévus par la loi, mais encore que l'ordonnance approbative d'un plan d'alignement n'aurait l'effet de celle exigée par l'art. 3, 2ᵉ alinéa de la loi du 3 mai 1841, et ne pourrait en conséquence servir de base à une expropriation qu'autant qu'elle aurait été précédée de toutes les formalités en pareil cas voulues, et qu'elle autoriserait formellement à exproprier. En effet, selon nous, la simple approbation de l'alignement ne conférerait point aux communes le droit immédiat de se procurer par expropriation les portions de bâtiments et de terrains nécessaires, soit à l'ouverture de rues ou places nouvelles, soit même au rélargissement des anciennes ; c'est ainsi qu'une ordonnance qui approuverait les statuts d'une société anonyme pour l'ouverture d'une rue déterminée, ne serait pas suffisante pour requérir l'expropriation des terrains destinés à cette rue (*Tr. de l'expropr.*, de M. Delalleau, pag. 76, 2ᵉ édit.); c'est ainsi encore que le conseil d'état a jugé, le 19 décembre 1821, que l'approbation donnée par ordonnance royale au budget de la ville de Tours, qui comprenait l'allocation de la dépense pour le changement d'une fontaine, n'équivalait pas à une déclaration d'utilité publique autorisant l'expropriation, parce que ce n'était qu'une mesure d'ordre et de comptabilité (*Macarel*, tom. 2, page 606.)

retranchable, et elle ne pourrait être contrainte d'acquérir sur-le-champ la totalité par voie d'ex-propriation.

On conçoit en effet que sa position et ses droits ne peuvent changer par l'effet d'une circonstance accidentelle, imprévue et dépendant du hasard, qui ne doit avoir aucune influence sur le principe; autrement il y aurait deux modes de procéder, deux sortes d'indemnités, deux époques différentes d'entrée en jouissance; les plus petites maisons se-raient des obstacles insurmontables, tandis que l'on couperait aisément les grands bâtiments. Vien-draient ensuite les difficultés inextricables de l'ap-plication; comment déterminer la limite en deçà de laquelle il y aurait lieu à alignement et à la ser-vitude *non aedificandi* qu'il entraîne, tandis qu'au-delà, la voie de l'expropriation pourrait seule être employée? Quand un terrain serait-il, par son exi-guïté, sa configuration et sa position, réputé im-propre ou non à recevoir de nouvelles construc-tions? La règle, nous ne cesserons de le répéter, doit être une, inflexible et égale pour tous; vaine-ment dirait-on que le maître d'une chaumière étant présumé moins riche que le possesseur d'un vaste hôtel, il y aurait peu d'inconvénient à ce qu'il jouît d'une faveur refusée à celui-ci; dans la justice commutative on ne doit faire aucune acception des personnes, de leur condition et de leur état de for-tune : *Pauperis non misereberis in judicio* (Exod., ch. 23, ỳ. 3); autrement les jugements seraient incertains et arbitraires.

Un sieur Martin, propriétaire, à Paris, d'une maison ayant 5 mètres 20 centimètres de profondeur, sur laquelle l'alignement prenait 3 mètres 90 cent., assigna la ville devant le tribunal civil de la Seine pour qu'elle eût à la lui acheter en totalité, parce qu'on en avait prescrit la démolition pour cause de vétusté, et qu'étant empêché de la reconstruire sur ses anciennes fondations, il lui était impossible de tirer parti d'une bande de terrain réduite à 1 mètre 30 cent. de largeur. En réponse, la ville soutint que, s'agissant ici d'un cas d'alignement, elle ne devait payer que quand elle prendrait possession, et, au surplus, que l'indemnité ne pouvait être que du prix du sol nu de la partie à réunir à la voie publique; cette défense fut accueillie comme elle devait l'être, par jugement du 14 septembre 1827, portant : « Attendu que
» l'art. 50 de la loi du 16 septembre 1807, traite
» du cas où le propriétaire fait volontairement
» abattre sa maison, comme de celui où il y est
» forcé par la vétusté des constructions; tandis que
» l'art. 51, au contraire, s'applique uniquement au
» propriétaire qui est obligé de céder à la commune
» ou à l'état tout ou partie de sa maison pour cause
» d'utilité publique; — qu'il a été décidé par l'au-
» torité compétente que la maison du sieur Mar-
» tin devait être abattue à cause de sa vétusté, et
» que, par suite, celui-ci se trouve évidemment
» dans la première de ces positions, le déboute de
» sa demande. »

Une question analogue ayant été portée pardevant la Cour royale de Nîmes, fut résolue dans le même sens. Le sieur Spale, acquéreur de l'emplacement d'une maison située à Lille (Vaucluse), et démolie pendant les troubles civils, voulut y élever un nouveau bâtiment, mais il en fut empêché par le maire, qui, au moyen du plan d'alignement, avait fait comprendre la presque totalité du terrain dans le rélargissement de la voie publique ; c'est sur l'instance qu'il intenta en main-levée de cette opposition, qu'intervint un arrêt rapporté en ces termes dans la *Gazette des Tribunaux* du 31 décembre 1828 : « Attendu que les ouvrages commencés par
» Spale sont de véritables constructions ; —attendu
» qu'une ordonnance royale ayant prescrit un
» alignement pour la place sur laquelle sont situés
» les terrains qui font l'objet de la contestation,
» le sieur Spale n'a pu élever de constructions
» sur cette place sans l'autorisation de l'autorité
» municipale ; que dès-lors le maire est bien fondé
» à s'opposer à la continuation des ouvrages com-
» mencés ; rejette la demande du sieur Spale et le
» condamne aux dépens. »

La même opinion est aussi professée par M. Davenne, dans son *Supplément au recueil des lois de voirie,* pag. 37, où, répondant à l'objection tirée de ces expressions finales de l'art. 50 de la loi du 16 septembre 1807, *reculer sa construction,* qui sembleraient indiquer que l'alignement ne peut que retrancher une partie, mais non enlever

la totalité, il dit : « S'il est constant que l'adminis-
» tration ait le droit de prendre la plus grande partie
» possible des bâtiments, il faut en conclure qu'elle
» peut les prendre en entier, car il suffirait, pour
» faire évanouir tout scrupule , de laisser au pro-
» priétaire la moindre parcelle de son terrain ; ce
» serait une dérision. Admettons pour un moment,
» l'hypothèse d'un plan d'alignement qui s'exé-
» cuterait suivant le principe contesté ; il pourrait
» arriver que , dans l'élargissement d'une rue ou
» d'une place publique importante, les plus petites
» maisons devant être emportées en totalité, fus-
» sent exceptées de l'application des réglements de
» voirie, parce que la ville se serait réservé de les
» acheter intégralement, ne le pouvant actuelle-
» ment faute de ressources, tandis que d'autres
» maisons plus considérables, mais dont l'aligne-
» ment enlèverait les neuf dixièmes de la surface ,
» bien qu'en réalité elles dussent disparaître entiè-
» rement comme les premières, resteraient néan-
» moins soumises aux prohibitions et à toutes les
» conditions onéreuses dont celles - ci seraient
» exceptées ; — on se demande comment, dans ce
» cas , l'administration justifierait aux yeux des
» propriétaires lésés, la rigueur dont on se serait
» exclusivement servi envers eux. Ne s'exposerait-
» elle pas au reproche d'arbitraire et d'injustice,
» en poursuivant la répression des contraventions
» dont ils se seraient rendus coupables, afin d'é-
» viter l'application des réglements, déjà très-pré-

» judiciables aux intérêts privés, et qui deviennent
» odieux s'ils ne sont observés également par
» tous? » Il ajoute que cette opinion a prévalu depuis 1807 jusqu'à ce jour, et il cite à l'appui une
décision ministérielle du 6 mars 1822, au sujet
des plans d'alignement de Sommières et de Saint-
Hilaire-du-Harcourt.

38° Nous avons dit, au commencement du
§ 36, pag. 620 ci-dessus, en établissant le parallèle
entre l'expropriation et l'alignement, que dans ce
dernier cas l'indemnité ne devait être que de la
valeur du sol nu de la partie de terrain réunie à la
voie publique, sans égard à la dépréciation du surplus ; ce principe, qui a été contesté et qui a même
donné lieu à une sérieuse dissidence dans le sein
de la Cour suprême, a besoin d'être justifié. L'art.
50 de la loi du 16 septembre 1807 est, il est vrai,
bien positif, puisqu'il porte que *le propriétaire*
n'a droit à indemnité que pour la valeur du
terrain délaissé ; mais il est suivi de près par un
autre, le 53e, qui, dans l'hypothèse inverse, celle
où le voisin reçoit l'autorisation d'avancer, veut
que l'estimation comprenne aussi la valeur relative,
c'est-à-dire ait égard aux avantages et aux inconvénients produits par l'opération (*a*) ; or, dit-on,

(*a*) C'est aujourd'hui un point bien constant, que l'indemnité
en cas d'expropriation proprement dite doit être intégrale, c'est-
à-dire doit réparer tout le dommage causé, de manière que le propriétaire ne ressente plus, et sous quelque rapport que ce soit,
aucune espèce de lésion ; cette vérité ressort non-seulement du

il y a là deux corrélatifs qui doivent être soumis à la même règle; les principes applicables au dernier, s'étendent aussi nécessairement au premier; la position de la commune ne peut être différente lorsqu'elle acquiert que lorsqu'elle vend; elle ne peut se servir de deux poids et deux mesures; c'est évidemment la valeur complète qui doit être payée, d'autant plus que la loi de 1810 et surtout celles de 1833 et 1841, en prescrivant une indemnité intégrale, auraient au besoin modifié l'art. 50 que nous examinons.

Nonobstant ces raisons habilement développées par Me Odilon-Barrot, dans l'intérêt d'un sieur Villette, dont la maison avait été démolie, comme menaçant ruine, par ordre du maire, et qui n'avait obtenu l'autorisation de la reconstruire qu'en se retirant sur l'alignement, la Cour suprême, après

---

terme pluriel *indemnités* employé par les art. 16 de la loi du 8 mars 1810 et 53 de celles des 7 juillet 1833 et 3 mai 1841, mais aussi et principalement de l'esprit de ces lois, et du rapprochement de plusieurs de leurs dispositions. Aussi la jurisprudence et les auteurs sont-ils d'accord à ce sujet. Voyez l'arrêt de la Cour de cassation du 21 février 1827 (*Sirey*, 27-1-162), celui du conseil d'état du 24 janvier précédent (*S.*, 27-2-271), M. Delalleau (*Tr. de l'expropr.*, tit. XI, 2e édit., pag. 249 et suiv.). — Des lettres-patentes de Charles VI, d'avril 1407, portaient déjà que le sacrifice d'une propriété privée ne pouvait être exigé par l'état que moyennant une *condigne récompensation....* *du loyal prix..... et juste valeur..... et des autres intérêts et loyaux coustemens.* (*Maximes du droit public*, in-4°, tom. 1er, page 86.)

partage d'opinions, a cassé, par arrêt du 9 juillet
1829 (*Sirey*, 29-1-308), celui de la Cour de
Douai qui avait accordé une indemnité, non-seulement pour la valeur du sol, mais encore pour la dépréciation de l'édifice et pour les frais de la reconstruction sur le nouvel alignement ; voici les motifs
de cette décision importante : « Attendu que l'ar-
» rêté du maire rentrait dans l'application de la loi
» du 16 septembre 1807, qui, dans ses art. 50 et
» 52, renferme des dispositions spéciales relatives
» aux alignements dans les villes et aux démoli-
» tions ordonnées pour cause de vétusté, et non
» dans celle de la loi du 8 mars 1810, dont les
» dispositions sont étrangères au cas particulier
» dont il s'agit ; — attendu que des dispositions
» combinées des art. 50 et 52 de la loi du 16 sep-
» tembre 1807, il résulte : 1° que dans le cas de
» démolition de tout ou de partie d'un bâtiment
» pour cause de vétusté, sa reconstruction ne peut
» avoir lieu qu'à la charge par le propriétaire de se
» conformer à l'alignement arrêté par l'autorité
» administrative compétente ; 2° que l'indemnité
» due au propriétaire, qui, par l'effet de cet aligne-
» ment, se trouve forcé de reculer sa nouvelle
» construction, consiste uniquement dans la valeur
» du terrain par lui délaissé ; — qu'en jugeant le
» contraire, et en décidant, par application de
» l'art. 20 de la loi du 8 mars 1810, que l'indem-
» nité due au sieur Villette, à raison du recule-
» ment qui lui a été imposé par l'alignement,

» devait être évaluée, non sur la valeur du terrain
» délaissé, mais d'après tout le dommage résultant
» pour lui dudit reculement, la Cour royale de
» Douai a fait à la cause une fausse application de
» la loi du 8 mars 1810 et a violé les art. 50 et 52
» de la loi du 16 septembre 1807 ; —— casse... »

Cette solution pourrait paraître sans objet, aujourd'hui que les indemnités en cas d'alignement doivent être réglées par le jury qui n'a point à rendre compte des motifs et des éléments de son évaluation, si nous n'avions l'espoir que cette belle institution repoussera comme un présent funeste, l'omnipotence dont on veut l'investir, et qui, la plaçant au-dessus des lois, la compromettrait aux yeux des peuples, par son irresponsabilité même. « En
» effet, où en serait-on, dit le président Bouhier
» (*Dissert.* citée pag. 586 ci-dessus), s'il était
» permis aux magistrats de préférer, en jugeant,
» ce qu'ils s'imaginent être le plus équitable, à ce
» qui est ordonné par le législateur ? » Après leur avoir adressé ce reproche du savant d'Argentré, *cur de lege judicas, qui sedes, ut secundùm legem judices?* on finirait par ajouter avec lui : *aut igitur sedere desinant, aut secundùm leges judicent* (a).

(a) Voyez, sur cet abus, les judicieuses observations d'un savant magistrat de la Cour royale de Dijon, M. De Lacuisine, dans son ouvrage : *De l'administration de la justice criminelle en France depuis la réforme de la législation,* notamment pages 17 et suiv.

L'estimation du terrain réuni aux rues des villes, bourgs et villages devra être faite au prix vénal des terrains à bâtir dans la même localité, en prenant dès-lors en considération l'importance de la population, celle de la voie publique et du commerce qui y est établi, la situation et ce qu'on appelle le *pas* de la maison. Mais on ne devra avoir aucun égard ni à ce que cette maison sera privée de ses aisances, ni à ce qu'étant plus étroite, elle sera moins commode et d'une plus faible valeur, ni à la dépréciation résultant de ce que pendant très-longtemps et jusqu'à ce que les constructions voisines se retirent aussi sur l'alignement, elle se trouvera dans un renfoncement, ni à l'abandon par le propriétaire de tout ou partie de ses caves ou substructions, de ses puits, fosses d'aisances, etc., ni à la nécessité de reconstruire à grands frais de nouvelles et profondes fondations. En un mot, le terrain devra être estimé comme vague et nu, à son prix intrinsèque, abstraction faite de ses rapports de nécessité, d'utilité, de convenance et d'agrément avec le bâtiment dont il est retranché, absolument comme s'il avait toujours formé à lui seul, une propriété complète et isolée.

Le propriétaire ne pourra en outre, à la différence de ce qui a lieu en cas d'expropriation, contraindre la commune à lui acheter ses matériaux ; il aura seulement la faculté de retirer tous ceux qui pourront lui être utiles, et de combler les souterrains jusqu'au niveau du sol, avec les déblais et décombres produits par la démolition ; s'il y avait des plantations, il pourrait aussi les enlever.

39° Quant à l'étendue superficielle du terrain, par rapport à laquelle l'indemnité devra être calculée et payée, elle ne doit comprendre que ce dont le propriétaire jouissait à titre de maître et exclusivement, c'est-à-dire tout ce qui était enveloppé par les murs de sa maison, de sa cour, de son jardin, etc., y compris, bien entendu, l'épaisseur entière desdits murs dont la commune ne saurait être admise à réclamer la mitoyenneté, puisqu'ils forment une dépendance des propriétés riveraines et non de la voie publique.

La limite devra être déterminée au niveau du sol, par la ligne que formera l'intersection de son plan horizontal par celui vertical du parement extérieur du mur, sans égard à l'inclinaison en avant ou en arrière que présenterait la partie supérieure de ce mur, soit par suite de vétusté, soit parce qu'originairement il aurait été ainsi construit, non plus qu'à son empatement ou saillie de ses fondations sous terre, car pour les murs, comme pour les arbres, c'est à la surface même du sol naturel que la démarcation de la possession doit être faite.

Il suit de là que l'on ne devra tenir aucun compte au propriétaire, ni de l'emplacement des bancs, bornes, marches d'escaliers, perrons, trotoirs, tambours, becs d'évier, etc., appliqués au mur de face, ni de celui des descentes de caves, soupiraux, souterrains, puits, citernes, lieux d'aisances s'étendant sous la voie publique, ni enfin de celui correspondant aux corniches, balcons, auvents, encorbellements ou avances des étages supérieurs sur le rez-de-chaussée, parce que toutes ces saillies n'existent que par tolérance, et qu'elles forment autant d'anticipations qui ne peuvent être maintenues par la prescription, quel que soit le temps depuis lequel elles existent et encore qu'elles aient été même formellement autorisées par l'administration, ainsi que nous l'avons expliqué ci-dessus, pag. 118 et 472.

Si, comme d'anciennes constructions en offrent des exemples, l'avance que fait sur le rez-de-chaussée, l'étage supérieur était soutenu par des piliers en pierre ou en bois, placés dans la rue de manière à former une espèce de passage couvert pour les piétons, nous pensons que cet espace ne devrait point être réputé une dépendance de la maison, pourvu qu'il fût au même niveau que la voie publique, et qu'il n'en fût séparé par aucune clôture.

Mais il en serait autrement du cas où, au lieu de piliers isolés, il y aurait, ainsi que cela existe dans la rue de Rivoli, à Paris, une série d'arcades formant la base des façades, se liant avec elles et en faisant évidemment partie, parce qu'alors ce serait une disposition particulière de la construction et non une anticipation sur la rue.

L'administration, autorisant pour la décoration, l'application au mur de face, de pilastres, socles, colonnes et autres ornements d'architecture ou de sculpture, ces saillies ne constituent pas un droit au profit du propriétaire qui, lorsqu'il voudra reconstruire, ne pourra, à moins d'une nouvelle autorisation, dépasser le nu du mur.

40° De ce que, comme nous l'avons dit, l'alignement n'est point, ainsi que l'expropriation, une charge nouvelle, imprévue et accidentelle imposée par une volonté supérieure à la propriété, mais constitue une servitude nécessaire, préexistante, connue à l'avance et résultant d'un quasi-contrat ancien, on doit en induire que le droit à l'indemnité ne s'ouvre que par sa réalisation et sa mise à exécution effectives et matérielles, et non par sa simple déclaration ou manifestation au moyen d'un plan et d'un réglement de voirie ; en effet, en dressant et en promulguant ces actes, l'administration publique ne change pas la condition de la propriété privée, elle ne fait qu'en déterminer l'état ; elle ne lui impose aucun sacrifice nouveau, et par suite ne se soumet pas à l'indemnité préalable décrétée par les art. 545 du Cod. civ. et 10 de la Charte constitutionnelle.

Ces principes ont été consacrés par l'arrêt suivant de la Cour de cassation du 7 août 1829 (*Sirey*, 29-1-394) : « Attendu que, d'après les » art. 50 et 52 de la loi du 16 septembre 1807, » les propriétaires des maisons et édifices qui » doivent, en tout ou en partie, être compris dans » les alignements arrêtés et être rendus à la voie

» publique, ne sont pas à l'instant dépossédés de
» leur propriété, ni tenus de se reculer ou de
» démolir de suite; qu'ils continuent, au contraire,
» de jouir de leurs maisons ou bâtiments dans
» l'état où ils se trouvent, jusqu'à ce que ces édi-
» fices soient sujets à être démolis pour cause de
» vétusté, ou que volontairement ils les démo-
» lissent eux-mêmes; qu'alors seulement, c'est-à-
» dire au moment de la démolition, ils ont droit
» à l'indemnité de la valeur du terrain à délaisser;
» mais qu'à dater de la signification de l'ordon-
» nance fixant les alignements, les propriétaires
» des édifices sujets à cet alignement ne peuvent
» ni faire de nouvelles constructions, ni exécuter
» des ouvrages tendant à consolider, reconforter
» ou réparer les murs et bâtiments faisant face à la
» rue, sans avoir demandé et obtenu la permission
» du maire. »

Il suit du principe qui a servi de base à cette décision, d'une part, que l'estimation du terrain
retranché doit être faite suivant sa valeur, non au
jour où l'alignement a été demandé et la démolition
commencée, mais à l'époque où, par suite de son
achèvement et de l'enlèvement de tous les matériaux, la commune a pris ou pu prendre possession; et d'un autre côté, que c'est aussi à partir
du même moment que les intérêts de l'indemnité
doivent commencer à courir.

41° Quand le terrain est libre et déblayé, la
commune pourrait-elle différer le paiement de l'in-

42

demnité ; et si, faute de fonds disponibles, il lui
était impossible de l'effectuer sur-le-champ, le
propriétaire serait-il fondé à refuser de prendre
l'alignement et alors à reconstruire sur ses anciennes limites ?

La solution de ces questions était facile sous
l'empire de la loi du 8 mars 1810, dont l'art. 20
portait, relativement aux acquisitions par expropriation, « si des circonstances particulières em-
» pêchent le paiement actuel de tout ou partie de
» l'indemnité, les intérêts en seront dus à compter
» du jour de la dépossession, d'après l'évaluation
» provisoire ou définitive de l'indemnité, et payés
» de six mois en six mois, sans que le paiement
» du capital puisse être retardé au-delà de trois ans,
» si les propriétaires n'y consentent. »

C'est aussi en se fondant sur cette disposition,
que, par sa circulaire du 16 mai 1825, le ministre
de l'intérieur avait porté la décision suivante : « Il
» faut distinguer ici deux cas : 1° celui où le pro-
» priétaire fait démolir volontairement ; 2° celui
» où il y est contraint par la ruine de son édifice.—
» Dans la première hypothèse, la ville est certai-
» nement en droit d'ajourner le paiement de l'in-
» demnité due pour la valeur du terrain cédé,
» puisque le propriétaire est libre de conserver la
» jouissance de ce terrain, et que les alignements
» arrêtés par les plans généraux ne sont censés
» exécutables que par mesure de voirie, c'est-à-
» dire quand les bâtiments atteints par les projets

» sont arrivés au terme de leur durée ; elle peut
» donc en pareille circonstance, et sans blesser les
» droits des tiers, subordonner le remboursement
» du prix des terrains abandonnés, aux moyens que
» l'état de ses finances et des besoins plus pres-
» sants lui permettent d'adopter. — Dans le cas
» de démolition pour raison de sûreté publique ,
» l'indemnité est plus rigoureusement exigible ;
» mais comme le besoin de cette démolition n'a pu
» être prévu à l'avance, que la somme nécessaire
» pour solder le prix du terrain réuni à la voie
» publique peut ne pas figurer dans le budget de
» la ville, le paiement est encore susceptible d'a-
» journement ; toutefois il convient, dans l'es-
» pèce d'équité qui doit présider aux actes de
» l'administration , de ne pas retarder au-delà du
» temps nécessaire pour régulariser l'allocation
» du crédit, la liquidation et le paiement de l'in-
» demnité. »

Mais aujourd'hui que l'article ci-dessus rapporté
de la loi du 8 mars 1810 a été abrogé par les
chartes de 1814 et de 1830 , ainsi que par les lois
des 7 juillet 1833 et 3 mai 1841, et qu'à la faculté
dont il investissait l'administration, a succédé l'application rigoureuse du principe de l'*indemnité
préalable* posé dans l'art. 545 du Code civ., il est
certain que la distinction indiquée par la circulaire
ne peut plus être admise, et que, dans le cas où le
propriétaire démolit spontanément, comme dans
celui où il est contraint de le faire, l'indemnité

doit lui être payée, sinon avant la démolition, ce
qui serait impraticable, au moins aussitôt que la
commune peut prendre possession ; cependant encore faudrait-il accorder, en outre, le temps nécessaire pour voter le crédit, le faire approuver par
l'autorité supérieure, et se procurer les fonds si aucune allocation n'était portée à cet égard dans le
budget. Notre proposition, en effet, que le paiement de l'indemnité doit être immédiat, ne peut
s'entendre qu'en ce sens que le *droit* à l'obtenir
existe, que la dette est exigible et obligatoire, et
que tous les moyens ouverts par la loi pour contraindre à son acquittement peuvent être employés;
mais il doit se rencontrer, *en fait,* des causes de retard constituant une impossibilité matérielle, aux
conséquences de laquelle le propriétaire sera obligé
de se soumettre. Tout ce qu'il lui serait sans doute
loisible de faire alors, ce serait de retenir la possession de son terrain jusqu'à ce qu'il soit désinté-
ressé ; mais quelque prolongé que soit ce retard,
il ne pourrait jamais s'en prévaloir, soit pour
reconstruire sur ses anciennes fondations, soit
même pour effectuer des réparations prohibées,
parce qu'il y a ici un motif d'ordre public et d'intérêt général perpétuel qui doit faire taire toute
considération particulière, et dont la puissance ne
peut être paralysée par une circonstance accidentelle et passagère.

Le seul cas dans lequel il serait peut-être permis
de revenir à la solution donnée par la circulaire,

pour la première hypothèse qu'elle prévoit, serait celui que nous avons, du reste, vu se présenter, où, dans le but d'empêcher le rélargissement, jugé nécessaire, d'un chemin vicinal bordé par des terrains d'une grande valeur, des jardins par exemple, tous les propriétaires riverains, ayant la certitude que la commune n'a pas les ressources suffisantes pour les solder sur-le-champ, s'entendraient pour demander en même temps l'alignement, à l'effet d'amener indirectement l'administration à se départir de son projet.

Nous pensons qu'une pareille manœuvre devrait être déjouée; que si le tracé était véritablement utile, il devrait être maintenu, l'alignement donné en conséquence et l'indemnité liquidée; mais que, quant au paiement, l'autorité supérieure, sans la permission de laquelle on ne peut, aux termes de l'art. 46, 3e alinéa, de la loi du 18 juillet 1837, faire aucun acte d'exécution sur les biens meubles et immeubles des communes, aurait la faculté de le répartir en plusieurs termes et de le subordonner à la réalisation successive des ressources possibles de la commune résultant d'emprunts, d'impositions extraordinaires, etc.

C'est sans doute la crainte d'exposer les petites communes à des embarras financiers de cette nature, soit provoqués à dessein, soit même survenant naturellement, qui a déterminé le ministre à ne prescrire, par ses circulaires des 17 août 1813 et 7 avril 1818, la confection des plans généraux d'alignement que dans les villes et bourgs ayant une population de plus de deux mille habitants ; sauf, dans les autres, à ne donner les alignements qu'à mesure des demandes et en subordonnant les rélargissements et rectifications aux moyens actuels de payer les indemnités qui en résulteraient (*a*).

42° Nous avons indiqué dans les §§ précédents les différences importantes qui existent entre l'indemnité en cas d'expropriation et celle qui est due au propriétaire dont on prend une partie et quelquefois même la totalité de sa propriété par voie d'alignement ; d'autres, non moins remarquables, sont à signaler entre celle-ci et celle à la charge de ce propriétaire, lorsqu'au lieu de reculer, il est obligé de s'avancer ; cette dernière hypothèse est réglée par la loi du 16 septembre 1807, ainsi qu'il suit :

« Art. 53. Au cas où, par les alignements ar-
» rêtés, un propriétaire pourrait recevoir la faculté
» de s'avancer sur la voie publique, il sera tenu
» de payer la valeur du terrain qui lui sera cédé.
» Dans la fixation de cette valeur, les experts au-
» ront égard à ce que le plus ou le moins de pro-

(*a*) Ces circulaires paraissent cependant avoir été modifiées par celle du 29 juillet 1823, qui se termine en ces termes : « Ainsi, M. le préfet, je vous invite à faire la même instruc-
» tion pour ces rues (celles des communes rurales) que s'il s'a-
» gissait de routes départementales ou de plans d'alignement
» des villes, et à ne fixer qu'après la délibération des conseils
» municipaux la largeur à donner à ces rues. »

» fondeur du terrain cédé, la nature de la pro-
» priété, le reculement du reste du terrain bâti ou
» non bâti loin de la nouvelle voie, peut ajouter
» ou diminuer de valeur relative pour le proprié-
» taire. »

» Au cas où le propriétaire ne voudrait point
» acquérir, l'administration publique est autorisée
» à le déposséder de l'ensemble de sa propriété,
» en lui payant la valeur telle qu'elle était avant
» l'entreprise des travaux. La cession et la revente
» seront faites comme il a été dit en l'art. 51 ci-
» dessus. »

On voit qu'ici il ne s'agit plus de la valeur absolue et vénale, mais d'une valeur relative et de
convenance pour la fixation de laquelle la loi veut
que l'on prenne en considération trois choses:
1° l'importance superficielle du terrain; une bande
de quelques centimètres de largeur ajoutant peu
de prix à une maison déjà suffisamment profonde
et ayant du vide par derrière, tandis qu'un emplacement assez considérable dont on aura la faculté de
faire une cour, un jardin, ou sur lequel on élèvera
des aisances, pourra singulièrement améliorer une
maison étroite et sans dépendances; 2° la nature
de la propriété, à laquelle le terrain doit être
réuni, en ce que l'agrandissement d'une boutique
ou d'un hôtel est certainement plus avantageux
que celui d'un hangar, d'une grange, d'un chan-
tier, d'une cour; nous pensons que ce chef doit
comprendre aussi la situation de la maison et l'im-

portance de la rue sous le rapport du passage, du commerce, des habitations qui la bordent, de sa position centrale et à proximité des établissements publics, etc.; 3° enfin les avantages ou les inconvénients que la réunion du nouveau terrain à la propriété voisine peut produire, en éloignant, par exemple de la rue, une boutique établie dans une maison solide et que rien ne déterminait à reconstruire, ou, au contraire, en permettant de réédifier dans des dimensions convenables un bâtiment trop exigu qui était sur le point de tomber de vétusté.

Ce mode d'évaluation étant évidemment plus juste que celui à la valeur absolue, prescrit par l'art. 50, pour le cas de reculement, puisque la valeur des choses est de convention et dépend presque uniquement de leur utilité, on peut demander quels ont été les motifs de la différence et pourquoi il n'a pas été adopté également dans les deux hypothèses qui paraissent tout-à-fait identiques, quoique en sens inverses.

La réponse est facile : d'une part, lorsqu'il y a lieu à reculement, le propriétaire n'est pas le maître de céder ou non son terrain, il doit nécessairement l'abandonner, et on conçoit que dans cette situation, le moins qu'on puisse faire est de le lui payer selon son prix vénal, sans rechercher s'il lui était plus ou moins inutile pour le présent ou pour l'avenir; quand il s'agit, au contraire, d'avancer, la cession est facultative pour la ville, et l'acquisition

obligée pour le propriétaire; on ne pourrait, sans
injustice, le forcer à acheter, moyennant sa valeur
absolue, une chose qui, pour lui, ne présente
peut-être aucun avantage; le contraignant à la
prendre contre son gré, il faut ne lui demander
que l'équivalent du bénéfice qu'il peut en tirer. Il
est vrai que la valeur relative pourrait quelquefois
être fixée au-dessus de la valeur absolue; mais ce
cas ne se présentera jamais quand le propriétaire
fera des difficultés pour acquérir et démontrera
ainsi son peu d'intérêt; il ne pourra guère avoir lieu
que quand il sollicitera la cession, et alors on ne
lui causera aucun préjudice en lui faisant payer
la convenance. D'un autre côté, il ne faut pas se
dissimuler que la loi d'alignement a été conçue
et a dû l'être, comme ayant pour objet l'utilité
publique, dans l'intérêt des villes, et en prenant
en leur faveur toutes les mesures de prudence; on
a dû notamment ne pas les exposer à des chances
trop considérables de perte, et à des dépenses dont
il aurait été impossible de prévoir à l'avance le
chiffre; or, c'est ce qui serait cependant arrivé si
on eût admis le principe de plus-value en cas de
reculement; on n'aurait eu aucune base pour
apprécier l'étendue des sacrifices à faire; une commune eût pu, selon certaines circonstances, se
trouver ruinée par suite de l'adoption d'un alignement, tandis qu'il est toujours facile de déterminer approximativement la valeur vénale d'une
superficie donnée. Le même danger n'est pas à

redouter dans l'hypothèse inverse où la ville a des terrains à céder ; elle ne peut courir que la chance de moins gagner et de ne pas retirer toute la valeur de sa chose ; mais elle ne contractera jamais des engagements au-delà de ses moyens.

C'est donc à tort que, dans l'espèce rapportée § 38, pag. 650, ci-dessus, l'habile défenseur du sieur Villette argumentait de la disposition de l'art. 53, au cas de reculement. Le législateur, cherchant à concilier la justice avec la prudence, a établi deux principes différents : l'un, d'une évaluation absolue et non susceptible d'être modifiée par des circonstances extrinsèques ; l'autre, d'une estimation relative, aléatoire, et par suite variable selon les lieux, l'état et la position des fonds voisins.

Une autre différence entre les deux hypothèses consiste en ce que dans celle du reculement la cession est forcée aussi bien de la part du cédant que de celle du cessionnaire, c'est-à-dire que quand le bâtiment est démoli, la ville ne pourrait pas plus refuser d'acheter que le voisin ne pourrait se dispenser de vendre ; tandis que dans l'autre, l'administration municipale n'est point obligée de céder le terrain retranché ; elle peut le conserver, soit pour donner plus de largeur à cette partie de la voie publique, soit surtout pour empêcher qu'elle ne se trouve rétrécie ou interceptée lorsque les maisons situées de l'autre côté, et qui, d'après le plan, doivent reculer, ne sont pas encore sur le point d'être démolies ; notre article ne peut laisser aucun doute à cet égard ; il accorde une faculté, mais il n'impose point une obligation, « dans le cas, porte-t-il, où » un propriétaire *pourrait* recevoir *la faculté* de » s'avancer..... » Il faut appliquer ici ce que nous avons dit n° 98, ci-dessus, par rapport à la suppression ou au rétrécissement des chemins vicinaux.

Il suit, comme conséquence de l'entière liberté laissée à cet égard aux villes :

1° Que si le terrain retranché avait quelque étendue, et que la propriété voisine n'y eût ni porte ni fenêtres, qu'il joignît, par exemple, un mur de cour, de jardin ou de hangar, il pourrait et devrait même être vendu avec concurrence et publicité ; les voisins ne pourraient se prévaloir du droit de préemption que leur accorde l'art. 19 de la loi du 21 mai 1836, spécial pour les chemins vicinaux ; il en serait autrement, bien entendu, si l'emplacement était trop peu profond pour qu'on pût y élever un bâtiment, ou si il était grevé, dans l'intérêt de la maison voisine, de droits de passage et de vues que nous avons dit, n° 100 ci-dessus, exister à titre de véritable servitude (*a*) ; ces droits devant

---

(*a*) Plusieurs auteurs, et notamment M. Husson, dans le *Traité de la législation des travaux publics,* qu'il a publié en 1841 (tom. 2, pag. 465 et suiv.), soutiennent le contraire en se fondant mal-à-propos sur le principe de l'imprescriptibilité des rues et chemins, et faute de distinguer entre les servitudes contraires à la destination de ces voies et celles qui rentrent dans leur destination.

être réservés, il y aurait impossibilité de vendre à des tiers;

2° Que la ville, en cédant le terrain aux riverains, peut faire les réserves et imposer les servitudes qui lui paraissent réclamées par l'intérêt public; telles que de bâtir dans un délai fixé, suivant un dessin d'architecture donné, à une hauteur déterminée, etc; maîtresse de ne pas vendre, elle peut ne le faire que sous certaines conditions dont la charge seulement devra être prise en considération lors de la fixation du prix.

Dans le cas où l'alignement entame les propriétés situées sur les bords de la voie publique, le moyen d'exécution est facile; la maison étant démolie par une cause quelconque, le propriétaire ne peut la reconstruire que sur la nouvelle limite, et ainsi s'opère, par le fait, la réunion à la rue de la partie retranchable; si, nonobstant le plan, il voulait réédifier sur ses anciennes fondations, il serait traduit devant le tribunal de police qui ordonnerait la démolition de l'indue construction. Il n'en est pas de même dans le cas inverse où le riverain doit s'avancer; les lois peuvent bien empêcher directement de faire, mais elles ne peuvent contraindre directement à faire, *nemo potest praecisè cogi ad factum.* « Par respect pour la liberté, » ainsi que le dit Toullier (tom. 6, n° 217), elles » n'ont point étendu jusque-là leur pouvoir coer-» citif. » Comme il était cependant nécessaire que l'administration ne se trouvât point paralysée par le mauvais vouloir du riverain, lorsque, à raison d'une des causes indiquées ci-dessus, le terrain ne peut être cédé à un tiers, l'art. 53, que nous examinons, donne le droit de le déposséder de l'ensemble de sa propriété en lui en payant la valeur telle qu'elle était avant l'entreprise des travaux.

Quoique, depuis plus de 35 ans que cette disposition a été promulguée, il n'y ait pas un seul exemple de son application, toujours l'administration s'étant montrée facile, et les riverains empressés d'augmenter leurs propriétés, il convient de présenter sur la manière dont elle devrait être exécutée, le cas échéant, quelques observations d'autant plus nécessaires qu'il n'existe à cet égard ni doctrine des auteurs, ni monuments de jurisprudence.

Nous pensons d'abord que la dépossession dont il s'agit ne pourrait pas être prononcée par suite d'une action ordinaire portée devant les tribunaux, soit administratifs, soit judiciaires, et que c'est la voie de l'expropriation, telle qu'elle est organisée par la loi du 3 mai 1841, qu'il faudrait prendre. « La dépossession du propriétaire qui refuse d'avancer, dit M. Delalleau (1re édition de son *Traité*, publiée avant la loi du 7 juillet 1833), est certainement une expropriation, et le propriétaire qui doit en être atteint serait en droit, selon nous, d'exiger que l'on remplît à son égard toutes les formalités de l'expropriation, car la loi du 8 mars 1810 les exige généralement et

» sans aucune exception pour le cas qui nous
» occupe. » Seulement, comme le droit de déposs-
séder le voisin est formellement écrit dans l'art. 53
de la loi de 1807, et que l'ordonnance approbative
du plan d'alignement se réfère nécessairement à
cette disposition, il ne serait pas nécessaire d'obtenir une ordonnance spéciale d'expropriation,
comme nous avons dit à la note de la pag. 643, ci-
dessus, qu'il faudrait le faire en cas de reculement.
La différence vient de ce que le retranchement par
alignement ne doit s'opérer que successivement et
à mesure de la démolition des maisons, tandis
qu'aucune condition de cette nature, ni aucun
autre délai ne sont imposés à la ville qui veut faire
avancer les propriétés riveraines jusqu'au nouveau
tracé; tout dépend de la volonté de l'administration et des ressources dont elle peut disposer pour
payer l'indemnité; aussitôt qu'elle somme le propriétaire de se conformer à la loi, celui-ci doit
s'exécuter sous peine de dépossession.

En conséquence, il n'y aura pas lieu de faire
l'information prescrite par l'ordonnance du 23
août 1835, et qui, d'ailleurs, a déjà dû précéder
l'approbation du plan; la procédure commencera
par une délibération spéciale du conseil municipal,
approuvée par le préfet, ensuite de laquelle on
remplira sur-le-champ les formalités prescrites
par les art. 4, 5, 6, 7, 12 et suivants de la loi du
3 mai 1841.

Si le propriétaire riverain prétendait ne pas se

trouver dans le cas d'être dépossédé, ou s'il élevait
quelque contestation sur l'étendue des objets dont
il peut être exproprié, ces points seraient décidés
par le tribunal civil, lorsque le procureur du roi
requérerait le jugement d'expropriation ; le tribunal ne devant prononcer l'expropriation que quand
non-seulement les formalités ont été remplies,
mais encore quand le droit existe et la loi est applicable, il aurait certainement le pouvoir de refuser
si on lui demandait la dépossession dans des cas où
elle ne doit pas avoir lieu, ou si on voulait l'appliquer à des fonds qui n'en seraient point passibles.

Nous pensons, en second lieu, que le prix du
terrain cédé au propriétaire devrait être fixé par le
jury, conformément à la même loi du 3 mai 1841,
et non plus, soit par le conseil de préfecture après
rapport d'experts, suivant la loi du 16 septembre
1807, soit par le tribunal lui-même, en vertu
de celle du 8 mars 1810; ces deux lois, en
effet, sont entièrement abrogées par la nouvelle
qui les remplace dans tous les cas où elles étaient
applicables, et dont l'art. 60 pose un principe général de compétence pour les hypothèses analogues.

Toutefois le jury devra, dans son estimation, suivre les bases posées par la loi de 1807 et expliquées
au commencement de ce §.

Nous pensons enfin que l'obligation imposée par
notre art. 53, au voisin de *s'avancer*, n'est autre

que celle d'acquérir le terrain, mais non de rapporter ses constructions sur le bord de la rue, à moins que la condition ne lui en ait été faite par la cession.

Cependant, lors même qu'il serait devenu propriétaire sans cette charge, l'administration pourra toujours, par mesure de police, le contraindre à clore son fonds sur l'alignement, si le renfoncement présentait des dangers et des inconvénients sous le rapport de la sûreté ou de la propreté du passage, ainsi que nous l'avons dit ci-dessus, § 7, pag. 487.

43° La plus grande difficulté que présente l'alignement dans le cas où certains riverains doivent s'avancer, a lieu lorsque la maison de quelques autres fait depuis longtemps saillie, et que dans les murs latéraux il existe des portes ou des fenêtres donnant sur le terrain qui doit être cédé à ceux qui sont en arrière.

La ville ou les riverains, ses cessionnaires, pourraient-ils porter devant les tribunaux civils ou administratifs une action négatoire tendant à faire supprimer, comme indues, ces servitudes ? Nous nous sommes prononcés pour la négative, pag. 339 et suiv., ci-dessus, où nous avons établi qu'il ne s'agissait point ici d'une faculté précaire et de tolérance, mais bien d'un véritable droit dont les propriétaires ne pouvaient être privés sans indemnité.

Pourra-t-on agir par voie d'expropriation ? Non

encore, puisque des droits incorporels ne peuvent être expropriés isolément, et abstraction faite de l'immeuble dont ils dépendent activement ou passivement, et que pour faire fermer une fenêtre, on ne pourrait évidemment pas obtenir l'expropriation de la maison entière. Il n'y aurait d'exception que si cette maison était disposée de telle sorte qu'elle joignît seulement la voie publique par le terrain mis en dehors de l'alignement, et qu'en le cédant à un autre voisin, elle se trouvât entièrement enclavée et privée de ses jours et de ses issues ; il faudrait alors sans doute en déposséder le propriétaire.

Mais si l'on n'avait besoin que de supprimer des portes ou des fenêtres non indispensables, nous croyons que le seul parti à prendre de la part de la ville serait, après avoir fait offre au propriétaire d'une indemnité déterminée ou à régler par experts, et après lui avoir donné un certain délai pour exécuter dans sa maison les changements que la suppression pourrait entraîner, de céder le terrain au voisin avec le droit exprès d'y élever les constructions ayant pour effet d'opérer cette suppression. Malgré l'arrêt de la Cour de cassation du 12 juillet 1842, rapporté pag. 344 ci-dessus, et que nous persistons à regarder comme anéantissant le principe de la séparation des pouvoirs judiciaires et administratifs, nous croyons, avec le conseil d'état (arrêt du 24 février 1825, *Sirey*, 26-2-343), que les tribunaux ne pour-

43

raient ordonner la destruction des travaux, et
qu'ils devraient se borner à reconnaître si les
offres sont suffisantes et dans tous les cas à régler
l'indemnité, comme dans l'hypothèse où c'est
l'administration elle-même qui, en nivelant les
rues ou routes, nuit aux maisons voisines; l'affaire
se réduirait alors à une question de dommage
causé par un acte administratif dont l'autorité judiciaire peut bien apprécier, en argent, les conséquences, mais qu'elle ne saurait ni réformer, ni
entraver, ni modifier.

Si à défaut d'offre préalable d'indemnité, le
propriétaire, dont les servitudes seraient supprimées, se pourvoyait par action possessoire, le juge
de paix pourrait sans doute connaître de l'action,
mais seulement pour constater l'existence de la
servitude et reconnaître le droit au préjudice duquel aurait eu lieu la voie de fait. Il ne devrait pas
aller plus loin et ordonner, par exemple, la dis-
continuation ou la destruction des travaux, parce
qu'en cela, il contrarierait l'acte administratif d'a-
lignement et commettrait un véritable excès de
pouvoirs.

Quant à l'autorité administrative supérieure, à
laquelle la mesure entraînant la suppression de la
servitude de la maison voisine, pourrait être compétemment déférée, nous ne doutons pas qu'elle
ne dût la maintenir, parce que cette mesure rentre
parfaitement dans l'esprit et dans les termes de
notre art. 53, qui, allant jusqu'à autoriser l'expro-

priation d'une maison entière pour faciliter l'alignement et faire disparaître les renfoncements, doit, à plus forte raison, permettre dans le même but une simple suppression de servitudes, sans laquelle il serait impossible de l'atteindre. D'ailleurs, si l'alignement peut bien opérer la destruction des portes, fenêtres et égouts de toits qui existent latéralement dans une maison en saillie sur les autres que l'on fait reculer, on ne voit pas pourquoi il ne produirait pas le même effet, lorsque, sans toucher au bâtiment qui possède ces droits, on fait avancer à son niveau ceux qui l'avoisinent. Dans l'un comme dans l'autre cas, l'intérêt de la rectification de la voie publique et de la régularité des constructions qui la bordent doit avoir le même résultat et par suite autoriser l'emploi des mêmes moyens.

Cependant, comme la nécessité peut seule motiver la suppression d'un droit légitimement établi, s'il était possible, sans trop nuire au propriétaire astreint à s'avancer, de réserver sur le terrain qui doit lui être cédé un espace suffisant pour l'exercice des servitudes acquises à la maison voisine, par exemple, un emplacement libre devant les fenêtres, ou une ruelle pour le passage, et sur laquelle pourrait encore s'étendre le premier étage, la ville devrait le faire, et elle y aurait même intérêt pour s'affranchir de l'indemnité qu'elle serait dans le cas de payer, car cette indemnité la concernerait personnellement, à moins que par l'acte d'abandon du terrain en retraite, elle ne la mît à la charge du voisin comme condition de la vente ou en déduction du prix, ce qui reviendrait toujours à peu près au même.

Quand nous disons que les portes, fenêtres et égoûts de toits que les maisons en saillie peuvent avoir par côté, sur les renforcements que présente la rue, existent à titre de vraie servitude, cela ne doit s'entendre qu'autant que ces droits ont été établis en vertu de la permission expresse ou tacite de l'autorité municipale avant le tracé de l'alignement général ; car, à partir de cette opération, les terrains mis en dehors, quoique continuant matériellement à faire partie de la voie publique, ne doivent plus être censés, en droit, en dépendre, et par conséquent il n'est plus permis aux voisins de côté d'y ouvrir des portes et des fenêtres, ou si ils y en pratiquent, elles ne seront réputées exister que précairement et par tolérance, en attendant que les propriétaires des maisons en retraite s'avancent lorsqu'ils prendront l'alignement. Cependant, comme, par l'effet même de ce déclassement formel, il pourrait s'élever dans l'avenir des questions de prescription, les administrateurs des communes feront bien, soit d'empêcher les propriétaires des maisons anciennement sur l'alignement, de prendre de semblables droits, soit d'imposer, comme nous le recommandons au § 2 ci-dessus, une prohibition expresse à cet égard à ceux qui demanderaient la permission d'avancer leurs nouvelles constructions.

44° Lorsque le rélargissement de la voie publique s'opère au moyen de l'expropriation immédiate de la portion retranchable, le propriétaire dont le bâtiment est entamé peut, en vertu de l'art. 5o de la loi du 3 mai 1841, contraindre la ville à le lui acheter en totalité ; l'administration serait-elle fondée à user de réciprocité et à demander, contre le gré de ce propriétaire, l'expropriation de la totalité du bâtiment touché, sur le motif qu'elle trouverait, dans la possession de la partie restant en dehors de l'alignement et dans la faculté d'y reconstruire une maison qu'elle vendrait ensuite, l'indemnité d'une partie de la dépense que lui cause le rélargissement?

Cette question, qui ne se présentera que rarement quand il s'agira d'un simple rélargissement, à moins qu'il ne s'exécute sur une grande longueur, que les portions restantes soient trop étroites pour être utilement employées par chaque voisin isolément, ou que la ville ne veuille en même temps établir un système uniforme d'architecture ; cette question, disons-nous, sera presque toujours soulevée dans le cas de percement d'une rue nouvelle à travers une île de bâtiments. On conçoit alors le grand intérêt que l'administration, ou plutôt la compagnie concessionnaire, aura à se procurer de droite et de gauche des emplacements sur lesquels elle élèvera des constructions régulières dont la valeur couvrira en partie les frais toujours considérables qu'entraînera l'exécution d'un pareil projet et notamment le prix du terrain destiné à la rue.

Pour la négative, on dira que l'on ne doit être dépouillé de sa propriété que pour cause d'utilité publique dûment constatée, et que, s'il peut y avoir une semblable utilité à ouvrir la voie nouvelle, ce motif ne se rencontre pas dans l'allégement de dépenses espéré par la ville ou la compagnie ; — que le législateur a tellement respecté le droit de propriété privée, que, lors même que l'expropriation est consommée, le propriétaire peut, aux termes de l'art. 60 de la loi du 3 mai 1841, exiger la remise de la partie de son fonds non employée aux travaux, moyennant un prix qui ne devra jamais excéder celui de la cession originaire, de telle sorte que si on avait exproprié une largeur de terrain plus grande que celle qui est nécessaire à la rue même, il pourrait, après le tracé exécuté, requérir la rétrocession du surplus ; — que s'il est vrai que l'ouverture de la rue améliore la portion de son fonds non employée, le jury prendra cette circonstance en considération lors de la fixation de l'indemnité, conformément aux art. 54 de la loi du 16 septembre 1807 et 51 de celle du 3 mai 1841 ; — que d'ailleurs une semblable prétention ayant été élevée par la compagnie qui avait projeté le percement de la nouvelle *rue du Prince-Royal,* à Orléans, elle a été rejetée par le conseil d'état.

Nonobstant ces raisons dont nous ne nous dissimulons pas la force, nous inclinons cependant

à penser avec M. Delalleau (*Traité de l'expropriation*, n° 71), que « dès qu'il est bien constant
» que le percement d'une rue ou la création d'une
» place sont d'utilité publique, si l'administration
» a la conviction que ces travaux ne peuvent se
» faire qu'en autorisant l'expropriation d'une cer-
» taine étendue de terrains voisins nécessaires pour
» les maisons que l'on devra y construire, elle ne
» doit pas hésiter à autoriser cette expropriation, »
à moins toutefois, ajouterons-nous, que les propriétaires ne consentent, dans le procès-verbal
d'enquête, à céder gratuitement la portion de leur
propriété destinée au sol de la rue ou de la place.

Sans rapporter ici textuellement les motifs dé-
duits par ce judicieux auteur, nous dirons, en répondant aux objections opposées, 1° que l'exécution
d'une rue consiste non-seulement dans l'objet matériel indispensable à son établissement, c'est-à-dire
dans le terrain sur lequel elle doit être ouverte,
mais encore dans l'ensemble des moyens pécuniaires, soit pour acquérir ce terrain, soit pour subvenir aux autres dépenses qu'entraîne sa mise en
état; que, voulant le but, il faut autoriser les
moyens d'y arriver; que proposer à une commune
sans ressources de faire des frais qu'elle ne pourra
jamais supporter, c'est exiger l'impossible; c'est
empêcher d'une manière absolue une opération
que nous supposons cependant d'utilité générale
et urgente, de nécessité même; c'est moralement
lui imposer un obstacle aussi insurmontable que

si physiquement on voulait lui faire faire un canal
en remblais sans chaussées ou francs-bords, sous
prétexte que ces dépendances ne sont pas destinées
à un usage public; l'expropriation dans un but
donné doit porter non-seulement sur le terrain
nécessaire à la chose principale, mais encore sur
celui affecté aux accessoires sans lesquels cette
chose ne pourrait exister. Ici l'accessoire obligé de
la rue, dont la privation rendrait l'exécution impraticable, est le terrain voisin; — 2° que l'argument
tiré de l'art. 60 de la loi du 3 mai 1841 sur la rétrocession, est plus spécieux que solide, puisque
l'on ne peut pas regarder comme inutiles aux travaux, des terrains sans lesquels nous supposons au
contraire qu'ils ne sauraient être exécutés; que,
dans le cas de l'art. 53 de la loi du 16 septembre
1807, la maison du propriétaire riverain qui refuse
d'acquérir la portion de terrain en face retranchée
de la voie publique, est encore bien moins directement nécessaire à la viabilité, ce qui n'empêche
pas que, nonobstant le susdit article, elle ne puisse
être expropriée, parce que c'est le seul moyen de
prévenir la perte pour la ville de la valeur du terrain en dehors de l'alignement, comme aussi d'obtenir une amélioration, qui cependant n'est presque toujours que de simple embellissement; —
3° que l'obligation imposée sans aucune espèce de
sanction ni de contrôle au jury, d'avoir égard, dans
l'évaluation de l'indemnité, à la plus-value que les
travaux entrepris peuvent donner au restant de la

propriété, ne paraîtra pas à l'administration ou à ses concessionnaires, une garantie aussi certaine et aussi rassurante que celle que leur offre la spéculation projetée sur les terrains voisins ; qu'au reste, le moyen le plus juste d'estimer cette plus-value est de la soumettre à une sorte de licitation entre les deux parties, en donnant à la ville ou à la compagnie la faculté de se l'attribuer en payant l'immeuble à toute sa valeur intrinsèque, ou au propriétaire le droit de la conserver en abandonnant gratuitement le terrain qui, par sa conversion en rue, doit la produire ; — 4° enfin que la décision rendue par le conseil d'état, relativement aux concessionnaires de la nouvelle rue d'Orléans, ne prouve rien, comme le remarque très-bien M. Delalleau, en ce que la prétention d'obtenir une largeur partout égale de 20 mètres de terrain de chaque côté de la rue, aux risques d'entamer, dans le seul intérêt de la compagnie, des propriétés éloignées, et de laisser d'autre part, en dehors, des parcelles désormais inutiles à leurs propriétaires, était exorbitante et injuste, et ne peut se comparer à la faculté que nous pensons qui devrait seulement être accordée d'obtenir les portions restantes telles qu'elles se trouveraient, des bâtiments directement atteints par le tracé de la rue.

45° Nous avons expliqué précédemment, § 36, que la voie de l'alignement ne pouvait être prise que pour le rélargissement et la rectification des rues existantes, mais jamais dans le but de créer une voie nouvelle, pour l'ouverture de laquelle il fallait forcément recourir au moyen de l'expropriation. Or, pour se soustraire à cette nécessité, une ville ne pourrait-elle pas acheter amiablement une suite de maisons étroites, les démolir, puis ouvrir sur leur emplacement un passage tel quel, que l'on rectifierait, redresserait et rélargirait ensuite à l'aide de l'alignement?

Ce moyen indirect serait impraticable en ce que, d'une part, il résulte de l'art. 52 de la loi du 16 septembre 1807 et de la circulaire ministérielle du 7 août 1813, qu'aucune rue nouvelle ne peut être ouverte, soit par les communes, soit par les particuliers, si ce n'est en vertu d'une ordonnance royale donnée en conseil d'état (a); et en ce que, d'un autre côté, une semblable autorisation n'est accordée qu'autant que le conseil municipal délibère l'acquisition immédiate et simultanée de tous les terrains atteints par le projet, ou que le particulier s'engage à les livrer à ses frais; c'est ce que portent formellement tant la lettre du ministre de l'intérieur, en date de 1829, citée plus haut, p. 628, à la note, que l'art. 2 d'une ordonnance royale du

---

(a) La déclaration du roi du 10 avril 1783, exigeait déjà l'autorisation du souverain, par lettres-patentes, pour le percement de nouvelles rues dans la ville et les faubourgs de Paris, et prescrivait une largeur *minimum* de 9 mètres 75 cent., à laquelle les anciennes rues devaient aussi être successivement portées au moyen de l'alignement. Aujourd'hui, l'administration n'accorde point d'autorisation à moins de 12 mètres.

6 mai 1827, ainsi conçu : « L'ouverture de ladite
» rue (*partant de la rue Mouffetard, à Paris*)
» est déclarée d'utilité publique. Il ne pourra néan-
» moins être procédé par voie d'alignement à l'égard
» des propriétés nécessaires à cette ouverture, les-
» quelles devront être acquises de gré à gré, ou, s'il
» y a lieu, conformément à l'art. 51 de la loi du
» 16 septembre 1807 et à la loi du 8 mars 1810. »

Cependant il y a quelques exemples d'autorisations accordées en laissant subsister en dedans du
tracé, des saillies dépendant de bâtiments qu'il eût
été trop dispendieux d'acquérir sur-le-champ, et
qui d'ailleurs n'étaient pas de nature à nuire essentiellement à la circulation; mais alors ces saillies
n'étaient point frappées de la servitude d'alignement, et ne pouvaient toujours disparaître qu'au
moyen d'acquisition amiable ou d'expropriation,
sans que, jusque-là, les propriétaires fussent em-
pêchés d'y faire des réparations.

Au reste, ce n'est qu'en parfaite connaissance de
cause, que les autorisations d'ouvrir des rues nouvelles, et d'acquérir les propriétés nécessaires à leur
établissement, sont données; voici les mesures
prescrites à cet égard par l'avis du conseil d'état du
3 septembre 1811 : « Considérant que, conformé-
» ment à l'art. 52 de la loi du 16 septembre 1807,
» le conseil de S. M. ne peut autoriser des acqui-
» sitions pour l'ouverture de nouvelles rues, pour
» l'élargissement des anciennes, ou pour tout
» autre objet d'utilité publique, que pour les com-

» mnnes dont les projets de plans auront été arrê-
» tés en conseil d'état ; EST D'AVIS : que le ministre
» de l'intérieur soit invité, avant de proposer à
» S. M. un projet d'acquisition de maisons ou ter-
» rains nécessaires à l'embellissement ou à l'utilité,
» soit de la ville de Paris, soit de toute autre ville
» ou commune de l'empire, à faire précéder cette
» demande, soit du plan des alignements déjà ar-
» rêtés légalement, s'il y en a eu, soit d'un projet
» de plan d'alignement, pour ledit plan être arrêté
» en conseil d'état, en exécution de l'art. 52 de
» la loi du 16 septembre 1807. »

Le fait d'ouvrir une rue nouvelle sans autorisation, constituerait une contravention de voirie,
susceptible d'être poursuivie devant les tribunaux
de police et, à Paris, devant le conseil de préfecture, ainsi qu'il résulte de deux arrêts du conseil
d'état, l'un du 19 juin 1828 (*Guyot et Baudran*),
et l'autre, postérieur, concernant la *Compagnie
Delaunay*. En effet, l'administration, juge naturel de tout ce qui a trait à l'intérêt public, doit
avoir les moyens d'empêcher ce qui pourrait compromettre cet intérêt.

46° Quand une ville a arrêté un plan quelconque d'ouverture ou d'alignement de rue ou de
place, elle ne devient point obligée par là envers
les particuliers qui pourraient avoir intérêt à son
exécution, ni à le suivre, ni à aucun dédommagement pour le cas où, par un motif quelconque, elle
s'abstiendrait de réaliser son projet ; il n'y a point

ici de droit acquis au profit des tiers qui n'ont pu
concevoir qu'une simple espérance non susceptible de fonder en leur faveur un droit de nature à
être réclamé en justice ; les spéculations que l'on a
pu faire à ce sujet, étaient nécessairement éven-
tuelles, aléatoires et aux risques et périls de ceux
qui s'y sont livrés ; c'est ce que décide, à peu près
dans les termes même que nous venons d'employer,
un avis donné, le 26 juillet 1821, par les comités
réunis de législation, de l'intérieur et des finances,
à l'occasion d'un projet de rue arrêté que la ville
de Paris avait abandonné pendant quelque temps.

Le conseil d'état est même allé plus loin en décidant, par son arrêt du 16 août 1832 (*Sirey* , 33-
2-219), « que l'état, en acquérant pour cause
» d'utilité publique, obtient, comme l'obtiendrait
» un acquéreur privé, la plénitude des droits de
» propriété, et reste seul juge de l'exécution des
» plans d'utilité publique, comme des modifica-
» tions qu'ils peuvent recevoir. — Que dès-lors les
» anciens propriétaires des terrains acquis par
» l'état ne peuvent être admis à contester cette
» exécution ou ces modifications, sauf toutefois
» l'exercice des servitudes dont le droit leur serait
» réservé par des dispositions expresses des con-
» trats d'acquisitions. » Et cependant il est possible que dans l'évaluation des terrains dont les propriétaires ont été forcés de faire la cession, le jury
ait eu égard à la plus-value qui devait résulter pour
la portion restant à ces propriétaires de l'exécution

des travaux, et qu'il ait en conséquence fixé l'indemnité à une somme inférieure à celle qui aurait dû être allouée sans cette circonstance ; par exemple, dans le cas où la partie d'une propriété aurait été expropriée pour l'ouverture d'une rue destinée à établir une importante communication, et qui n'aurait été en définitive exécutée que sur une faible étendue. (Voyez, au surplus, à ce sujet le *Traité de l'expropriation* de M. Delalleau, n°s 704 et suiv., 2e édit.).

47° La matière des alignements et de l'expropriation peut donner lieu, en ce qui concerne les locataires, à diverses questions que nous ne devons pas laisser sans solution.

Supposons d'abord que pour le percement ou le rélargissement d'une rue, la ville *EXPROPRIE la totalité* du bâtiment amodié, il y aura de plein droit résiliation du bail, et le locataire qui aura été appelé par le propriétaire, ou qui, sur l'avertissement donné par celui-ci à l'administration, aura reçu la notification d'offres, discutera directement avec cette dernière le montant de l'indemnité qui lui est due, en obtiendra la liquidation, et, quel qu'en soit le chiffre, devra s'en contenter sans pouvoir exercer de recours contre son bailleur pour un plus ample dédommagement (art. 21, 23 et 39 de la loi du 3 mai 1841, et 1148 et 1722 du C. c.).

Si le propriétaire avait négligé d'appeler son locataire ou de le faire connaître à l'administration, il toucherait la totalité du prix de son fonds comme s'il en eût été en pleine jouissance, mais il resterait alors chargé envers ce locataire de l'indemnité lui revenant, et qui serait réglée par les tribunaux ordinaires.

Si de cette hypothèse assez simple, nous passons à celle où l'expropriation n'aurait porté que sur *une portion* de la chose louée, nous dirons qu'aux termes de l'art. 1722 du Cod. civ., le preneur pourra, suivant les circonstances, demander ou la résiliation même du bail, ou une diminution du prix, sans que dans l'un et l'autre cas il y ait lieu à aucun dédommagement à la charge du propriétaire ; il n'aurait même, en continuant sa jouissance réduite, plus aucun droit à la diminution du prix, s'il avait obtenu de l'administration une indemnité, laquelle doit nécessairement représenter la perte éprouvée par lui jusqu'à sa sortie ; seulement le bailleur serait tenu de faire dans la portion de son immeuble non atteint par l'expropriation, ce qui serait nécessaire pour la continuation du bail. « C'est, dit M. Duvergier (*du Contrat de louage,* » tom. 1er, n° 332), la conséquence de l'obligation » qui lui est imposée de maintenir la chose louée » en état de servir à l'usage auquel elle est destinée, » et d'y faire toutes les réparations convenables. » Vainement le bailleur opposerait que l'art. 1722 » n'oblige pas le propriétaire à la reconstruction » de la partie de la chose louée, détruite par cas » fortuit. On lui répondrait, avec un arrêt de la » Cour royale de Paris (du 12 février 1833, —

» *Sirey*, 33-1-606), que cette disposition ne lui
» est pas applicable ; que l'analogie n'est pas com-
» plète entre la destruction par cas fortuit de la
» chose louée, et la dépossession d'une portion
» d'immeuble pour cause d'utilité publique ; puis-
» que dans ce dernier cas, le propriétaire reçoit
» une indemnité qui se base tout-à-la-fois sur la
» valeur de la portion enlevée et sur les travaux à
» faire pour continuer la jouissance de la portion
» restante, tandis que tout est perte pour le pro-
» priétaire dépouillé par un événement de force
» majeure dans le sens de l'art. 1722 C. c. »

M. Troplong, dans son *Traité de l'échange et
du louage*, n°ˢ 219 et suiv., non-seulement adopte
cette solution, mais encore rejette la distinction
établie par la Cour de Paris et par M. Duvergier,
entre le cas où la perte partielle de la chose louée
est suivie d'indemnité et celui où le propriétaire
n'a aucun dédommagement à espérer ; il pense
que les art. 1719 et 1720 du Cod. civ. se lient à
l'art. 1722, et que, dans tous les cas, le bailleur
doit faire les réparations nécessaires à la continuation du bail ; qu'autrement, c'est à lui qu'appartiendrait dans le fait l'option que l'art. 1722 n'accorde
cependant qu'au preneur. Toutefois, et contrairement à cette doctrine, un arrêt de la Cour royale
de Paris, du 5 mai 1826 (*Sirey*, 28-2-18), a rejeté
la prétention d'un preneur qui exigeait des réparations propres à assurer sa jouissance dans une
espèce où le bailleur dont la maison avait été in-

cendiée en partie, avait reçu une indemnité de la compagnie d'assurances; M. Delalleau (*Traité de l'exprop.*, n° 703) pense aussi que les tribunaux ne peuvent contraindre l'état ou la ville, à faire, dans aucun cas, des réparations, sauf néanmoins à accorder au locataire une indemnité plus ou moins forte, selon que ces réparations seraient faites ou non.

De l'alternative que l'art. 1722 offre d'une manière absolue au locataire de demander, dans le cas de perte partielle de la chose, ou une diminution de prix, ou la résiliation du bail, nous ne pensons pas qu'on puisse induire que cette résiliation doive nécessairement être prononcée, lors même que le dommage causé serait peu important et ne nuirait pas essentiellement à la jouissance; c'est ainsi que la question était résolue dans l'ancien droit, au rapport de Bourjon (*Droit commun de la France, tit. 4, chap. 4, n° 7*), qui enseigne que « la dé-
» molition de partie d'une maison n'anéantit le bail
» qu'autant que la suppression est considérable et
» gêne notablement le locataire; et que hors ce cas,
» elle n'opère qu'une diminution du prix, parce
» qu'il faut se prêter à un tel événement. » A quoi
il ajoute en note : « J'ai entendu décider au Châ-
» telet, que la face d'une maison ayant été reculée
» par autorité de justice, cette diminution de
» terrain ne donnait pas lieu à une résolution de
» bail, mais à une diminution proportionnée du

44

» prix d'icelui. Dans l'espèce, le locataire pouvait
» continuer son commerce dans la maison, no-
» nobstant le retranchement du terrain ; circon-
» stance qui soutînt le bail. » Nous croyons que
la même décision devrait encore être portée sous
l'empire de l'art. 1722 du Cod. civ., dont la rédaction vicieuse vient de ce que l'on a voulu dire que
le locataire seul, et non le propriétaire, pourrait
demander la résiliation. Selon nous, il faudrait appliquer le principe posé dans l'art. 1656, d'après
lequel il n'y a lieu à résolution de la vente pour
cause d'éviction partielle, que lorsque la partie enlevée est de telle conséquence relativement au tout,
que sans elle l'acquéreur n'eût point acheté. L'art.
1722 ne dit pas d'ailleurs que la résiliation *sera*
ou *devra être* prononcée, mais que le preneur
pourra la demander ; ce qui laisse les juges libres
de l'accorder ou non, selon les circonstances ; un
léger retranchement fait par suite d'alignement
dans une cour ou un jardin, par exemple, ne pouvant évidemment entraîner la résiliation du bail
pour la totalité ; c'est dans ce sens que Delvincourt,
M. Duvergier (*Traité du louage*, n° 55), et
M. Troplong (même *Traité*, n° 210), entendent
l'option accordée au preneur.

Quels seraient les droits du locataire dans le cas
où le propriétaire, usant de la faculté que lui confère
l'art. 50 de la loi du 3 mai 1841, contraindrait la
ville à lui acheter en totalité la maison amodiée,
dont la portion enlevée ne rendrait pas le surplus

inhabitable ? Pourrait-il demander à conserver la jouissance de ce qui n'aurait pas été employé pour le rélargissement de la voie publique ?

L'arrêt ci-dessus cité, du 12 février 1833, adopte l'affirmative par les motifs suivants : « .... Consi-
» dérant que lorsque le propriétaire veut user de
» la faculté que lui accorde la loi, il faut distinguer
» entre l'acquisition de la portion nécessaire aux
» travaux et celle du surplus de l'immeuble ; que
» la première..... donne à l'état une propriété
» pleine, entière, dans un but spécial, et qui doit
» par cela même emporter la résiliation des baux
» que le vendeur avait pu consentir sur ladite
» portion ; mais que l'acquisition du surplus de
» l'immeuble ne constituant qu'un acte volontaire
» de la part du vendeur auquel l'état succède, et
» dont il prend la place comme simple acquéreur,
» doit être régie par les principes ordinaires du
» droit, et laisser subsister les droits acquis aux
» tiers dans les termes de leurs conventions, si
» l'état des choses le permet ; considérant, dès-lors,
» que, dans tous les cas où le locataire des lieux
» acquis par l'état, se refuse à la résiliation du bail
» de la portion de l'immeuble non nécessaire aux
» travaux d'utilité publique, il y aura lieu, pour
» les tribunaux, à apprécier les circonstances, et
» conséquemment, 1° à vérifier si cette portion
» peut en effet suffire à l'objet de la location primi-
» tive ; 2° à examiner la nature et l'importance des
» *travaux à faire par l'état* pour la continuation

» du bail ; 3° à fixer audit cas de contination , la
» diminution de prix, résultant de la privation de
» jouissance de la portion enlevée. »

Le second des points que préjuge la Cour, celui
concernant l'obligation pour l'état ou pour la ville,
acquéreur de la totalité de la maison, d'exécuter certains travaux, afin de rendre possible la continuation du bail, est critiqué par M. Duvergier (*loco citato*), qui cependant, comme nous l'avons vu plus
haut, ne fait point de difficulté de soumettre à cette
obligation le bailleur lorsqu'il conserve le surplus
de son immeuble. Selon cet auteur, le locataire
n'aurait aucune action ni contre l'état, qui, n'étant
que successeur à titre particulier, n'est point tenu
des charges auxquelles le propriétaire vendeur était
assujetti, ni contre ce dernier, qui ne peut être
contraint à exécuter des travaux sur un fonds qui
ne lui appartient plus ; il est d'ailleurs présumé
avoir obtenu, dans l'indemnité de résiliation, l'é-
quivalent de toutes ses pertes. Ces raisons nous touchent peu et ne nous paraissent pas justifier la différence de solution dans les deux cas. Que le
propriétaire conserve le reste de sa maison ou qu'il
force l'administration à le lui acquérir, la position
du preneur doit être la même ; s'il était vrai que
l'état ne dût pas succéder à l'obligation du bailleur,
qu'en résulterait-il ? que cette obligation serait
éteinte ? Non, assurément ; elle continuerait alors
à peser sur ce dernier qui, s'il ne pouvait plus exécuter les réparations parce qu'il ne posséderait

plus, n'en devrait pas moins les dommages-intérêts représentatifs du préjudice que leur défaut aurait causé. La considération tirée de l'indemnité est absolument insignifiante, en ce que le locataire reçoit aussi bien un dédommagement quand le propriétaire conserve le surplus de son fonds, que lorsqu'il le cède en totalité, et que rien n'établit que l'étendue et le montant en soient différents dans les deux hypothèses. Nous croyons donc que cette disposition de l'arrêt est tout à la fois légale et équitable.

Arrivons maintenant aux conséquences de la servitude d'*ALIGNEMENT* par rapport au locataire.

De quelque manière d'abord qu'elle lui cause du préjudice, soit en empêchant de réparer, soit en diminuant l'étendue de la maison comprise dans le bail lorsqu'après démolition volontaire ou forcée, on voudra la reconstruire, il est certain que l'administration ne lui devra aucune indemnité, puisqu'aux termes de l'art. 50 de la loi du 16 septembre 1807, elle n'est tenue que de payer la valeur intrinsèque du sol nu, que la maison soit occupée par le propriétaire lui-même ou qu'elle soit amodiée.

Les questions ne peuvent donc s'élever qu'entre le preneur et le propriétaire. Examinons successivement les différents cas qui peuvent se présenter.

Impossibilité de réparer. — D'après l'art. 1720 du Code civil, le bailleur est tenu de faire, pendant la durée du bail, toutes les réparations à la

chose louée, autres cependant que les locatives ;
s'il en est empêché parce que la maison n'est pas
dans l'alignement, son locataire aura-t-il contre lui
une action en indemnité?

L'art. 1721 du Code civil semblerait l'y soumettre, en décidant d'une manière générale que :
« Il est dû garantie au preneur pour tous les vices
» ou défauts de la chose louée qui en empêchent
» l'usage, quand même le bailleur ne les aurait pas
» connus lors du bail, *et que*, s'il résulte de ces
» vices ou défauts quelque perte pour le preneur,
» le bailleur est tenu de l'indemniser. » Cependant les auteurs et la jurisprudence font une exception trop juste pour n'être point admise, quoique
non écrite dans la loi. « Aucune garantie, dit
» M. Duvergier (*Contrat de louage*, n° 342),
» n'est due pour les vices apparents au moment
» du contrat, que le preneur a connus, ou qu'il a
» dû apercevoir par l'inspection qu'il a faite de la
» chose louée. Il est présumé avoir voulu la pren-
» dre avec le vice dont elle était atteinte, et avoir
» calculé le prix du bail sur l'utilité qu'elle lui of-
» frait. » Il cite à l'appui Pothier, *du Louage,*
n° 113, et un arrêt de la Cour de Colmar du 14
novembre 1825 (*Sirey*, 26-2-182). M. Troplong
(*du Louage*, n° 198) adopte le même avis : « Pour
» que le locateur, dit-il, soit tenu de garantir, il
» faut que le preneur n'ait pas eu connaissance des
» défauts et des vices. Ainsi, c'est tant pis pour
» vous, locataire,..... si vous avez su que les

» cheminées de ma maison fument habituelle-
» ment. »

Faisant application de ces principes à notre
espèce, on doit dire que le bailleur ne devra aucuns
dommages et intérêts, parce que le vice de la chose
consistant dans l'impossibilité de la réparer, a dû ou
pu être connu du locataire, à qui il a été loisible
de consulter le plan d'alignement et de s'assurer
si la maison était sujette ou non à reculement.

La difficulté serait plus grande si dans la localité
il n'y avait pas de plan général arrêté par ordonnance royale, et que les alignements fussent encore
délivrés par le maire ou le préfet à mesure des demandes en autorisation de construire ou de réparer; on pourrait prétendre alors que le preneur
n'a pu connaître le vice, et que si le propriétaire a
été aussi dans la même ignorance, sa bonne foi ne
peut lui profiter en présence des termes positifs de
l'art. 1721, qui le soumet à la garantie dans le cas
formellement exprimé où il *n'aurait pas connu*
les défauts de la chose qui en empêchent l'u-
sage. Cependant nous ne pensons pas que l'on
doive admettre cette distinction, dont les conséquences seraient trop rigoureuses pour le bailleur.
Si le locataire n'a pas su précisément que la maison
était assujettie au reculement, il n'a pu néanmoins
ignorer que la défense de réparer les bâtiments
joignant la rue est de droit public en France, et
que l'autorité a la faculté d'empêcher les réparations dans certains cas; par la simple inspection des

lieux, il a pu juger à peu près exactement si la maison était sujette à retranchement; enfin il aurait pu faire expliquer l'administration d'une manière officielle à cet égard en lui demandant l'alignement.

A notre avis, dans les deux cas, l'art. 1722 est applicable, et le défaut de réparations ne donnera lieu, au profit du locataire, que soit à la résiliation du bail, si le préjudice est considérable, soit à une simple diminution de prix, s'il n'y a pas impossibilité à continuer de jouir de la chose; mais le tout sans dommages-intérêts.

Il y a plus, c'est que, comme l'enseigne M. Troplong (*du Louage*, n° 210) : « Le fait de force » majeure dont se plaint le preneur (ici l'impossi- » bilité de réparer) doit lui occasionner un dom- » mage grave. *Si plùs quam tolerabile sit,* disait » le jurisconsulte Gaïus (*L.* 25, § 6, *ff. loc.* » *cond.*); sans quoi une simple gêne, une légère » diminution des avantages du bail, ne serait pas » une cause de résiliation ou d'allégement du » prix. *Modicum damnum ferre debet colonus,* » ajoutait Gaïus, *cui immodicum lucrum non* » *aufertur.......* Le juge n'aura aucun égard aux » destructions trop minimes pour affecter la jouis- » sance. »

Diminution ou privation complète de jouissance par suite de démolition volontaire. — Suivant l'art. 1723 du Code civil, le propriétaire ne pouvant faire, pendant la durée du bail, aucun changement à la chose louée, sans le consentement du locataire, il ne saurait se présenter, sur les conséquences d'une démolition volontaire, d'autres questions que celles résultant de l'interprétation de la convention intervenue entre les parties ; si, d'accord de reconstruire la maison, il y avait empêchement à le faire par l'alignement, ou si l'étendue était diminuée, le locataire ne serait pas admis à se plaindre, puisqu'il aurait consenti ; *volenti non fit injuria.*

Il ne pourrait y avoir de difficulté que dans le cas où le bailleur, usant de la faculté que lui donne l'art. 1724 du Code civ., aurait, en faisant des réparations autorisées, compromis la solidité de la maison et rendu nécessaires sa reconstruction ou d'autres réparations défendues comme confortatives ; il devrait alors supporter la peine de son imprévoyance. « Il ne faudrait pas, dit M. Troplong (*du Louage,*
» n° 216), confondre avec la force majeure ame-
» née par le fait du prince, l'ordre de l'autorité
» qui empêcherait de réparer un mur non aligné,
» dont la solidité aurait été compromise par les
» travaux du propriétaire lui-même. Le fait de ce
» dernier serait ici la seule cause originaire du pré-
» judice éprouvé par le locataire qui serait privé
» d'une partie de la maison. Je crois que ce der-
» nier pourrait obtenir, s'il y avait lieu, des dom-
» mages et intérêts. — L'arrêt de Bordeaux (du
» 4 octobre 1831, *Dalloz,* 32-2-28), qui m'a
» fourni cette espèce, n'a pu se refuser à adjuger
» des dommages-intérêts que par une appréciation

» spéciale des faits de la cause. Autrement cet ar-
» rêt ne serait pas juridique. »

*Diminution ou privation de jouissance par
suite de démolition forcée.* — Lorsque l'autorité
ordonne la démolition totale d'une maison pour
cause de ruine imminente, le bail est de plein
droit résilié (art. 1741); le preneur ne pourrait
exiger que le bailleur reconstruisît cette maison, de
même que celui-ci ne pourrait retenir le locataire
dans les liens du contrat, en offrant d'opérer la
réédification (*MM. Duvergier,* tom. 1, n° 521,
et Troplong, n° 213). Selon nous, il ne serait
point dû de dommages et intérêts malgré la décision contraire rendue par le tribunal civil de la
Seine, entre les sieurs Bryon et Gillette, et le sieur
Lasnes, et que la *Gazette des Tribunaux* du
4 août 1832 rapporte en ces termes : « Considérant
» que l'ordonnance de police qui prescrit la dé-
» molition d'une maison pour cause de vétusté,
» est la conséquence des vices ou défauts de la
» chose qui en empêchent l'usage, et dont le
» bailleur est responsable, aux termes de l'article
» 1721. » En effet, c'est ici un cas de force majeure dont on ne peut rendre le propriétaire responsable. Si le tribunal a prononcé autrement,
c'est que les circonstances de la cause l'y ont déterminé, en ce qu'il s'agissait d'un concert entre la ville
de Paris et le sieur Lasnes, par suite duquel la ville,
quoique ayant réellement acquis de ce dernier la
maison, faisait rendre contre lui, resté propriétaire

apparent, l'arrêté de démolition, afin de pouvoir
expulser les locataires. « Il en serait de même, dit
» également M. Troplong, n° 216 (c'est-à-dire le
» preneur pourrait obtenir des dommages-intérêts),
» si l'autorité eût ordonné la démolition de la mai-
» son sur les instances du propriétaire lui-même,
» qui aurait provoqué l'alignement (Bordeaux,
» 24 décembre 1833. — *Dalloz*, 34-2-70). »

Dans le cas où la démolition ordonnée ne serait
que partielle, le locataire aurait, comme nous l'a-
vons dit plus haut, l'option ou de continuer le bail
avec diminution de prix, ou de faire prononcer la
résiliation (*M. Troplong*, n°s 213 et 215. — Arrêts de la Cour de Bordeaux du 4 octobre 1831,
Dalloz, 32-2-28, et de la Cour de cassation du
25 juillet 1827, *Sirey*, 27-1-490).

Ce droit lui serait ouvert même dans le cas où la
démolition ne porterait que sur un accessoire,
pourvu qu'il fût d'une certaine importance, et
qu'il ait dû être pris en considération lors du bail;
M. Troplong, n° 217, cite l'exemple suivant : « Je
» tiens à loyer une maison qui a sur la voie publi-
» que un balcon sur lequel je puis me promener
» et jouir d'une vue agréable et d'un air pur. Tout-
» à-coup un arrêté de l'autorité municipale or-
» donne la suppression de ce balcon, parce qu'il
» faisait saillie sur la rue. Privé d'un des agré-
» ments les plus précieux de mon appartement,
» j'aurai droit de me prévaloir de la disposition de
» l'art. 1722. »

Après avoir expliqué les effets de l'expropriation et de l'alignement, quand ils s'appliquent à la maison même qui fait l'objet du bail , il nous reste à dire un mot du cas où , portant sur un bâtiment voisin , ils causeraient néanmoins du préjudice à cette maison.

Lorsque, par suite d'alignement, une maison doit avancer ou reculer, et qu'il en résulte un préjudice pour la maison voisine, soit en la plaçant dans un renfoncement , soit en diminuant la lumière dont elle jouissait, soit même en causant un dommage matériel à ses murs (§ 4 ci-dessus), le propriétaire de cette dernière maison ne peut demander d'indemnité, ni à la ville qui use de son droit, ni au voisin qui se conforme à la loi et à l'arrêté. Mais il n'en est pas de même du locataire qui, dans un cas semblable , a une action contre son bailleur : « Supposez, par exemple, dit
» M. Troplong, n° 199, qu'un horloger, qui a
» besoin d'un logement très-éclairé pour exercer
» son art, vous ait loué une boutique qui , lors du
» contrat , remplissait cette condition ; mais il ar-
» rive que, depuis, le propriétaire d'un site voisin
» élève un bâtiment considérable qui masque le
» jour. Vous ne pouvez vous empêcher d'accorder
» à cet horloger décharge de son bail ; car il
» éprouve, par suite du vice dont la chose est at-
» teinte, un empêchement qui le prive de l'avan-
» tage qu'il s'était promis en contractant avec
» vous (Pothier, n° 112). C'est la décision de

» Gaïus dans la loi 25, § 2, ff. *loc. cond.* ; et ce
» jurisconsulte ajoute que, si le locataire consent
» à ne pas demander la résiliation du bail, du
» moins il a droit à obtenir une diminution sur le
» loyer. » Cette opinion est conforme à celle de
Domat (liv. 1ᵉʳ, tit. 4, sect. 3, n° 6), qui déclare
le bailleur garant du trouble résultant pour le locataire du fait d'un voisin qui, en élevant son bâtiment, diminue l'air et la lumière pour la maison
louée.

A plus forte raison, le propriétaire serait-il tenu
de la garantie, si c'était lui qui eût causé personnellement le préjudice, lors même qu'il eût pu faire
impunément la même chose à l'égard d'un voisin,
par exemple, si, possesseur de la maison joignant
celle louée, il l'avançait en la reconstruisant, et que
par là il diminuât les jours de cette dernière ; vainement il prétendrait avoir des droits distincts
comme maître des deux bâtiments, et que s'il est
obligé de laisser celui qu'il a amodié dans l'état où
il se trouvait au moment du bail, à raison de ses
engagements avec le preneur, il est resté libre
d'user du second, comme le serait tout autre propriétaire ; qu'il peut donc y apporter toutes les
modifications qui ne sont pas contraires aux dispositions qui règlent les rapports entre voisins. Le
locataire se prévaudrait avec avantage de ce qu'en
acceptant l'amodiation, il a été déterminé par les
avantages que lui présentait l'état des lieux, et
qu'il a été fondé à penser qu'aucun de ceux sur

lesquels il a compté, ne lui serait enlevé, par le fait du bailleur, soit en qualité de propriétaire du fonds loué, soit en qualité de maître du fonds voisin.

48° Les rapports du nu-propriétaire avec l'usufruitier étant tout autres que ceux du bailleur avec le locataire, et se trouvant régis par des principes différents, les décisions, en ce qui concerne l'alignement, doivent aussi être différentes ; dans le second cas, les règles de la vente et de la garantie dominent ; dans l'autre, ce sont celles de la communion ou de l'association de fait.

Ainsi, par exemple, dans une hypothèse analogue à celle qui vient de nous occuper en dernier lieu, le propriétaire de deux maisons, dont l'une serait grevée d'usufruit, pourrait faire dans l'autre des constructions qui auraient pour effet de diminuer les jours de la première, pourvu que celle-ci fût encore suffisamment éclairée ; c'est ce que décide M. Proudhon (*Traité de l'usufruit*, n° 879), d'après la loi 30, ff. *de usufruct.*, liv. 7, tit. 1, qui est très-positive et qui pose nommément l'espèce.

Lorsqu'une maison grevée d'usufruit est expropriée en tout ou en partie, une seule indemnité est réglée par le jury eu égard à sa valeur totale, et le propriétaire et l'usufruitier exercent leurs droits sur la somme allouée, au lieu de l'exercer sur la chose. Dans tout autre usufruit que celui légal des père et mère, l'usufruitier serait tenu de donner

caution, encore qu'il en ait été dispensé par le titre
constitutif, ou encore qu'il en eût déjà fourni
une. (Art. 39, § 2 et 3 de la loi du 3 mai 1841.—
MM. Proudhon, *Traité de l'usufruit*, n° 870,
et Delalleau, *Traité de l'expr.*, nᵒˢ 434, 435 et
436.) Si au lieu d'un usufruit, il s'agissait d'un
droit d'habitation ne portant que sur une portion
de la maison, les intérêts de l'indemnité se divi-
seraient entre les deux parties, dans la proportion
de l'étendue de leur jouissance respective.

Les mêmes solutions seraient applicables à l'indemnité payée par suite d'alignement.

Si la maison grevée d'un usufruit à titre particulier, était détruite en totalité par suite d'expropriation ou d'alignement, l'usufruit serait éteint
complètement, et l'usufruitier ne conserverait pas
le droit de jouir des matériaux et de ce qui resterait du sol. Il ne pourrait non plus prétendre exercer
son droit sur le nouveau bâtiment que le propriétaire aurait réédifié à la place de l'ancien. (L. 5,
§ 2, et loi 10, § 1, ff. *quib. mod. usufr. amitt.*,
lib. 7, tit. 4, et M. Proudhon, *Tr. de l'usufr.*,
nᵒˢ 2527, 2542, 2543 et 2550.)

Dans le cas où la destruction de la maison ne
serait que partielle, comme s'il y avait lieu seulement à reculer la façade sur l'alignement, l'usufruit continuerait à exister, *si cui insulae usu-
fructus legatus est ; quamdiù quaelibet portio
hujus insulae remanet, totius soli usumfructum
retinet* (L. 53 et 10, ff. *de usufr.*, lib. 7, tit. 1);

et les frais occasionnés par cette opération devraient, comme charge imposée par l'autorité publique, être supportés par le propriétaire et l'usufruitier, pour l'un, quant au capital, et pour l'autre, quant à l'intérêt (même *Traité de l'usufruit*, n° 1870).

49° L'art. 18 de la loi du 21 mai 1836 fixe à deux années, le délai après lequel sera prescrite l'action en indemnité des propriétaires pour les terrains qui auront servi à l'établissement ou au rélargissement des chemins vicinaux. Cette disposition étant spéciale pour la matière, et aucune autre analogue n'ayant été portée pour le prix des terrains à céder par voie d'alignement de la part des riverains à la ville, ou *vice versâ*, on doit dire que ce prix ne sera prescriptible que par le laps de 3o ans, conformément à l'art. 2262 du Cod. civ., qui contient la règle à suivre toutes les fois qu'il n'y a pas une exception formelle.

Cette prescription pourra au surplus être interrompue, comme celle résultant de l'art. 18 ci-dessus, par la présentation du mémoire exigé par l'art. 51 de la loi du 18 juillet 1837.

5o° D'après des lettres-patentes du 22 octobre 1733, rapportées dans le *Dictionnaire de voirie,* de Perrot, et dans le supplément au *Traité de la police,* de Delamare, les permissions de construire étaient périmées et devenaient nulles de plein droit après une année, et ceux qui n'en avaient pas usé dans ce délai étaient tenus d'en obtenir de nouvelles. Ce réglement, porté exclusivement dans des vues de fiscalité, ne doit plus avoir d'effet aujourd'hui; c'est ce qui paraît résulter d'un arrêt du conseil d'état du 16 juillet 1840 (*Lagnier.*═*Dalloz,* 41-3-57); dans tous les cas, il ne serait pas obligatoire hors du ressort de l'ancienne généralité de Paris. Les préfets et les maires pourraient peut-être encore, dans des circonstances spéciales et par des motifs d'ordre et de police, prescrire un délai pour l'exécution de leurs arrêtés; mais ce droit dériverait des pouvoirs généraux qui leur sont conférés comme administrateurs, et non de l'acte législatif ci-dessus.

51° La loi du 16 septembre 1807, ni aucune autre, ne contenant de disposition particulière sur les intérêts du montant de l'indemnité, il faut s'en référer, à cet égard, au droit commun établi par l'art. 1652 du Cod. civ., et dire en conséquence que ces intérêts ne seront dus que dans les cas suivants : 1° si dans la convention intervenue entre la ville et le riverain, sur le chiffre de l'indemnité, il y a stipulation expresse; — 2° s'il y a eu mise en demeure de la ville par la présentation d'un mémoire, conformément à l'art. 51 de la loi du 18 juillet 1837, ou du riverain par une sommation de payer (*a*); — 3° enfin si la chose vendue et livrée

---

(*a*) A la différence du cas prévu par l'art. 1153 C. c., une simple sommation, sans commandement ni demande en justice, suffit pour faire courir les intérêts du prix d'une vente; l'art. 1652 est expliqué par l'art. 1139. (MM. Duranton, tom. 16, n° 341, et Troplong, *Tr. de la vente*, n° 601.)

produit des fruits ou autres revenus, ce qui ne peut avoir lieu que quand c'est la commune qui cède un terrain sur lequel le voisin construit une maison ou établit un jardin ou une culture, car on doit considérer comme improductif celui qui est au contraire abandonné pour le rélargissement de la voie publique.

Quand l'indemnité, au lieu d'être réglée amiablement, est fixée par le jury, l'intérêt, indépendamment des causes ci-dessus qui y donnent lieu, court de plein droit, aux termes de l'art. 55 de la loi du 3 mai 1841, après l'expiration du délai de six mois, à partir de la décision de ce jury.

52° Dans les places de guerre, l'autorité civile doit, suivant l'art. 75 du décret du 24 décembre 1811, concerter avec l'autorité militaire les nouveaux plans d'alignements, 1° des rues qui servent de communication directe entre la place d'armes, les bâtiments ou établissements militaires, et la rue du rempart; 2° des rues, carrefours et places qui environnent ces bâtiments ou établissements, ou qui sont consacrés, par le temps et l'usage, aux exercices ou rassemblements des troupes.

D'un autre côté, l'art. 30 de l'ordonnance du 1er août 1821, sur les servitudes militaires, défend aux propriétaires des bâtiments et clôtures, situés dans les limites de la rue du rempart ou des zônes de servitudes, de les réparer sans avoir préalablement obtenu ensuite de déclaration, un certificat constatant que les constructions ou réparations projetées ne sont dans aucun des cas de prohibitions prévus par les lois des 10 juillet 1791 et 17 juillet 1819 ; en sorte qu'une double demande d'alignement doit être formée : à l'autorité civile, sous le rapport de la voirie urbaine, et à l'autorité militaire, en ce qui concerne les servitudes défensives.

53° Par les motifs de salubrité qui, depuis la fin du 18ᵉ siècle, avaient déterminé à prescrire l'éloignement des lieux de sépulture, des habitations (a), le décret du 7 mars 1808 a fixé à 100 mètres, à partir des nouveaux cimetières transférés hors des communes en vertu des lois et réglements, la distance à laquelle il est défendu, d'une manière générale, d'élever, de restaurer et d'augmenter

---

(a) L'arrêt de réglement du parlement de Paris du 21 mai 1765, et la déclaration du roi du 10 mars 1776, ordonnent l'établissement de cimetières en dehors des villes. L'art. 9 du décret du 6-15 mai 1791 s'occupe de la vente de ceux supprimés ; l'article 1ᵉʳ de celui du 12 frimaire an 2 pose le principe d'un lieu d'inhumation commun pour tous les citoyens d'une même localité ; enfin les art. 1, 2, 8 et 9 du décret impérial du 23 prairial an 12, en prohibant les inhumations dans l'enceinte des villes et bourgs, prescrivent l'établissement de nouveaux cimetières à la distance de 35 à 40 mètres au moins de cette enceinte, en remplacement des anciens, dont il ne devra être fait aucune espèce d'usage pendant cinq ans, et qui, à partir de cette époque, pourront être seulement plantés ou ensemencés, sans qu'il soit permis d'y faire aucune fouille ou fondation pour des constructions de bâtiments, jusqu'à ce qu'il en soit autrement ordonné, c'est-à-dire, et d'après la jurisprudence ministérielle, avant un nouveau délai de cinq ans.

aucune habitation, ou de creuser aucun puits;
les anciens puits existant dans cette limite pouvant même, après visite contradictoire d'experts,
être comblés, en vertu d'ordonnance du préfet du
département, sur la demande de la police locale.

C'est encore là une servitude analogue à celle
d'alignement, en ce que la prohibition qui la
constitue, et dont l'infraction entraînerait l'application des peines de police et notamment la démolition, ne peut être levée que par une autorisation spéciale, sur laquelle le décret ne s'explique
pas, mais qui, selon nous, ne peut émaner que du
maire, dont l'une des attributions les plus essen-
tielles est de veiller à ce qui intéresse la salubrité
publique.

Pour prévenir les contraventions que l'ignorance
ou l'oubli de cette sage mesure pourrait entraîner,
il sera convenable de tracer sur les plans d'alignement, la zône dans laquelle la prohibition ci-dessus
existe, et par suite, la permission de construire
devra être obtenue.

54° La nécessité de demander l'alignement n'est
pas limitée au seul cas de construction et de réparation de bâtiments ou de murs de clôture, elle
s'étend aussi à ceux de plantations de haies et d'arbres, d'établissement, d'entretien et de curement
de fossés joignant les grandes routes, les rues et les
chemins; c'est ce qui est prescrit textuellement,
pour les premières de ces voies de communication,
par les art. 91, 92 et 109 du décret du 16 décem-

bre 1811, et ce qui a été consacré par les arrêts du conseil d'état des 25 avril 1828, 8 novembre 1829 et 9 juin 1830.

55° De la faculté accordée aux communes, par les art. 3 de la loi du 21 avril 1832, et 43 de celle du 18 juillet 1837, de percevoir à leur profit, d'après un tarif arrêté par ordonnance royale, un droit de voirie à raison de certaines constructions et saillies mobiles établies même dans les rues traversées par les grandes routes, on avait voulu induire que le droit de permettre ces constructions et saillies dans ces rues, appartenait aussi à l'autorité municipale ; mais le conseil d'état a émis, le 20 novembre 1839, l'avis : « Que le droit d'autoriser ou » d'*interdire* les saillies, de quelque nature qu'elles » soient, sur la partie des voies publiques qui dé- » pend de la grande voirie, appartient aux préfets, » chargés de donner l'alignement ; » mais cependant : « que l'approbation dont cet arrêté (du » maire) a été revêtu, peut être considérée comme » lui ayant conféré toute l'autorité d'un acte pré- » fectoral, et qu'ainsi les permissions données » conformément à cet arrêté, l'ont été régulière- » ment. »

Nous admettons complètement cette décision du conseil d'état en ce qui concerne les *autorisations*, parce que celui-là seul qui a le pouvoir de fixer la largeur des routes, doit avoir le droit de permettre l'établissement de constructions ou saillies ayant pour effet nécessaire de diminuer cette largeur ;

mais nous croyons qu'il devrait en être autrement
de l'*interdiction,* qui, loin de restreindre l'étendue du passage, tend au contraire à l'augmenter et
à améliorer la viabilité ; nous pensons que l'alignement donné par le préfet n'est qu'un *minimum* et
une fixation de la largeur indispensable à procurer
aux frais de l'état, mais que, par des motifs de plus
grande sécurité ou commodité du passage, de régularité, de salubrité et d'embellissement, l'autorité
municipale peut ensuite prescrire, aux frais de la
ville, de nouvelles dispositions, pourvu qu'elles
laissent partout intacte la dimension fixée par la
grande voirie ; que, par exemple, elle peut exiger,
par son plan d'alignement, un reculement plus
considérable des maisons, la suppression d'angles,
de courbes et autres irrégularités, et aussi défendre
des saillies d'escaliers, de devantures de boutiques,
d'entrées de caves, de corniches, d'auvents, d'étalages, etc., à l'égard desquelles l'arrêté du préfet
doit être considéré moins comme conférant le droit
de faire, que simplement comme n'empêchant pas.
Les droits et les devoirs des deux autorités sont d'un
ordre différent, ne dérivent pas du même principe,
et n'ont pas exactement le même but : l'intérêt
d'une viabilité suffisamment commode est le seul
mobile de l'autorité préfectorale, tandis que l'autorité municipale a en outre à pourvoir à ceux de la
salubrité, d'une entière sécurité et même de l'embellissement. L'une ne doit se déterminer que par
des motifs de nécessité ; l'autre (envisagée, bien en-

tendu, dans l'ensemble de ses degrés hiérarchiques, et alors comprenant aussi le préfet) doit encore avoir égard à l'utilité, à l'agrément et à la décoration. Cette distinction est tellement fondée, que dans plusieurs départements, notamment dans celui de la Côte-d'Or, les arrêtés de grande voirie se terminent tous par une disposition de renvoi au maire, afin que celui-ci prescrive ce qui lui paraîtra convenable sous le rapport de la voirie urbaine.

56° Nous terminerons les notions que nous avons cru devoir présenter sur la matière difficile et d'une utilité pratique journalière, des alignements et des permissions de bâtir, par un exposé sommaire des formalités relatives à l'établissement et à l'approbation des plans généraux, à la délivrance des autorisations individuelles et aux réglements des indemnités. Ces trois points formeront le sujet du présent § et des deux suivants :

ÉTABLISSEMENT ET APPROBATION DES PLANS GÉNÉRAUX. Quelques différences existant entre la voirie urbaine, la grande voirie et la voirie vicinale, il est nécessaire de traiter de chacune séparément.

PLANS D'ALIGNEMENTS DES VILLES, BOURGS ET VILLAGES.

Confection des plans. — Dix circulaires rappelées par leurs dates, page 456 ci-dessus, et dont les prescriptions, encore en vigueur, se trouvent résumées dans l'instruction en 14 articles, annexée à celle du 2 octobre 1815, règlent tout ce qui concerne la rédaction et la forme matérielle des plans

qui doivent être dressés à l'échelle de deux millimètres par mètre pour ceux de division ou de rues,
et d'un demi-millimètre par mètre pour ceux généraux ou d'assemblage (*a*).

(*a*) L'art. 6 de cette instruction porte : « Il sera proposé des
» noms aux rues, places, etc., qui n'en ont pas ; le ministre
» statuera. » Mais s'il s'agissait, après le plan approuvé, de
changer le nom existant, il y aurait lieu aux distinctions suivantes : 1° si la dénomination avait été donnée par ordonnance
royale, il faudrait une nouvelle ordonnance pour y en substituer
un autre ; 2° si le nom n'existait que par suite d'un ancien usage,
au maire seul, en vertu de son pouvoir de police, et non au
conseil municipal, appartiendrait le droit de le changer, sauf
approbation de l'arrêté par le ministre ou par le préfet, selon
que la commune serait assujettie ou non à avoir un plan d'alignement (*Circulaire du ministre de l'intérieur* du 3 août 1841) ;
3° si la dénomination projetée était un honneur que l'on vou-
lût décerner, soit de son vivant, soit après sa mort, à un
citoyen, l'arrêté du maire ou le vœu du conseil municipal ne
seraient exécutoires, aux termes de l'ordonnance du 10 juillet
1816, qu'autant qu'ils seraient approuvés par une ordonnance
royale ; 4° enfin s'il s'agissait de donner à une rue le nom du
propriétaire ou de l'entrepreneur qui l'aurait fait ouvrir, ce ne
serait pas le cas de l'approbation du roi, n'y ayant point ici de
récompense ou d'hommage publics ; l'arrêté du maire devrait
seulement être approuvé, comme il est dit au n° 2 ci-dessus,
par le ministre ou par le préfet (*susdite Circulaire*).

Les écriteaux ou noms des rues ne datent que de 1728 ; avant
cette époque, la tradition seule désignait les voies publiques ;
ces écriteaux sont à la charge des communes (art. 2 du décret
du 23 mai 1806), et l'obligation de souffrir leur placement et de
ne porter aucune atteinte à leur conservation, est une servitude
municipale que doivent supporter les maisons désignées par
l'autorité pour les recevoir.

Les plans d'alignement devront aussi indiquer les numéros

Sur ces plans, levés en triple expédition, le maire
fait tracer, par l'architecte-voyer ou autre homme
de l'art, les projets d'alignements, en évitant autant que possible, ainsi que le recommande l'article 5 de l'instruction, de faire avancer les maisons
sur la voie actuelle, et de viser à un parallélisme
bon à obtenir dans des rues nouvelles, mais souvent inutile dans les rues anciennes.

Lorsqu'il y aura lieu à rélargissement, il conviendra de se conformer à l'instruction donnée par
le ministre de l'intérieur au préfet de la Seine,
dans une lettre du 24 mars 1828, ainsi conçue :
« Le conseil des bâtiments civils a appelé mon at-
» tention sur la nécessité de prendre une détermi-
» nation à l'égard de la question de savoir si, dans
» certains cas, il y a lieu à faire supporter exclusive-
» ment par un des côtés, le retranchement que peut
» exiger l'élargissement de la voie publique. Vous
» reconnaissez que le principe de l'égalité de ré-
» partition n'est point absolu, et qu'il peut fléchir
» s'il s'agit, par exemple, de déplacer l'axe d'une

des maisons. L'opération du numérotage prescrite par l'ordonnance du roi du 1er juillet 1768, a été organisée pour la ville de
Paris, par décret du 15 pluviose an 13 (4 février 1805), et
étendue à toute la France par ordonnance royale du 23 avril
1823. Il faudrait ne jamais changer le numéro des maisons, ou,
si l'on se trouvait dans l'absolue nécessité de le faire, dresser
au moins un procès-verbal authentique pour établir la corréla-
tion des nouveaux numéros avec les anciens ; le défaut de cette
précaution entraîne une perturbation fâcheuse, en jetant de la
confusion dans les titres privés et dans les registres publics.

» rue dans l'intérêt de la circulation, ou bien en-
» core de respecter des édifices publics ou des pro-
» priétés considérables nouvellement bâties ; je
» partage cette opinion. Toutefois, en admettant
» que, hors le cas de nécessité contraire, il est dans
» l'équité de faire porter également le retranche-
» ment à opérer sur les deux côtés de la rue, je
» crois aussi qu'il y aurait des inconvénients à don-
» ner une trop grande importance à cette objection
» dans la rédaction du projet d'alignement, et à y
» subordonner des redressements désirables. »
Nous partageons entièrement cet avis, et nous pensons aussi que la recommandation faite par les anciennes ordonnances sur la voirie, « de faire sup-
» porter avec justice et égalité les retranchements
» qui peuvent être nécessaires, aux deux côtés de
» la rue, » doit céder non-seulement devant les
considérations ci-dessus, mais surtout devant celles
de doubler le dommage, qui est plus souvent en
rapport avec le nombre des maisons entamées, qu'a-
vec la quantité de terrain prise à chacune, et par
suite de retarder indéfiniment l'avantage du rélargissement et de la régularité.

Le tracé ainsi préparé doit être, malgré le silence à cet égard de la loi du 16 septembre 1807,
soumis au conseil municipal, dont le concours, formellement exigé par l'art. 19, n° 7, de celle du
18 juillet 1837, serait d'ailleurs toujours indispensable, puisque les rectifications des voies publiques
ne peuvent s'effectuer qu'au moyen de la cession ou

de l'acquisition de parcelles de terrain plus ou moins étendues, que le maire ne peut faire seul, comme entraînant, soit une dépense, soit l'aliénation d'un fonds communal.

Enquêtes. — Le plan en cet état est soumis à l'enquête prescrite par les art. 3 et 4 de l'ordonnance royale du 23 août 1835, ainsi conçus : « Art. 3. Le
» projet sera déposé à la mairie pendant quinze
» jours, pour que chaque habitant puisse en pren-
» dre connaissance ; à l'expiration de ce délai, un
» commissaire désigné par le préfet recevra à la
» mairie, pendant trois jours consécutifs, les décla-
» rations des habitants sur l'utilité publique des
» travaux projetés. — Les délais ci-dessus pres-
» crits pour le dépôt des pièces à la mairie et pour
» la durée de l'enquête, pourront être prolongés
» par le préfet. — Dans tous les cas, ces délais ne
» courront qu'à dater de l'avertissement donné par
» voie de publication et d'affiches.—Il sera justifié
» de l'accomplissement de cette formalité par un
» certificat du maire.

» Art. 4. Après avoir clos et signé le registre de
» ces déclarations, le commissaire le transmettra
» immédiatement au maire, avec son avis motivé
» et les autres pièces de l'instruction qui auront
» servi de base à l'enquête. — Si le registre d'en-
» quête contient des déclarations contraires à l'a-
» doption du projet, ou si l'avis du commissaire
» lui est opposé, le conseil municipal sera appelé
» à les examiner, et émettra son avis par une déli-

» bération motivée, dont le procès-verbal sera
» joint aux pièces. Dans tous les cas, le maire
» adressera immédiatement les pièces au sous-
» préfet, et celui-ci au préfet, avec son avis mo-
» tivé. »

L'instruction ministérielle du 29 octobre 1812
prescrivait des formalités un peu différentes pour
cette enquête, mais elle a été abrogée par la circulaire du 23 août 1841, qui, à raison de ce que
l'ordonnance approbative des plans d'alignement
doit avoir les mêmes effets que celle d'expropriation, et servir comme elle de base à une décision
du jury, exige que l'on se conforme exactement au
réglement d'administration publique du 23 août
1835, dont parle l'art. 3 de la loi du 3 mai 1841,
ainsi qu'aux instructions contenues dans la circulaire ministérielle du 21 septembre de la même
année 1835 (a).

Comme on le voit, le conseil municipal pourra
être appelé à délibérer une seconde fois, mais ce
ne sera plus sur l'ensemble des alignements; après
l'enquête, il n'aura qu'à s'occuper des points qui
auront donné lieu aux oppositions des parties ou
à l'avis contraire du commissaire.

La procédure relative aux plans d'alignements,
ayant, comme nous l'avons fait remarquer pag.
622 ci-dessus, pour double objet, tout à la fois, et
la déclaration d'utilité publique du tracé proposé,

(a) Cette circulaire du 23 août 1841 est rapportée en partie,
au n° 426 du *Tr. du Dom. publ.* de M. Proudhon.

et l'application de ce tracé à chaque propriété particulière, il aurait fallu régulièrement que la seule
enquête qui la constitue, eût embrassé les mesures
et les formes, tant de celle préalable à l'ordonnance, prescrite par les articles plus haut transcrits
du réglement d'administration publique du 23 août
1835, que de celle subséquente, organisée par les
art. 5, 6 et 7 de la loi du 3 mai 1841.

Les différences entre ces deux enquêtes consistent en ce que, 1° la première s'ouvre sur un projet
où l'on doit faire connaître le but de l'entreprise,
le tracé des travaux, les dispositions principales
des ouvrages, et l'appréciation sommaire des dépenses, tandis que dans la 2ᵉ, *il faut un plan*
des propriétés particulières indicatif des noms
de chaque propriétaire, tels qu'ils sont inscrits
sur la matrice des rôles; 2° le délai de la 1ʳᵉ,
est de quinze jours, à l'expiration duquel un
commissaire, désigné par le préfet, reçoit à la
mairie, pendant trois jours consécutifs, les dé-
clarations des habitants sur l'utilité publique
des travaux projetés; tandis que le délai de la
2ᵉ est, en tout, de huit jours, pendant lesquels *le*
commissaire, qui est le maire, *mentionne sur*
un procès-verbal qu'il ouvre à cet effet, et que
les parties sont requises de signer, les décla-
rations et réclamations qui lui sont faites ver-
balement, et y annexe celles qui lui sont
transmises par écrit; 3° aucuns lieux spéciaux,
ni aucunes formes ne sont prescrits pour les publi-

cations et affiches qui doivent précéder la première,
tandis que pour la seconde, *l'avertissement doit
être publié à son de trompe ou de caisse dans
la commune, affiché tant à la principale porte
de l'église du lieu, qu'à celle de la maison-
commune, et en outre inséré dans l'un des
journaux publiés dans l'arrondissement, ou,
s'il n'en existe aucun, dans l'un des journaux
du département*; 4° dans la seconde, le maire,
qui reçoit les déclarations, n'a point d'avis à émettre,
tandis que dans la 1ʳᵉ, *le commissaire délégué
par le préfet doit donner son avis motivé.*

Rien assurément n'aurait été plus facile que de
combiner ces diverses mesures en adoptant celles
qui produisaient le plus de garantie et qui ren-
traient le mieux dans le but proposé; il suffisait de
prendre, tant dans l'ordonnance du 23 août 1835,
que dans le tit. 2 de la loi du 3 mai 1841, celles des
dispositions que nous présentons ci-dessus en caractères italiques, et de les réunir. Mais comme d'après
cette idée, on ne retranche aucune des prescriptions de l'ordonnance qui sont d'une application
possible aux plans d'alignement, que l'on ne fait seulement qu'y en ajouter quelques autres empruntées
à la loi, et qu'il est de principe que ce qui abonde
ne vicie pas, on pense que, bien que la circulaire
du 23 août 1841 n'en impose pas l'obligation, il
sera convenable et parfaitement dans l'esprit de la
législation, d'exécuter, en fait, la combinaison dont
nous venons de parler, et qui en définitive n'ajou-

tera à la marche prescrite, que ces trois points :
1° l'inscription, sur le plan ou sur un tableau y
annexé, des noms de chaque propriétaire, tels qu'ils
sont inscrits sur la matrice des rôles; 2° la publication à son de trompe ou de caisse, dans la commune, de l'avertissement relatif au dépôt des pièces
à la mairie, et son affiche tant à la principale porte
de l'église du lieu, qu'à celle de la maison-com-
mune; 3° et son insertion dans l'un des journaux
de l'arrondissement ou, à défaut, dans un de ceux
du département.

Approbation par ordonnance royale. « Le préfet...,
» continue l'ordonnance sus-mentionnée du 23
» août 1835 (art. 5), enverra le tout (c'est-à-dire le
» plan, l'enquête, l'avis du commissaire, la délibé-
» ration du conseil municipal et l'avis du sous-pré-
» fet) au ministre de l'intérieur, avec son avis mo-
» tivé.... » Ce ministre est dans l'usage de consulter le conseil des bâtiments civils, dont le travail
donne souvent lieu à des observations qui nécessitent de nouvelles études, un nouveau tracé et une
nouvelle instruction. Il y aurait également lieu,
aux termes de l'art. 7 de la même ordonnance,
à en référer au ministre des finances, si quelques
alignements entraînaient l'application de l'avis
du conseil d'état du 9-21 février 1808, sur la
cession aux communes de tout ou partie d'un bien
de l'état (a).

(a) Dans le cas de cession d'un bien de l'état proprement dit,
il y a perte de produit ou de jouissance de valeur appréciable,

Enfin, et ces préliminaires remplis, les plans sont soumis au conseil d'état, sur l'avis duquel intervient l'ordonnance royale approbative.

C'est ainsi que se trouve exécuté l'art. 52 de la loi du 16 septembre 1807.

Jusqu'à l'ordonnance, toutes les réclamations peuvent être présentées; mais lorsqu'elle est rendue, elle ne peut être attaquée, ni par *voie contentieuse* (arrêts du conseil d'état des 9 juin 1824, 2 août 1826 et 4 juillet 1827; = *Macarel*, 6.299 — 8.498 — 9.388), soit d'opposition, soit de tierce opposition (arrêt dudit cons. du 4 juin 1823), parce qu'il n'y a point ici application d'un titre qui ait conféré un droit aux propriétaires riverains, et que l'ordonnance constitue un réglement d'administration publique, ni même par *voie de supplique* ou de pétition, parce que l'alignement assure aux tiers des droits que l'on ne peut remettre indéfiniment en question.

Il n'y aurait d'exception que dans le cas où les formalités relatives à l'enquête auraient été omises ou irrégulièrement remplies; alors, et sans que

---

et, par suite, véritable aliénation; alors l'avis du conseil d'état en question doit être appliqué comme il l'a été, par ordonnance royale du 2 février 1831, pour la vente à la ville de Dijon d'une partie du *Palais des Etats*, à l'effet d'y établir la mairie; il en serait autrement s'il s'agissait d'un fonds dépendant du domaine public; les cessions à en faire pour cause d'utilité publique ne constituent ni aliénation ni expropriation; elles ne forment qu'un changement de destination et une nouvelle affectation.

pour ce motif, il y ait davantage lieu à la voie contentieuse, on devrait se pourvoir par opposition
devant le ministre de l'intérieur, sur le rapport duquel le roi, en son conseil, statuerait conformément à l'art. 52 de la loi du 16 septembre 1807.

Le roi, au surplus, appréciateur suprême de
l'intérêt public, que des circonstances imprévues
peuvent sans cesse modifier, conserve toujours et
en tout état de cause, la faculté de changer le plan,
après avoir fait procéder, bien entendu, à une nouvelle instruction dans les formes ci-dessus indiquées, et sans néanmoins pouvoir porter atteinte
aux droits acquis.

PLANS GÉNÉRAUX D'ALIGNEMENT DE GRANDE VOIRIE.

L'ordonnance du bureau des finances de la généralité de Paris du 29 mars 1754, dont l'arrêt du
conseil du 27 février 1765 étendit les dispositions
à toute la France, supposait l'existence de plans généraux déposés au greffe du bureau des finances,
et auxquels les trésoriers de France devaient se
conformer lors de la délivrance des alignements partiels; ces plans, qui étaient ordinairement rendus
exécutoires par arrêts du conseil, ne furent levés
que pour certaines localités; dans celles où, au moment de la révolution, il n'en existait pas de définitivement approuvés, des arrêtés préfectoraux et
des décisions ministérielles fixèrent seuls les alignements pendant une période de vingt ans. Ce ne
fut qu'en 1809, et en exécution de la simple instruction du 22 juin de cette année, aujourd'hui

encore l'unique règle obligatoire en cette matière, que l'administration résolut de soumettre les plans généraux de routes au roi en conseil d'état, comme cela se pratiquait déjà pour ceux des rues des villes depuis la loi du 16 septembre 1807.

Confection des plans. —— Conformément à l'instruction du ministre de l'intérieur du 13 thermidor an 6 (31 juillet 1798), et aux circulaires du directeur-général des ponts et chaussées des 22 juin 1809 sus mentionnée, et 3 août 1833, les plans généraux des traverses des villes, bourgs et villages, sont dressés, sur des bandes séparées pour chacune, par les ingénieurs des ponts et chaussées, à l'échelle de cinq millimètres pour mètre ; les plans des diverses traverses de la même ville doivent être présentés ensemble, et être accompagnés d'un plan général sur une plus petite échelle ; quelques cotes ou des profils en long, doivent faire connaître les différences de niveau.

A ces plans, toujours en triple expédition, l'une pour le conseil d'état, l'autre pour l'administration des ponts et chaussées, et la troisième pour le département, et sur lesquels sont inscrits, selon le vœu de l'art. 5 de la loi du 3 mai 1841, les noms de chaque propriétaire, tels qu'ils sont portés sur la matrice des rôles, il faut joindre, 1° un tableau « indiquant l'état actuel des maisons limitrophes » par des lettres initiales ou autres signes qui dé- » notent si la construction en est bonne, mauvaise, » médiocre, neuve, en pierre, bois, etc. ; si elles

» sont couvertes en ardoises, tuiles, paille, etc.;
» le nombre d'étages dont elles sont composées;
» enfin tous les détails intérieurs et extérieurs qui
» peuvent servir à bien déterminer les alignements
» à moindres frais et dommages, et qui doivent
» être consignés dans un mémoire motivé pour
» fixer l'opinion des examinateurs sur l'ensemble
» du projet; » 2° un autre tableau ou « légende où
» les divers alignements sont définis, soit par la
» position de leurs extrémités rapportées à des
» points fixes, soit par leur distance à des lignes
» déterminées...., afin de prévenir toute incerti-
» tude sur les tracés arrêtés, et toute difficulté
» dans leur application. »

Enquête. — L'enquête à laquelle les plans d'alignement de grande voirie sont soumis, n'est point
une de celles prescrites préalablement à la déclaration d'utilité publique, soit par l'ordonnance du
18 février 1834 pour les travaux de l'état ou des
départements, soit par l'ordonnance du 23 août
1835 pour les travaux communaux et pour les plans
d'alignement de petite voirie, ainsi que nous l'avons
vu plus haut, c'est celle subséquente, et on pourrait dire d'application, organisée par les art. 5, 6,
7, 8, 9 et 10 de la loi du 3 mai 1841, exactement
conformes à ceux correspondants de la loi du 7
juillet 1833. La circulaire du directeur-général des
ponts et chaussées, du 3 août de cette dernière
année, est précise à cet égard, et transcrit littéralement ces dispositions. Par une seconde, en date

du 16 décembre suivant, n° 32, ce haut fonctionnaire va plus loin, en disant que l'accomplissement
exact des formalités prescrites par ces articles,
suffit pour que l'ordonnance royale qui intervient
ensuite et qui fixe les alignements des traverses
des villes, bourgs et villages faisant partie d'une
route royale ou départementale, devienne le titre
d'après lequel l'administration est autorisée, en
observant d'ailleurs les autres formes établies par
la loi du 7 juillet 1833 (aujourd'hui du 3 mai
1841), à exproprier les propriétaires riverains dont
les bâtiments sont sujets à reculer; par une troisième
circulaire, sous la date du 20 octobre 1836, il ne
fait d'exception à la marche qu'il avait indiquée,
que lorsqu'il s'agit d'un changement de direction
à opérer dans une route. « Il suffit, dit-il, de l'ac-
» complissement des formalités du tit. 2 de la loi
» du 7 juillet 1833, pour arrêter le système des
» alignements d'une traverse déjà dépendante de
» la grande voirie; mais il n'en est pas de même
» quand il s'agit de changer la direction de cette
» même traverse. Ce changement, en effet, con-
» trarie des habitudes anciennes, touche à des
» droits acquis, et tend à créer des servitudes spé-
» ciales pour les riverains. Il est évident, dès-lors,
» qu'un projet de cette nature ne peut recevoir
» son exécution qu'autant que l'utilité publique en
» a été dûment constatée, à la suite de l'enquête
» ordonnée par l'art. 3 de la loi du 7 juillet 1833,
» et dont les formes ont été réglées par l'ordon-
» nance royale du 18 février 1834.

» Le principe même du changement de direc-
» tion doit être soumis à l'enquête exigée par
» l'art. 3 de la loi de 1833, et ce n'est qu'après que
» ce principe sera définitivement adopté par l'ad-
» ministration supérieure, que l'on pourra pro-
» céder utilement aux formalités contenues dans
» le tit. 2 de la même loi. »

Si nous admettons complètement cette dernière
doctrine, il n'en est pas de même de celle contenue dans la circulaire du 16 décembre 1833; nous
croyons que dans le cas où l'on voudrait se servir
de l'ordonnance d'alignement pour exproprier, il
faudrait que préalablement toutes les formalités
prescrites par le réglement d'administration publique du 18 février 1834, eussent été suivies sans
distinction entre l'hypothèse où la maison dont on
voudrait immédiatement déposséder le propriétaire,
ne serait destinée qu'au simple rélargissement ou
redressement d'une route ancienne, et celle où son
emplacement serait nécessaire à l'ouverture d'une
nouvelle direction. L'art. 3 de la loi du 3 mai 1841
qui porte que l'ordonnance d'expropriation devra être précédée d'une enquête dans les formes
déterminées par un réglement d'administration
publique, étant général et absolu, il ne paraît
pas possible que cette formalité soit omise. Il est
vrai que l'art. 14 ne donne pas le droit aux tribunaux d'examiner si elle est régulière, ni même si
elle existe (M. Delalleau, *Tr. d'exprop.*, n° 306),
mais alors la sanction se trouve dans la responsa-

bilité du ministre signataire de l'ordonnance, et qui serait compromise s'il autorisait une atteinte à la propriété privée, en dehors des cas prévus par la loi, ou en mettant de côté les garanties qu'elle exige.

Après l'enquête reçue par le maire, toutes les pièces, s'il s'agit d'alignement *dans l'intérieur* des villes, bourgs et villages, doivent être soumises au conseil municipal, afin qu'il *donne son avis*, conformément au n° 3 de l'art. 21 de la loi du 18 juillet 1837; avant que cet article en eût fait une obligation précise, la jurisprudence du conseil d'état, rappelée dans la circulaire du 3 août 1833, exigeait déjà qu'il en fût ainsi.

Comme la manifestation que doit faire ici le conseil municipal, n'est qu'un simple avis et non une *délibération* ou décision, ainsi que le veut l'art. 19, n° 7, de la même loi, dans le cas tout différent d'alignement de petite voirie, nous pensons qu'elle devra intervenir avant la réunion de la commission dont il va être parlé, parce que ce n'est qu'un des documents de l'enquête à peu près semblable aux oppositions ou observations des particuliers, sur lesquels cette commission aura à statuer.

La commission, qui, en fait d'alignement de grande voirie, a toutes les attributions dévolues au conseil municipal, lorsqu'il ne s'agit que de ceux de voirie urbaine, se compose, sous la présidence du sous-préfet, de quatre membres du conseil général du département ou d'arrondissement, désignés par le préfet, du maire de la commune et de l'un des ingénieurs qui ont tracé les alignements; elle se réunit au chef-lieu de la sous-préfecture, et elle ne peut délibérer qu'au nombre de cinq membres ; la voix du président est prépondérante en cas de partage, et aucun des propriétaires intéressés ne peut en faire partie. Elle reçoit, pendant huit jours, les observations des propriétaires, qu'elle peut d'ailleurs appeler lorsqu'elle le juge convenable, donne ensuite son avis, et doit clore le dixième jour ses opérations, dont le procès-verbal est adressé immédiatement par le sous-préfet au préfet; si ces opérations n'étaient point terminées au terme prescrit, le sous-préfet devrait, dans les trois jours, transmettre au préfet les documents recueillis, avec son procès-verbal, constatant que la commission, quoique composée, n'a pas rempli sa mission ou achevé son travail. (Art. 8 et 9 de la loi du 3 mai 1841.)

Si la commission proposait quelques changements au tracé soumis à l'enquête, le sous-préfet devrait en donner immédiatement avis aux propriétaires que ces changements pourraient intéresser, en se conformant, pour cet avertissement, aux prescriptions de l'art. 6. Pendant huitaine, à dater de sa publication, le procès-verbal et les pièces resteraient déposés à la sous-préfecture, pour que les parties intéressées puissent en prendre communication sans déplacement et sans frais, et fournir leurs observations écrites, après quoi, et dans les trois jours suivants, le sous-préfet transmettrait toutes les pièces à la préfecture. (Art. 10 de ladite loi.)

Cette enquête partielle, en cas de changements proposés par la commission, est indispensable pour que les particuliers lésés par le nouveau tracé, puissent faire entendre leurs observations, et pour qu'après leur avoir soumis un projet, on ne vienne pas en faire adopter un autre dont ils n'auraient eu aucune connaissance. Si l'ordonnance du 23 août 1835, à laquelle seule renvoie la circulaire du 23 août 1841, pour les alignements de petite voirie, n'impose pas la nécessité de cette seconde enquête relativement aux modifications qui pourraient être apportées par le conseil municipal faisant fonctions de la commission instituée par l'art. 8 de la loi du 3 mai 1841, c'est sans doute à raison de ce que ce conseil ayant déjà approuvé le tracé du maire avant la mise à l'enquête, ce que n'a pu faire la commission, on a regardé comme peu probable que lorsqu'il serait appelé une seconde fois à délibérer sur les oppositions des particuliers, il ferait des changements à un projet qu'il a déjà examiné et qu'il s'est approprié. Cependant, si par suite de ces oppositions, ou même spontanément, il croyait devoir en opérer, nous n'hésitons pas à décider qu'il faudrait recommencer l'enquête sur les points modifiés ; il y a, en effet, analogie complète entre les deux cas; aucune condamnation, d'ailleurs, ne devant être prononcée, ni aucune mesure prise, sans que celui qui en est frappé ou qui peut en éprouver du préjudice, ait été mis à même de se défendre et de faire valoir ses droits. *Reum enim non audiri*, disait un ancien (Ammien Marcellin), *latrocinium est, non judicium*, « nul ne peut être jugé » qu'après avoir été entendu ou légalement appelé », portait aussi l'art. 11 de la déclaration des droits de l'homme, du 5 fructidor an 3, en reproduisant presque textuellement une constitution de Clotaire 1er, de l'an 560.

L'instruction préparatoire, dont nous venons de tracer la marche, est plus rapide et moins compliquée que celle qui, en conformité des art. 2, 3, 4, 5, 6, 7, 9 et 10 de l'ordonnance du 18 février 1834, doit précéder l'expropriation pour cause d'utilité publique poursuivie dans l'intérêt de l'état ou des départements.

Il est à regretter que, relativement aux alignements de petite voirie, la circulaire du 23 août 1841, au lieu de renvoyer à l'ordonnance du 23 août 1835, remplaçant pour les travaux d'intérêt communal, celle ci-dessus du 18 février 1834, ne se soit pas également référée aux art. 5, 6, 7 et 12 de la loi du 3 mai 1841. Il y aurait eu moins de disparate entre deux procédures, qui, ayant le même but et étant ici employées plus dans l'intérêt des citoyens dont les propriétés sont menacées, que dans celui des administrations, devaient, à notre avis, être en tout point semblables.

Approbation par ordonnance royale. — L'instruction étant achevée, le préfet transmet toutes les pièces, avec son avis, à l'administration supérieure qui prépare le rapport ministériel d'après lequel il est statué par le roi.

Quoique aucune loi n'en impose l'obligation positive comme pour les plans de petite voirie, le directeur-général des ponts et chaussées s'est fait une règle de soumettre au conseil d'état les alignements généraux dans la traverse des villes et faubourgs ; la jurisprudence du conseil elle-même paraît tendre à imposer cette nécessité à l'administration ; c'est ce qui résulte de son arrêt du 29 juin 1832 (*Bartier et Rousseau*), qui, bien qu'il ne s'applique pas à l'alignement d'une route, mais à celui d'un canal, n'en consacre pas moins le principe, puisque la loi est muette dans un cas comme dans l'autre.

Ces ordonnances, au reste, ne sont pas plus que celles en matière de petite voirie, susceptibles d'opposition par la voie contentieuse, parce qu'en fixant l'alignement, l'administration use d'un pouvoir discrétionnaire sous sa seule responsabilité, et n'attaque aucun droit privé résultant d'un titre. (Arrêts du conseil des 25 septembre 1834, et 8 janvier 1836.)

Comme nous l'avons dit plus haut, nous pensons, contrairement à la circulaire du directeur-général du 16 décembre 1833, et à ce qui s'est pratiqué plusieurs fois, que, pour qu'une ordonnance

approbative d'un plan d'alignement pût servir à
une expropriation proprement dite, il faudrait,
d'une part, qu'elle eût été précédée de l'enquête
et autres mesures prescrites par le réglement d'administration publique du 18 février 1834; d'un
autre côté, qu'elle contînt l'autorisation d'agir par
cette voie, et enfin qu'elle fût suivie de l'arrêté du
préfet, mentionné dans l'art. 11 de la loi du 3 mai
1841, qui déclare cessibles les propriétés atteintes;
les seules formalités qui nous paraîtraient pouvoir
être omises, comme ayant été déjà remplies expressément ou virtuellement, seraient celles de la
levée d'un plan parcellaire, de l'enquête et de l'avis
de la commission de sept membres, exigées par les
articles 4 à 10 inclusivement de la loi du 3 mai
1841.

PLANS D'ALIGNEMENT DES CHEMINS VICINAUX.

Une circulaire du ministre de l'intérieur du 10
décembre 1839, dont nous allons présenter l'analyse, a réglé d'une manière formelle cet objet en
ce qui concerne les parties de chemins vicinaux de
grande communication traversant les bourgs et villages ayant moins de 2,000 habitants.

Reste actuellement à savoir quelle marche est à
suivre : 1° pour les rues traversées par les mêmes
chemins, des bourgs et villes dont la population excède 2,000 ames; 2° pour les rues des villes, bourgs
et villages, quelle qu'en soit la population, qui peuvent être considérées comme traverses des chemins
vicinaux ordinaires ou de petite communication;

3° enfin, pour les portions de chemins de grande ou de petite communications situées dans la campagne et en dehors des agglomérations d'habitations.

Relativement aux deux premières classes, il n'y a pas d'autres formes que celles tracées tant par l'art. 52 de la loi du 16 septembre 1807, que par l'ordonnance royale du 23 août 1835, et que nous avons rapportées ci-dessus ; c'est ce qui résulte, pour la première, expressément, de la même circulaire, et pour la seconde, implicitement, des principes posés plus haut, n° 5, sur lesquels nous reviendrons dans un instant, en indiquant de qui doit émaner l'approbation des plans.

Enfin, quant à la dernière classe, nous pensons que, par analogie, il y a lieu de suivre les formes prescrites par la susdite circulaire du 10 décembre 1839, et dont voici l'exposé :

Confection des plans. — Ils seront dressés par l'agent-voyer ou par un géomètre, à l'échelle de cinq millimètres par mètre, et ils devront présenter, soit sur la feuille ou bande même qui les contient, soit dans un tableau ou mémoire annexé, tous les renseignements et énonciations prescrits pour les plans d'alignements de grande voirie, et que nous avons indiqués ci-dessus, pag. 722.

La légende en marge rappellera en outre le nom du département, de l'arrondissement, de la commune, le numéro et la désignation du chemin, ainsi que les opérations géométriques qui ont servi à tracer les alignements, afin de pouvoir placer, au besoin, sur les lieux, des points de repère (*a*).

D'après le rapport de l'agent-voyer sur l'étude des localités, on tracera, « de chaque côté de la rue (ce » sont les termes mêmes de la circulaire) une ligne

---

(*a*) Dans les plans de villes importantes, où il est essentiel, surtout à raison du nombre et de l'irrégularité des rues, d'obtenir la précision la plus rigoureuse, il faudra faire précéder le travail géométrique d'une opération trigonométrique qui lui servira de base; mais la même exactitude étant superflue pour les plans des chemins, on devra se borner au moyen ci-après, d'une exécution facile, et que nous avons vu souvent employer.

Pour chaque chemin, on tracera une ligne brisée qui en suivra les principales inflexions et en déterminera l'axe général. Chaque portion droite de cette première ligne deviendra elle-même l'axe de la partie de chemin correspondante; ces diverses portions seront mesurées exactement, ainsi que les angles qu'elles forment entre elles; et les longueurs, avec le nombre de degrés et fractions de degrés, seront cotés sur le plan. Les distances des axes à tous les angles saillants et rentrants que présentent les limites des propriétés riveraines, ou les ordonnées de toutes les courbes qu'elles forment, prises perpendiculairement auxdits axes, seront indiquées sur le plan par des lignes ponctuées et cotées, séparées par des intervalles exactement mesurés et également cotés; par là, la position de tous les points des lignes droites, courbes ou brisées, constituant les limites du chemin, sera parfaitement déterminée par rapport à son axe, et comme, d'un autre côté, les positions d'un ou de plusieurs points de cet axe pourront être fixées en les rapportant à des points de repère invariables, il s'ensuit que, quels que soient les changements qui puissent survenir dans l'état des lieux, on sera toujours à même, au moyen d'une opération très-simple, de retrouver sur le terrain l'emplacement d'un point, quel qu'il soit.

» rouge continue qui indiquera provisoirement la
» limite au-delà de laquelle les constructions ne
» devront pas avancer. Il serait à désirer que ces
» deux lignes fussent parallèles; mais cette condi-
» tion n'est pas de rigueur, surtout dans les rues
» anciennes et si cette disposition devait donner
» lieu à des avances ou à des retranchements trop
» considérables, car il importe de concilier les in-
» térêts des propriétaires riverains avec les besoins
» de la viabilité; le point le plus important, c'est
» que la voie publique ait une largeur suffisante,
» sans trop s'attacher à une parfaite régularité, dans
» son tracé, si cette régularité rencontrait trop
» d'obstacles. »

Enquêtes. — Le plan ainsi préparé, sera déposé à
la mairie; avis de ce dépôt sera donné aux habitants
par les moyens ordinaires de publication, et ils seront prévenus que, pendant un mois, ils pourront
remettre au maire les oppositions qu'ils auraient à
faire valoir contre les alignements projetés; il im-
portera surtout qu'ils soient mis à portée de bien
comprendre qu'après l'homologation du plan, aucune construction ne pourra être établie sur le sol
compris entre les deux lignes rouges qui y sont
tracées, et que lorsque le propriétaire démolira les
constructions ou clôtures existantes, il devra suivre,
en les rétablissant, l'alignement indiqué par ces
lignes.

Le mois du dépôt expiré, un commissaire, nommé
par le préfet et choisi, autant que possible, parmi les

membres du conseil général ou d'arrondissement, se rendra dans la commune à un jour dont les habitants auront été prévenus à l'avance, à l'effet d'y procéder à une enquête ; il recevra les dires et contredires de tous les intéressés, et en dressera un procès-verbal qu'il terminera en y consignant son avis personnel, tant sur le projet du plan d'alignement, que sur les réclamations dont ce plan aura été l'objet. Il devra être assisté de l'agent-voyer, rédacteur du plan, qui lui donnera tous les éclaircissements nécessaires.

Lorsque l'enquête sera close, le conseil municipal sera appelé à donner son avis, tant sur les alignements proposés, que sur les réclamations qu'ils auront motivées. Il pourra proposer les modifications qui lui paraîtraient devoir être apportées au tracé ; il examinera les réclamations, en discutera l'objet, et émettra son avis sur leur admission ou leur rejet; l'agent-voyer, rédacteur du plan, pourra, au besoin, être appelé à la séance pour y donner des explications.

Le plan et toutes les pièces de l'instruction, c'est-à-dire le procès-verbal d'enquête, les réclamations et la délibération du conseil, seront ensuite adressés au préfet par l'intermédiaire du sous-préfet qui y joindra son avis motivé.

Approbation. — L'instruction ministérielle du 24 juin 1836, avait posé en principe que les plans d'alignement des traverses des chemins vicinaux de grande communication devaient être homologués

par ordonnance royale; c'était une conséquence
de la jurisprudence du conseil d'état, qui avait
constamment fait une distinction entre les chemins
vicinaux et les rues des communes qui sont la prolongation de ces chemins, en décidant que les
règles de voirie relatives aux uns, n'étaient point
applicables aux autres; mais son avis du 25 janvier
1837, ayant modifié cette doctrine quant aux chemins de grande communication, et d'un autre
côté, l'art. 21 de la loi du 21 mai 1836, confiant
aux préfets le soin de statuer sur tout ce qui est
relatif aux alignements le long des chemins vicinaux, il s'ensuit qu'à ces magistrats appartient
l'approbation des plans d'alignement des traverses
des grandes voies vicinales, au moins pour les localités ayant une population agglomérée de moins
de 2,000 ames, car dans celles où le nombre d'habitants est supérieur, comme l'établissement d'un
plan pour toutes les rues est obligatoire, la même
ordonnance qui est nécessaire pour approuver l'a-
lignement de ces dernières, statuera naturellement
sur celui des rues faisant suite aux chemins de
grande communication.

D'après l'examen que le préfet fera des pièces à
lui transmises, il pourra être dans le cas de modifier les parties d'alignement qui auront été l'objet
de réclamations de la part des intéressés ou des
observations du commissaire; s'il croit devoir opérer des changements au tracé, il indiquera par des
lignes bleues, celui qu'il arrêtera définitivement; il

prendra alors un arrêté par lequel, en visant la loi du 21 mai 1836, l'avis du conseil d'état sus mentionné, et la circulaire du 10 décembre 1839, il approuvera le plan qu'il signera, *ne varietur*, et qui restera déposé aux archives de la préfecture ; il en fera faire aussitôt deux copies qu'il enverra, l'une à la sous-préfecture et l'autre à la mairie, pour y être conservées dans leurs archives respectives, où les intéressés pourront en prendre communication.

Une observation commune à tous les alignements, est que s'il s'agissait de places de guerre, ou si le tracé entamait un bien de l'état, il faudrait se conformer à ce que nous avons dit à cet égard, pages 706 et 719, ci-dessus.

57° DÉLIVRANCE DES ALIGNEMENTS PARTIELS. Pour plus de clarté, nous appliquerons à ce § la division principale suivie dans le précédent.

ALIGNEMENTS PARTIELS DE VOIRIE URBAINE.

1° Lorsqu'il existe un *plan général approuvé* par ordonnance royale, le maire en porte la connaissance au public par un arrêté permanent, rendu dans la forme prescrite par l'art. 11 de la loi du 18 juillet 1837, et dans lequel il indique les réparations prohibées, la forme à suivre pour obtenir les permissions de construire, et règle les dimensions des saillies permanentes ou mobiles qui pourront être tolérées sur les façades.

Ensuite, et lorsque des alignements partiels lui sont demandés, seul, et sans l'intervention du con-

47

seil municipal, il les délivre, conformément au plan, en désignant, d'après le rapport de l'architecte-voyer, soit par des mesures exactes, soit mieux encore par des points de repère pris sur les bâtiments voisins, la ligne à suivre. Il fera même bien d'ordonner que cette ligne soit d'abord tracée par cet architecte, sur le terrain, en présence du propriétaire, au moment de la pose des premières assises des fondations, et qu'ensuite, et lorsque les murs seront à hauteur de retraite, c'est-à-dire dépasseront le niveau du sol, il soit procédé à un récolement, suivant la sage prescription, fort remarquable pour l'époque et trop souvent négligée aujourd'hui, de l'édit de décembre 1607. Sa mission n'étant que de fixer la limite entre le sol public de la rue et la propriété riveraine, il commettrait, ainsi que le déclare le ministre de l'intérieur, dans une lettre du 27 novembre 1837, au maire de Pont-l'Abbé, un excès de pouvoir, et un déni de justice en subordonnant la délivrance de l'alignement au dépôt du plan de la maison ou du dessin de sa façade; on a vu, en effet, pag. 469 ci-dessus, que pour tout ce qui tient à la décoration et à la symétrie des constructions, l'autorité municipale ne pouvait user, dans l'état actuel de la législation, que de la voie de conseils, mais non de celle d'ordres ou de prohibition.

Le riverain qui se prétendrait lésé par l'application que le maire ferait à sa propriété du plan approuvé, peut recourir, de ce magistrat au préfet,

du préfet au ministre, et du ministre au roi en
conseil d'état, par la voie contentieuse; cette dernière voie est ici ouverte, parce qu'il s'agit d'appliquer un titre commun à l'administration et aux
propriétaires, qui fait leur loi, et qui impose à l'une
des obligations, en même temps qu'il confère des
droits aux autres. La violation ou mauvaise application de ce titre, entraîne la lésion d'un droit
acquis et véritable qui rend possible le recours au
conseil d'état.

2° *Quand il n'existe pas de plan général approuvé,*
les maires, nonobstant plusieurs décrets et ordonnances qui ne leur accordaient qu'une faculté provisoire et pendant des délais successivement prolongés, mais expirés depuis le 1er mai 1819, n'en
sont pas moins restés en possession du droit de
délivrer les alignements partiels à mesure qu'ils
sont demandés. Ce droit résultant des attributions
générales qui leur sont confiées, et d'après lesquelles ils doivent pourvoir à la sûreté et à la commodité du passage dans les rues, est formellement
reconnu par les actes législatifs, ainsi que par les
monuments de jurisprudence judiciaire et administrative que nous avons rapportés en note, soit sous
le n° 410 du *Traité du domaine public* de M.
Proudhon, soit à la pag. 457 ci-dessus.

Malgré l'opinion contraire de ce profond jurisconsulte et des auteurs qu'il cite, nous n'hésitons
pas à dire que ce droit, dans le cas qui nous occupe,
ne se borne pas, comme ils le prétendent, à re-

connaître et constater uniquement la limite de la
possession actuelle, mais qu'il consiste aussi à
la modifier dans l'intérêt de la viabilité, soit en
abandonnant aux riverains les portions retranchées de la voie publique, soit surtout en les for-
çant à reculer leurs constructions lorsqu'ils voudront les réédifier. Les raisons données pour refuser un pouvoir sans lequel le droit d'alignement
serait inutile et n'existerait pas, ne sauraient faire
impression; il est, en effet, impossible d'admettre
que dans un pays et dans un siècle civilisés comme
les nôtres, on punisse la négligence des administrateurs et on les contraigne à remplir leur devoir
en autorisant les particuliers à reconstruire d'une
manière nuisible à la sûreté, à la commodité et à la
salubrité publiques; comme si l'intérêt général,
qui est imprescriptible et inaliénable, devait souffrir du retard qu'un maire ou une commune
met à se conformer à la loi, et qui souvent tient
à des causes, au défaut d'argent, par exemple,
qu'il ne leur est pas donné de vaincre; comme si
une faute momentanée (en supposant même qu'il
y ait faute), imputable à un homme ou à un conseil municipal, pouvait compromettre, pour des
siècles, des droits permanents et immuables;
comme si l'administration supérieure ne trouvait
pas dans la législation existante, notamment dans
les dispositions des art. 15 et 30, § 18 de la loi du
18 juillet 1837, des moyens coercitifs, plus directs,
plus puissants et plus prompts de faire exécuter ses

ordres, que celui détourné, inefficace et digne des
temps de barbarie, de frapper l'administrateur dans
les intérêts qu'il est chargé de protéger et de défendre. Le défaut de garantie de stabilité des alignements partiels que relève, avec beaucoup de
force, M. Favard de Langlade, est sans doute un
inconvénient réel qui doit déterminer la haute administration à hâter, par tous les moyens qui sont
en son pouvoir, la confection des plans généraux;
mais c'est mal y remédier, que de proscrire d'une
manière absolue les rectifications et améliorations
dont le besoin est le plus évident et la nécessité
même, non contestée.

On conçoit que, pour la fixation des alignements
partiels, il est impossible de procéder à l'enquête
exigée pour les plans généraux; seulement, comme
aux termes des n°s 3 et 7 de l'art. 19 de la loi du
18 juillet 1837, les conseils municipaux doivent
délibérer sur *les projets d'alignements* de voirie
municipale, sans distinction de ceux généraux ou
individuels, ainsi que sur *les acquisitions, aliénations et échanges des propriétés communales,* il faudra que l'alignement proposé par le
maire, soit soumis à leur approbation; si, par arrêt
du 6 août 1837 (*Sirey*, 37-1-1001), la Cour de
cassation a décidé « que les maires des villes sont
» seuls compétents, *et sans intervention du*
» *conseil municipal,* pour statuer sur les cas de
» petite voirie et pour donner des alignements
» partiels..., » il est à remarquer, d'une part, que

dans l'espèce, l'arrêté était à la date du 1er avril 1834, par conséquent antérieur à la loi des attributions municipales, et d'un autre côté, que le rejet du pourvoi dirigé contre le jugement du tribunal de Nevers a, en quelque sorte, sanctionné la disposition de ce jugement, portant que le conseil municipal était fondé à contester l'évaluation du terrain, faite par le maire, après expertise. Ce dernier point a été encore plus formellement reconnu par un arrêt du conseil d'état du 3 février 1835 (*Besnard.*=*Dalloz,* 35-3-45), qui porte que les alignements donnés provisoirement par les maires, avec permission d'avancer sur la voie publique, ne peuvent avoir pour effet d'emporter de plein droit la cession aux riverains du terrain retranché; que dans ce cas, la transmission ne peut en être faite que suivant les formes voulues par les lois, pour l'aliénation des propriétés communales.

Les alignements partiels, ainsi délivrés par les maires, ne peuvent, même après avoir été attaqués inutilement devant le préfet et le ministre, devenir l'objet d'un recours par voie contentieuse au conseil d'état, soit de la part du riverain qui veut construire (arrêts des 9 janvier 1832 — *Genel,* et 16 mars 1836), soit de celle des propriétaires de maisons joignant, ou situées de l'autre côté de la rue et autres intéressés (arrêt du 29 décembre 1840, v^e *Hervé*). La différence entre ce cas et celui examiné plus haut, où, quand il y a un plan général arrêté, on attaque seulement l'alignement partiel du maire comme n'y étant pas conforme, provient de ce que, dans cette dernière hypothèse, il y aurait, comme nous l'avons expliqué, violation d'un droit acquis résultant d'un titre, qui est le plan, tandis que dans l'autre, l'administration, n'étant liée par rien et ayant la faculté de fixer la largeur et les limites de la rue sous sa seule responsabilité, le voisin ne peut invoquer aucun titre et se plaindre d'une atteinte à un droit véritable ; la voie est la même pour attaquer un alignement partiel donné à défaut de plan général dont il tient alors lieu, que pour se pourvoir contre ce plan général.

Toutefois, et toujours en l'absence d'un plan général, soit les tiers intéressés, soit le propriétaire à qui l'alignement partiel a été donné, peuvent se pourvoir au conseil d'état par la voie administrative non contentieuse ; c'est ce qu'ont décidé, pour les premiers, un arrêt de ce conseil, du 27 juillet 1808 (*Recueil de M. Davenne, tom.* 1, *pag.* 66), et pour le second, une ordonnance réglementaire, qualifiée de décision royale, du 29 février 1816 (*même Recueil, pag.* 67), ainsi qu'un arrêt du 4 novembre 1836 (*Sirey*, 36-2-543).

Quand l'arrêté d'alignement partiel, rendu par le maire et approuvé expressément ou tacitement par le préfet, n'a point été attaqué devant l'autorité administrative supérieure, ou que le pourvoi dont il a été l'objet, a été rejeté, il a, d'après la jurisprudence bien constante de la Cour de cassation et

du conseil d'état, la même force et les mêmes effets
qu'une ordonnance royale, et est obligatoire pour
les tribunaux qui, sans examiner son mérite au
fond, et sans pouvoir le réformer, le modifier ou
en suspendre l'exécution, doivent punir son infraction des peines d'amende et de démolition des travaux exécutés contrairement à son prescrit.

ALIGNEMENTS PARTIELS DE GRANDE VOIRIE.

Lorsqu'il existe un plan général approuvé,
les alignements partiels que délivrent les préfets,
n'en sont que des extraits indiquant des points de
repère pour faciliter le tracé sur le terrain.

Ainsi qu'il a été expliqué précédemment, § 17,
l'attribution donnée à ces administrateurs, en ce
qui concerne la fixation des alignements dans la
traverse des communes, est limitée par le sol même
de la route, de telle sorte que les places traversées
ou bordées par ces sortes de voies, ne doivent pas
être considérées comme dépendant de la grande
voirie. Cependant lorsque, comme cela arrive
assez souvent, elles ont été comprises dans le
plan général, quoique mal à propos, les préfets,
jusqu'à rectification de cette erreur, restent compétents pour y donner les alignements.

En l'absence d'un plan général, les préfets
peuvent, pour les grandes routes, comme les
maires, pour les rues ordinaires, délivrer des alignements partiels aux riverains qui veulent construire,
planter ou creuser des fossés sur leurs bords, soit
dans la traverse des villes, bourgs et villages, soit

dans la campagne ; ce droit, fondé sur la nécessité, ne saurait être contesté (lois des 7 sept. et 7 oct. 1790, et arrêts du conseil d'état, des 26 août 1829, 15 février 1833, 2 août 1836 et 7 août 1840); les décisions sont prises sur la demande des parties et d'après le rapport des ingénieurs, auquel est joint ordinairement un plan à l'échelle générale de 5 millimètres par mètre, ou d'un à 200.

Quoique l'usage soit contraire, nous croyons que ces alignements partiels, lorsqu'ils ont pour objet des propriétés situées dans l'intérieur des villes, bourgs et villages, devraient être soumis, comme le sont les plans généraux, au conseil municipal, afin d'avoir son avis. Le n° 3 de l'art. 21 de la loi du 18 juillet 1837, en parlant des *projets d'alignement de grande voirie,* ne distingue pas, et les soumet tous également à cette formalité; la partie d'un tracé, quelque minime qu'elle soit, ne devant pas plus en être affranchie que le tout.

Ce que nous avons dit plus haut du mode de pourvoi contre les arrêtés d'alignement partiel de petite voirie et de leur force obligatoire, est entièrement applicable à ceux de grande voirie.

ALIGNEMENTS PARTIELS LE LONG DES CHEMINS VICINAUX.

Soit qu'il y ait un plan général, soit qu'il n'en existe pas, ces alignements sont délivrés, comme nous l'avons expliqué pag. 462 et 496, § 12, ci-dessus, par les préfets, lorsqu'il s'agit de constructions sur les bords d'un chemin vicinal de grande communication, même dans les traverses des villes, bourgs et villages, pourvu que la population de la commune soit inférieure à 2,000 habitants, et par les maires, lorsqu'il est question de chemins vicinaux ordinaires, ou même de rues de bourgs et villes ayant une population supérieure, et qui pourraient être considérées comme traverses de chemins vicinaux de grande communication.

La prescription des formes et des précautions avec lesquelles ces alignements partiels doivent être délivrés, étant l'un des objets du réglement à faire par les préfets en vertu de l'art. 21 de la loi du 21 mai 1836, nous ne pouvons rien dire de général à cet égard; seulement, et aux termes du n° 7 de l'art. 19 de la loi du 18 juillet 1837, auquel les préfets ne peuvent déroger par leur réglement, nous pensons que ces alignements devront nécessairement être soumis à la délibération du conseil municipal.

58° RÉGLEMENT DES INDEMNITÉS. Sous l'ancienne monarchie, on ne payait d'indemnité que lorsque l'administration ordonnait, pour l'ouverture ou le rélargissement d'une rue, la démolition immédiate d'une maison.

S'il s'agissait d'élargir d'un seul coup toute une rue, une portion de l'indemnité restait à la charge des propriétaires sujets aux retranchements; une autre plus forte était imposée aux propriétaires non atteints, à raison de la plus-value qu'en recevaient leurs maisons, et le surplus était payé par la ville ou par l'état; c'est ainsi du moins que les choses se passaient à Paris, car, dans les provinces, souvent l'indemnité était entièrement mise au compte de la commune, comme il est arrivé pour la ville de Dijon, lorsqu'elle a voulu faire redresser et rélargir une de ses rues principales, la rue de Condé, en vertu de deux arrêts du conseil rapportés ci-dessus, pag. 195.

Quand l'élargissement s'opérait à mesure de la reconstruction des maisons par suite de ruine, de démolition spontanée de la part du propriétaire ou d'incendie, on ne payait aucune indemnité. « Les
» retranchements (disait Perrot, *Dictionnaire de*
» *voirie,* v° *indemnité*) qui s'opèrent par l'effet
» des alignements, lors des constructions ou re-
» constructions des maisons et édifices, qui ten-
» dent à supprimer les plis ou coudes, redresser
» les rues ou leur procurer une plus grande lar-
» geur, sont en pure perte pour les propriétaires
» qui les subissent; ils ne peuvent prétendre, dans
» ce cas, aucune indemnité, parce que le circuit
» continuel d'actions qu'il faudrait admettre serait
» d'une discussion infinie, et que, d'ailleurs, l'in-
» demnité ne devant être supportée que par ceux
» qui profitent des changements et en raison des
» avantages qu'ils en reçoivent, il serait aussi im-
» possible de régler le nombre juste des contribua-
» bles, que de fixer la proportion dont chacun d'eux
» pourrait être tenu dans l'indemnité. » Prost de
Royer donne une autre raison dans son *Diction-*

naire de jurisprudence : « S'il ne s'agit que de
» reculer quand on bâtit ou reconstruit, porte
» un paragraphe de son article *alignement,* il
» n'est rien dû absolument : on a dû s'y attendre
» quand on a acquis sur une rue étroite. On a
» douté jadis, et cette incertitude a coûté beaucoup
» aux municipalités chargées de la voirie. Aujour-
» d'hui la loi nouvelle (la déclaration du 10 avril
» 1783), en ne parlant pas d'indemnité, lève toute
» difficulté ; il n'est rien dû. »

A l'égard des chemins, un arrêt du conseil, du
26 mai 1705, avait réglé le mode des indemnités
relatives à leur établissement, et quoique, aux
termes de cet arrêt, toute la dépense fût à la charge
de l'état, l'usage s'était introduit de n'accorder
d'indemnité que pour les maisons, les prés, les
bois et les vignes, mais jamais pour les simples
terres labourables qui étaient assujetties à fournir
gratuitement le sol des routes, d'après les principes du droit public d'alors, selon lesquels le roi,
grand-voyer de France, était en même temps considéré comme ayant le domaine éminent de tout
le royaume ; par suite, dans la fixation du prix des
autres propriétés, on faisait la défalcation de la valeur qu'elles auraient eue si elles eussent été affectées à la culture des céréales, et on ne payait ainsi
que la plus-value que l'industrie de l'homme y
avait ajoutée ; cette injustice donnait lieu à de
vives réclamations.

Depuis 1789, on est revenu à des idées plus

justes sur le droit de propriété ; les constitutions de 1791 et 1793, le Code civil, les Chartes de 1814 et de 1830, en un mot, toutes les lois sur la matière proclament que nul ne peut être privé de sa propriété, quelle qu'elle soit, sans recevoir un dédommagement complet.

Toutefois, ce principe laissé dans l'oubli pendant de longues années de troubles, n'a reçu d'application réelle aux cessions forcées de terrain, en vertu d'alignements, que par la loi du 16 septembre 1807, dont nous avons déjà expliqué la théorie concernant les bases de la fixation des indemnités, aux §§ 36 et suivants ci-dessus ; nous n'y reviendrons pas dans le présent § où nous nous proposons seulement d'indiquer la forme dans laquelle doit avoir lieu cette fixation, en maintenant toujours, d'après la méthode suivie jusqu'ici, la division des trois espèces de voiries.

MODE DE FIXATION DES INDEMNITÉS DE VOIRIE URBAINE.

D'après l'art. 56 de la loi du 16 septembre 1807, les indemnités étaient réglées par le conseil de préfecture, sur un rapport d'experts nommés dans une forme déterminée ; la loi du 8 mars 1810 ayant substitué le pouvoir judiciaire à l'autorité administrative, ce réglement fut dévolu aux tribunaux civils. Quoique, à leur tour, ceux-ci eussent, aux termes de la loi du 7 juillet 1833, été remplacés par le jury pour l'évaluation des indemnités d'expropriation, et que plusieurs jurisconsultes

en eussent induit, avec raison, que la même marche
devait être suivie en ce qui concernait les alignements, il paraît que, soit les conseils de préfecture,
soit les tribunaux civils, continuèrent à statuer sur
cet objet ; ce n'est que depuis l'avis du conseil d'é-
tat du 1er avril 1841, que la question a été nettement et généralement résolue en faveur du jury.
Cette décision est parfaitement exacte, et, au fond,
elle rentre éminemment dans l'esprit de nos insti-
tutions; nous regrettons seulement que pour ce
cas, qui est très-fréquent, qui présente peu de difficultés et qui ne s'applique en général qu'à des
intérêts minimes, le législateur n'ait point institué
un jury particulier composé d'un moins grand
nombre de membres, comme il l'a fait par l'art. 16
de la loi du 21 mai 1836, pour l'expropriation en
matière de chemins vicinaux ; la nécessité de réunir au chef-lieu d'arrondissement, sous la présidence d'un des juges du tribunal, vingt citoyens
choisis exprès par les chambres assemblées de la
Cour royale, est, en effet, un mode de procéder,
trop solennel, trop compliqué, trop long, et surtout trop dispendieux pour régler des indemnités
dont le chiffre n'est ordinairement que de quelques
centaines de francs et souvent de beaucoup moins ;
il faut se garder d'abuser d'une institution aussi
précieuse et d'en dégoûter par l'ennui, la dépense
et la perte de temps qu'entraînent de trop fréquentes convocations.

Quand le plan d'alignement a été approuvé par

ordonnance royale, l'administration, comme le remarque très-bien M. le ministre, par sa circulaire du 23 août 1841 contenant notification aux préfets, de l'avis du conseil d'état du 1ᵉʳ avril précédent, remplit exactement la première condition exigée par la loi du 3 mai 1841, et elle est, dès-lors, bien fondée à en demander l'application.

D'après cette circulaire, c'est pour prévenir le refus qu'aurait pu faire le procureur du roi, de requérir la réunion du jury, si toutes les formalités préalables n'avaient pas été remplies, qu'il est nécessaire que l'ordonnance approbative du plan soit précédée d'une enquête dans la forme indiquée par le réglement d'administration publique du 23 août 1835; on a, sans aucun doute, eu raison de calquer, autant que possible, la marche à suivre dans ce cas particulier sur celle usitée en fait d'expropriation, et de profiter de la circonstance pour en prescrire l'emploi; mais il est évident que le défaut d'accomplissement de ce préliminaire est indifférent pour l'autorité judiciaire qui prend son point de départ de l'ordonnance, sans s'occuper de ce qui a précédé; l'art. 14 de la loi du 3 mai 1841, lui refusant les moyens de connaître cette procédure antérieure et d'en vérifier la régularité, l'objection ne pourrait venir que du conseil d'état, mais non du procureur du roi ou du tribunal.

Cette observation résout beaucoup mieux que *l'autorité des précédents,* qui est de peu de valeur en jurisprudence, lorsque la loi est contraire, la question de savoir si le nouveau mode prescrit peut s'appliquer au réglement des indemnités pour alignements résultant de plans anciennement approuvés, et dont l'homologation par ordonnance royale avait été précédée de l'enquête organisée par la circulaire du 29 octobre 1812, qui diffère, sous divers rapports, de celle voulue par le réglement d'administration publique du 23 août 1835. Du moment qu'il y a une ordonnance, l'autorité judiciaire ne peut remonter au-delà.

Nous admettons également, avec la même circulaire, que le refus de l'intervention du jury ne pourrait être basé sur le défaut d'accomplissement des mesures qui font l'objet du tit. 2 de la loi du 3 mai 1841, mais ce n'est point à raison du dernier §, ajouté nouvellement à l'art. 14, et qui suppose le consentement des deux parties, puisque nous croyons qu'il n'en serait pas autrement, lors même qu'il n'y aurait point accord entre elles ; c'est uniquement par la force des choses et par le motif qu'en fait d'alignements, la double enquête sur la reconnaissance de l'utilité publique, et sur l'application du projet aux propriétés privées, se confond en une seule, nécessairement préalable à l'ordonnance.

Dans l'expropriation ordinaire, l'enquête postérieure à l'ordonnance est indispensable dans l'intérêt des propriétaires atteints, parce que cette ordonnance ne les désigne point, et qu'elle porte seulement d'une manière générale, qu'une route, un

chemin de fer ou un canal, sera établi de tel point
à tel autre point, sans en présenter le tracé précis
et sans pouvoir faire connaître les propriétés privées
à entamer ou à céder; tandis qu'au moyen du
plan qui y est joint et qui en fait partie intégrante,
l'ordonnance approbative de l'alignement signale
en mesures exactes, ce qui doit être retranché de
chaque propriété particulière nominativement
désignée, en même temps qu'elle déclare l'utilité
publique du tracé donnant lieu à ce retranchement.
Une seconde enquête serait donc absolument superflue, puisque le préfet n'a plus à prendre d'arrêté
pour désigner les propriétés particulières à céder;
c'est même à raison de la prédominance bien mar-
quée de ce caractère de spécialité d'application, que
nous aurions voulu, comme nous l'avons dit plus
haut, qu'en pareil cas l'enquête préalable eût,
ainsi que cela se pratique pour la grande voirie,
été faite dans la forme du titre 2 de la loi du 3
mai 1841, plutôt que dans celle de l'ordonnance
du 23 août 1835.

Jusqu'ici donc, point de difficultés sérieuses.
Mais ensuite, M. le ministre en soulève une se
référant au cas où il n'existe pas de plan général
homologué par ordonnance royale et qui n'est pas
sans gravité. Il se demande alors comment il faudrait agir si, « à l'occasion d'un alignement partiel
» délivré par le maire, en vertu du pouvoir qu'il
» tient, d'après la jurisprudence établie, de la loi
» générale qui règle sa compétence, » il naissait

une contestation entre la ville et le propriétaire, soit sur l'alignement en lui-même, soit sur la quotité du dédommagement. Selon ce haut fonctionnaire, le seul moyen de la résoudre, serait d'exiger à l'avenir que les maires fissent précéder leurs arrêtés de l'enquête et des autres formalités prescrites par l'ordonnance du 23 août 1835, après quoi on provoquerait une ordonnance royale qui statuerait sur l'alignement de la rue ou du quartier conformément à l'avis du conseil d'état du 3 septembre 1811, et en vertu de laquelle le jury d'expropriation pourrait être légalement saisi. « Dans » ce système, ajoute-t-il, le droit attribué aux maires » en matière d'alignement, est respecté, et mes » prescriptions ont seulement pour effet d'en régler » l'exercice de manière à rattacher l'action du » pouvoir municipal, comme celle de l'autorité » souveraine elle-même, à l'exécution de la loi du » 3 mai 1841, base désormais unique des mesures » administratives que cette matière comporte. »

Ce moyen sera sans doute fort légal ; mais au lieu de *respecter le droit attibué aux maires en matière d'alignement, et qu'ils tiennent, d'après la jurisprudence établie, de la loi générale qui règle leur compétence,* il en entraîne l'annihilation la plus complète et la plus absolue en le frappant d'inefficacité et en y substituant dans tous les cas, contrairement à cette jurisprudence, la nécessité d'une ordonnance royale.

Or, nous ne saurions admettre qu'il doive en

être ainsi; il n'est pas douteux d'abord qu'un arrêté municipal qui a déterminé un alignement, suffit à lui seul, et indépendamment de l'ordonnance royale, pour empêcher le propriétaire de reconstruire ou réparer en dehors de la ligne fixée; personne, assurément, n'oserait aujourd'hui soutenir le contraire en présence de la série d'arrêts de la Cour suprême et du conseil d'état consacrant à cet égard, le droit des maires. Ce premier point acquis, la partie la plus ardue de la difficulté disparaît, et désormais elle ne doit plus consister que dans le mode de fixation de l'indemnité résultant de la cession de terrain. Réduite à ces termes, il faut l'examiner dans les deux positions où elle peut se présenter : s'agit-il d'abord d'une parcelle de terrain à réunir à la rue pour son rélargissement, ce sera évidemment le riverain dépossédé, ou, ce qui est la même chose, privé du droit de reconstruire, qui aura intérêt à demander le paiement de l'indemnité ; il y aura donc nécessairement consentement de sa part à ce que la liquidation en soit opérée le plus promptement possible ; s'agit-il de l'hypothèse inverse, dans laquelle la ville veut lui céder, au contraire, une portion retranchée de la voie publique ; alors, de deux choses l'une, ou il est d'accord de l'acquérir, et dans ce cas, il y a encore consentement à en payer le prix et, par suite, à en faire déterminer le chiffre, ou il n'en veut pas, et dans cette supposition, le moyen ouvert par la loi, n'est pas de le contraindre au paiement, mais bien de l'exproprier de la totalité de sa maison ; il ne s'agira plus de réclamer de lui des indemnités, il faudra, au contraire, lui en payer une qu'il aura le plus grand intérêt à exiger.

On voit donc que dans toutes les circonstances il y aura nécessairement consentement du riverain à ce que l'indemnité soit réglée ; or, s'il en est ainsi, on rentre dans le cas d'application du § final de l'art. 14 de la loi du 3 mai 1841, d'après lequel le tribunal n'a plus d'expropriation à prononcer, et ne fait plus, en donnant acte de l'accord, que de désigner le magistrat-directeur du jury, sans examiner si les formalités préalables ont été remplies.

Il est vrai que l'on pourrait prétendre que la disposition dont il s'agit ne dispense que de l'accomplissement des mesures prescrites par le titre 2 de la loi, c'est-à-dire de l'enquête pour l'application du projet, et non de l'ordonnance royale dont l'absence autoriserait le tribunal à refuser la nomination du magistrat-directeur du jury. Mais nous croyons qu'en fait, ce refus n'existera jamais quand il y aura accord entre les parties, et qu'en droit, il ne serait pas fondé, puisqu'il y a ici expropriation véritable, et que l'arrêté du maire l'opérant aussi bien que le ferait une ordonnance royale, il est impossible, en lui donnant cet effet principal et assurément le plus important, de ne pas lui accorder celui secondaire de servir de base à un jugement d'expédient qui ne fait que désigner un juge commissaire. Dès l'instant où il y a expropriation consommée, n'importe par quel acte, il y a nécessairement lieu à indemnité, et, par suite, à fixation de son chiffre d'après le mode déterminé par la législation, c'est-à-dire par le jury; le même acte ne peut être valable pour dépouiller, et inefficace pour fonder le droit au dédommagement; cette conséquence est tellement nécessaire, qu'elle devrait être appliquée même dans le cas où il n'y aurait pas de consentement, et où dès-lors on ne pourrait invoquer la disposition finale de l'art. 14, comme si, par exemple, c'était la ville qui, tout en profitant de l'arrêté prescrivant le reculement, refusait de liquider l'indemnité, ou le riverain qui, en s'emparant du terrain retranché de la voie publique, entendait le conserver sans en payer la valeur; nous pensons que, nonobstant le défaut de consentement de l'une des parties, il n'y en aurait pas moins lieu, dans ces diverses espèces, à convocation du jury, quoiqu'on ne représente pas d'ordonnance royale.

Telle est aussi l'opinion de M. Delalleau dans son *Traité de l'expropriation pour cause d'utilité publique,* où, après avoir énuméré différents cas d'expropriation tacite résultant d'arrêtés préfectoraux, et avoir notamment cité, aux n°s 886 et 888, celui de l'alignement, il ajoute, n°s 889 et suivants:
« Dans les divers cas où il y a expropriation tacite,
» la nature des choses ne permet pas que l'expro-
» priation soit judiciairement prononcée; mais si
» le propriétaire se trouve par là privé de l'une des

» garanties que la loi lui assurait, ce ne peut être
» un motif pour lui refuser les autres ; ce serait
» plutôt une raison pour lui en accorder de nou-
» velles, s'il en avait besoin..... A notre avis, non-
» seulement l'expropriation tacite doit donner au
» propriétaire les mêmes droits à une indemnité
» qu'une expropriation prononcée selon les formes
» judiciaires, mais encore cette indemnité doit être
» établie sur les mêmes bases et réglée par la même
» autorité. La loi du 8 mars 1810 avait attribué à
» l'autorité judiciaire la fixation des indemnités
» dues dans les cas d'expropriation, et, par suite, la
» fixation des indemnités en cas d'expropriation
» tacite devait aussi appartenir à l'autorité judi-
» ciaire ; c'est pourquoi les parties étaient toujours
» renvoyées à cet égard, devant les tribunaux or-
» dinaires. Mais maintenant que la loi du 7 juillet
» 1833 a confié au jury spécial le réglement de
» toutes les indemnités dues par suite d'expropria-
» tion, c'est ce jury qui doit évaluer les indemni-
» tés réclamées par suite d'une expropriation ta-
» cite, comme il prononcerait sur les indemnités
» résultant d'une expropriation formelle. »

Ainsi, et sans recourir au moyen indiqué par la
circulaire que nous examinons, celui d'une ordonnance royale, impraticable à raison des lenteurs
qu'il entraînerait, l'application du principe de l'estimation par le jury se trouvera conciliée avec le
droit incontesté des maires de délivrer les aligne-

ments partiels en l'absence de plans généraux (*a*).

Reste à indiquer la marche à suivre :

Lorsqu'il y aura accord entre la commune et le propriétaire sur la cession du terrain, et que les parties seulement n'auront pu s'entendre sur le prix, l'arrêté du maire sera transmis au procureur du roi par le préfet qui le revêtira de son approbation, afin de satisfaire, en tant que de besoin, aux prescriptions de l'art. 11 de la loi du 3 mai 1841 ; à la vue de ces arrêtés et de l'adhésion du propriétaire, le tribunal statuera conformément au dernier alinéa de l'art. 14, en donnant acte du consentement, et en désignant le magistrat-directeur du jury.

Si, au contraire, il y a refus de la part de l'une des parties de consentir à la fixation de l'indemnité, le préfet pourrait sans doute, sur la demande de l'autre, transmettre sur-le-champ, de même que

---

(*a*) Dans un résumé qui s'accorde peu avec ce qui le précède, la circulaire semble revenir à notre opinion en disant : « En » résumé, et si, comme je viens de l'établir, il ne peut exister » de débat judiciaire entre l'administration et le propriétaire que » sur le prix du terrain cédé...., le moyen le plus simple d'arri- » ver à la convocation du jury sera de produire devant le tribunal » une expédition de l'arrêté qui fixe l'alignement sollicité par » le propriétaire qui veut reconstruire ; dans le cas où cet ar- » rêté aurait été pris par l'autorité municipale, il serait ap- » prouvé par vous..... Vous demanderiez acte, au tribunal, de » cette production, par l'intermédiaire du ministère public, et » vous requerriez la nomination du magistrat-directeur du » jury. » Alors, où est la nécessité d'une ordonnance royale ?

dans le cas précédent, les pièces au procureur du roi, qui requérerait la nomination du magistrat-directeur du jury. Mais comme, par suite du litige sur le principe même de l'indemnité, elle ne pourrait être payée ou reçue, et que, conformément à l'art. 49 de ladite loi, ce magistrat devrait en ordonner la consignation, en renvoyant les parties devant les tribunaux pour y être statué sur le droit, il sera beaucoup plus convenable, afin d'éviter une opération d'estimation qui pourrait être en pure perte, et aussi de ne pas gêner la partie refusante dans sa défense devant le jury, de faire décider préalablement par l'autorité judiciaire le fond de la contestation.

Alors la partie intéressée à poursuivre actionnerait l'autre devant le tribunal civil, savoir, le riverain sans autre formalité, et la commune après le dépôt du mémoire exigé par l'art. 51 de la loi du 18 juillet 1837, ensuite de quoi le débat s'engagerait, soit sur la convenance de l'alignement, soit sur la propriété du terrain retranché ou abandonné, soit sur la prétention élevée à un titre quelconque, de n'en point payer la valeur.

Dans le cas où la contestation porterait sur l'alignement, « les tribunaux, comme le dit très-bien » la circulaire du 23 août 1841, n'auraient pas » qualité pour en connaître, attendu que l'arrêté » qui fixe l'alignement est un acte administratif » qui ne peut être apprécié que par l'administra- » tion elle-même. Le propriétaire réclamant ne

» pourrait, suivant la jurisprudence invariable du
» conseil d'état, que se pourvoir administrative-
» ment auprès de l'autorité supérieure, » comme
nous l'avons expliqué pag. 742 ci-dessus.

Si, en admettant l'alignement, la propriété du
terrain qu'il entame ou qu'il abandonne, ou encore
le droit d'en exiger la valeur, étaient les seuls objets
de la difficulté, ce seraient autant de questions de
propriété, de servitude ou d'interprétation de conventions, qui seraient exclusivement du ressort des
tribunaux, et qui devraient être décidées par eux
en suivant les degrés ordinaires de juridiction.

Enfin le point litigieux, quel qu'il soit, étant résolu, le jugement ou l'arrêt, au lieu de fixer, à l'aide
d'une expertise, le montant de l'indemnité, nom-
mera le magistrat-directeur du jury qui sera chargé
de le déterminer. La procédure d'envoi des pièces
par le préfet au procureur du roi, et de réquisition
de ce magistrat au tribunal, tracée par les art. 13,
6ᵉ alinéa, et 14, 1ᵉʳ alinéa, de la loi du 3 mai 1841,
n'est indispensable que lorsqu'il s'agit d'une expropriation formelle ; dans notre espèce, comme dans
toutes celles d'expropriations tacites, le jury peut
être saisi incidemment à une instance principale
portée devant les tribunaux civils sur le principe
même de l'indemnité. (C. d'état 23 février 1839.)

Les délais d'un an et de six mois avant l'expiration desquels, aux termes des art. 14, 2ᵉ alinéa, et
55 de la susdite loi, les propriétaires menacés d'expropriation ne peuvent pas requérir, soit le juge-

ment qui la prononce, soit le réglement de l'indemnité, sont évidemment inapplicables au cas d'alignement, où, par la force des choses, la prise de
possession est toujours préalable, à la différence de
celui de l'expropriation expresse, dans lequel elle
ne peut avoir lieu, au contraire, qu'après le paiement ou la consignation de l'indemnité. Aussitôt
après la démolition du bâtiment et le déblaiement
du sol, le riverain pourra agir.

Lorsque l'administration municipale et les propriétaires soumis au retranchement ou obligés de
s'avancer, tombent d'accord, non-seulement sur la
nécessité même de la cession, mais encore sur le
prix, alors il n'y a besoin de l'intervention ni des
tribunaux ni du jury; tout se règle par une convention amiable qui, nous le pensons, devra être
conclue dans la forme et avec les autorisations
prescrites par l'art. 13 de la loi sus-mentionnée du
3 mai 1841 quand il y aura lieu à cession de terrain par un mineur, un interdit, un absent, une
femme mariée sous le régime dotal, un département, une commune, un établissement public,
l'état ou la couronne.

Ces formes en ce qui concerne les communes,
consistant dans une délibération du conseil municipal approuvée par le préfet en conseil de préfecture, sont évidemment applicables au cas où la
ville cède aux propriétaires voisins, des parcelles en
dehors du tracé, quelle qu'en soit la valeur,
puisque c'est pour cause d'utilité publique consa-

crée par l'art. 53 de la loi du 16 septembre 1807,
que l'abandon en est fait. Les mêmes formes devront-
elles être employées et seront-elles suffisantes, lorsqu'au lieu de céder, la ville acquerra du terrain?

L'affirmative ne sera d'abord pas douteuse dans
l'hypothèse la plus générale, où le montant de l'indemnité ne dépassera pas le taux de 20,000 fr.
pour les villes ayant plus de 100,000 fr. de revenu,
et de 3,000 fr. pour les autres, puisque, dans ces
limites, l'art. 46 de la loi du 18 juillet 1837 n'exige
rien autre chose pour toutes les aliénations et acquisitions, même non nécessaires, des communes.
Nous pensons qu'elle devrait aussi être adoptée, et
qu'il n'y aurait pas lieu à recourir à une ordonnance
royale si le chiffre, ce qui sera excessivement rare, dé-
passait 3,000 ou 20,000 fr., selon les distinctions
ci-dessus. La raison en est que l'alignement étant
une fois fixé, les acquisitions de terrain pour son
exécution sont nécessaires et se trouvent virtuellement autorisées par l'acte qui l'a approuvé. Par un
arrêt à la date du 3 février 1835 (*Besnard.* =
Dalloz, 35-3-45), le conseil d'état a admis cette
solution quand il y a un plan homologué par ordonnance, en la rejetant dans le cas contraire.
Nous ne sommes pas d'avis de cette distinction, du
moment que le droit qu'ont les maires de délivrer
des alignements partiels en l'absence d'un plan général, est consacré et reconnu. Nous croyons même
que, soit dans ce cas, soit dans celui où l'indemnité
est inférieure à 20,000 ou à 3,000 fr., la délibéra-

tion du conseil municipal, approuvée par le préfet
seul, sans le concours du conseil de préfecture, serait suffisante; les formalités prescrites par l'art. 46
plus haut rappelé n'étant exigées que pour les aliénations volontaires, et non pour celles qui sont la
conséquence d'une mesure légale et forcée. Cependant, comme l'approbation en conseil de préfecture
n'entraînera ni frais ni retard, et que ce qui abonde
ne vicie pas, il sera convenable de prendre cette
précaution, que le législateur a considérée comme
offrant plus de garantie.

MODE DE FIXATION DES INDEMNITÉS DE GRANDE VOIRIE.

Quoique l'avis du conseil d'état du 1ᵉʳ avril 1841,
base de l'instruction ministérielle du 23 août suivant que nous venons d'examiner, ne paraisse
s'appliquer qu'aux indemnités d'alignements de
voirie urbaine, il est certain que, par identité de
raison, il doit être étendu à celles de grande voirie. Un arrêt du conseil d'état du 31 août 1828
pose en principe que ces indemnités doivent être
fixées conformément à la loi sur l'expropriation,
qui alors attribuait compétence aux tribunaux, ce
qui exclut les conseils de préfecture. Lors de la discussion de la loi du 7 juillet 1833, le rapporteur
ainsi que le commissaire du roi reconnurent que
désormais le jury serait chargé de ces évaluations
(*Moniteur du* 10 *février* 1833, pag. 340); aussi
depuis, les ordonnances approbatives des plans
de traverses imposent-elles formellement à l'administration l'obligation d'acquérir les terrains pro-

venant des reculements futurs, *en se conformant aux titres 3 et suivants de la loi sur l'expropriation.*

La marche à suivre pour le réglement amiable ou judiciaire des indemnités relatives aux alignements des routes royales et départementales, sera absolument la même que celle ci-dessus tracée pour la voirie urbaine. Seulement, dans le cas de cession aux voisins, des parcelles en dehors de l'alignement, il faudra se conformer aux dispositions des art. 2, 3 et 4 de la loi du 24 mai 1842 que nous avons rapportée plus haut, pag. 312.

L'état ou le département ne pourra du reste, jamais contraindre les voisins à acquérir les portions retranchées ; ceux-ci devront seulement être constitués en demeure de les acheter, à défaut de quoi, elles seront vendues à des tiers, en réservant les passages nécessaires. Dans l'intérieur des villes et faubourgs, l'administration municipale pourrait seule user de ce droit de contrainte que lui confère l'art. 53 de la loi du 16 septembre 1807 en lui donnant, en cas de refus, la faculté d'exproprier la maison joignant.

Une observation essentielle déjà faite, et qu'il convient de rappeler, c'est que, quand une rue ancienne d'une ville a été affectée à la traverse d'une route royale ou départementale, les portions en dehors de l'alignement ne cessent pas d'appartenir à la commune, dans la caisse de laquelle, en conséquence, le prix de la cession qui en est consentie aux

riverains doit être versé , et non dans celle de l'état
ou du département. C'est ce que reconnaît formellement une circulaire du ministre de l'intérieur du 19
février 1828, rapportée en partie pag. 265 ci-dessus,
et ce qu'a décidé un arrêt de la Cour de cassation du
10 mai 1841 (*Sirey*, 41-1-439), cité au même endroit, qui dit dans un de ses motifs, « que si l'ali-
» gnement a été et dû être donné au sieur Mouth
» (le voisin) par le préfet, investi de cette attribu-
» tion en matière de grande voirie, le droit de po-
» lice et de surveillance exercé par l'administration
» le long des routes et rues à la charge de l'état,
» n'implique pas à son profit le droit à la propriété
» des terrains qui bordent ces routes et rues sans
» en faire partie. »

MODE DE FIXATION DES INDEMNITÉS DE VOIRIE VICINALE.

Qu'il s'agisse de chemins de grande ou de petite
communication , les indemnités pour rélargissements ou rectifications par voie d'alignement sont,
conformément à l'art. 15 de la loi du 21 mai 1836
que nous avons expliqué précédemment, nos 54 et
suivants, réglées par le juge de paix sur le rapport
d'experts nommés, l'un par le sous-préfet, l'autre
par le propriétaire, et, s'il y a discord, le tiers par
le conseil de préfecture. Dans tous les cas, le montant de cette indemnité, même pour les chemins de
grande communication , est à la charge de la commune sur le territoire de laquelle ils sont situés, et

qui profiterait de leur sol s'ils venaient à être dé-classés comme inutiles.

Quoique l'article dont il s'agit n'ait eu certaine-ment en vue que des rélargissements à opérer aux dépens de propriétés non bâties, ou du sol de mai-sons que le maître fait spontanément démolir, ce qui, dans ces deux hypothèses, ne peut entraîner que de faibles indemnités, cependant, comme il ne contient ni distinction ni restriction, il faut recon-naître, avec la circulaire du ministre de l'intérieur du 10 décembre 1839 déjà citée, qu'il serait aussi applicable même au cas où, s'agissant d'entamer une maison, on voudrait la démolir sur-le-champ, et où dès-lors le dédommagement serait considéra-ble. Cette conséquence, à laquelle le législateur n'a sans doute pas pensé, a acquis de l'importance de-puis que la traverse des chemins de grande com-munication dans les villes, bourgs et villages dont la population est inférieure à 2,000 habitants a été soumise, par l'avis du conseil d'état du 18-25 jan-vier 1837, à toutes les règles concernant les che-mins vicinaux en rase campagne. On peut dire que, pour les propriétés bordant ces chemins, le système de la loi du 16 septembre 1807, abrogé dans tous les autres cas, par les lois des 8 mars 1810, 7 juillet 1833 et 3 mai 1841, a été complètement rétabli, contrairement à l'esprit de notre législation actuelle. Voilà à quelles incohérences conduisent des modi-fications faites sans ensemble et par parties, selon les besoins du moment !

Ainsi que nous l'avons expliqué au n° 99 ci-dessus, pag. 320 et suivantes, le même mode ne devra pas être suivi pour l'abandon aux riverains des portions de chemins laissées en dehors de l'alignement : si la cession en est consentie amiablement, il faudra se conformer entièrement aux dispositions de l'art. 46 de la loi du 18 juillet 1837, et recourir à une ordonnance royale dans le cas où le prix excéderait les taux de 3,000 et 20,000 fr., fixés par cet article; s'il n'y a point accord, l'affaire ne pourra plus être soumise au juge de paix, et sera décidée, comme nous l'avons dit, par les experts, agissant alors en qualité d'arbitres, sauf à porter les incidents qui surviendraient, devant le conseil de préfecture ou le tribunal civil, selon leur nature et les circonstances.

Les riverains des chemins vicinaux ne pourront, pas plus que ceux des grandes routes, être jamais contraints à acquérir les portions retranchées, ni à avancer leurs bâtiments sur l'alignement. La circulaire sus-mentionnée du 10 décembre 1839 le déclare expressément en ces termes : « Je dois aussi vous faire observer
» que, lors de la reconstruction d'un bâtiment qui
» est en arrière de l'alignement, on ne peut con-
» traindre le propriétaire à avancer sa construction
» jusqu'à la limite de l'alignement, car la viabilité
» n'y est pas intéressée, et on agirait alors par des
» considérations d'embellissement et de régularité
» qui ne suffisent pas pour avoir le droit d'impo-

» ser des servitudes à la propriété. Tout ce que
» l'administration peut exiger, dans un intérêt de
» police et de salubrité publique, c'est que le pro-
» priétaire se close à la limite de l'alignement, soit
» par un mur, soit par une grille ou une haie, se-
» lon l'usage des localités. Si en effet, il restait un
» enfoncement devant une construction, il s'y for-
» merait bientôt un dépôt d'immondices ou de
» fumiers nuisibles à la salubrité. » Il est bien évident que cette obligation ne pourrait être imposée
au riverain qu'autant qu'il joindrait sans intermédiaire le chemin ; autrement ce serait à la commune à prendre elle-même ces mesures, en réservant les passages nécessaires.

Quant à la prétention, très-fréquemment élevée
par les riverains, de s'approprier sans indemnité,
au-devant de leurs maisons, des emplacements
qu'ils qualifient de cours ou d'aisances, et dont
parle la même circulaire, il faut recourir à ce que
nous en avons dit, n° 63, pag. 187 ci-dessus.

Nous terminerons ici l'exposé des notions que
nous avons cru utile de présenter sur la matière des
alignements en général. L'extension que nous lui
avons donnée, et les développements dans lesquels
nous sommes entrés pour sa parfaite intelligence,
paraîtront sans doute justifiés par son importance,
son utilité pratique, les difficultés qu'elle soulève,
et la nécessité de réunir et de coordonner entre
elles, les nombreuses décisions dont elle a été l'objet. Amené, par les termes de l'art. 21 de la loi

49

du 21 mai 1836, à nous occuper des alignements des voies vicinales, nous avons dû remonter aux principes, en suivre l'application, réunir et classer les questions qui en naissent, soumettre à une critique impartiale les solutions qu'elles ont reçues, enfin essayer de déduire de la jurisprudence, des règles claires et précises, d'après ce conseil de l'illustre chancelier d'Angleterre : *Colligendae sunt regulae, non tantùm notae et vulgatae, sed et aliae magis subtiles et reconditae, quae ex legum, et rerum judicatarum harmoniâ extrahi possint* (*De just. univers.*, aphor. 82). Non moins qu'une pratique de tous les jours, ce travail, résultat aussi d'études théoriques, nous a fait sentir l'urgence d'une loi qui, groupant et combinant des éléments épars, incohérents et peu connus, offrirait, dans quelques dispositions positives et méthodiques, un complément indispensable à notre législation encore si incomplète, quoique souvent remaniée, sur l'expropriation pour cause d'utilité générale, ainsi que sur les rapports de la propriété privée avec le domaine public et les travaux des villes et de l'état. Nous ne cesserons de faire des vœux pour la prompte réalisation de cette œuvre, qui, dans l'état actuel des choses et avec les matériaux que l'on possède, ne présenterait rien de difficile et serait un service éminent rendu au pays.

Revenons actuellement à la suite de notre article 21, et donnons quelques explications sur les derniers objets que devra comprendre le règlement général.

6° DÉTAILS DIVERS DE SURVEILLANCE ET DE CONSERVATION DES CHEMINS. Pour ces points, la loi a laissé la plus grande latitude aux préfets, dont le pouvoir n'est limité que par les dispositions prohibitives ou impératives du droit commun, auxquelles il ne leur sera pas permis de déroger; ils doivent garder un juste milieu entre l'absence de toute prescription et la prétention de tout prévoir, non moins qu'entre une résistance systématique aux améliorations et le désir de tout innover. Les mesures qui ont pu ou qui pourraient encore entrer dans le réglement général, dépendant essentiellement des localités et des circonstances, nous ne pouvons en présenter le tableau complet; nous nous bornerons en conséquence, à indiquer les principales et celles dont l'utilité est le moins contestable.

1° Plusieurs lois et réglements anciens (a) défendent d'ouvrir des carrières ou de pratiquer des excavations, à moins d'une certaine distance des voies publiques. L'art. 4 de la déclaration du 17 mars 1780, porte que « l'exploitation des carrières à » plâtre, pierres et moellons, ne pourra à l'avenir » être continuée qu'à la distance de huit toises

_____

(a) Voyez notamment une ordonnance de police du 10 septembre 1600, des arrêts du conseil des 9 mars 1633, 14 mars 1741, 5 avril et 15 septembre 1772, 4 avril et 4 juillet 1777, 29 juillet et 19 septembre 1778, un arrêt du Parlement du 29 septembre et un réglement du 12 novembre 1778, une déclaration du roi du 17 mars 1780, enfin une ordonnance du bureau des finances de Paris du 17 juillet 1781, art. 15.

» (15 mètres 59 cent.) des deux extrémités ou cô-
» tés de la largeur des chemins de traverse ou vi-
» cinaux fréquentés, » et en même temps rap-
pelle « les défenses d'ouvrir aucune carrière à
» pierres de taille, moellons, plâtre, glaise et au-
» tres, de quelque espèce que ce soit, sur les bords
» et côtés des routes et grands chemins, sinon à
» trente toises (58 mètres 47 cent.) de distance du
» bord, mesuré du pied des arbres; et, lorsqu'il
» n'y aura ni arbres ni fossés, à trente-deux toises
» (62 mètres 37 cent.) de l'extrémité de la largeur,
» sans pouvoir, en aucun cas, pousser les rameaux
» ou rues desdites carrières du côté desdits che-
» mins......... Le tout à peine de 300 livres d'a-
» mende..... »

Il serait bon de renouveler, quant aux chemins
vicinaux, cette mesure tombée en désuétude quoique propre à prévenir des accidents, surtout pendant la nuit, en réduisant toutefois la distance
prescrite, et en permettant d'y suppléer par des
murs, des haies, ou par tout autre obstacle capable d'arrêter les voitures ou les piétons qui se dé-
tourneraient du chemin (*a*).

(*a*) L'art. 88 du réglement pour la Côte-d'Or, en date du
8 juin 1837, postérieur de près d'un an à la première édition du
présent commentaire, où ce vœu était déjà émis dans les termes
ci-dessus, porte : « Il est interdit de pratiquer, dans le voisinage
» des chemins, des excavations, si ce n'est à la distance de
» 3 mètres, à partir du bord extérieur des fossés desdits chemins,
» pour les carrières, marnières, argilières, sablières et excava-

La disposition du réglement préfectoral qui prescrirait des précautions à ce sujet, rentrerait dans les vues du législateur, qui, par le n° 4 de l'article 479 du Code pénal, prononce une amende de 11 à 15 francs contre ceux qui auront occasionné la mort ou la blessure des animaux ou bestiaux appartenant à autrui, par l'encombrement ou *l'excavation* dans ou *près* les rues, chemins, places ou voies publiques. Ces expressions, *l'excavation près les rues,* c'est-à-dire sur le sol des propriétés voisines, et que quelques auteurs ont signalées comme très-extraordinaires, se référaient évidemment, dans l'intention du législateur de 1810, aux prohibitions résultant des anciennes ordonnances et déclarations ci-dessus citées, et donneront une sanction aux dispositions analogues que les préfets pourront insérer dans leurs réglements.

Ici se présente la question de savoir si l'établissement de cette servitude sur les fonds voisins des routes et chemins pourrait motiver une demande en indemnité de la part des propriétaires. Ce point a donné lieu à de graves difficultés dans une espèce où un arrêté du préfet avait défendu aux concessionnaires de la mine de houille de Couzon, de

---

» tions du même genre. — Les maires pourront en outre imposer aux propriétaires de ces excavations, l'obligation de les entourer ou couvrir, suivant le cas, de clôtures propres à prévenir tout danger pour la sûreté publique. Ces mesures de sûreté seront prises par nous pour les chemins de grande communication. »

pousser leurs galeries à moins de 20 ou 30 mètres du chemin de fer de Lyon à Saint-Etienne; un arrêt de la Cour de Lyon, du 12 août 1835, s'étant prononcé pour la négative, a été cassé, le 18 juillet 1837 (*Sirey*, 37-1-664), par la Cour suprême, qui a renvoyé l'affaire devant la Cour de Dijon, où elle a reçu, le 23 mai 1838 (*S.*, 38-2-469), la même solution qu'à Lyon ; sur un nouveau pourvoi, cet arrêt a été, contrairement aux conclusions très-remarquables et très-savantes de M. le procureur-général Dupin, cassé le 3 mars 1841 (*S.*, 41-1-259), par le motif : « ..... que tout propriétaire a droit à
» une indemnité, non-seulement lorsqu'il est
» obligé de subir l'éviction entière de sa propriété,
» mais aussi lorsqu'il est privé de sa jouissance et
» de ses produits pour cause d'utilité publique ; que
» seulement dans ce cas, l'indemnité n'est pas
» préalable ;.... qu'à la vérité, l'art. 50 de la loi du
» 21 avril 1810 confère à l'autorité administrative
» le droit de pourvoir, par des mesures de sûreté
» publique, à la conservation des puits, à la soli-
» dité des travaux de la concession, et à la sûreté
» des habitations de la surface ; mais que cette dis-
» position n'altère en rien le droit de propriété du
» concessionnaire, et ne lui impose pas l'obligation
» de subir la perte d'une partie de sa concession
» à raison de la création d'un établissement nou-
» veau, sans cette juste indemnité.... »

En faisant abstraction de l'influence que la nature tout exceptionnelle de la propriété souterraine des mines peut avoir dans cette espèce, nous pensons que la question d'indemnité pour cause de prohibition des excavations en général, doit être résolue d'après la distinction que nous avons déjà indiquée, n° 9 ci-dessus, entre ce qui est interdit par le droit commun en vertu des lois qui règlent les rapports de la propriété privée, et ce qui ne l'est pas.

Les prohibitions de la première espèce ne peuvent jamais, selon nous, motiver d'indemnité, « car, comme le disait M. Dupin dans le réquisi- » toire dont il a été parlé plus haut, on ne peut pas » appeler dommage, dans le sens d'une réparation » qui s'y attache, un préjudice de fait qui est la » conséquence d'un engagement subi en présence » d'un droit plus puissant qu'on est tenu de res- » pecter. »

Ainsi, et comme d'après la disposition de la loi de Solon (*L. ult., ff. fin. reg.*), faisant la règle en cette matière, le propriétaire d'un fonds ne peut y pratiquer de fouilles près de l'héritage voisin sans laisser sur le bord un espace au moins égal à la profondeur de l'excavation, il s'ensuit que le riverain d'un chemin vicinal ne serait pas fondé à prétendre à un dédommagement pour la défense que ferait l'arrêté du préfet de creuser des carrières, marnières, sablières, etc., dans cet intervalle. Mais il en serait autrement dans le cas où l'arrêté exigerait une distance plus considérable; cette prescription devrait motiver une indemnité, parce qu'elle constituerait alors une mesure d'intérêt général, prise aux dépens de la propriété privée, en d'autres termes, une espèce d'expropriation pour cause d'utilité publique dont la charge ne doit pas tomber sur un seul.

2° Par le double motif de la sûreté des voyageurs et de l'assainissement des chaussées que l'humidité entretenue par les arbres, dégrade, l'art. 3 du titre 28 de l'ordonnance du mois d'août 1669 avait prescrit l'essartement des forêts le long des routes sur une largeur de 60 pieds (19 mètres 49 cent.) de chaque bord ; ce qui n'a pas été généralement exécuté, même dans les forêts domaniales, quoique un avis du conseil d'état du 18 novembre 1824 se soit prononcé en faveur de l'application de la mesure.

Le règlement préfectoral pourrait, selon les circonstances, établir une prescription de ce genre, mais comme elle constituerait une servitude très-onéreuse, qui, selon nous, ne devrait être imposée que moyennant une préalable indemnité, ainsi que l'a reconnu une loi du 2 brumaire an 8, citée par erreur sous la date du 18, pag. 198 ci-dessus, on conçoit que l'on ne devrait y recourir que dans le cas où de puissantes considérations en démontreraient l'absolue nécessité.

Il en serait de même de la prohibition, créée par un règlement du conseil d'Artois du 13 juillet 1774, et que Merlin (*Rep.*, v° *Moulin*) regarde encore comme obligatoire dans cette partie de la France,

de construire, à moins d'une certaine distance du
chemin, des moulins à vent, qui peuvent, par leur
bruit et le mouvement de leurs ailes, occasionner
des accidents en effrayant les chevaux.

3° Nous désirerions voir adopter une mesure qui,
sans tenir directement à la bonne viabilité des
chemins, offre cependant de grands avantages aux
voyageurs, et a déjà été adoptée dans un assez
grand nombre de communes; ce serait de placer,
soit sur les dernières maisons des villages, soit surtout sur des poteaux plantés aux embranchements
des chemins, des inscriptions indicatives du lieu où
ils conduisent et même des distances. On éviterait
ainsi des embarras, des erreurs et des accidents
qui résultent assez fréquemment de l'oubli de cette
précaution, que le directeur-général des ponts et
chaussées a recommandée pour les routes, par sa
circulaire du 5 novembre 1833.

Il serait très-convenable aussi d'étendre aux chemins vicinaux le système des bornes milliaires usité
chez les Romains (*Plin.*, xv, 18; — *Tit.-Liv.*,
xxvi, 10), et introduit en France sous Louis XV
par Perronnet, premier ingénieur des ponts et
chaussées, qui fit placer sur toutes les routes, de
mille en mille toises (1949 mèt. 3 cent.), des
pierres cylindriques numérotées à partir du parvis
Notre-Dame, à Paris.

4° La question de l'utilité de la plantation des
routes a été vivement controversée dans ces derniers temps; si les arbres servent à diriger les voya-

geurs pendant la nuit et dans la saison des neiges,
s'ils fournissent aux constructions et au charronnage
des matériaux qui deviennent de jour en jour plus
rares, par la facilité déplorable avec laquelle on a
autorisé le défrichement des forêts, les ingénieurs,
d'un autre côté, se plaignent de l'humidité que
leur ombrage entretient sur les chaussées, et qui
en cause promptement la dégradation. Dans ce
conflit de considérations, les préfets ne devront,
relativement aux chemins vicinaux, se déterminer
que d'après une connaissance exacte des localités
et avec une extrême prudence ; au lieu de disposer
les plantations en lignes continues, on pourrait
établir de distance en distance, sur des terrains
réservés en dehors de la chaussée pour un but qui
sera signalé plus bas, des groupes d'arbres qui suf-
firaient pour indiquer la direction du chemin, en
offrant à ceux qui le parcourent un lieu de repos
et un abri contre la chaleur (a) ; par ce moyen, on
obtiendrait les avantages que produisent les arbres,
sans que les routes en éprouvassent du dommage ;
les campagnes ne seraient pas privées de leur plus
bel ornement, et les communes s'assureraient une
ressource précieuse, dont, en général, elles ont le

(a) Jadis, dans plusieurs localités, on avait coutume de mé-
nager de distance en distance, le long des chemins, de semblables
espaces destinés à faire reposer les voyageurs et les troupeaux
(voyez à cet égard la savante *Histoire des Français des divers
états aux cinq derniers siècles*, par M. Monteil, 14e siècle,
épit. 42, tom. 1er, pag. 197).

plus grand besoin : *ornamentum pacis, belli subsidium, arbores* (a).

Les terrains dont nous parlons pourraient surtout être utilement employés à l'entrepôt et à la préparation des matériaux, dont les amas sur les accotements ne sont pas seulement une cause continuelle d'accidents, mais nécessitent encore une augmentation de largeur aussi nuisible à l'écoulement des eaux, qu'onéreuse à l'agriculture par l'absence de tout produit ; en Suisse et en Angleterre, les routes sont étroites, et on place les pierres destinées à leur entretien, sur de petits espaces de terrain ou gares ménagés de loin en loin, en dehors de leur alignement général.

(a) On ne saurait trop recommander aux administrateurs des communes, de faire des plantations particulièrement sur les terrains inutiles, qui s'en trouveraient améliorés par la suite, et qui, en attendant, ne présenteraient plus un pénible aspect d'abandon. « Tous les maires, dit M. Dupin, avec cette justesse » d'esprit qui le caractérise (*Introduction aux lois des communes*, pag. 130), n'ont pas la puissance d'ériger des tem- » ples, des écoles, des bains publics, des statues ; mais chacun, » en usant sobrement et avec intelligence des ressources de » la localité, peut contribuer à l'ornement de son pays. Ne fît-il » planter qu'un ou deux arbres au-devant de l'église ou sur une » place, il aura accompli le vœu du grand Sully, dont les vieux » tilleuls ombragent encore la plupart de nos villages. » Selon Dulaure, *Histoire de Paris*, tom. 2, pag. 472, les ormes plantés devant les églises, étaient d'un usage général autrefois ; c'était sous leur dôme de verdure que les juges rendaient la justice, que l'on payait les rentes, et qu'après les offices, les habitants se réunissaient pour traiter les affaires de la communauté.

5º L'opération la plus utile pour les chemins vicinaux, sera leur délimitation avec les fonds voisins, au moyen de bornes plantées à tous les points où ils forment des angles ou des courbes. Malheureusement aucune loi ou instruction n'a indiqué ni la marche à suivre en pareil cas, ni l'autorité compétente pour décider les difficultés qui pourraient s'élever. Le seul monument de jurisprudence que nous avons pu découvrir sur la matière, est un arrêt de la Cour de cassation à la date du 15 novembre 1831 (*Larché c. la commune de Beire. = Sirey,* 32-1-13), qui décide seulement que les questions de propriété relatives aux chemins classés ou non, sont exclusivement du ressort des tribunaux civils, et que la disposition de l'art. 6 de la loi du 9 ventôse an 13, en fixant la largeur des voies vicinales à 6 mètres, n'autorise pas les riverains à s'emparer du surplus.

Si le chemin a, en fait, la largeur nécessaire, ou que tous les riverains consentent à la lui donner, le maire plantera avec ceux-ci des bornes dont la position sera mentionnée dans un procès-verbal, qui, après avoir été signé par toutes les parties, sera soumis à l'approbation du conseil municipal et ensuite à celle du préfet. Quoique l'art. 46 de la loi du 18 juillet 1837 ne comprenne pas nommément le bornage au nombre des actes pour lesquels l'avis du conseil de préfecture soit nécessaire, cependant, comme cette opération peut, jusqu'à un certain point, être assimilée au partage, et qu'elle emporte presque toujours, pour la rectification des limites, une aliénation de quelques parcelles, nous pensons que la disposition de l'article dont il s'agit devrait être complètement exécutée.

S'il n'y a pas accord, voici comment nous pensons qu'il conviendra d'opérer.

Il faudra d'abord dresser, dans la forme indiquée pages 732 et suivantes ci-dessus, le plan d'alignement du chemin; ce qui lèvera toutes les difficultés sur les limites, puisqu'aux termes de l'art. 15 de la loi du 21 mai 1836, le préfet a le droit de les fixer définitivement, abstraction faite de toute question de propriété, et que son arrêté produit l'effet de convertir le droit réel des riverains, même le plus incontestable, en une simple indemnité pécuniaire.

Sous ce point de vue, la présence et le concours de ces riverains pourraient paraître inutiles, mais cependant comme leur expropriation ne doit avoir lieu qu'à charge d'indemnité, qu'ils peuvent d'ailleurs contester l'exactitude du tracé ou prétendre que telle ou telle parcelle comprise dans les limites du chemin leur appartient, et qu'ils auraient, ainsi que nous le dirons ci-après, une action possessoire, sinon pour se faire réintégrer dans leur jouissance annale, au moins pour la faire constater officiellement, notre avis est que l'application du plan au terrain ne doit être faite que contradictoirement avec eux ou qu'après qu'ils auront été dûment appelés.

S'ils se présentent, le débat s'ouvrira nécessairement sur l'un de ces trois points : ou ils contesteront la justesse de l'application du plan au terrain, ou, en la reconnaissant, ils soutiendront qu'une parcelle englobée par le tracé, dépend de leurs fonds et leur appartient, ou enfin, étant d'accord avec la commune sur la propriété du corps même de cette parcelle, ils différeront sur sa dismensuration ou sur sa valeur.

Au premier cas, il faudra recourir au préfet, qui, après avoir chargé, soit l'agent-voyer, soit un expert qu'il désignera, de visiter les lieux et de lui faire un rapport, statuera sur le tracé en le maintenant ou le modifiant. Ayant le pouvoir exclusif de déterminer les limites du chemin, il est seul compétent pour interpréter son arrêté et pour le faire exécuter et appliquer ; *ejus est legem interpretari, cujus est condere* (*Argum. ex Leg.* 12, *Cod. de Leg.*).

Dans la seconde supposition, il y aura question de propriété qui ne pourra être résolue que par les tribunaux ordinaires, mais qui ne sera point de nature à empêcher le bornage, puisque, de quelque manière qu'elle soit décidée, le chemin ne devra pas moins être maintenu dans les limites qui lui sont assignées par l'autorité administrative, sauf indemnité si le terrain contesté est reconnu appartenir au riverain.

Seulement, si la commune avait besoin de se mettre sur-le-champ en possession de l'objet du litige et d'y faire des travaux qui en altérassent la forme, il conviendrait d'en dresser un état descriptif très-exact, pour que les tribunaux puissent y puiser les renseignements nécessaires; cette précaution sera surtout utile s'il y avait lieu à action possessoire.

Enfin, dans la dernière hypothèse, l'affaire devra être portée devant le juge de paix, conformément à l'art. 15 de la loi du 21 mai 1836.

Si, au contraire, les riverains ou quelques-uns d'entre eux font défaut, la question de compétence sera plus difficile, parce que leur silence laissera dans le doute la nature de l'exception qu'ils pourraient avoir à présenter plus tard. Cependant on conçoit que l'opération ne devra pas en être entravée; nous pensons qu'alors une action en bornage ordinaire devra être portée devant le juge de paix, conformément au 2e § de l'article 6 de la loi du 25 mai 1838.

Cette dernière marche devrait aussi être suivie si le riverain était incapable de consentir au bornage, par exemple, s'il était mineur, interdit, etc., etc., ou si c'était la commune qui refusât d'y procéder sur la demande du voisin.

Quoique, dans ces divers cas, le juge de paix fasse moins l'office de juge que d'officier public chargé seulement de constater un fait, puisqu'il ne peut rien décider, la commune n'en devra pas moins être autorisée à procéder, conformément à l'art. 49 de la loi du 18 juillet 1837, dont les termes généraux n'admettent d'autre exception

que celle contenue dans l'art. 55, relativement
aux actions possessoires. Le riverain qui voudrait
se porter demandeur en bornage serait aussi dans
la nécessité de présenter le mémoire exigé par l'article 51 de la même loi.

Au reste, comme les efforts de l'administration
municipale devront toujours tendre à prévenir une
instance judiciaire dispendieuse et occasionnant
des retards, le maire qui voudra procéder au bornage d'un chemin, fera bien d'indiquer, par affiches et publications, les jours où l'opération aura
lieu de tel point à tel autre point, en invitant les
riverains à se trouver sur les lieux, assistés d'experts de leur choix; en cas de résistance de quelques-uns, il ne faudra pas moins en terminer avec
ceux qui seront d'accord, sauf à revenir ultérieurement aux récalcitrants, qui souvent, entraînés par
l'exemple et se voyant en petit nombre, finissent
par céder. C'est en suivant cette marche, que la ville
de Dijon est parvenue à acquérir, sans expropriation, le droit de faire passer l'aqueduc de ses fontaines publiques dans 543 parcelles de terrains de
diverses natures, et situées sur cinq communes
différentes; mais pour réussir dans de pareilles
négociations, il faut les soumettre à une règle égale
pour tous, et dont aucune considération particulière ne fasse dévier. Une sévère impartialité est,
on peut l'affirmer, le moyen le plus sûr de succès.

6° Parmi les mesures de conservation des chemins que peut prescrire le réglement général, on

ne doit pas comprendre celles qui auraient pour objet de déterminer la forme et la dimension des roues des voitures destinées à les parcourir. Dans l'état actuel de notre législation, les préfets n'ont pas le pouvoir d'établir des dispositions constitutives d'une police du roulage sur ces voies publiques, ni d'y rendre obligatoires les prescriptions des lois décrétées dans l'intérêt des grandes routes; mais on discute en ce moment, à la Chambre des députés, une loi qui autoriserait cette extension aux chemins vicinaux de grande communication, par ordonnance rendue sur l'avis motivé des conseils de département.

La généralité des termes de l'ordonnance royale du 29 octobre 1828, relative à la longueur des moyeux des voitures de roulage *et autres*, circulant dans *toute l'étendue du royaume*, nous fait penser qu'elle serait exécutoire sur les chemins vicinaux de toute nature.

Moins à titre de dispositions susceptibles de faire partie du réglement général, que comme indication de mesures recommandées à la sollicitude des administrateurs, nous présenterons les observations suivantes, par lesquelles nous terminerons le commentaire de notre article 21.

Les frais de construction et de réparation des chemins dépassant généralement la valeur même du sol sur lequel ils sont établis, il conviendrait, à moins d'accidents très-prononcés

de terrain, de les redresser et de les établir en ligne
droite sur toute la distance qui sépare une commune d'une autre. Cinq kilomètres de chemin,
de six mètres de large, n'occupent qu'une superficie de 3 hectares, dont le prix moyen ne s'élèverait pas au-dessus de 1500 francs. Cette somme,
sur laquelle il y aurait à déduire le prix de revente
de la partie abandonnée, n'est presque rien en
comparaison de la dépense qu'entraînent l'empier-
rement et l'entretien d'une pareille longueur de
chemin. Indépendamment de la quantité de terres
qui serait rendue à l'agriculture, et de la rapidité
qu'acquerraient par là les communications, il y
aurait une économie considérable sur les frais de
première mise en état et de réparations annuelles.

Il y aurait aussi un grand avantage à niveler autant que possible les chemins, ou au moins à
adoucir les rampes trop rapides que la plupart présentent, en abaissant, souvent à peu de frais, les
hauteurs dont les déblais seraient reportés dans
les bas-fonds. Lorsque l'élévation serait trop
grande, et que le sol présenterait trop de difficultés, il n'y aurait d'autre moyen que de tourner
au pied de l'éminence. La règle de la diminution
de longueur devrait céder dans ce cas.

Un point non moins important est la suppression d'un assez grand nombre de chemins, qui,
sans être tout-à-fait inutiles, ne sont pas cependant d'une indispensable nécessité. Il n'est pas
rare de trouver deux ou trois chemins conduisant

d'un village à un autre, et qui, tous mal entretenus, seraient remplacés avec avantage par un seul
en bon état.

« Les chemins sont malheureusement trop nom-
» breux, disait M. Thiers, président du conseil, à
» la séance de la Chambre des pairs du 28 avril,
» on en a beaucoup trop tracé; toutes les com-
» munes sont toujours tentées d'en multiplier le
» nombre..... Il y en aura beaucoup à abandon-
» ner, et tout amendement qui aura pour but d'é-
» tendre la classification, ne sera pas bon. »

Quand trois communes, par exemple, ne sont
pas exactement situées sur la même ligne, il y a
ordinairement trois chemins, deux communiquant
des communes extrêmes à celle du milieu, et un
autre joignant les deux premières entre elles. Si
l'angle est très-ouvert et la déviation peu considérable, il conviendra de supprimer ce troisième
chemin, en ne conservant que celui qui traversera
les trois communes. L'inconvénient de la longueur
est compensé bien au-delà par les avantages du bon
état de viabilité.

Ce sera peu d'avoir créé une législation spéciale
sur les chemins vicinaux et d'avoir établi de sages
réglements pour leur police et pour leur conservation, si l'on n'enseigne en même temps les moyens
de les construire et de les réparer. Dans les campagnes, un utile emploi des ressources ne sera pas
moins difficile à obtenir que les ressources elles-
mêmes; et sans une bonne direction des travaux,

les dépenses énormes qui seront faites chaque
année, au lieu de produire les heureux résultats
que l'on doit en attendre, deviendront un sujet
malheureusement trop bien fondé, de plaintes et
de découragement. Rien n'est plus pénible, en effet,
qu'un travail improductif, et l'on ne parviendra à
faire exécuter la loi, qu'autant que les avantages
qui en résulteront seront en rapport avec les sacrifices qu'elle impose; aussi l'un des principaux
soins de l'autorité supérieure, soit les préfets pour
leurs départements respectifs, soit plutôt le ministre
pour la France entière, devrait être de faire rédiger,
par des gens de l'art, une instruction claire et à la
portée de toutes les intelligences, dans laquelle on
résumerait, en quarante ou cinquante articles, les
principes les plus simples et les méthodes les plus
économiques pour le tracé, la construction, l'entretien annuel et les réparations des chemins vicinaux. Un semblable ouvrage, adressé à toutes les
communes, serait le seul moyen de donner aux
habitants des campagnes et à leurs administrateurs
immédiats, des notions qui leur manquent, et qu'ils
n'iront certainement pas chercher dans des traités
volumineux, qu'ils ne pourraient souvent pas
comprendre, lors même qu'ils auraient les moyens
et la volonté de se les procurer.

Enfin, persuadés que nous sommes, comme
nous l'avons déjà laissé pressentir plus d'une fois,
que la loi eût été d'autant meilleure qu'elle eût
moins laissé de latitude à l'autorité municipale,

trop disséminée en France, nous insisterons vivement pour que les préfets, se réservant la part la plus large dans l'administration des voies qui nous occupent, centralisent autant que possible, en un fonds commun, les ressources qui leur sont applicables, et surtout fassent partir d'un centre unique la direction et l'exécution de tous les travaux. Si, au lieu de ce mécanisme simple et d'un usage facile, on persistait à laisser l'élément communal dans un état d'isolement et d'indépendance, on créerait une machine compliquée, dont les rouages mal assortis et obéissant à des forces divergentes, ne pourraient jamais fonctionner avec ensemble et régularité.

ARTICLE XXII.

108. « Toutes les dispositions des lois anté-
» rieures demeurent abrogées en ce qu'elles au-
» raient de contraire à la présente loi. »

Ce n'est pas sans un vif sentiment de regret que nous voyons nos lois se terminer invariablement par cette formule banale, qui, loin de simplifier la législation, en fait un chaos inextricable, dans lequel les jurisconsultes même les plus exercés ont peine à se reconnaître. Vainement on proclame dans les Chambres, que la codification doit être l'œuvre des compilateurs ; nous pensons, au contraire, que ce serait un devoir du législateur de reproduire les diverses dispositions antérieures auxquelles il veut

conserver la force légale. Ce n'est qu'à cette condition que la fiction nécessaire, d'après laquelle tous
les citoyens sont supposés connaître la loi, sera
juste, et ne dégénérera pas en tyrannie. Il faut, dit
Bacon, que la loi avertisse avant de frapper : *Ut
moneat lex oportet priusquam feriat* (*Aphor.* 8);
mais comment cet avertissement peut-il exister,
lorsque l'on est obligé de rechercher et de suivre,
dans le dédale du bulletin des lois et des collec-
tions antérieures, des dispositions incohérentes et
souvent contradictoires, qui constituent ce que l'on
appelle notre législation sur telle ou telle matière?

Du moment qu'il faut nécessairement étudier et
apprécier toutes les lois antérieures lorsqu'on en
fait une nouvelle, il en coûterait bien peu au législateur de reproduire celles qu'il entend conserver;
il aurait encore par là la facilité, ce qui ne serait pas
un faible avantage, de pouvoir coordonner, au
moyen de légers changements et souvent d'un seul
mot, les dispositions qui, portées dans des circonstances différentes de celles où il se trouve, se heur-
tent avec son ouvrage, ou ne s'y rattachent qu'a-
vec la plus grande difficulté. Pour la matière qui
nous occupe, sept ou huit articles empruntés aux
lois préexistantes, et particulièrement à celle du
28 juillet 1824, nous eussent doté d'un code complet, dont l'intelligence et les moyens d'application
eussent été accessibles à tout le monde.

Ces observations, que nous avions déjà consignées dans la première édition du présent com-

mentaire, ont été reproduites depuis, avec plus
d'énergie, par M. Duvergier, dans une note du
volume de sa *Collection complète des lois, etc.*,
qui a paru en 1837. « Deux choses, dit-il, tom. 36,
» pag. 136, sont à considérer dans la confection
» des lois : les règles que l'on se propose d'établir,
» et l'expression de la volonté législative. L'exa-
» men et la critique des dispositions considérées
» en elles-mêmes ont sans doute un grand degré
» d'intérêt et d'importance ; beaucoup croiraient
» même déroger et descendre des hauteurs où ils
» se placent s'ils consacraient quelque attention à
» la forme de la loi. Cependant cette mission est
» encore élevée et difficile, qui consiste à revêtir
» d'une expression juste et claire les commande-
» ments de la loi, à établir le lien et l'harmonie
» entre le passé et le présent, à marquer d'un signe
» certain ce qui, de la législation existante, survit
» après une loi nouvelle ; à dire, en un mot, ce
» qui est abrogé et ce qui ne l'est pas. J'ai fait
» souvent remarquer avec quelle inconcevable
» négligence nos législateurs accomplissent cette
» partie de leurs devoirs. Ils sont tellement effrayés
» des difficultés de la tâche qui leur est imposée,
» qu'ils n'osent pas les regarder en face, et ils se
» tirent de l'embarras de leur situation par cette
» banale disposition : *Toutes les lois anté-*
» *rieures demeurent abrogées en ce qu'elles*
» *auraient de contraire à la présente loi.* Ces
» réflexions ne pouvaient jamais être présentées

» plus à propos qu'ici. Une loi du 28 juillet 1824
» règle ce qui est relatif aux chemins vicinaux. En
» 1836, une loi nouvelle paraît nécessaire; elle
» contient un grand nombre d'articles ; elle repro-
» duit plusieurs dispositions de celle de 1824;
» elle en omet d'autres, et laisse ainsi les juriscon-
» sultes et les fonctionnaires dans l'embarras lors-
» qu'il faut savoir si quelques articles de la loi de
» 1824 ont survécu à celle de 1836, et quels sont
» ces articles. » Il cite ensuite l'opinion de M. le
député Vivien, qui avait insisté pour que l'on repro-
duisît les dispositions maintenues ; puis il termine
en disant : « J'avais espéré trouver, dans la circu-
» laire ministérielle, quelques éclaircissements.
» Elle dit seulement que l'art. 5 de la loi de 1824
» subsiste en ce qui touche le mode de recouvre-
» ment. »

109.   Déjà, dans le cours de cet ouvrage, nous
avons eu soin de signaler celles des dispositions des
lois précédentes que nous croyons être encore en
vigueur et applicables. Leur rapprochement nous
paraissant utile pour faire saisir dans son ensemble
l'esprit de la législation sur la matière, nous allons
les réunir, en les rappelant, soit sommairement,
soit avec quelques explications.

1° Le préfet déclarera, par un arrêté pris d'après
les délibérations des conseils municipaux, la vicinalité des chemins reconnus être nécessaires à la
communication des communes (*art.* 1ᵉʳ *de la loi
du 28 juillet* 1824).

2° L'administration centrale, remplacée par le préfet, fera dresser un état général des chemins vicinaux de son arrondissement, prononcera la suppression de ceux reconnus inutiles, et en rendra l'emplacement à l'agriculture (*Arrêté du directoire du 23 messidor an V; loi du 9 ventôse an XIII; Instr. minist. du 7 prairial an XIII*).

3° Le recouvrement de la valeur des prestations non acquittées en nature, ainsi que des cinq centimes additionnels, sera poursuivi comme pour les contributions directes, les dégrèvements devront être prononcés sans frais, et les comptes rendus comme pour les autres dépenses communales (*Art. 5 de la loi du 28 juillet* 1824).

4° Les travaux indispensables qui ne pourraient être exécutés avec le produit des prestations, le seront à l'aide de contributions extraordinaires, imposées, conformément aux lois, par des ordonnances royales (*Art. 6 de ladite loi*).

5° Les chemins vicinaux sont affranchis de toute contribution foncière, aux termes de l'art. 103 de la loi du 3 frimaire an VII, portant que « les rues, » les places publiques servant aux foires et marchés, les grandes routes, les chemins publics » vicinaux et les rivières, ne sont point cotisables.»

6° Par les décrets des 13 fructidor an XIII, 20 février et 20 juin 1810, 4 août 1811, 22 décembre 1812, 31 janvier 1813, ainsi que par les ordonnances royales des 27 février 1815, 18 septembre 1816 et 28 décembre 1828, sur la création et les

pouvoirs de la commission mixte des travaux publics, l'établissement des chemins vicinaux traversant les fortifications est assujetti à certaines règles
et à certaines précautions, auxquelles il n'a point été
dérogé par la loi du 21 mai 1836; c'est ce qui résulte du rejet d'un amendement proposé pour leur
abrogation; on fit remarquer avec beaucoup de
raison, qu'il s'agissait ici d'une matière spéciale, à
laquelle on ne devait toucher qu'après un mûr
examen.

L'art. 27 de l'ordonnance royale du 1ᵉʳ août
1821, sur les servitudes militaires, en indiquant les
réparations qui ne peuvent être autorisées aux bâtiments situés dans ou près les places de guerre,
contient, par la manière dont il est rédigé, une
règle générale sur les réparations prohibées en fait
d'alignement, et qui confirme les décisions de la
jurisprudence que nous avons rapportées pag. 564
et suivantes, ci-dessus : « Les bâtiments, clôtures et
» autres constructions en maçonnerie, porte-t-il,
» qui seraient situés.... (dans telle zône désignée),
» ne pourront être entretenus qu'avec les restric-
» tions légalement prescrites en matière de voirie
» urbaine, c'est-à-dire sous la condition expresse
» de ne point faire à ces constructions de reprises
» en sous-œuvre, ni même de grosses réparations,
» ou toute autre espèce de travaux confortatifs,
  » Soit à leurs fondations et à leur rez-de-chaus-
» sée, s'il s'agit de bâtiments d'habitation ;
  » Soit, pour les simples clôtures, jusqu'à moitié

» de leur hauteur, mesurée sur leur parement ex-
» térieur;

» Soit, pour toutes autres constructions, jusqu'à
» trois mètres au-dessus du sol extérieur. »

A quoi l'art. 28 ajoute : « ...... Les restrictions
» (prescrites par l'article précédent) ne porteront
» que sur les parties de bâtiments ou de clôtures
» qui dépassent l'alignement de la rue. »

7° C'est une question très-controversée entre les
auteurs, que de savoir si l'art. 23 du Code de procédure civile est applicable; en d'autres termes, si
l'action possessoire est admissible en fait de chemins vicinaux.

Il faut l'examiner dans les deux hypothèses où
elle peut se présenter : dans celle où l'action serait
intentée par la commune contre le riverain d'un
de ses chemins, et, dans la supposition inverse, où
ce serait ce dernier qui voudrait agir contre la commune.

Au premier cas, la voie de la complainte pourrait paraître inutile, puisqu'aux termes de l'article
15 de la loi du 21 mai 1836, le préfet ayant le droit
de reconnaître les anciennes limites des chemins
vicinaux, ou de leur en assigner de nouvelles, il
s'agirait ici d'une affaire tout administrative, sur
laquelle le juge de paix serait incompétent pour
prononcer.

Cependant la jurisprudence et plusieurs auteurs,
au nombre desquels est M. Proudhon (*Dom. pub.*,
n°s 237 et 627), ne font aucune difficulté de l'ac-

corder, parce que si le préfet a bien le pouvoir de
réunir au chemin des parcelles des propriétés voisines, et d'en transférer *ipso facto* le domaine à la
commune, ce n'est qu'à la charge d'une indemnité
dont celle-ci se trouverait affranchie si elle établis-
sait qu'elle en est propriétaire ; et comme le succès
au possessoire est, dans la plupart des cas, surtout
lorsqu'il s'agit de limites, un moyen presque assuré d'obtenir gain de cause au pétitoire, on voit
l'immense intérêt que la commune peut avoir à se
faire maintenir judiciairement en jouissance, indépendamment du droit que lui confère l'arrêté administratif, de comprendre, à tout événement, le
terrain litigieux dans les limites de son chemin et
de ses dépendances.

Rien ici ne s'oppose d'ailleurs, en droit, à l'exercice de cette action, puisque si les communes ne
peuvent pas perdre le sol de leurs chemins vicinaux
par la prescription, elles peuvent très-bien l'acquérir par ce moyen, ainsi que le déclare formellement un arrêt du conseil d'état du 27 juillet 1814,
inséré au Bulletin des lois, et rapporté dans le
Traité du Dom. public, n° 238 ; il leur importe
donc de conserver les avantages du possessoire
comme acheminement à l'acquisition de la propriété. Ainsi, lorsque l'administration municipale
trace les limites d'un chemin, si un des riverains
y met obstacle en fait, ou notifie quelque acte par
lequel il élève la prétention d'être propriétaire de
tout ou partie du terrain compris dans ses limites,

le maire, au lieu de se borner à passer outre ou à agir administrativement, fera bien d'intenter la complainte; cette voie lui sera incontestablement ouverte.

Mais on prétend qu'il doit en être autrement dans la deuxième hypothèse, celle où ce serait le riverain qui voudrait se porter demandeur. A part le cas où, par suite, soit d'une déclaration expresse de l'autorité, soit d'un abandon complet d'usage, il y aurait eu déclassement du chemin (n° 40 ci-dessus), les auteurs et certains monuments de jurisprudence lui refusent l'action possessoire, par le motif que la chose qui en fait l'objet doit être prescriptible de sa nature, ce qui n'a pas lieu par rapport aux voies vicinales, dont l'art. 10 de la loi du 21 mai déclare au contraire l'imprescriptibilité tant qu'elles sont classées; telle est en effet l'opinion de MM. Proudhon, *loc. cit.,* et de Cormenin, tom. 1, pag. 507, 4e édit., qui cite deux arrêts du conseil d'état des 6 février 1828 (*Lemoine*) et 5 septembre 1836 (*Lavaud*).

Cette solution n'est point exacte dans sa généralité; il faut faire une distinction. Nous l'admettons complètement en ce qui concerne le maintien ou la réintégration que le voisin voudrait obtenir dans la jouissance d'une partie quelconque du sol déclaré vicinal; en effet, l'action n'aboutirait à rien, puisque le chemin étant imprescriptible, la possession qu'il s'en ferait adjuger ne pourrait jamais, pendant quelque temps qu'elle se soit prolongée,

lui procurer la propriété; elle aurait en outre l'inconvénient d'entraver l'exécution d'un acte administratif, ce qui ne saurait être permis (*Arrêts du
cons. d'état des* 18 *juillet* 1821, 22 *janvier* 1824,
16 *février* 1825 *et* 7 *juin* 1826; *Sirey,* 27-2-
269).

Mais si les conclusions de ce voisin, sans porter
en rien pour l'avenir sur la jouissance matérielle du
sol définitivement acquise à la commune, avaient
seulement pour but de faire reconnaître qu'antérieurement elle existait à son profit à l'effet d'en
induire la preuve de sa propriété, et par suite d'obtenir une indemnité représentative de sa valeur,
nous ne voyons pas comment on pourrait repous-
ser une action qui serait nécessaire, qui ne paralyserait en aucune façon le droit de l'autorité administrative, et à laquelle le principe de l'imprescriptibilité ne saurait être opposé à titre de fin de
non-recevoir. Seulement le juge de paix devrait,
comme du reste le tribunal civil serait obligé de le
faire au pétitoire, se borner à déclarer le fait de
possession, et s'abstenir avec le plus grand soin de
rien prononcer qui pût nuire à l'exécution de l'arrêté administratif, par exemple, défendre au maire
de continuer le trouble, ou ordonner, soit la destruction des travaux commencés, soit la réintégrande; c'est ce qu'a décidé la Cour suprême par
un arrêt du 21 février 1842 (*Sirey,* 42-1-276), qui
motive ainsi la cassation d'un jugement rendu par
appel au possessoire : « Attendu que, s'il appar-

» tient aux tribunaux de statuer sur toutes les
» questions de propriété, il appartient à l'autorité
» administrative de reconnaître l'existence et de
» déterminer la situation et les limites des che-
» mins vicinaux ; — attendu que l'effet de l'acte
» administratif qui déclare un chemin vicinal, est
» de mettre le public en jouissance de ce chemin ;
» — attendu que, s'il s'élève des questions de pro-
» priété sur le sol, ces questions doivent être ju-
» gées par les tribunaux ; — mais que les droits
» du propriétaire du sol devant, d'après les lois
» spéciales sur la matière, se résoudre en indem-
» nité, il en résulte que les tribunaux ne peuvent
» réintégrer un particulier dans la possession d'un
» terrain déclaré former un chemin vicinal, sans
» porter atteinte à l'acte administratif qui a attri-
» bué au public la jouissance de ce chemin. »

Si les conclusions du demandeur étaient trop
étendues et portaient mal à propos sur la maintenue ou la réintégrande, ce ne serait point un motif pour que le juge de paix s'abstînt de prononcer ;
il devrait, en rejetant ce chef, se borner à déclarer
à qui appartenait la possession annale, ainsi qu'il a
été jugé pour le pétitoire, par un arrêt de la Cour
de Paris du 23 janvier 1830 (*Sirey*, 30-2-149). Il
ne pourrait pas non plus, sous le prétexte qu'il y
a décision antérieure de l'autorité administrative,
se dessaisir et renvoyer d'une manière absolue, les
parties à cette autorité (Arrêt de la Cour de cassat.
du 30 mars 1829; — *Sirey*, 29-1-192).

L'avis que nous émettons ici sur l'admissibilité, par rapport aux chemins vicinaux, de la complainte en tant que destinée simplement à constater le fait de la possession, et que nous avions déjà embrassé dans la première édition de ce commentaire, pag. 184, est également adopté par nos honorables confrères MM. Serrigny (*Traité de la compétence administrative,* n° 694) et Belime (*Traité du droit de possession*, etc., n° 226). Il est également consacré, par plusieurs arrêts de la Cour de cassation des 30 mars et 8 juillet 1829; 26 février et 4 décembre 1833; 12 décembre 1836; 22 mars 1837 et 6 juillet 1841 (*Sirey,* 29-1-192 et 356; 33-1-391; 34-1-38; 37-1-326 et 406; 41-1-730).

C'est dans ce sens aussi, d'après nous, que doit être entendu un autre arrêt de la même Cour, du 18 avril 1838 (*Sirey,* 38-1-686), quoique l'arrêtiste ait, par une note dans laquelle il distingue le cas où il s'agit de reconnaître si un chemin est ou non vicinal, de celui où la contestation ne porterait que sur le point de savoir si une parcelle de terrain en fait ou non partie, paru supposer que la question serait nécessairement administrative dans la première hypothèse, et judiciaire dans la seconde; aux deux cas elle est également administrative ou judiciaire, selon qu'elle a pour objet l'affectation du terrain à l'usage du public ou simplement la reconnaissance du droit de propriété ou de possession au profit, soit de la commune, soit du particulier;

la compétence est la même, qu'il s'agisse de statuer sur la partie ou sur le tout, sur la qualité du chemin ou sur ce qui doit le constituer.

Ainsi, et lorsqu'une commune se trouvera dans le cas de comprendre dans un chemin une portion de terrain dont un des riverains sera en possession depuis plus d'un an, il faudra qu'avant de commencer aucuns travaux, elle lui notifie l'arrêté du préfet déterminant la limite, et qu'en même temps, si elle ne prétend pas à la propriété, elle lui fasse offre de lui en payer la valeur, soit à un prix qu'elle déterminera, sauf contredits, soit à dire d'experts, conformément à l'art. 15 de la loi du 21 mai, ou, si elle soutient, au contraire, que le terrain lui appartient, elle assigne en revendication; autrement elle s'exposerait à une action possessoire dans laquelle elle succomberait infailliblement et dont elle paierait les frais.

Lorsque les limites du chemin ne sont pas déterminées d'une manière précise, soit par des bornes, soit par un plan d'alignement, il ne peut être statué sur la maintenue ou la réintégration du voisin dans la portion de terrain qui y a été comprise avant que l'administration ait reconnu que tout ou partie de ce terrain est effectivement en dehors du tracé; pour peu qu'il y ait de doute, le juge de paix ne peut, soit par lui-même, soit par des experts qu'il nommerait, procéder à cette assignation de limites, qui ne doit être faite que par le préfet, auquel appartient le droit exclusif de fixer la lar-

geur et la situation du chemin ; dans un cas semblable, ce juge se bornera à déclarer la possession, ou, s'il veut statuer sur la maintenne ou la
réintégrande, il faudra qu'il surseoie jusqu'à ce
que la délimitation ait été opérée administrativement, et ce ne sera qu'ensuite qu'il pourra ordonner le relâchement de ce qui excédera le sol de la
voie publique.

D'après cela, on doit décider, avec un arrêt de
la Cour de cassation du 17 janvier 1831 (*Sirey*,
31-1-193), que les riverains d'un chemin vicinal,
qui ont éprouvé quelques dommages dans leurs
fonds, des travaux de réparation entrepris sur ce
chemin par ordre du maire, par exemple des atteintes portées à un mur, peuvent citer les ouvriers
et entrepreneurs devant le juge de paix, par voie
d'action possessoire ou en réparation de dommage.
Des arrêts du conseil d'état ayant considéré les
travaux des chemins vicinaux comme travaux publics, il s'ensuit que les entrepreneurs pourraient
également, dans ce cas, être traduits devant le
conseil de préfecture, comme nous l'avons dit,
n° 79 ci-dessus, surtout si les dommages n'étaient
que temporaires, ou variables et discontinus quoique permanents (pag. 404, *suprà*).

Voyez aussi, au n° 80, les circonstances dans
lesquelles les extractions et dépôts de matériaux,
les occupations de terrain, etc., pourraient donner
lieu à action possessoire.

Au surplus, il n'est pas inutile de noter ici que,

par arrêt du 26 décembre 1826 (*Sirey*, 27-1-65),
la Cour de cassation a décidé que « le trouble ne
» pouvait résulter de l'abornement (c'est-à-dire du
» simple fait de la plantation de bornes le long
» d'un chemin par la commune seule, en l'absence
» du propriétaire), et de l'apposition d'affiches
» autorisée par la loi du 9 ventôse an 13, dans le but
» de rechercher et de fixer les limites des anciens
» chemins vicinaux; que ces actes, ayant unique-
» ment pour objet d'avertir les citoyens et de les
» engager à présenter leurs réclamations, s'ils en
» ont à faire, ne peuvent constituer le trouble à
» la possession; que, dans l'espèce, le demandeur
» n'avait encore aucune action à porter devant les
» tribunaux, mais seulement des réclamations à
» présenter à l'autorité administrative, sauf à
» faire juger ensuite, par les tribunaux civils, la
» question de propriété qu'il se croirait fondé à
» réclamer après la fixation définitive du chemin
» vicinal. »

Si, lorsque le débat relatif à un chemin classé
comme vicinal s'agite entre un riverain et la commune, le juge de paix doit se borner à reconnaître
le fait de la possession sans rien prescrire qui puisse
porter atteinte aux travaux entrepris, ou aux limites
matérielles fixées par l'administration, il en est
autrement quand le litige a lieu en l'absence de
la commune, entre deux particuliers, dont l'un se
plaint d'ouvrages exécutés par l'autre sur le sol de
la voie publique, et qui auraient pour effet de lui

nuire personnellement; par exemple, le comble-
ment des fossés de cette voie faisant rejeter les eaux
sur sa propriété, non assujettie à les recevoir. Dans
ce cas, où il ne s'agit pas de l'intérêt public, on
ne peut contester à la partie lésée le droit de s'a-
dresser aux tribunaux pour obtenir la réparation
du dommage ou le maintien en possession de sa
propriété franche de toute servitude, sous le prétexte que l'action portée devant eux aurait pour
résultat de les appeler à statuer sur des dégradations ou empiétements commis sur un chemin
vicinal, et encore que plus tard la commune
puisse avoir elle-même à demander la répression
de ces faits. Ce point, implicitement jugé par un
arrêt de la Cour de Nismes du 25 mars 1829 (*Sirey,*
29-2-142), et par un de la Cour de cassation du
8 juillet suivant (*S.*, 29-1-356), a été formellement
décidé par un second arrêt de cette même Cour en
date du 22 juin 1835 (*S.*, 35-1-505).

Cependant si le trouble reproché au défendeur
consistait seulement dans l'usage qu'il aurait fait
du chemin même, sans que, par suite, il eût,
comme dans le cas précédent, causé du dommage
à la propriété riveraine du demandeur en complainte, ce défendeur serait recevable à opposer,
par voie d'exception, que le terrain litigieux est un
chemin public non susceptible de possession privée, et le juge de paix, ainsi que l'a décidé la Cour
de cassation le 24 février 1841 (*Sirey*, 41-1-492),
pourrait, sans cumuler le possessoire avec le péti-

toire, et sans violer les lois qui ne confèrent qu'à
l'autorité municipale l'exercice des actions communales, juger que le complaignant n'a pas la possession de l'objet litigieux, à raison de ce que cet objet
est à l'état de voie publique, et qu'affecté à l'usage
de tous, il ne peut être privativement possédé par
un seul. Cette solution, au surplus, n'est que le co-
rollaire du principe, plusieurs fois reconnu par la
même Cour, que le juge du possessoire peut se
fonder sur ce que l'objet litigieux est imprescriptible, pour en induire que le demandeur n'a pu en
avoir une possession utile, quoiqu'il en ait la détention de fait (arrêts des 24 juillet 1837, *Sirey*, 37-
1-885, — et 25 février 1840, *S.*, 40-1-341).

Nous avons expliqué, pag. 362 ci-dessus, les cas
dans lesquels un particulier pouvait, *ut singulus
et nomine proprio*, revendiquer en justice l'usage
d'un chemin vicinal; la distinction et les principes
que nous avons posés d'une manière générale à cet
égard sont spécialement applicables à l'action possessoire; ils sont entièrement adoptés par M. Belime dans son *Traité* déjà cité *du droit de possession et des actions possessoires,* n° 233.

3° Une autre disposition de la législation antérieure à 1836, qui est encore incontestablement
subsistante, est celle de l'art. 41, tit. 2, de la loi du
28 septembre — 6 octobre 1791 sur la police rurale, portant : « Tout voyageur qui déclorra un
» champ pour se faire un passage dans sa route,
» paiera le dommage fait au propriétaire, et, de

» plus, une amende de la valeur de trois journées
» de travail; à moins que le juge de paix du can-
» ton ne décide que le chemin public était impra-
» ticable; et alors, les dommages et les frais de
» clôture seront à la charge de la communauté. »

Cette disposition, empruntée à la législation romaine (a), et qui alors était fondée sur ce que l'entretien des chemins publics était une charge ou
servitude réelle des fonds riverains, *non persona-*
rum sed locorum munera, comme disait la loi 14,

_____

(a) *Cum via publica, vel fluminis impetu, vel ruinâ*
amissa est, vicinus proximus viam præstare debet (L. 14,
§ *ult.,* ff. *quemad. serv. amitt.*), ce qui est la reproduction
de la loi des XII Tables : *Si via per amsegetes,* (*illos quorum*
segetes viam tangunt) *immunita* (*non refecta*) *escit* (*sit*) *quâ volet,*
jumentum agito (Tab. 8, cap. 9). Cette règle, dont on trouve
déjà des traces dans la bible, et qui a été admise par la législation anglaise, était enseignée par presque tous les anciens auteurs français : Poquet de Livonnière (*règle* 17, *tit. des Servi-*
tudes); Dupont (*sur la coutume de Blois,* tom. 3, art. 7, § *viis*
publicis); Godefroy, Berault, Basnage, Flaust (*sur l'art.* 622
de la cout. de Normandie); Domat (*tit.* 2, sect. 13, n° 8), etc.
Seulement on n'était pas d'accord sur le point de savoir si cet
assujettissement devait avoir lieu moyennant indemnité; ce dernier jurisconsulte se prononçait pour la négative, par le motif
qu'il s'agissait ici d'un cas fortuit, tandis qu'au contraire,
Ferrière (*Dict. de droit,* v° *chemin,* n° 3), Legrand (*sur l'art.*
130 *de la cout. de Troyes*), Delalande (*sur l'art.* 251 *de la*
cout. d'Orléans) et Basnage, admettaient le principe de l'indemnité. — D'autres décidaient que le passage était dû par les
riverains alternativement; d'autres enfin en grevaient les fonds
ouverts, de préférence à ceux en état de clôture.

§ 2, ff *de mun. et hon.*, constituait naguères, il faut le dire, la seule sanction de l'obligation imposée aux communes de réparer leurs voies de communication; on concevra aisément qu'elle était loin d'être suffisante, puisqu'elle se trouvait subordonnée au fait d'un individu, qu'elle était accidentelle et qu'elle entraînait des enquêtes, des expertises et des procès, dont les frais, toujours plus considérables que ceux des réparations, ne produisaient point d'améliorations effectives.

Quoiqu'il soit à présumer qu'au moyen de la nouvelle loi, les chemins seront mis en bon état de viabilité, s'il arrivait cependant que quelques parties devinssent impraticables, faute de réparations et d'entretien, et non par cas fortuit, comme il sera dit ci-après, *le voyageur,* et par ce mot on doit entendre toute personne domiciliée ou non dans le lieu, ayant à se rendre d'un point à un autre, qui se trouverait arrêté, pourrait passer dans la propriété voisine, même en en détruisant la clôture, et ce serait la commune qui devrait payer les frais de réparation ainsi que les dommages et intérêts.

Lorsque le fait d'impossibilité de passage par le chemin est constaté, la commune n'est pas simplement tenue par voie de garantie au profit du voyageur, condamné personnellement; c'est elle-même qui doit être condamnée directement, le voyageur préalablement mis hors de cause avec dépens contre elle.

Dans une semblable instance, la commune peut
être appelée en garantie, soit par l'individu prévenu
d'avoir causé le dommage, soit par le maître du
fonds qui l'a éprouvé; nous croyons même que ce
dernier, sans poursuivre le voyageur, pourrait s'a-
dresser en premier lieu et uniquement à la commune, et qu'il devrait obtenir gain de cause s'il
prouvait, d'une part, que son héritage a été endom-
magé par des faits de passage, et, d'un autre côté,
que le chemin était réellement impraticable, et que
c'est à cette cause qu'est due la perte qu'il éprouve.
La présence d'une tierce personne, qui doit nécessairement être mise hors de cause, est absolument
inutile, et ne peut avoir aucune influence sur le
sort du procès, qui doit alors se juger entre le propriétaire riverain et la commune.

Le voyageur pourra aussi, en justifiant que le
chemin était impraticable, demander à être sur-
le-champ renvoyé de l'action, sans attendre que les
longues formalités établies par la loi pour mettre
les communes en jugement, aient été remplies.

Nous estimons que la demande doit être portée
devant le juge de paix du canton, lors même qu'elle
excéderait deux cents francs, ou qu'elle serait
d'une valeur indéterminée, parce que c'est ici une
attribution de juridiction faite spécialement aux
juges de paix par un texte formel non abrogé, et que,
d'un autre côté, cette action rentre dans celles pour
dommages aux champs, fruits et récoltes, pour
lesquelles la loi du 24 août 1790, l'article 3 du

Code de procédure civile, et l'art. 5, § 1ᵉʳ, de la loi du 25 mai 1838, attribuent compétence aux juges de paix, à quelque somme que le chiffre puisse s'élever.

L'action contre le voyageur peut encore être poursuivie devant le tribunal de simple police ou devant le tribunal correctionnel. Dans ces cas, aucune amende ne devra être prononcée contre lui, même avec recours contre la commune, parce qu'il n'a fait qu'user d'un droit légitime ; que, par conséquent, il n'a commis aucune contravention, et que l'amende est une peine qui n'est encourue qu'en cas d'infraction à la loi. Le législateur a si peu entendu que l'amende fût prononcée, qu'il n'a mis que les dommages et les frais de clôture à la charge de la commune, sans parler de l'amende, laquelle, bien certainement, ne devrait pas rester au compte du voyageur.

Celui-ci doit sortir indemne :

1° Quel que soit le genre de clôture qu'il ait été obligé d'ouvrir, soit haies vives ou sèches, cloisons en planches, soit même murs et portes si la nécessité l'exigeait, sans toutefois que ce droit puisse s'étendre jusqu'à démolir un bâtiment, la loi ne parlant que de *clôtures* et de *champs*.

2° En quelque nature que soit le fonds sur lequel il aura passé ; par arrêt du 16 août 1828, la Cour de cassation a décidé que, malgré la défense portée dans l'ordonnance des eaux et forêts, et l'art. 147 du Code forestier, le passage d'un voiturier dans une forêt ne pouvait constituer un délit, dès l'instant que le grand chemin joignant cette forêt, avait été reconnu impraticable (*Sirey*, 29-1-38. — Répert., v° *voies de fait*, § 1, art. 2, n° 5).

3° Non-seulement lorsqu'il a passé à pied, mais encore avec chevaux et voitures, sans qu'on puisse lui objecter qu'il aurait dû abandonner sa voiture sur la voie publique, et aller chercher des secours et des relais pour surmonter les obstacles que la route présentait.

4° Et lors même qu'en passant, il aurait occasionné plus de dommage qu'il n'était indispensable d'en causer, comme si, par exemple, il avait traversé une vigne ou un champ ensemencé plutôt qu'un pré, s'il avait fait un détour un peu plus grand qu'il n'était nécessaire, pourvu toutefois qu'évidemment il n'ait pas agi avec esprit de malice et dans l'intention de nuire, *non vastandae rei alicujus animo, sed cogente necessitate*, comme le dit Pontanus sur l'art. 17 de la *Coutume de Blois*. Néanmoins le voyageur doit, autant que possible, se conformer à la règle tracée par les articles 683 et 684 du Code civil, en suivant la ligne la plus courte et la moins dommageable pour le propriétaire; il ne pourrait, par exemple, pratiquer un second passage s'il y en avait déjà un de frayé, détruire une clôture si le fonds de l'autre côté était ouvert, etc.

Nous pensons avec M. Isambert (*Traité de la*

voirie, 1re part., pag. 370), contrairement à l'o-
pinion de M. Garnier (*Traité des chemins,* pag.
496, 4e édit.), que la disposition de la loi de 1791
s'applique également aux rues des bourgs et villages, et que tout encombrement, toute excavation, en un mot, tout fait qui rendrait ces rues impraticables, donnerait au voyageur à pied, à cheval
ou en voiture, le droit de chercher un passage partout, même en causant quelque préjudice aux
murs, aux arbres voisins ou aux objets déposés sur
la voie publique, sauf indemnité à la charge de la
commune.

Le premier de ces auteurs étend le principe de la
responsabilité des communes en pareil cas, jusqu'à
les contraindre à payer toute fracture et accidents
arrivés aux marchandises, aux bestiaux et aux individus, par suite du mauvais état du chemin. Il
applique rigoureusement la disposition de l'art.
1382 du Code civil, qui porte que tout fait quelconque qui cause à autrui un dommage, astreint
son auteur à le réparer.

L'obligation de garantie imposée par la loi de
1791 aux communes, dérivant de la faute qu'elles
commettent en négligeant de réparer leurs chemins et de les tenir en bon état, il en résulte
qu'elles ne sauraient être condamnées à aucune
indemnité lorsque le chemin, bien que public,
n'a point été formellement déclaré vicinal, parce
que aucune disposition de loi ne les oblige à l'entretien de ces sortes de voies, dont les particuliers

usent à leurs risques et périls ; en sorte que si, en les pratiquant, il leur arrive quelque accident, ou s'ils causent quelque dommage aux propriétés riveraines, ils doivent en supporter toutes les conséquences personnellement et sans recours, faute par eux de s'être assurés préalablement de l'état du chemin : *Qui in loco periculoso se commiserit, de se quaeri debet* (L. 11, ff *de lege Aquiliâ*, liv. 9, tit. 2). C'est ce qu'a jugé de la manière la plus explicite la Cour de cassation, par arrêt du 17 février 1841 (*Sirey,* 41-1-246). Nous devons cependant dire que M. Dalloz jeune, dans son *Dictionnaire de jurisprudence,* v° *voirie,* n°ˢ 297 et 395, critique cette décision, par les motifs que la loi de 1791, parlant des *chemins publics* en général, ne doit point être limitée aux chemins vicinaux proprement dits, comme le reconnaissent, du reste, les auteurs qui en étendent le principe au cas d'inviabilité d'une grande route ; que c'est là une disposition d'intérêt public ayant pour objet principal d'assurer la liberté de la circulation ; la question d'indemnité n'étant que secondaire, et qu'enfin on ne peut contraindre un voyageur qui s'engage dans un chemin ouvert et pratiqué, à s'informer préalablement s'il est ou non porté sur le tableau des chemins vicinaux de la commune. Dans une note sous un arrêt de la même Cour, du 24 décembre 1839 (*Sirey,* 40-1-559), qui, tout en posant la question, la laisse indécise, l'arrêtiste émettait aussi l'avis que le voyageur ne pouvait pas être condamné, et que l'indemnité devait rester à la charge des riverains assujettis à l'entretien du chemin qui leur est utile, quoique cette Cour eût déjà décidé, le 4 juillet précédent (*S.*, 40·1·420), que la loi de 1791 n'était point applicable aux chemins de desserte tracés dans les forêts pour l'exploitation des coupes, et que le voiturier qui s'en était écarté, à raison de leur mauvais état, n'en était pas moins passible des peines prononcées par les articles 39 et 147 du Code forestier.

Toujours du principe posé plus haut, que le dédommagement mis à la charge de la commune constitue une peine de sa négligence, on doit encore induire, d'une part, que si l'obstacle au passage est le résultat, non du mauvais état du chemin, mais d'un encombrement momentané causé par un voisin ou par toute autre personne, l'indemnité ne peut être réclamée que contre ces derniers, sans recours contre la commune, qui n'est point en faute; et, d'un autre côté, qu'aucune réparation n'est due, soit par celle-ci, soit par le voyageur, au propriétaire dont le fonds a été traversé, lorsque le passage est intercepté par un accident de force majeure, tel qu'une avalanche, une inondation, un éboulement de rochers, etc.; c'est à cette hypothèse que s'applique incontestablement le passage suivant de Domat : « Si par quelque cas fortuit, » comme d'un débordement, un chemin public » est emporté ou rendu inutile, les voisins doivent » le chemin, mais sans pouvoir vendre ce qu'ils

» perdent ; car c'est un cas fortuit qui fait un che-
» min de leurs héritages ou d'une partie , et cette
» situation les engageait à souffrir cet événement.»
(Tit. 2, sect. 13, n° 8.)

Mais si, au lieu d'une interception *momentanée et accidentelle* de passage à laquelle seule se
réfèrent la loi de 1791, ainsi que les explications
qui viennent d'en être données , il s'agissait de la
destruction complète et définitive du chemin, ar-
rivée même par force majeure, nous ne pourrions
adopter l'opinion de ce savant jurisconsulte, et
nous pensons que la commune devrait se procurer
la nouvelle voie de communication qui lui serait
nécessaire, en suivant la marche tracée par l'art. 16
de la loi du 21 mai 1836 , et en payant le prix du
terrain employé à son établissement ; en effet, les
chemins vicinaux ne sont pas fournis à titre de servitude par les fonds qu'ils traversent ; le sol même
en appartient à la commune (*a*), et lorsqu'il vient

(*a*) Jusqu'à la loi du 28 juillet 1824 , la question de propriété des chemins vicinaux a été fort douteuse. L'ancienne
jurisprudence et la plupart des coutumes en réputaient les seigneurs propriétaires , par le motif que , lors de la conquête des
Gaules par les rois francs, qui en partagèrent le territoire entre
leurs officiers, ceux-ci se trouvèrent seuls propriétaires des
terres comprises dans leurs lots, en sorte que ce seraient eux, ou
les seigneurs leurs ayant-cause, qui, dans le principe , auraient
fourni le terrain des chemins ; aussi le trésor qui y était trouvé
se divisait-il entre eux et l'inventeur (Beaumanoir, *Coutumes
de Beauvoisis de l'an* 1283 ; — Fréminville, *Pratique des terriers*, tom. 2, pag. 449). Depuis, l'art. 1er de la loi du 15 août

à être détruit, la perte en tombe sur elle ; si elle est obligée de s'en procurer un autre , ce n'est point simplement en reportant le droit de passage sur le terrain voisin, mais en achetant l'emplacement, fonds et tré-fonds, destiné à l'établir. Il n'en est pas ici comme du hallage, qui, n'étant pour le ri-

---

1790, en abolissant la féodalité , déclara que nul ne pourrait prétendre à ce titre, à la propriété des chemins publics , rues et places , mais sans dire à qui elle était attribuée. Une loi du 1er décembre suivant considère les chemins publics , rues et places, comme des dépendances du domaine public. Cependant, le 6 octobre 1791, l'entretien des chemins vicinaux est mis à la charge des communes, et la loi du 10 juin 1793 les excepte, par son art. 5, du partage des communaux ; toutefois, nonobstant ces dispositions et celles confirmatives des lois des 16 frimaire an 2 et 11 frimaire an 7, un arrêté du ministre des finances du 4 germinal an 7, ordonne, au profit de l'état , la vente des chemins vicinaux supprimés ; mais cette doctrine est repoussée par le décret du 16 octobre 1802, qui déclare les chemins, propriété communale. Survint ensuite le Code civil, lors de la discussion duquel Regnauld de Saint-Jean-d'Angely et Treilhard, posèrent, à la vérité, en principe que les chemins publics, rues et places, qui ne sont pas grandes routes, appartiennent aux communes, mais aucune disposition positive ne vint sanctionner leur opinion ; seulement l'art. 538 se borna à comprendre au nombre des choses du domaine national, les chemins, routes et rues à la charge de la nation. La Cour de Metz a consacré cette distinction par arrêt du 28 thermidor an 13 , et l'on peut invoquer dans le même sens un décret des consuls du 24 vendémiaire an 11, ainsi que la jurisprudence du conseil d'état résultant d'un grand nombre de décrets, notamment des 11 août 1808 , 14 avril, 22 août 1813, etc., qui ont autorisé des communes à échanger ou à vendre à leur profit, le terrain des chemins supprimés.

verain qu'une charge réelle de sa propriété, doit être livré sur la partie qui en reste, lorsque celle sur laquelle il s'exerçait primitivement a été détruite.

Sans doute, si, par un cas fortuit, un chemin vicinal vient à être supprimé, le voisin devra livrer provisoirement le passage parce qu'il y a nécessité, mais ce ne sera que moyennant indemnité lorsque l'affectation à ce nouvel usage, au lieu d'être passagère, sera définitive ou se prolongera au-delà du temps indispensable pour former une autre voie de communication; ainsi le veulent l'équité, l'art. 545 du Code civil et la Charte, qui ne permettent pas que la charge des établissements utiles à tous soit supportée sans dédommagement, par un seul, « at-
» tendu, porte aussi un arrêt de la Cour de cassa-
» tion du 11 août 1835 (*Sirey*, 35-1-577), que,
» suivant les principes consacrés par l'ancienne
» jurisprudence, auxquels il n'a pas été dérogé
» par la nouvelle législation, lorsqu'un chemin
» public est détruit par l'impétuosité d'un fleuve
» ou par tout autre événement de force majeure,
» le nouveau chemin peut être pris sur les héri-
» tages voisins; — que si la femme Delpy se croyait
» fondée à réclamer une indemnité pour la valeur
» de la langue de terre qui lui appartenait, et qui
» a été employée à la formation du nouveau che-
» min, c'était contre la commune, propriétaire
» dudit chemin, que son action devait être
» intentée...... » Le dernier motif porte qu'elle
ne pouvait l'être contre les maîtres de l'usine,

à la desserte de laquelle le chemin était indispensable.

Ce principe, que les communes ont, à moins de
titre exprès contraire, la propriété même du sol de
leurs chemins, résout péremptoirement une autre
question qui nous paraît avoir été mal à propos
soulevée sous l'empire de notre droit nouveau,
celle de savoir à qui, d'elles ou des riverains de
l'autre côté, doit profiter l'alluvion formée le long
d'un chemin vicinal joignant précédemment sans
moyen, une rivière ; malgré l'opinion de Cæpolla
(*part. 2, cap. 36, n° 1*), de Barthole (*Scriptum in
flumin.*, p. 132 et 133), de Vinnius (*Inst. de rer.
div.*, § 22), de Maynard (*liv. 10, ch. 3*), de Du-
perrier (*Quest. notables de droit,* liv. 2, quest.
3), de Forcades (*Dialogue 86,* p. 193, n° 6), de
Richer (*tom. 3, pag. 142*), de Brillon (v° *Alluvion*), de Fournel (*Lois rurales,* tom. 1, pag. 14),
de MM. Dubreuil (*Législation sur les eaux*), et
Decamps (*Manuel des propriétaires riverains,*
p. 82, 93 et 94), et l'autorité d'un arrêt du Parlement de Toulouse du 17 août 1784, ainsi que de
deux autres de la Cour de la même ville ; des 26
novembre 1812 et 9 janvier 1829 (*Sirey,* 22-2-
231, 29-2-190), nous n'hésitons pas à penser, avec
MM. Garnier (*Régime des eaux,* tom. 1er,
n° 83, p. 102), Chardon (*Traité du droit d'alluvion,* p. 264, n° 159), Proudhon (*Tr. du Dom.
pub.,* n° 1271) et Daviel (*Traité des cours d'eau,*
n° 133, 2e édit.), que l'atterrissement formé le long

52

d'un chemin vicinal ne peut appartenir qu'à la commune. Cette opinion se trouve, au surplus, consacrée aujourd'hui par deux arrêts précis de cassation des 12 décembre 1832 et 16 février 1836 (*Sirey*, 33-1-5 et 36-1-405), rendus, l'un dans l'espèce d'un chemin vicinal, et le second dans celle d'une grande route.

Avant de terminer les observations que nous a suggérées l'examen de l'art. 40, tit. 2 du Code rural de 1791, il nous paraît utile de faire remarquer que, bien que cette disposition ne parle nommément que de la destruction de *clôtures* opérées par le voyageur arrêté dans son chemin, elle ne doit cependant pas être limitée à ce cas qui n'a été indiqué que par forme d'exemple et comme étant le plus grave. Ainsi que nous l'avons dit dans une note sous le n° 264 du *Traité du domaine public* de M. Proudhon (tom. 1, page 335, 2ᵉ édit.), en réfutant l'opinion contraire de ce savant jurisconsulte qui nous paraît s'être trop rigoureusement attaché à la lettre de la loi, tout dommage, quelque faible qu'il soit, doit être réparé lorsqu'il est le résultat de la faute ou de la négligence; ici le propriétaire riverain éprouvant un préjudice, et la commune ayant à s'imputer le mauvais état de son chemin qui en est la cause, nous ne voyons pas à quel titre l'un subirait la perte sans recours, et l'autre se trouverait affranchie de toute responsabilité.

9° La dernière question que nous avons à exa-

miner sur l'art. 22 de la loi du 21 mai 1836, est
relative à la compétence des autorités judiciaire et
administrative en fait d'usurpation de chemins vicinaux, et consiste à savoir si, par l'art. 21 de cette
loi, ainsi que par le dernier § ajouté en 1832 à
l'art. 479 du Code pénal, l'attribution que les articles 6, 7 et 8 de la loi du 9 ventôse an 13 avaient
faite aux conseils de préfecture, de certaines contraventions, est toujours subsistante.

Pour en saisir la portée et pour apprécier les
raisons de décider, il est indispensable de présenter un aperçu rapide de la législation et de la jurisprudence sur la matière.

Dans l'ancien ordre de choses, sous l'empire
duquel les pouvoirs judiciaire et administratif
étaient confondus, la compétence dépendait uniquement de la nature du chemin.

La police tant administrative que judiciaire des
grandes routes, ainsi que des rues qui en forment
le prolongement, était dans les attributions spéciales d'un tribunal d'exception, créé dans chaque
généralité ou province, sous le nom de *Bureau
des finances*, et composé de magistrats appelés
trésoriers de France et grands-voyers ; celle,
au contraire, des chemins vicinaux, était exercée
par les tribunaux ou magistrats ordinaires, pré-
vôts, baillis, sénéchaux, etc., sauf l'appel aux
Parlements.

Ces deux ordres de tribunaux, chacun dans sa
ligne, remplissaient la double fonction d'adminis-

trateurs et de juges : en la première qualité, ils
faisaient des réglements généraux pour la sûreté et
la commodité du passage, en fixaient la largeur,
ordonnaient les réparations, donnaient les alignements et les permissions de bâtir ; au deuxième titre, ils réprimaient les anticipations et dégradations, poursuivaient et jugeaient les contrevenants
et leur appliquaient les peines et amendes. On
conçoit qu'avec une pareille organisation, les conflits, depuis si fréquents entre l'administration et
le pouvoir judiciaire, étaient impossibles.

Après avoir supprimé ces juridictions et posé
comme règle fondamentale, par l'art. 13, tit. 2 de
la loi du 16-24 août 1790, que les fonctions judiciaires ne pouvaient jamais être cumulées avec
celles administratives, l'assemblée constituante
ajouta, dans une loi du 11 septembre suivant,
que « l'administration en matière de grande voirie
» appartiendra aux corps administratifs; et la po-
» lice de conservation, tant pour les grandes routes
» que pour les chemins vicinaux, aux juges de
» districts. »

Moins d'un mois s'était écoulé, que l'on fut
obligé de recourir au pouvoir législatif pour aplanir une difficulté qui, dans l'exécution, avait
surgi entre l'administration départementale de la
Haute-Saône et le maire de Gray; un décret du 7
octobre même année, la résolut en ces termes :
« L'administration en matière de grande voirie,
» attribuée aux corps administratifs par l'art. 6,

» tit. 14 du décret sur l'organisation judiciaire
» (du 11 septembre 1790) comprend, dans toute
» l'étendue du royaume, l'alignement des rues
» des villes, bourgs et villages qui servent de grande
» route. »

Vint ensuite la loi du 6 octobre 1791 qui, par
son art. 40, tit. 2, ajouta la sanction d'une peine
de 3 à 24 livres d'amende, non compris la réparation et la restitution, à prononcer par les tribunaux
ordinaires de police simple ou correctionnelle,
contre ceux « qui auront dégradé ou détérioré, de
» quelque manière que ce soit, les chemins publics,
» ou usurpé sur leur largeur. »

Les choses restèrent en cet état jusqu'à la nouvelle organisation donnée tant à l'ordre judiciaire,
qu'au régime administratif, par la loi du 28 pluviôse an 8, qui porte : « Art. 3. Le préfet sera
» chargé seul de l'administration, » et, « art. 4,
» le conseil de préfecture prononcera sur..... les
» difficultés qui pourront s'élever en matière de
» grande voirie ; » dernière disposition qui fut expliquée par la loi du 29 floréal an 10, dont l'art. 4
attribua expressément aux conseils de préfecture
la répression des contraventions relatives aux
grandes routes.

Trois ans plus tard, fut promulguée la loi du 9
ventôse an 13, concernant la plantation des grandes
routes et des chemins vicinaux, ainsi que la recherche et la reconnaissance par l'administration,
des anciennes limites de ces dernières voies, et

qui se termine par la disposition suivante, siège de
la question que nous examinons : « Les poursuites
» en contravention aux dispositions de la présente
» loi, seront portées devant les conseils de préfec-
» ture, sauf le recours au conseil d'état. »

Cet article mal rédigé et jeté à la fin d'une série
de prescriptions diverses et sans liaisons entre elles,
ne tarda pas à soulever, dans l'exécution, de nombreuses et graves difficultés dont nous emprunte-
rons en partie l'exposé à une excellente note que
M. Devilleneuve a placée à la suite de l'arrêt de
cassation du 2 mars 1837 (*Sirey*, 37-1-771).

On se demanda d'abord si cet article avait enlevé
toute juridiction à l'autorité judiciaire, relativement aux contraventions commises sur les chemins vicinaux ou même sur les chemins publics en général, ou si l'attribution donnée aux
conseils de préfecture était restreinte à la répression
des usurpations commises seulement par suite de
plantations d'arbres ; on se demanda aussi si la juridiction de ces conseils devait être limitée au pouvoir d'ordonner le rétablissement du chemin dans
sa largeur primitive ou légale, si leurs décisions
pouvaient être sanctionnées par l'application de
peines corporelles ou d'amende, ou, si au contraire, ces peines ne pourraient être prononcées,
comme par le passé, que par les tribunaux de
police.

Sur ces différents points, la jurisprudence, soit
de l'administration, soit des tribunaux, notam-

ment celle de la Cour de cassation, n'ont pas été d'accord; l'autorité administrative elle-même a beaucoup varié.

Plusieurs arrêts du conseil d'état posèrent d'abord en principe, que l'article dont il s'agit devait être entendu dans un sens restreint et seulement attributif aux conseils de préfecture, de la connaissance des usurpations commises à l'aide de plantations, et que tous les autres délits et contraventions, telles que dégradations et suppressions complètes, étaient toujours de la compétence des tribunaux de justice répressive ordinaires (arrêts des 4 et 18 août 1807, — *Sirey*, 16-2-290; $=$ 15 janvier 1809, — *S.*, 17-2-99; $=$ 5 mars 1811, *S.*, 37-1-773; $=$ 26 mars 1812.

Mais cette jurisprudence, qui avait déjà éprouvé quelques variations (arrêts des 3 septembre et 16 août 1808; 6 juin 1811; 27 août 1817), a changé définitivement en 1821, et depuis, tous les arrêts décident d'une manière univoque que la juridiction administrative s'étend indistinctement aux diverses espèces de contraventions, qu'il s'agisse d'empiétements par l'effet de plantations, ou de toutes autres usurpations, anticipations ou même de dégradations (arrêts des 28 novembre 1821, *Sirey*, 37-1-773; $=$ 2 février 1825, *S.*, 26-2-340; $=$ 31 mars 1825, *S.*, 37-1-773; $=$ 10 août 1825, *Paillette*, $=$ 1 mars 1826, *S.*, 26-2-351; $=$ 6 septembre 1826, *Damonneville*; $=$ 28 février 1828, *Bavoux*; $=$ 25 avril et 1er juin 1828; $=$

19 août 1829; = 6 juin 1830; = 25 janvier 1831; = 3 mai 1832, *Delorme;* = 23 novembre 1832; = 1 mars 1833, *de Rogemont;* = 17 mai 1833, *Coste;* = 11 novembre 1833; = 28 mai 1835, *Dutoya;* = 23 décembre 1835, *Mauget;* = 23 avril 1836, v^e *Lahoussaye;* = 13 mai 1836, *Demiannay*).

Il n'y a qu'un point qui soit resté invariable, quoique quelques auteurs professent une opinion différente (M. Serrigny, *Traité de la compétence administrative,* n° 703); c'est que la répression pénale, consistant dans l'application des amendes et de l'emprisonnement, appartient exclusivement aux tribunaux; les conseils de préfecture ne pouvant la prononcer qu'en matière de grande voirie (arrêts des 15 juin 1812; 1er mars et 15 novembre 1826; 16 mai 1827; 25 janvier 1831; 2 juin 1832 et 7 juin 1842; *Sirey,* 42-2-230).

Cependant la Cour de cassation, qui, dès l'origine, avait reconnu la compétence des tribunaux, a depuis persisté dans cette jurisprudence qui est énergiquement établie dans plusieurs arrêts, notamment des 30 janvier 1807 (*Sirey,* 8-1-323), 7 avril 1827, (*S.,* 29-1-36); 2 août 1828; 24 avril 1829, et à laquelle la plupart des auteurs ont donné leur assentiment (MM. Garnier, *Traité des chemins,* 4e édit., pag. 394 et suiv.; Proudhon, *Tr. du dom. pub.,* 1re édit., n° 570; Foucart, *Elém. de droit publ. et adm.,* tom. 2, pag. 427; Dalloz, *Jurisp. gén. alph.,* t. 12, p. 1012; Merlin, R., V^is *Chem. vic. — Voirie*).

C'est en cet état de choses, que deux modifications importantes sont survenues dans la législation;
l'une est l'adjonction, par la loi du 28 avril 1832,
à l'art. 479 du Code pénal, d'un nouveau § reproduisant, en abaissant seulement le taux de la
peine, l'art. 40, tit. 2 du Code rural du 6 octobre
1791, et qui est ainsi conçu : « Seront punis d'une
» amende de 11 à 15 francs....., ceux qui auront
» *dégradé* ou *détérioré*, de quelque manière que
» ce soit, les chemins publics, ou *usurpé* sur leur
» largeur; » et l'autre est la disposition de l'art.
21 de la loi du 21 mai 1836, qui, en chargeant les
préfets de la promulgation d'un réglement général
sur tout ce qui concerne la police et la conservation des chemins vicinaux, a paru abroger par là
toutes les mesures prescrites sur ces objets par les
lois précédentes et notamment par les art. 6 et 7
de la loi du 9 ventôse an 13.

Nonobstant ces éléments nouveaux de décision,
au surplus regardés déjà comme insignifiants pour
la solution de la question par l'instruction ministérielle du 24 juin 1836, le conseil d'état n'a pas
changé d'avis, et sa jurisprudence, bien constante
aujourd'hui, est en faveur des conseils de préfecture, dont il reconnaît la compétence exclusive
pour le rétablissement des chemins vicinaux usurpés, interceptés ou dégradés par quelques moyens
que ce soit; c'est ce qui résulte de ses arrêts des
5 septembre 1836 (*Lapeyrade et Lavaud*), 6 février 1837 (*Sirey, 37-1-775, en note*), 14 août

même année, 22 février 1838 (*Mauget*), 14 juillet *id.* (*Andrieux*), 26 juillet *id.* (39-2 266), 25 avril 1839 (*Bataille*), 2 septembre 1840 (*S.*, 41-2-152), 26 décembre *id.* (*Gruter*), et 7 juin 1842, ci-dessus cité (*S.*, 42-2-230).

M. de Cormenin (*Questions de droit administratif*, tom. 1, p. 483, 4ᵉ édit.) défend avec force cette doctrine, qui, selon lui, a l'avantage de soustraire les contraventions à la juridiction des tribunaux de police, c'est-à-dire à *l'impunité*, mais qui, n'investissant pas l'administration d'un pouvoir assez étendu, donne lieu à une double poursuite et expose à des recours en interprétation et à des conflits que la concentration de l'action administrative et de la juridiction contentieuse dans les mains du maire, du préfet et du conseil de préfecture, préviendrait d'une manière aussi simple que rationnelle.

En s'attachant davantage aux textes positifs, M. Cotelle (*Cours de droit admin.*, tom. 3, pag. 433, 2ᵉ édit.) pense également que la compétence des conseils de préfecture doit être maintenue tant que la loi du 9 ventôse an 13 ne sera pas formellement abrogée; enfin M. Serrigny, dans une longue et habile discussion (*Traité de la compétence administ.*, nᵒˢ 701 à 710), cherche à démontrer que ni le § 11 de l'art. 479 du Code pénal qui n'est que la reproduction textuelle, sauf l'abaissement du taux de l'amende, de l'art. 40 de la loi du 6 octobre 1791, ni l'art. 21 de la loi du

21 mai 1836, qui n'ajoute rien aux pouvoirs qu'avaient précédemment les préfets concernant les chemins vicinaux, n'ont porté aucune atteinte à la loi de l'an 13, dont l'art. 8, attributif de juridiction aux tribunaux adjoints à l'administration, doit continuer à recevoir son application pour les cas d'anticipation et d'empiétement; en outre, et comme nous l'avons déjà annoncé, il soutient, contrairement à la jurisprudence, qu'entendue dans son véritable sens, cette loi, qui se lie à celle du 29 floréal an 10, et dont le but évident est d'assimiler, quant à la répression des contraventions, les chemins vicinaux aux grandes routes, confère également, dans les deux cas, le droit aux conseils de préfecture de prononcer les amendes; ce qui ferait tomber l'objection la plus grave contre le système actuel du conseil d'état, celle puisée dans la nécessité d'une double poursuite devant deux juridictions différentes.

Quoi qu'il en soit, trois nouveaux arrêts de la Cour suprême, l'un à la date du 2 mars 1837 (*Sirey*, 37-1-771), prononçant la cassation d'un jugement de police pour contravention à l'art. 479 du Code pénal, et les deux autres de rejet des 8 février et 10 septembre 1840 (*S.*, 40-1-281 et 923), motivés sur la loi du 21 mai 1836, se prononcent de la manière la plus formelle pour l'abrogation complète de l'art. 8 de la loi du 9 ventôse an 13; et notamment le second, dans l'hypothèse même spécialement prévue par cette loi, d'usur-

pation au moyen de plantations; en sorte que la
dissidence la plus complète et la plus tranchée
existe sur la question, entre les deux premiers
corps judiciaires de l'état.

Dans ce conflit, dont il est difficile de prévoir
l'issue, nous pensons qu'il ne faut pas confondre,
comme on le fait, ce qui est, avec ce que l'on
pourrait désirer voir se réaliser.

Sous ce dernier rapport, nous ne serions pas
éloigné de nous ranger à l'opinion que M. de Cormenin émet en ces termes (*Quest. de droit administ.*, tom. 1ᵉʳ, p. 485, 4ᵉ édit.) : « Il aurait
» fallu laisser au maire à prononcer en première
» instance, par voie de police municipale, la ré-
» pression des empiétements, avec une légère
» amende, sauf recours, sur simple mémoire et sans
» frais, au conseil de préfecture qui aurait statué
» définitivement, si ce n'est le pourvoi au conseil
» d'état pour incompétence ou excès de pouvoir.—
» Maire, préfet et conseil de préfecture; c'est entre
» ces trois autorités que devraient se consommer
» l'action administrative et la juridiction conten-
» tieuse dans cette matière. »

Mais ce serait là l'objet d'une loi nouvelle par
laquelle toutes les contraventions relatives aux
chemins vicinaux, usurpations, anticipations et
dégradations, devraient, à notre avis, être soumises à la même juridiction qui, en statuant sur
la réparation civile, aurait aussi le pouvoir de donner à ses jugements la sanction d'une répression

pénale, et qui surtout serait saisie par les réquisi-
tions d'officiers publics spéciaux, tels qu'agents-
voyers ou commissaires-inspecteurs, plus indépen-
dants que ne peut l'être l'autorité locale.

En attendant, et dans l'état de vague et d'incertitude où la législation actuelle a laissé le réglement de la compétence en cette matière, nous
n'hésitons pas à adopter la solution franche, claire
et rationnelle admise constamment par la Cour de
cassation.

Comme le remarque, en effet, très-judicieusement
un jurisconsulte cité plus haut, quels avantages
pourrait-on espérer pour les chemins vicinaux, d'un
système bizarre, hétérogène, fondé sur une disposition restreinte au cas spécial des empiétements
par plantations, ayant pour résultat de diviser
la juridiction répressive entre deux autorités, dont
les limites échappent à toute détermination exacte :
l'une, les conseils de préfecture, ne connaissant
que des anticipations partielles, mais non des dégradations et des usurpations ou destructions to-
tales, ne faisant qu'ordonner le rétablissement du
chemin, sans pouvoir punir les contrevenants,
sans avoir même le droit de faire exécuter ses
jugements ; l'autre, les tribunaux de police, ayant
qualité pour appliquer la peine, sans qu'il leur
soit loisible, en quelque sorte, de s'assurer de la
réalité de la contravention, puisqu'il leur est interdit de reconnaître l'existence du chemin et d'en
rechercher les limites.

Cependant, quels que soient ces inconvénients et ces anomalies, nous nous hâtons de proclamer qu'il faudrait les subir, s'il existait un texte précis; mais la seule loi que l'on oppose est loin d'avoir la portée qu'on lui donne, et que le conseil d'état ne lui a reconnue que successivement ; intitulée seulement *Loi relative aux plantations des grandes routes et des chemins vicinaux*, rien, dans les huit articles qui la composent, n'indique qu'elle ait étendu ses prévisions à d'autres objets; les cinq premiers et le septième ne parlent, en effet, que des plantations, et si le sixième impose à l'administration le devoir de rechercher les limites des chemins vicinaux et de fixer leur largeur, il est impossible de trouver là, pour les particuliers, une prescription dont l'inexécution constitue la contravention, dont l'article 8 attribue la connaissance aux conseils de préfecture. Précédemment, d'après le Code rural de 1791, les tribunaux de police avaient dans leurs attributions exclusives toutes les atteintes portées aux diverses espèces de voies de communication ; or, pour les dessaisir, en ce qui avait trait aux chemins vicinaux, il aurait fallu une disposition aussi explicite que celle de la loi du 29 floréal an 10, concernant les grandes routes. Comment donc induire de termes aussi restreints et spéciaux, la compétence générale des conseils de préfecture pour toutes les anticipations et dégradations, de quelque cause qu'elles proviennent, et encore quelle est la juridiction

dont on veut ainsi étendre les pouvoirs? Une juridiction exceptionnelle dont Henrion de Pansey
(*Compétence des juges de paix,* pag. 298) a
tracé la circonscription en ces termes : « Les tri-
» bunaux extraordinaires ne peuvent connaître
» que des affaires qui leur sont attribuées par une
» loi formelle et spéciale ; et les questions relatives
» à leur compétence sont plus de fait que de droit,
» c'est-à-dire que toutes se réduisent au point de
» savoir s'il existe une loi qui, faisant exception au
» droit commun, en attribue la connaissance au
» tribunal extraordinaire que l'on veut en saisir.
» — Lorsqu'il s'élève une difficulté sur le point de
» savoir si une question doit être soumise aux con-
» seils de préfecture, le problème est donc bien
» facile à résoudre : il ne s'agit que de voir si quel-
» que loi leur confère le droit d'en connaître ; et
» l'on éviterait bien des incertitudes, et même
» bien des conflits, si on leur imposait l'obligation
» de rapporter, dans chacune de leurs sentences,
» la loi qui les autorise à la rendre. »

A défaut de la lettre, M. de Cormenin invoque,
à la vérité, *l'esprit* de la loi de l'an 13 ; mais, d'une
part, ce n'est point à l'aide de conjectures sur l'esprit d'une loi que chacun prétend exister en sa faveur, que l'on crée une compétence, et que l'on
distrait un prévenu de ses juges naturels ; d'un
autre côté, il y a peu de similitude entre une dégradation quelconque faite à un chemin, souvent par
un étranger et avec l'intention de nuire, et la

plantation opérée par un riverain, en dehors de limites qu'il pouvait ignorer; enfin le savant auteur, qu'une profonde conviction nous force à combattre, admet lui-même une distinction entre les *usurpations* et les *dégradations,* dont il attribue la connaissance à des tribunaux différents, quoiqu'il soit cependant forcé de convenir que le même fait pourra, selon qu'il paraîtra rentrer plus ou moins dans l'une ou l'autre catégorie, être déféré, soit au conseil de préfecture, soit aux tribunaux de police (tom. 1, p. 479, 494 et 495, 4ᵉ édit.); mais alors quelle autorité déterminera la légère nuance qui opérera le dessaisissement de l'une ou de l'autre juridiction? Le conseil d'état n'a pu trancher cette inextricable difficulté qu'en décidant, en dernier lieu, que les dégradations et les anticipations étaient également du ressort exclusif des conseils de préfecture (*voy. ci-dessus, pag.* 823 *et* 825).

Toutefois, ajoute-t-on, l'autorité administrative ayant seule le droit de rechercher et, au besoin, de déterminer les limites, sans la fixation préalable desquelles il ne peut y avoir répression, il est naturel que, seule aussi, elle soit juge de la contravention. Cet argument n'aurait de force qu'autant que ce serait celui qui peut apprécier les éléments du délit, qui aurait le droit d'en prononcer la répression; or, il n'en est point ainsi; au préfet seul appartient la fixation des limites du chemin et de sa largeur, tandis qu'au conseil de préfecture est réservé le pouvoir d'en ordonner le rétablissement;

il faut toujours ainsi le concours de deux autorités distinctes et indépendantes; la simplification
et l'unité invoquées n'existent donc pas en droit.

En vain, encore, M. de Cormenin prétend-il
que les juges de paix sont peu aptes à appliquer
des actes administratifs; que les conseils de préfecture sont plus près qu'eux des préfets, et qu'il ne
faut pas mêler les formes lentes, acerbes et rui-
neuses de la procédure, à la matière des chemins
vicinaux dont le contentieux ressort, à plein et à
fond, de l'administration. En admettant même
ces idées, il n'appartiendrait pas aux juges de cor-
riger les vices de la législation actuelle, en la faus-
sant et en lui donnant une extension que ses termes
repoussent; tout ce que l'on pourrait en induire,
c'est qu'il y aurait lieu de la soumettre à une réforme
qui est effectivement nécessaire; car, malgré les
améliorations apportées par la loi du 21 mai 1836,
il en reste beaucoup d'autres à opérer, et ses dispositions trop écourtées, laissent malheureusement
encore dans toute leur force, sur une infinité de
points, les plaintes que le conseil d'état consignait
en ces termes dans un avis du 6 novembre 1815 :
« Considérant que les difficultés se multiplient sur
» tous les points de l'Empire, au grand préjudice
» des particuliers, des communes et de l'agricul-
» ture ; qu'elles ont leur source dans l'imperfection
» des lois, qui n'ont réglé ni la forme de procéder,
» ni la compétence des autorités administratives et
» judiciaires, ni la propriété des terrains sur les-
» quels existent les chemins vicinaux. »

53

APPENDICE

SUR LA COMPÉTENCE ET LES ATTRIBUTIONS
DES DIVERSES AUTORITÉS EN MATIÈRE DE PETITE VOIRIE.

110. Après avoir expliqué la loi du 21 mai 1836, ainsi que les dispositions de celle du 16 septembre 1807, relatives aux alignements, nous croyons utile, en résumant les notions que renferme ce commentaire, de présenter dans un tableau en quelque sorte synoptique, les règles de compétence des diverses autorités qui ont à exercer un pouvoir par rapport aux rues des villes, bourgs et villages et aux voies vicinales.

Ce pouvoir, qui consiste à les créer, les conserver, les aligner et les administrer; à décider les questions de propriété et de servitudes auxquelles elles peuvent donner lieu ; à rechercher et constater les délits et contraventions dont elles sont trop souvent l'objet, et à en punir les auteurs, est réparti entre *l'administration proprement dite* et *la juridiction contentieuse*, et s'exerce par de nombreuses autorités que nous classerons d'après cette division principale, en rappelant sommairement les attributions de chacune.

PREMIÈRE PARTIE.

ADMINISTRATION PROPREMENT DITE.

111. Elle est confiée aux autorités ci-après :
1° Les maires et adjoints des communes ;

2° Les conseils municipaux ;

3° Les sous-préfets ;

4° Les conseils d'arrondissements ;

5° Les préfets et conseils de préfecture ;

6° Les conseils généraux ;

7° Le ministre de l'intérieur ;

8° Le conseil d'état (comités administratifs);

9° Et le Gouvernement.

Reprenons ce qui concerne chacune d'elles.

I° MAIRES ET ADJOINTS.

112.   Il appartient à ces fonctionnaires :

1° De veiller à « tout ce qui intéresse la sûreté
» et la commodité du passage dans les rues, quais,
» places et *voies publiques*; ce qui comprend le
» nettoiement, l'illumination, l'enlèvement des
» encombrements, la démolition ou la réparation
» des bâtiments menaçant ruine, l'interdiction de
» rien exposer aux fenêtres ou autres parties des
» bâtiments qui puisse nuire par sa chute; et celle
» de rien jeter qui puisse blesser ou endommager
» les passants, ou causer des exhalaisons nuisibles.»
(*Art.* 3, *tit. XI de la loi du* 24 *août* 1790.) Et
en conséquence de prendre des arrêtés sur ces
divers objets (*Art.* 18 *et* 46 *de la loi du* 22 *juillet*
1791, *et art.* 9, § 3, 10, § 1er, *et* 11 *de la loi du*
18 *juillet* 1837);

2° De dresser, comme gardiens et surveillants
de la petite voirie, et officiers de police judiciaire,
des procès-verbaux pour constater les délits et

contraventions commis sur les chemins vicinaux,
ou qui y causent du dommage (*Arrêts du conseil
d'état des 6 décembre* 1820; *Louis, et* 28 *février* 1828; *Bavoux*), ou sur les rues et places.

Le maire prend ensuite un arrêté particulier pour
enjoindre aux contrevenants de rétablir les lieux
dans leur premier état; faute de quoi, et passé le
délai qu'il a fixé, il doit envoyer ses procès-verbaux à
l'autorité compétente pour statuer sur la répression,
c'est-à-dire au procureur du roi, lorsque le délit
est de la compétence du tribunal correctionnel;
au ministère public près le tribunal de simple
police, quand il ne s'agit que d'une contravention,
et enfin, selon la jurisprudence du conseil d'état
que n'admet point la Cour de cassation, au conseil
de préfecture, si le fait reproché consistait dans une
anticipation sur un chemin vicinal classé (*voy.
pages* 818 *et suiv., ci-dessus*). Mais il ne pourrait, sans abus de pouvoir, faire procéder de son
chef et avant que le tribunal de police eût prononcé, à la démolition des constructions et ouvrages qui anticiperaient sur la voie publique; il
ne doit que faire mettre à exécution le jugement
lorsqu'il est rendu (*pag.* 510, *ci-dessus*).

Le droit de constater les délits et contraventions
relatifs aux chemins vicinaux, n'est pas exclusivement attribué aux maires et adjoints; il appartient
également à tous les autres officiers de police judiciaire, tels que commissaires de police, gardes-
champêtres, etc., ainsi qu'aux gendarmes et aux

agents-voyers institués par l'art. 11 de la loi du 21 mai 1836; de ces divers auxiliaires, les commissaires de police seuls peuvent dresser des rapports pour infraction aux lois et réglements de voirie urbaine.

Les architectes-voyers (a) qui existent dans toutes les grandes villes, n'ont aucun caractère public qui leur donne le droit de dresser des procès-verbaux. Ce sont des hommes de l'art, chargés de la direction et de la surveillance des travaux munici-paux, ainsi que de donner leur avis sur tout ce qui a rapport à la voirie, aux alignements et aux per-missions de construire; sans avoir le même carac-tère officiel, ils remplissent près des maires, les fonctions attribuées aux ingénieurs des ponts et chaussées près des préfets.

3° De prendre des mesures pour la démolition des édifices menaçant ruine et particulièrement des murs de face, lorsque, conformément aux dé-clarations du roi, des 18 juillet 1729 et 18 août

---

(a) Le mot VOYER, en latin *viarius*, vient de VOIE (*via*) que l'on écrivait autrefois *voye*; un réglement de 1459, pour la ville de Paris, en donne une autre étymologie dans son article 2 ainsi conçu : « Le voyer de Paris, si est appelé *voyer*, » pour ce qu'il doit *voir* et regarder que l'on fasse raison et » mesure à la voirie et au Chatelet de Paris, si que les chemins » ne soient encombrés, ni que l'on n'y fasse nulle chose, si » ce n'est par les congés. » — On appelle indistinctement ces employés, qui sont à la nomination des maires, en vertu de l'art. 12 de la loi du 18 juillet 1837, *architectes-voyers*, *commissaires-voyers*, *ingénieurs-voyers*, ou simple-ment *voyers*.

1730, ainsi qu'à un arrêt du conseil du 19 mars
1823 (*Macarel*, *tome* 5, *pag*. 209), l'inclinaison
et le surplomb de ces murs excèdent la moitié de
leur épaisseur (voyez à cet égard les n°s 449 et 450
du *Tr. du dom. public* de M. Proudhon, ainsi
que nos notes sur ces n^{os}).

Dans ce cas, et à la différence de celui où il ne
s'agit que d'anticipation, les maires et adjoints peuvent, s'il y a urgence, faire exécuter directement
la démolition, sans attendre le jugement du tribunal de police, parce que c'est là une mesure qui
intéresse au plus haut point, la sûreté publique
(*Arrêts du conseil du* 16 *juin* 1824, — *Macarel*,
tom. 6, *pag*. 331 ; *et de la Cour de cassation du*
12 *avril* 1822, — *Dalloz*, 1822, *pag*. 373).

4° De donner des alignements et permissions
pour les constructions, fossés et plantations, sur les
chemins vicinaux ou dans les rues et places des
villes et villages ;

5° De faire enlever les matériaux qui obstruent
et gênent la circulation (*Arrêt du conseil* du 8
mars 1811; *comm. de Lyon-sur-Mer*), et d'ordonner, par mesure de police municipale, le com-
blement des fossés pratiqués sur la voie publique
(*Arrêts du conseil* des 4 juin 1809; — 21 mai
1823, *Rougier;* — 14 décembre 1825, *Presson*),
ou l'enlèvement des bornes plantées sans alignement (*Arrêt du conseil* du 18 nov. 1818; *An-*
dréossy). Voyez, sur la différence du droit des
maires en ce qui regarde les voies publiques et les

autres propriétés communales, le *Traité du domaine public*, n° 390;

6° De représenter, en demandant ou en défendant, la commune dans tous les procès civils ayant pour objet l'existence et la conservation intégrale des chemins vicinaux, rues et places publiques;

7° De représenter également la commune dans les instances en expropriation forcée des terrains nécessaires à l'ouverture, au redressement ou au rélargissement des rues et des chemins, ainsi que dans celles ayant pour objet de procurer les matériaux destinés à la confection, à l'entretien ou à la réparation de ces chemins ;

8° De dresser, contradictoirement avec les propriétaires d'exploitations industrielles ou d'usines, des procès-verbaux de reconnaissance de l'état des chemins exposés à des dégradations de la part de ces exploitations ou usines (*Art.* 14 *de la loi du* 21 *mai* 1836).

II° CONSEILS MUNICIPAUX.

113. Ces conseils ont à délibérer :

1° Sur l'ouverture ou le redressement des chemins dont la vicinalité doit être déclarée par le préfet (*Art.* 1 *de la loi du* 28 *juillet* 1824) ;

2° Sur les prestations en nature et centimes spéciaux additionnels jusqu'à concurrence de cinq, nécessaires pour la confection et l'entretien des chemins vicinaux (*Art.* 2 *de la loi du* 21 *mai* 1836);

3° Sur les contributions extraordinaires qu'il

faudrait ajouter au produit des prestations et centimes, si ce produit était insuffisant pour des travaux indispensables; dans ce cas, si la commune avait moins de 100,000 fr. de revenus, le conseil devrait être assisté des plus imposés, en nombre égal à celui de ses membres (*Art.* 39 *et* 41 *de la loi du* 15 *mai* 1818, 6 *de la loi du* 28 *juillet* 1824, *et* 39, 40, 41 *et* 42 *de celle du* 18 *juillet* 1837);

4° Sur l'établissement du rôle des prestations de trois journées de travail, prescrit par l'art. 3 de la loi de 1836,

5° Sur la fixation des bases et évaluations de travaux d'après lesquelles s'opérera la conversion en tâches, des prestations non rachetées en argent (*Art.* 4 *de ladite loi*);

6° Sur la désignation des communes qui devront concourir à la construction ou à l'entretien d'un chemin vicinal ordinaire, intéressant plusieurs localités, et sur la fixation de la proportion dans laquelle chacune desdites communes sera appelée à y contribuer (*Art.* 6 *id.*);

7° Sur l'opportunité d'élever au rang de chemins de grande communication, des chemins vicinaux ordinaires, ainsi que sur la direction de ces chemins, leurs largeurs et limites, la désignation des communes qui doivent contribuer à leur construction ou entretien, la fixation de la proportion dans laquelle chaque commune doit concourir aux réparations de la ligne vicinale dont elle dépend (*Art.* 7 *id.*);

8° Sur la nécessité du déclassement d'un chemin vicinal et sur l'emploi à en faire, soit en le conservant comme chemin public, soit en en cédant le terrain aux propriétaires riverains (*Art.* 19);

9° Sur les procès civils que les communes pourront avoir à soutenir ou à intenter relativement à la propriété de leurs chemins vicinaux, rues ou places (*Art.* 19, *n°* 10, *et art.* 49 *et suiv. de la loi du* 18 *juillet* 1837);

10° Sur l'ouverture des rues et places publiques et les projets d'alignements, soit généraux, soit même partiels, de voirie municipale (*Art.* 19, *n°* 7, *de ladite loi du* 18 *juillet* 1837). Quant aux projets d'alignement de grande voirie, ils n'ont qu'un avis à donner, et encore faut-il qu'il s'agisse des traverses des villes, bourgs et villages (*Art.* 21, *n°* 3 *de ladite loi*);

11° Sur les acquisitions, aliénations et échanges des terrains destinés aux rues et chemins (*Art.* 19, *n°* 3, *et art.* 46 *de ladite loi; art.* 13, 4ᵉ *alin. de la loi du* 3 *mai* 1841).

III° SOUS-PRÉFETS.

114. Indépendamment des avis que ces fonctionnaires sont appelés à donner sur tous les actes d'administration concernant leur arrondissement, ils sont spécialement chargés, par l'art. 17 de la loi du 21 mai 1836, de nommer, dans l'intérêt des communes, un expert pour les cas prévus par ledit article et par les 14ᵉ, 15ᵉ et 19ᵉ.

IV° CONSEILS D'ARRONDISSEMENTS.

115. Les attributions de ces conseils sont très-limitées, elles se bornent :

1° A proposer annuellement la fixation de la valeur en argent des prestations en nature pour chaque espèce de journée et par catégories de communes (*Art. 4 de la loi de* 1836) ;

2° A émettre leur avis sur l'établissement et la direction des chemins vicinaux de grande communication, et sur la désignation des communes qui doivent contribuer à leur construction et à leur entretien (*Art. 7 id.*).

V° PRÉFETS ET CONSEILS DE PRÉFECTURE.

116. *LES PRÉFETS SEULS*, et sans le concours du conseil de préfecture, sont chargés :

1° De déclarer et de reconnaître la vicinalité des chemins existants, d'ordonner l'ouverture de nouveaux chemins, de prescrire leur redressement, de fixer leur largeur et leurs limites, d'en opérer le bornage, sans préjudice, dans tous ces cas, des questions de propriété foncière qui peuvent s'élever à raison du sol et par rapport à une viabilité plus large qui leur serait assignée (*Art.* 1er *de la loi du* 28 *juillet* 1824 ; *art.* 15 *et* 16 *de celle du* 21 *mai* 1836) ;

2° De faire dresser dans le département un état des chemins vicinaux, en se conformant aux dispositions de l'instruction du ministre de l'intérieur du 7 prairial an 13 (*Art.* 1 *de l'arrêté du Direc-*

toire du 3 *messidor an* 5 ; *art.* 6 *de la loi du*
9 *ventôse an* 13, *et* 1 *de la loi du* 28 *juillet*
1824);

3° De déclasser les chemins vicinaux ordinaires,
soit en leur laissant toujours la qualité de chemins
publics, soit en les supprimant comme inutiles, et
en en faisant ainsi passer le sol, du domaine public dans le domaine communal, pour le rendre à
l'agriculture (*Art.* 3 *et* 4 *de l'arrêté du Directoire du* 23 *messidor an* 5);

4° D'imposer d'office la commune dans les limites du maximum des prestations et centimes,
pour le cas où le conseil municipal, mis en demeure, n'a pas voté dans la session désignée à cet
effet, les prestations et centimes ; ou de faire exécuter les travaux, si la commune n'a pas fait emploi,
dans les délais prescrits, des ressources votées
(*Art.* 5 *de la loi de* 1836);

5° De désigner, sur l'avis des conseils municipaux, les communes qui doivent concourir à la
construction et à l'entretien d'un chemin qui les
intéresse, et de fixer la proportion pour laquelle
chacune d'elles doit y contribuer (*Art.* 6 *id.*);

6° De proposer au conseil général les chemins
qu'il convient de classer parmi ceux de grande
communication, en indiquant leur direction et
les communes qui doivent contribuer à leurs construction et entretien (*Art.* 7 *id.*);

7° De fixer la largeur et les limites des chemins
de grande communication, de déterminer annuel-

lement la proportion dans laquelle chaque commune doit concourir à l'entretien de la ligne
vicinale, et de statuer sur les offres faites par les
particuliers, associations ou communes (*Art.
7 id.*);

8° De distribuer entre les communes les subventions destinées aux chemins de grande communication (*Art. 8 id.*);

9° D'exercer une surveillance spéciale sur les
chemins de grande communication, de régler tout
ce qui les concerne, et par suite de donner les alignements pour construire sur ces chemins (*Art.
9 id.*);

10° De nommer des agents-voyers, lorsqu'ils
croiront ne pas devoir employer les ingénieurs et
agents des ponts et chaussées, et de recevoir le
serment de ces voyers (*Art. 11*);

11° De dresser le rôle spécial d'après lequel les
propriétés de l'état contribueront aux dépenses des
chemins vicinaux (*Art. 13*);

12° D'autoriser les extractions de matériaux,
les dépôts et occupations temporaires de terrain
pour les réparations des chemins vicinaux (*Art.
17*);

13° De choisir, comme faisant les fonctions de
sous-préfets dans les arrondissements où il n'y en
a pas, l'expert qui, avec celui nommé par le propriétaire, doit régler les indemnités dans le cas des
art. 14, 15, 17 et 19 (*Art. 17*);

14° De faire, sous l'approbation du ministre de
l'intérieur, le réglement qui doit comprendre les

objets énumérés dans l'art. 21 de la loi du 21 mai 1836;

15° **D'homologuer** et de rendre exécutoires les rôles faits par les conseils municipaux, soit pour la distribution des prestations, soit pour la levée des centimes additionnels (*Art. 5 de la loi du 28 juillet 1824*);

16° **D'ordonner** le rétablissement provisoire des chemins vicinaux supprimés ou interceptés (*Arrêts du conseil d'état des 17 prairial an XIII; 11 avril 1810; 19 mai 1815; 18 juillet 1821, 16 février 1825 et 1er mars 1826*);

17° **De transmettre** au conseil municipal le mémoire que toute personne qui veut intenter un procès contre une commune, doit préalablement présenter, aux termes de l'art. 51 de la loi du 18 juillet 1837 (*a*);

(*a*) Voy. n° 88, p. 296, ci-dessus, nos observations sur l'effet *interruptif* de ce mémoire; la disposition de l'art. 51, 2e alin. de la loi du 18 juillet 1837, sur l'administration communale, qui en pose le principe, est empruntée à la loi des 28 octobre-5 novembre 1790, dont l'art. 15, tit. 3, prescrit le même préliminaire et avec le même effet, pour les actions à intenter contre l'état; l'art. 37 de la loi du 10 mai 1838, en a aussi étendu la nécessité aux demandes à former contre les départements, mais avec cette différence inexplicable, que dans ce cas le mémoire *suspendra* seulement le cours de la prescription au lieu de *l'interrompre*, ce qui permettra de réunir au temps antérieur, celui écoulé depuis l'expiration du délai de deux mois. Ce dernier système nous paraît bien préférable au premier; il est seulement fâcheux qu'à dix mois d'intervalle, la législation offre une pareille disparate.

18° De vérifier ou déclarer si un chemin est public ou privé, s'il est vicinal ordinaire ou de grande communication, vicinal ou route départementale, vicinal ou grande route (Arrêts du conseil d'état des 7 octobre 1807, *Matte;* — 24 mars 1819, *Rémont;* — 23 juin 1819, *commune de Mautry;* — 15 août 1821, *commune de Reil;* — 20 février 1822, *Dervaux;* — 18 juin 1823, *Raimbaux;* — Arrêt de cassation du 14 thermidor an 13);

19° D'autoriser un particulier à construire un aqueduc sous la voie publique (Arrêt du conseil d'état du 26 octobre 1825, *Riboud*);

20° D'aliéner, en vertu d'autorisation du conseil général, les parcelles de fonds du département, dont l'expropriation est poursuivie pour l'ouverture ou le redressement des chemins vicinaux, ou d'accepter les offres de la commune (*Art.* 13, 4ᵉ *alin. de la loi du* 3 *mai* 1841);

21° En cas d'expropriation, de transmettre au procureur du roi l'arrêté désignant les terrains à exproprier, ainsi que les autres pièces (*même art.* 13);

22° D'approuver les délibérations des conseils municipaux fixant, à défaut de plan général, les alignements partiels.

Les préfets en conseil de préfecture,

1° Règlent les abonnements de subvention à la charge des exploitations et entreprises qui dégradent les chemins (*Art.* 14 *de la loi du* 21 *mai* 1836);

2° Déterminent, après enquête, les propriétés qui doivent être expropriées dans les cas d'ouverture ou de redressement des chemins vicinaux (*Art.* 16 *de la loi du* 21 *mai* 1836, *et* 11 *et* 12 *de celle du* 3 *mai* 1841);

3° Approuvent les délibérations des conseils municipaux et des conseils d'administration des autres établissements ayant pour objet, soit la cession de terrains dans les mêmes cas ou les acceptations d'offres (*art.* 13 *de ladite loi du* 3 *mai* 1841), soit les acquisitions, ventes, échanges, partages et bornages amiables des communes, lorsque la valeur n'excède pas trois mille francs, si la commune a moins de cent mille francs de revenus, et vingt mille francs, si ce revenu est supérieur (*art.* 46 *de la loi du* 18 *juillet* 1837), soit les transactions sur objets mobiliers d'une valeur inférieure à trois mille francs, dans lesquelles les communes sont intéressées (*Art.* 59 *de ladite loi*);

4° Prononcent sur les réclamations contre le tracé provisoire des travaux d'utilité purement communale qui entraînent l'expropriation pour cause d'utilité publique (*Art.* 12 *de ladite loi du* 3 *mai* 1841);

LES CONSEILS DE PRÉFECTURE,

Indépendamment des fonctions consultatives

qui viennent d'être rappelées(*a*), sont encore investis de celles de tutelle par rapport aux communes, pour les autorisations de plaider, en demandant ou en défendant devant les tribunaux judiciaires dans toutes les instances autres que les affaires possessoires (*Art.* 49, 52 *et* 55 *de la loi du* 18 *juillet* 1837).

Dans ce cas, le conseil de préfecture ne donne pas seulement au préfet, un avis que celui-ci est libre de suivre ou non; c'est le conseil qui, en vertu d'un pouvoir à lui propre, et dès-lors, même en l'absence du préfet, accorde ou refuse l'autorisation.

VI° CONSEILS GÉNÉRAUX.

117. La loi du 21 mai 1836 a conféré aux conseils généraux un assez grand nombre d'attributions, dont quelques-unes même rentrent dans le pouvoir d'administration.

1° Ils fixent annuellement la valeur de chaque espèce de journée, par catégories de communes, afin de faciliter la conversion en argent de la prestation en nature (*Art.* 4);

2° Ils reçoivent chaque année, et examinent l'état des impositions établies d'office par les préfets, pour les communes qui ont négligé ou refusé de voter les prestations et centimes nécessaires, ou d'en faire emploi (*Art.* 5);

(*a*) Voyez, sur la différence entre les arrêtés des conseils de préfecture et ceux des préfets en conseils de préfecture, ce que nous avons dit ci-dessus, n° 53.

3° Ce sont eux qui, sur la proposition du préfet et d'après l'avis des conseils municipaux et des conseils d'arrondissement, font passer dans la classe des chemins de grande communication les chemins déjà déclarés vicinaux par le préfet, et qui, en en déterminant la direction, désignent les communes qui doivent contribuer à leur construction et à leur entretien (*Art.* 7).

4° Sur les mêmes proposition et avis, ils déclassent les chemins vicinaux de grande communication, en leur laissant le caractère de chemins vicinaux ordinaires ;

5° Ils votent annuellement, jusqu'à concurrence d'un maximum déterminé aussi chaque année par la loi de finances, les centimes spéciaux destinés à fournir, avec les centimes facultatifs ordinaires, des subventions pour les chemins de grande communication, et, dans les cas extraordinaires, pour les simples chemins vicinaux (*Art.* 8 *et* 12);

6° Ils reçoivent chaque année le compte que les préfets doivent leur rendre de la distribution des subventions entre les différentes communes (*Art.* 8);

7° Ils fixent le traitement des agents-voyers (*Art.* 11);

8° Ils ont été appelés à présenter leurs observations sur le règlement que l'article 21 a chargé le préfet de faire dans le cours de l'année, et leur concours serait encore nécessaire s'il s'agissait d'ap-

54

porter des modifications aux réglements actuels (*Art* 21).

118. Ce ministre est compétent dans les cas suivants :

1° Pour recevoir l'appel des arrêtés des préfets qui ont fixé la largeur et le classement des chemins, déclaré leur vicinalité, tracé leur direction, ordonné leur établissement ou suppression (*Arrêts du conseil d'état des* 24 *décemb.* 1823, 13 *juillet* 1825 *et* 7 *février* 1834), sauf recours, s'il y a lieu, au conseil d'état (*Arrêt id. du* 11 *mars* 1826). Le recours devant le ministre n'est pas suspensif (*Arrêts du même conseil de décembre* 1825 *et du* 1er *mars* 1826). S'il y avait eu, de la part des préfets, excès de pouvoirs ou de compétence, le recours pourrait être directement porté au conseil d'état (*Arrêt du* 1er *mars* 1826);

2° Pour approuver le réglement général que chaque préfet est chargé de faire, par l'art. 21 de la loi de 1836, ainsi que les modifications qui y seraient apportées;

3° Pour régler ce qui concernerait les chemins vicinaux ordinaires ou de grande communication qui s'étendraient sur deux communes situées dans deux départements différents.

119. 1° Comme nous l'avons expliqué ci-dessus, pag. 743, les propriétaires riverains des rues et places, ainsi que les tiers intéressés, peuvent se pourvoir au conseil d'état par voie administrative non contentieuse, pour contester les alignements donnés en l'absence de plans généraux.

2° C'est encore par voie non contentieuse, et seulement sur le rapport du ministre de l'intérieur, qu'aux termes de l'art. 52, 2ᵉ alin. de la loi du 16 septembre 1807, le conseil d'état arrête les plans généraux d'alignement et statue en cas de réclamation de tiers intéressés.

3° Le conseil d'état doit délibérer sur les projets des ordonnances royales contenant *réglement d'administration publique* (*Constit. du 22 frimaire an 8, art. 52;—Réglement du 5 nivôse an 8, art. 11;—Ordonnance du 18 septembre 1839, art. 16, § 1;— Projet sur le conseil d'état du 1ᵉʳ février 1840, art. 17.*) Le caractère distinctif de ces réglements consiste dans la délibération de l'assemblée générale du conseil d'état, après instruction préalable; il en est fait mention conformément à l'art. 25 de l'ordonnance précitée du 18 septembre 1839, ainsi conçu : « Les ordonnances » rendues après délibération de l'assemblée géné- » rale du conseil, mentionnent que le conseil d'état » a été entendu. Cette mention n'est insérée dans » aucune autre ordonnance. » Si l'objet sur lequel statue l'ordonnance royale après délibération du conseil d'état, n'a pas un caractère d'intérêt général, elle est dite rendue *dans la forme des réglements d'administration publique.* Au reste la délibération du conseil d'état n'est, dans ces deux cas, qu'un avis, et n'a pas l'effet de lier le gouvernement, qui reste toujours seul responsable.

4° Il faut encore ranger dans la classe des matières administratives non contentieuses, les autorisations de plaider, sur lesquelles statue le conseil d'état au 1er et au 2e degré pour les départements (*loi du* 10 *mai* 1838, *art.* 36), et au 2e degré seulement pour les communes, les hospices, les bureaux de bienfaisance, les fabriques, les cures, les séminaires et autres établissements publics (*Loi du* 18 *juillet* 1837, *art.* 49; — *Arrêté du* 7 *messidor an* 9, *art.* 13; — *Décret du* 30 *décembre* 1809, *art.* 77; — *Décret du* 6 *novembre* 1813, *art.* 14 *et* 70). L'art. 50 de la loi du 18 juillet 1837, et l'art. 17, § 4 de l'ordonnance du 18 septembre 1839, disent positivement que cette matière est *purement administrative non contentieuse* (*Arrêts du conseil d'état des* 2 *mai et* 2 *juin* 1837. — *Com. de Nalliers et com. de Voray*). — Par une singulière inconséquence, lorsque le préfet exerce les actions de l'état, il n'a besoin ni de l'autorisation du roi, ni de celle d'aucun corps délibérant (*Loi du* 28 *octobre —* 5 *novembre* 1790, *tit.* 3, *art.* 13, 14 *et* 15; — *Avis du conseil d'état du* 28 *août* 1823).

IX° LE GOUVERNEMENT.

120. C'est au gouvernement, c'est-à-dire au roi, qu'il appartient :

1° D'autoriser l'expropriation forcée des terrains

nécessaires à l'ouverture des rues et des places (*Loi du* 3 *mai* 1841, *art.* 3, 2ᵉ alin.);

2° D'arrêter les plans d'alignement desdites rues et places, ainsi que des grandes routes, et de statuer sur les réclamations des tiers intéressés (*Art.* 52 *de la loi du* 16 *septembre* 1807);

3° D'autoriser les aliénations, acquisitions, échanges, partages et transactions relatifs aux propriétés immobilières des communes, dans les cas prévus par les art. 46 et 59 de la loi du 18 juillet 1837;

4° D'autoriser les contributions extraordinaires et les emprunts votés par les conseils municipaux, aussi dans les cas prévus par les art. 40 et 41 de la même loi;

5° De régler, par ordonnance rendue dans la forme des réglements d'administration publique, les tarifs des droits de voirie (*Art.* 43 *de ladite loi*).

D'APRÈS l'énumération que nous venons de présenter des autorités chargées de *l'administration proprement dite*, on voit qu'à tous les degrés de notre organisation politique, il existe simultanément, et sur deux lignes parallèles, *un fonctionnaire* ou magistrat (*a*) unique, délégué du pou-

---

(*a*) Cette qualification de *magistrat* (*qui magis potest*) convient aux administrateurs qui ont le commandement, comme aux fonctionnaires de l'ordre judiciaire; aux organes du ministère puvoir exécutif, nommé par le roi et essentiellement révocable, et *un corps délibérant*, produit de l'élection, savoir :

Dans la COMMUNE, le maire et *le conseil municipal;*

Dans l'ARRONDISSEMENT, le sous-préfet et *le conseil d'arrondissement;*

Dans le DÉPARTEMENT, le préfet et *le conseil général;*

Dans l'ÉTAT, le roi et les ministres et *les chambres législatives.*

Près des préfets et du gouvernement, il y a en outre deux conseils consultatifs, *le conseil de préfecture* et *le conseil d'état*, qui ont aussi, et indépendamment de cette fonction, des attributions comme juges, mais qui, sous ce point de vue, appartiennent au contentieux dont nous allons parler, et non plus à l'administration proprement dite, objet de cette première partie.

---

blic, comme aux juges. Ainsi que l'a dit M. le procureur-général Dupin, dans un de ses réquisitoires les plus remarquables (*Journal du droit criminel*, art. 2106) : « La vraie définition du » magistrat, ce qui le constitue véritablement tel, c'est quand » il est dépositaire de l'autorité publique par la délégation de » la loi, avec le droit d'ordonner en son nom. » Il est donc exact de dire que le préfet est le premier magistrat du département, et le maire le premier magistrat de la cité. Plusieurs dispositions de lois, notamment l'article 222 du Code pénal, emploient l'expression de *magistrat de l'ordre administratif*, pour désigner les administrateurs proprement dits.

DEUXIÈME PARTIE.

JURIDICTION CONTENTIEUSE.

121. Cette juridiction s'applique au réglement des intérêts civils et à la répression des délits et contreventions ; d'où la division en :

Contentieux civil,

Et contentieux criminel ou de répression.

SECTION 1re.

CONTENTIEUX CIVIL.

122. La connaissance en est déférée,

Soit à l'autorité administrative,

Soit aux tribunaux ordinaires.

§ 1.

Contentieux civil administratif.

123. Deux tribunaux d'exception connaissent de ce contentieux :

1° Les conseils de préfecture,

Et 2° Le comité du contentieux du conseil d'état.

1° CONSEILS DE PRÉFECTURE.

124. La juridiction de ces conseils, non plus en qualité de comités consultatifs, mais comme tribunaux, s'étend aux cas suivants :

1° Ils prononcent sans frais sur les demandes en dégrèvement de prestations (*Art. 5 de la loi du 28 juillet* 1824) ;

2° Ils règlent annuellement, sur la demande

des communes et après des expertises contradictoires, les subventions à la charge des exploitations
et entreprises qui dégradent les chemins (*Art.* 14,
loi de 1836);

3° Ils fixent, sur rapport d'experts, les indemnités dues pour extraction de matériaux, dépôts
ou enlèvements de terre et occupations temporaires
de terrain (*Art.* 17 *id.*);

4° Ils nomment le tiers expert dans les cas prévus par les art. 14, 15, 17 et 19 de ladite loi de
1836;

5° Ils déclarent si un contrat de vente nationale
comprend un chemin vicinal litigieux entre deux
acquéreurs ou entre un acquéreur et une commune,
ou si le procès-verbal d'adjudication grève ou affranchit spécialement l'acquéreur d'une servitude
de passage (*Loi du* 28 *pluviôse an* 8, *art.* 4 ; —
Arrêts du conseil d'état des 24 *décembre* 1818,
Legache ; — 23 *juin* 1819, *Revillé ;* — 18 *sep-*
tembre 1819, *Fauquez ;* — 18 *juin* 1823, *Harlé ;*
— 31 *janvier* 1827, *Conty ;* — 6 *décembre* 1827,
Allard ; — 8 *février* 1831, *Cottey*);

6° Ils statuent sur la réparation des dommages
temporaires, ou même permanents pourvu qu'ils
soient discontinus et variables, qui résultent de
l'exécution de travaux publics ou communaux et
notamment de l'abaissement ou de l'exhaussement
du sol des voies publiques (*Voy. ci-dessus, pag.*
385 *et suivantes*);

7° Ils prononcent sur les difficultés qui peuvent

s'élever relativement aux souscriptions faites pour l'établissement ou l'entretien des chemins vicinaux de grande communication (*n° 34, pag. 97, ci-dessus*).

Mais ces conseils seraient incompétents pour rechercher, reconnaître et classer les chemins vicinaux, fixer leur largeur, leur direction, leurs limites, en approuver les états, recevoir les oppositions aux arrêtés des préfets ou leur appel (*Arrêts du conseil d'état des 1er novembre 1820, Lieb ; — 24 octobre 1821, Ferrand ; — 1er mai 1822, Châtelain ; — 27 août 1828, de Montillet ; — 17 mars 1825, commune de Précigné ; — 15 octobre 1826, Savy ; — 16 décembre 1830, Dionis ; — 21 août 1832, Sédard*), ou les interpréter (*Arr. du cons. du 9 mars 1836 ; Barré*);

Pour déterminer le mode de réparation et d'entretien des ponts sur les chemins vicinaux (*Arr. du cons. d'état du 17 décembre 1823 ; min. de l'intérieur*);

Pour condamner les voituriers à réparer les dommages causés à un chemin public par le simple usage, car ce serait créer un impôt que la loi seule peut établir (*Arr. du cons. du 14 janvier 1824 ; min. de l'int.*);

Pour ordonner le rétablissement d'un ancien chemin vicinal abandonné ou supprimé ; ce serait administrer et non pas juger (*Arr. du cons. des 29 janvier 1814, Reynegons ; — 1er mars 1822, Chatelais*);

Pour annuler les alignements donnés par un maire;

Et pour statuer sur les questions de propriété (*Arrêts du cons. des* 15 août 1821 , *Belgrand;* — 9 *juillet* 1824 , *Dillingham;* — 24 *octobre* 1827, *Vochelet*).

QUE doit-on décider relativement aux difficultés élevées entre les communes et les entrepreneurs relativement à l'exécution et à l'enterprétation des marchés ou adjudications de travaux, notamment pour la construction ou l'entretien des chemins, rues, etc. ? La connaissance en appartient-elle aux conseils de préfecture , à l'exclusion des tribunaux civils ?

Cette question est une des plus controversées, et sa solution reste entièrement incertaine, malgré trente-sept arrêts du conseil d'état et de la Cour de cassation. En effet, quatorze sont en faveur de la compétence des tribunaux , et vingt-trois attribuent au contraire juridiction aux conseils de préfecture.

Des premiers , dix émanent du conseil d'état et sont en date des 29 août 1821, (*Mathé*); — 17 avril 1822 (*com. d'Anglés*); — 16 février 1826 (*Meilhou*); — 19 décembre 1827 (*Costain*); — 25 avril 1828 (*Urbain*); — 19 juin *id.* (*Peraldi*); — 12 avril 1829 (*Sirey,* 29-2-359); — 2 septembre *id.* (*ville de Dunkerque*); — 16 décembre 1830 (*Souchon et Louzon*); — 31 décembre 1831 (*Benard*); et quatre de la Cour de cassation des 17 janvier 1831 (*Sirey*, 31-1-193); — 12 décembre *id.* (*S.*, 32-1-275); — 11 mars 1839 (*S.*, 39-1-180), et 3 février 1841 (*S.*, 41-1-120).

Parmi ceux qui attribuent compétence aux conseils de préfecture, un seul, à la date du 27 août 1839 (*Sirey*, 39-1-829), a été rendu par la Cour de cassation; les vingt-deux autres l'ont été par le conseil d'état, savoir : les 7 février 1809 (*S.*, 17-2-111); — 12 mars 1811 (*Vernier*); — 23 janvier 1820 (*Péré*); — 24 décembre 1823 (*Jullien*); — 24 mars 1824 (*Dufour*); — 13 juillet 1825 (*Sirey*, 26-2-345, *Bourguignon*); — 7 décembre *id.* (*Pierron*); — 16 novembre 1835 (*Perrin*); — 9 novembre 1836 (*François*); — 20 juin 1837 (*Perrin*); — 11 janvier 1838 (*Grulet*); — 12 avril *id.* (*com. d'Auxon*); — 31 décembre *id.* (*Bourges*); — 23 février 1839 (*Delcambre*); — 8 janvier 1840 (*com. de Crotenay*); — 22 mai *id.* (*Borey*); — 8 juillet *id.* (*Mongrard*); — 2 septembre *id.* (*S.*, 41-2-155); — même date (*S.*, 41-2-156); — 10 décembre 1840 (*S.*, 41-2-195); — 5 mars 1841 (*Ve Lecointre*); — 30 novembre 1841 (*S.*, 42-2-187), ces cinq derniers sur conflits.

L'arrêt de cassation du 27 août 1839, résume assez exactement les motifs qui, pris collectivement ou isolément, servent de base aux décisions du conseil d'état favorables aux conseils de préfecture : « Attendu, porte-t-il, que les travaux de

» cette route (chemin vicinal de grande commu-
» nication), avaient un but d'utilité publique et
» ne se rattachaient pas uniquement aux besoins
» d'une propriété communale; — qu'ils intéres-
» saient plusieurs communes et mêmes le dépar-
» tement du Nord, qui a supporté une partie
» notable des dépenses auxquelles ces travaux ont
» donné lieu ; — que les plans et devis, dressés par
» les ingénieurs du département, avaient été ap-
» prouvés par le ministre de l'intérieur ; — que la
» confection et l'entretien de la route dont il s'agit,
» ont été l'objet d'une adjudication passée, par le
» préfet, avec toutes les formes prescrites pour
» l'adjudication des travaux publics ; — que l'exé-
» cution devait en être, et en a été surveillée par
» les ingénieurs des ponts et chaussées, délégués
» à cet effet par l'autorité supérieure; — qu'ainsi
» l'adjudicataire de ces travaux était, à cet égard,
» entrepreneur de travaux publics ;—que dès-lors,
» aux termes de l'art. 4 de la loi du 28 pluviôse
» an 8, les difficultés qui s'élevaient sur le sens ou
» l'exécution des clauses du marché, relatif à ces
» travaux , étaient de la compétence administra-
» tive. »

De ces divers caractères, dont le concours a déterminé la Cour de cassation, un seul, le premier,
nous paraît devoir être pris en considération,
à savoir qu'il s'agirait de *travaux d'utilité publique* municipale, et non pas seulement d'ouvrages relatifs au domaine patrimonial communal

comprenant les fonds susceptibles d'amodiation ou productifs de revenus; c'est aussi à celui-là que s'attache exclusivement M. Serrigny (*Traité de la comp. adm.*, nᵒˢ 566 *et suiv.*), pour fonder la solution qu'il propose et qui consisterait à admettre la compétence du conseil de préfecture toutes les fois que la nature des travaux pourrait donner lieu à l'expropriation pour cause d'utilité publique en vertu de l'art. 12 de la loi du 3 mai 1841. Ce moyen, qui, dans la pratique, aurait l'immense avantage de faire cesser une incertitude extrêmement fâcheuse tant pour les communes que pour ceux qui ont à faire à elles, se justifie en droit par des raisons qui nous semblent solides.

En effet, l'administration ayant seule le pouvoir de reconnaître et d'exécuter ce qui est d'utilité publique, elle doit aussi seule, être investie des moyens nécessaires pour atteindre ce but ; autrement, et si le jugement des contestations qui peuvent s'élever sur l'interprétation et l'exécution des actes émanés d'elle en cette matière, appartenait aux tribunaux ordinaires, elle se trouverait souvent gênée ou paralysée dans son action ; ayant voulu, par exemple, qu'un travail, pour remplir la destination projetée, fût exécuté de telle manière et dans tel temps, il pourrait arriver que ces tribunaux décidassent que l'entrepreneur a dû le faire de telle autre manière et dans tel autre délai ; dès-lors, ce seraient eux qui, en définitive et contrairement aux principes les plus certains de notre

droit public, deviendraient les juges suprêmes de
l'utilité publique et de tout ce qui s'y rapporte.
Les mêmes motifs qui ont fait attribuer aux conseils
de préfecture, la connaissance des difficultés entre
l'état et ses entrepreneurs, existent donc lorsqu'il
s'agit de travaux d'utilité publique communale,
peu importe l'administration qui fait la dépense,
état, département ou commune; c'est l'objet des
travaux et la nature du domaine sur le sol duquel
ils sont faits, qui seuls doivent être pris en considération, le domaine public étant unique dans son
essence et dans sa destination, quoique géré et
entretenu par des administrations différentes, selon
l'importance plus ou moins grande des avantages
qu'elles en retirent.

Voilà le seul caractère auquel on puisse raisonnablement s'arrêter pour fixer la compétence des
conseils de préfecture en fait de travaux communaux, car, quant à tous les autres qui ont été re-
levés par les nombreuses décisions ci-dessus citées,
savoir, que les travaux intéresseraient plusieurs
communes, qu'ils auraient été mis en délivrance
devant le préfet, approuvés par le ministre, sur-
veillés par les ingénieurs des ponts et chaussées,
subventionnés par l'état ou le département, etc.,
etc., ils sont absolument insignifiants, puisqu'ils
dépendent de causes accidentelles, variables et
extrinsèques.

Il en est aussi de même, quoique par un autre
motif, de la clause insérée dans l'adjudication, et

qui attribuerait expressément la connaissance des contestations au conseil de préfecture ; en effet, les juridictions sont d'ordre public, et ne peuvent être modifiées au gré des parties, surtout lorsque l'une d'elles est incapable de souscrire un compromis ; c'est là un point de droit constant (*arrêts du conseil d'état des* 19 *février* 1823, *Guérard ;—* 19 *décembre id., Sirey,* 24-2-144 ; — 10 *juin* 1829, *S.,* 29-2-357 ; — *même date, S.,* 29-2-358 ; — 2 *septembre id., Dunkerque ;—* 16 *décembre* 1830, *Souchon ;—* 31 *décembre* 1831, *Bénard ;* — 9 *et* 29 *mars* 1832, *Sirey,* 32-2-317 *et* 318 ; — 12 *avril* 1832, *S.,* 32-2-463 ; = *de la Cour de cassation des* 12 *décembre* 1831 , *Sirey,* 32-1-275 ; — *et* 11 *mars* 1839, *S.,* 39-1-181).

La question de compétence, relativement aux travaux communaux, est d'autant plus importante, que le déclinatoire peut être proposé pour la première fois devant la Cour de cassation, même par celui qui avait d'abord reconnu la juridiction des tribunaux, ainsi qu'il résulte de deux arrêts de cette Cour en date des 3 janvier 1829 (*Sirey,* 29-1-57) et 27 août 1839 (*S.,* 39-1-829).

Au moyen des conflits, cette *ultima ratio* du pouvoir administratif, il est à présumer que les conseils de préfecture conserveront et étendront encore la compétence que le conseil d'état leur attribue à tort, selon nous, dans certains cas, et avec raison dans d'autres, notamment dans tous ceux où il s'agit de marchés et de travaux relatifs

aux chemins vicinaux de grande ou de petite communication, aux rues et aux places publiques.

Voyez, sur le mode de procéder en matière contentieuse devant les conseils de préfecture, sur la
forme de leurs décisions, les voies de recours dont
elles sont susceptibles, la manière dont elles doivent être mises à exécution, le *Traité de la
compétence administrative* de M. Serrigny, n^{os}
906 à 945.

II° CONSEIL D'ÉTAT (*Comité du contentieux*).

125.   Ce conseil est chargé de statuer par voie
contentieuse :

1° Sur les décisions du ministre de l'intérieur
confirmatives des arrêtés des préfets, qui ont lésé
les intérêts des communes ou des particuliers, ou
qui ont statué incompétemment sur des questions
qui appartiennent soit aux conseils de préfecture,
soit aux tribunaux (*arrêt du cons. du* 1er *mars*
1826; *Paulée*) ;

2° Sur les délibérations des conseils généraux
relatives au classement des chemins vicinaux de
grande communication, lorsqu'il y a eu excès de
pouvoir, comme lorsqu'un chemin vicinal a été
élevé à cette classe, et qu'une partie de la dépense
a été mise à la charge d'une commune, sans que
son conseil municipal ait été préalablement consulté (*arrêt du cons. d'état du* 19 *février* 1840,
Sirey, 40-2-328) ;

3° Sur les arrêtés des conseils de préfecture attaqués par les parties soit au fond, soit pour excès de pouvoir (*arrêt du* 27 *avril* 1825; *Blanchet*);

4° Sur les mêmes arrêtés attaqués par le ministre de l'intérieur, dans l'intérêt de la loi;

5° Sur les demandes formées par les communes ou par les particuliers, en maintenue provisoire des chemins dont la propriété est contestée, jusqu'au jugement définitif (*arrêts des* 17 *prairial an* 13; 24 *mars* 1809; 3 *octobre* 1811; 13, 21 *janv. et* 7 *février* 1813; 20 *et* 23 *janvier* 1820; 6 *septembre* 1826, *Ammoneville*; 2 *août id.*, *St.-Didier;* = *de la Cour de cassat. des* 16 *mai* 1827 *et* 28 *février* 1828);

6° Sur les conflits positifs ou négatifs entre l'autorité judiciaire et les conseils de préfecture (*Lois des* 7-14 *octobre* 1790, n° 3; 21 *fructidor an* 3, *art.* 27; *réglement des consuls du* 5 *nivôse an* 8, *art.* 11; *décret du* 13 *brumaire an* 10; *ordonnances des* 29 *juin* 1814, *art.* 9; 23 *août* 1815, *art.* 13; *et* 1er *juin* 1828. — Voy. sur cette matière, le *Traité du dom. public de M. Proudhon*, n°s 163 et suiv., et le *Tr. de la comp. adm. de M. Serrigny*, n°s 154 à 234).

§ 2.

Contentieux civil judiciaire.

126.   Ce contentieux est dans les attributions :

1° Des juges de paix,

2° Des tribunaux civils de première instance,

3° Des jurys spéciaux institués par la loi du 3

mai 1841 et par l'article 16 de celle du 21 mai 1836;

4° Des Cours royales,

5° Et de la Cour de cassation.

I° JUGES DE PAIX.

127. 1° C'est par ces magistrats qu'est réglée, sur rapport d'experts nommés conformément à l'art. 17 de la loi du 21 mai 1836, l'indemnité en laquelle se résout le droit des propriétaires riverains d'un chemin vicinal qui a été élargi aux dépens de leur fonds (*art. 15 de ladite loi*);

2° Ils peuvent être désignés par le tribunal civil pour présider et diriger le jury chargé de régler les indemnités, en cas d'ouverture ou de redressement d'un chemin vicinal (*art. 16 id.*) ;

3° Ils connaissent des actions possessoires qui peuvent être intentées par rapport aux chemins vicinaux, rues et places publiques, dans les circonstances et sous les restrictions expliquées au n° 109, pag. 795, ci-dessus;

4° Des actions en bornage des chemins vicinaux dans le cas prévu au n° 107, pag. 783 ;

5° Des demandes en indemnité formées par les riverains des chemins vicinaux, lorsque, par suite du mauvais état de ces chemins, ceux qui les suivent sont obligés de passer sur les fonds voisins et d'y causer du dommage (*Voy. ci-dessus, n° 109, pag.* 805 *et suiv.*). L'exception qui est proposée dans ce cas par le défendeur n'est pas seulement *préjudicielle,* elle est *justificative,* et par conséquent elle doit être appréciée par le tribunal de police même (*Arrêt de cassation du 6 septembre 1838 ; Journal du droit criminel, n° 2389*).

II° TRIBUNAUX CIVILS DE PREMIÈRE INSTANCE.

128. L'office des tribunaux civils, par rapport aux voies publiques dépendant de la petite voirie, peut être invoqué dans les cas suivants :

1° Ce sont ces tribunaux qui, lorsqu'il s'agit de la formation ou du rélargissement autrement que par voie d'alignement, d'une rue ou place, prononcent l'expropriation pour cause d'utilité publique des terrains et bâtiments nécessaires, et désignent un de leurs membres en qualité de directeur du jury d'expropriation. Leurs jugements, dans ce cas, bien que portant sur des valeurs indéterminées, ne sont pas susceptibles d'appel ; ils ne peuvent être attaqués que par voie de recours en cassation (*art. 14 et 20 de la loi du 3 mai 1841*).

2° Il en est absolument de même en fait d'expropriation des terrains nécessaires à l'ouverture ou au redressement des chemins vicinaux ; seulement le tribunal peut à son gré désigner, soit un de ses membres, soit le juge de paix du canton, pour présider le jury (*art. 16 de la loi du 21 mai 1836*).

3° Dans le cas où des biens de mineurs, d'interdits, d'absents, ou d'autres incapables, comme dans celui où des immeubles dotaux ou affectés à un majorat, sont désignés pour être expropriés, les représentants de ces incapables ou les propriétaires de ces immeubles, peuvent, après autorisasion du tribunal, donnée sur simple requête en la chambre du conseil, le ministère public entendu, en consentir la cessation amiable (*art.* 13 *de ladite loi*), ou accepter les offres faites par l'administration (*art.* 25).

4° Dans les départements qui ne sont pas le siège d'une Cour royale, c'est la première chambre du tribunal du chef-lieu judiciaire qui choisit, en la chambre du conseil, les 16 jurés titulaires et les 4 supplémentaires qui doivent composer le jury d'expropriation (*art.* 30 *de lad. loi*). Lorsqu'il s'agit de chemins vicinaux, le tribunal est, dans tous les cas, chargé de désigner les 4 jurés titulaires et les 3 supplémentaires (*art.* 16 *de la loi du* 21 *mai* 1836).

5° L'art. 15 de la loi du 8 mars 1810, sur l'expropriation pour cause d'utilité publique, portait : « Si le tribunal prononce que les formes (prescrites » par cette loi) n'ont pas été remplies, il sera in- » définiment sursis à toute exécution, jusqu'à ce » qu'elles l'aient été, et le procureur impérial, par » l'intermédiaire du procureur général, en infor- » mera le grand-juge, qui fera connaître à l'empe- » reur l'atteinte portée à la propriété par l'admi- » nistration. » C'est en se fondant sur cette dispo- sition, que M. Proudhon, dans son *Traité du domaine public* (n°s 422 et 599 de la 1re édit.), décidait que si, avant d'avoir rempli les formalités prescrites pour l'expropriation, ou après n'en avoir rempli qu'une partie, l'administration s'emparait d'un immeuble, le propriétaire devrait assigner l'administrateur qui se permettrait cette voie de fait, devant le tribunal civil, pour être maintenu dans sa jouissance, avec défense de continuer le trouble, et injonction de rétablir les lieux ; il ajoutait que « c'est au tribunal d'arrondissement, et » non pardevant le juge de paix, que cette action » en trouble au possessoire devrait être portée, » parce que ce n'est qu'à ce tribunal que la loi a » délégué le pouvoir d'arrêter les effets des expro- » priations pour cause d'utilité publique, lorsque » les formalités voulues par les lois n'ont pas été » accomplies. »

Nous partageons cet avis ; mais est-il applicable à toutes les hypothèses qui peuvent se présenter ?

On peut, en effet, en concevoir deux principales :

Celle où, après avoir obtenu la loi ou l'ordonnance d'expropriation, l'administration resterait dans l'inaction, et laisserait ainsi sous le coup d'une menace indéfinie, une propriété qui s'en trouverait, par suite, dépréciée.

Et celle où, soit avant d'avoir obtenu cette loi ou cette ordonnance, soit même après, mais sans avoir rempli les autres formalités prescrites, l'administration s'emparerait d'une propriété privée.

La première n'avait été prévue ni par la loi du 16 septembre 1807, ni par celle du 8 mars 1810 ; l'art. 55 de la loi du 7 juillet 1833 disait seulement que si, dans les six mois du jugement d'expropria-

tion, l'administration ne poursuivait pas la fixation
de l'indemnité, les parties pourraient exiger qu'il y
fût procédé, mais rien n'obligeait l'administration
à obtenir le jugement, et, en conséquence, le propriétaire restait toujours dans une incertitude dont
il n'avait aucun moyen de sortir; c'est pour combler cette lacune, que, lors de la révision qui a été
faite de cette loi, en 1841, la commission de la
chambre des députés a ajouté à l'art. 14 un paragraphe portant que si, dans l'année de l'arrêté du
préfet, l'expropriation n'était point poursuivie, le
propriétaire pourrait présenter requête au tribunal,
qui statuerait dans les trois jours de l'envoi des
pièces par le préfet constitué en demeure au moyen
de la communication de cette requête à la diligence
du procureur du roi.

Il y a là sans doute déjà amélioration, mais,
comme le faisait remarquer le commissaire du roi,
elle est loin d'être suffisante, puisque le délai ne
courra que lorsque l'arrêté aura été pris par le
préfet, et que l'administration peut suspendre indéfiniment cet arrêté. Pour donner une garantie
certaine aux citoyens, il aurait fallu fixer le temps
dans lequel, à partir de la loi ou de l'ordonnance,
les formalités prescrites par le titre 2 de la loi du
3 mai 1841 devraient être remplies et l'arrêté pris;
on aurait eu ainsi un système complet qui aurait
prévenu tout arbitraire et donné les moyens de
vaincre une inaction calculée.

Quant à la seconde hypothèse, celle, au con-

traire, d'une trop grande précipitation de la part de l'administration qui s'emparerait de la propriété sans l'accomplissement des formes prescrites, la loi est entièrement muette ; M. Delalleau, s'en occupant aux nos 893 à 896 de son *Traité de l'expropriation,* signale deux cas qui y donnent lieu, l'urgence et un abus de pouvoir ou une mauvaise interprétation de la loi, et dans tous deux il propose la même solution, savoir, que le propriétaire dépossédé « est en droit de réclamer une indemnité,
» qui sera réglée comme s'il y avait eu une expro-
» priation régulière. De ce que, ajoute-t-il, l'ad-
» ministration a privé ce propriétaire de quelques-
» unes des garanties que les lois lui assuraient, il
» ne résulte nullement qu'elle puisse le priver des
» autres garanties qu'il est encore à même d'invo-
» quer. »

Nous admettons volontiers cette opinion lorsqu'il y a urgence, par exemple dans les cas d'incendie, d'inondation, de défense de place de guerre, etc., parce qu'ainsi que le déclarait M. Legrand, commissaire du roi, lors de la discussion de la loi du 7 juillet 1833 (*Moniteur du 8 juin, pag.* 1608) : « Il y a ici une loi supérieure à
» toutes les autres, c'est celle de la nécessité, et
» l'on peut dire que les cas d'urgence se font jus-
» tice à eux-mêmes, » *salus populi suprema lex esto ;* nous l'admettrons également lorsque le propriétaire, par ignorance de ses droits ou autrement, se sera laissé déposséder, ou que l'entreprise de

l'administration aura été tellement soudaine qu'il
aura été impossible de l'arrêter, et que les choses
ne pourront être rétablies dans leur premier état.
Mais la question a plus d'étendue; il s'agit, en
effet, de savoir aussi et principalement si ce propriétaire aura quelques moyens d'empêcher sa dépossession.

L'affirmative n'est pas douteuse, et quant à la
marche à suivre, nous pensons qu'il faut faire une
distinction entre le cas où il y a ordonnance royale
prononçant l'expropriation, mais seulement omission des formalités subséquentes, et celui où l'ordonnance n'aura même pas été rendue.

C'est au premier que, selon nous, s'appliquera la
procédure tracée par M. Proudhon, parce qu'ici le
principe de l'expropriation existant, et le tribunal
étant nommément chargé, par l'art. 14 de la loi du
3 mai 1841, de vérifier si les formalités ultérieures
ont été remplies, il y a, à cet égard, délégation
spéciale par rapport à laquelle cette autorité ne
peut être remplacée par aucune autre.

Il en sera différemment dans le second cas;
comme il n'y aura pas seulement alors inobserva-
tion de tout ou partie des formes prescrites par le
titre 2 de la loi du 3 mai 1841, mais que la base
même de la dépossession légitime, c'est-à-dire l'ordonnance, manquera, il est évident que l'on ne
devra voir, dans l'entreprise de l'administration,
qu'une voie de fait ordinaire, telle que celle qui
serait commise par tout autre usurpateur, et ainsi

on pourra employer, pour sa répression, les divers moyens ouverts par la loi, soit poursuites correctionnelles ou en simple police, soit action possessoire devant le juge de paix, soit enfin actions en revendication, ou *in factum* conformément à l'article 1382 du Code civil, devant le tribunal de première instance. La différence entre les deux hypothèses est immense : dans l'une on ne peut reprocher qu'une irrégularité dans les formes, dans l'autre il y en a absence totale; dans la première, l'administration manifeste au moins l'intention de se conformer à la loi; dans la deuxième, elle agit uniquement par violence et en dehors de toute autorisation.

Trois arrêts du conseil d'état, en date des 14 octobre 1836 (*Sirey*, 37-2-124) et 30 décembre 1841 (*S*, 42-2-232), sembleraient, à s'en rapporter au sommaire qui les précède dans le recueil qui vient d'être cité, se trouver en opposition avec la solution ci-dessus, et avoir décidé « que lorsqu'un » entrepreneur de travaux publics, agissant dans » les limites de son devis ou tracé et d'après les » ordres de son administration, a commencé ses » ouvrages sur une propriété privée avant l'accom- » plissement des formalités prescrites pour l'ex- » propriation, et sans déclaration préalable de » l'utilité publique, les tribunaux sont incompé- » tents pour ordonner la destruction des ouvrages » ainsi exécutés, et que cette destruction ne peut » être ordonnée que par l'administration. » Mais

en examinant les espèces et les motifs de ces décisions, on est bientôt convaincu que leur doctrine
n'est point contraire à notre avis; qu'elle le confirme plutôt, et que l'attribution de compétence
exclusive à l'administration, ne concerne que
l'entrepreneur personnellement, en tant qu'agent
qui s'est conformé aux ordres de ses supérieurs :
« Considérant, porte en effet le premier de ces
» arrêts, qu'il était allégué et qu'il a été reconnu
» que l'ouvrage d'art exécuté par l'entrepreneur
» Joly, comprend, dans les limites de son tracé,
» une portion du sol dont le sieur Leballe avait
» la possession à titre de propriétaire, possession
» qui aurait été troublée sans qu'à l'égard de ladite
» parcelle il y eût eu déclaration d'utilité publique
» et accomplissement des formalités antérieures à
» l'expropriation ; — *que l'autorité judiciaire*
» *était compétente pour statuer sur cette ques-*
» *tion de possession, et pour ordonner que le*
» *sieur Leballe serait, sur le vu de sa déci-*
» *sion,* RÉINTÉGRÉ *dans sa possession,* sauf le
» jugement ultérieur de la question de propriété
» par les tribunaux, et l'accomplissement par l'ad-
» ministration, des formalités voulues par les lois;
» — mais que l'entrepreneur Joly n'ayant agi,
» dans l'espèce, que d'après un tracé adopté et des
» ordres donnés par l'administration, ledit juge-
» ment ne pouvait ni prescrire des règles con-
» traires auxdits actes, ni prononcer contre l'en-
» trepreneur aucune condamnation de dommages-

» intérêts ; — que l'administration seule pouvait
» prononcer la révocation des mesures qu'elle
» avait prescrites, et la destruction des travaux
» opérés par ses ordres; — que, d'autre part, le
» conseil de préfecture était seul compétent pour
» statuer sur ce recours dirigé contre le sieur Joly,
» comme entrepreneur de travaux publics. »

Ainsi, dans le cas où un maire, sans ordonnance royale d'expropriation ou sans arrêté du
préfet, pris dans les termes des art. 15, 16 et 17 de
la loi du 21 mai 1836, porterait atteinte à une propriété privée, pour l'ouverture, le redressement ou
le rélargissement d'une rue, d'une place ou d'un
chemin, il pourrait être directement et personnellement poursuivi devant les tribunaux ordinaires,
soit civils, soit de répression, à moins qu'il n'eût
agi en vertu d'une délibération du conseil municipal, cas auquel l'action devrait incontestablement
être dirigée contre la commune (arrêt de la Cour de
Toulouse du 1er juin 1827; *Sirey*, 27-2-205).

Un arrêt de la Cour de cassation du 19 avril 1836
(*Sirey*, 37-1-163), confirmatif d'une décision de
la Cour royale de Dijon du 21 mars 1835, rendue
contre les habitants de Messigny, dont nous avions
plaidé la cause en première instance et en appel,
a même jugé qu'une commune peut être déclarée
responsable des actes dommageables pour autrui,
faits dans son intérêt à titre conservatoire et en cas
d'urgence par son maire, agissant en cette qualité,
quoique ces actes n'aient été ni autorisés, ni ap-

prouvés par le conseil municipal ; les maires n'ayant pas besoin d'autorisation expresse des corps municipaux pour exercer de pareils actes, et le droit de les faire dérivant de la nature même de leurs fonctions d'administrateurs des biens communaux.

Cependant un arrêt de la Cour de Bourges du 20 août 1828 (*procès Rolland d'Arbousse, cité en note dans le recueil de Sirey*, 41-2-436), a décidé qu'un maire qui avait fait, sans autorisation, arracher une haie pour élargir un chemin, était seul responsable envers le propriétaire de la haie ; et un autre arrêt, en date du 18 mai 1841, émané de la Cour de Bordeaux (*loco citato*), a aussi jugé « que les communes ne sont responsables que des » actes qui ont été faits par leurs maires, lorsqu'ils » agissent légalement et dans les limites de leurs » attributions ; que dans l'ordre donné par le maire » de Bordeaux, de faire vendre les terreaux (les » boues) appartenant aux appelants, et d'en opérer » le paiement dans les mains du commissaire de police (devenu insolvable), il n'a pas agi au nom de » la commune, mais comme magistrat de police » chargé de veiller à la salubrité publique ; que, » sous ce rapport, il est seulement moralement » responsable, et que l'action intentée contre la » ville est mal fondée. »

Au reste, lorsque la commune se trouvera engagée par un fait dommageable pour autrui, exécuté en son nom, elle pourra, si ce fait constitue un délit ou une contravention, être traduite devant les tribunaux de justice répressive, notamment devant le tribunal correctionnel, quoique la seule peine applicable soit l'emprisonnement (par exemple, dans les cas prévus par les art. 444 à 451 du Code pénal), et que cette peine ne puisse être prononcée ni contre elle, à raison de sa qualité d'être moral, ni contre les agents qui auront agi d'après les ordres de ses représentants légaux; il n'y aura pas pour cela incompétence, comme dans le cas où on conclurait à des réparations civiles, sans qu'il y eût lieu à action publique (*Arrêts de la Cour de cassation des* 30 *août* 1810, 30 *avril* 1813, 9 *juin* 1815, 3 *novembre* 1826, 7 *mai* 1831), soit parce que le maître responsable aurait été cité sans le délinquant (*Arrêt de ladite Cour du* 9 *juin* 1832), soit parce que le tribunal serait incompétent pour appliquer la peine (*id. id. des* 12 *mai* 1827 *et* 17 *mai* 1834); ici le délit existe, seulement la peine ne peut être encourue, et le jugement doit se borner à condamner aux dommages-intérêts et aux frais; c'est ce qui a été jugé sur notre plaidoirie, par arrêt de la Cour royale de Dijon du 9 mai 1838, dans l'intérêt d'un sieur Membre contre la commune de Perrigny.

6° L'administration ayant bien le droit de déclarer ou de reconnaître l'utilité publique, mais jamais de porter atteinte à la propriété des citoyens, il en résulte que toutes les fois que, par rapport au terrain de tout ou partie d'un chemin vicinal, il s'élèvera une question de propriété, cette question devra être portée au tribunal civil, et jugée entre le maire représentant la commune, et l'individu qui prétendra à la propriété.

La décision rendue par l'autorité administrative ne devra avoir aucune espèce d'influence sur la question soumise au tribunal, et ne pourra priver le propriétaire de sa chose, ou au moins de son équivalent en argent, comme aussi le jugement du tribunal ne pourra mettre obstacle à l'exécution de l'arrêté administratif, dont l'utilité, la convenance ou l'opportunité ne sauraient être légalement appréciées par l'autorité judiciaire.

Ce principe, sur lequel nous avons déjà insisté plusieurs fois, notamment au n° 109, pag. 798 ci-dessus, a été consacré par trois décisions du conseil d'état des 7 juin 1826 (*Sirey*, 27-2-269), 5 septembre 1836 (*S.*, 37-2-57), et 14 février 1842 (*S.*, 42-2-286), ainsi que par deux arrêts, l'un de la Cour de Paris du 23 janvier 1830 (*S.*, 30-2-149), et l'autre de la Cour de cassation du 21 février 1842, rapporté ci-dessus (*loco citato*) (*S.*, 42-1-276).

7° Le tribunal civil sera aussi seul juge de la question de savoir à qui, des riverains ou des communes, appartiennent les arbres plantés sur les chemins vicinaux (*Arrêts du conseil des* 21 *décembre* 1808; 19 *avril* 1809, *Malherbe*; 7 *avril* 1813; 24 *décembre* 1818 *et* 28 *août* 1827, *Bresson*).

8° Il en sera de même encore du point de savoir si les haies ou les fossés sont mitoyens ou forment

la propriété exclusive de la commune ou des riverains.

9° C'est également au tribunal civil à statuer sur
les contestations élevées à l'égard des simples sentiers ou chemins d'aisance, de vidange et d'exploitation (*Arrêts du conseil d'état des 27 vendémiaire an* 12; 28 *février* 1809; 15 *mai* 1813,
commune d'Esclaron; 23 *juin* 1819, *Révillé;*
26 *décembre* 1827, *Bernard*); — sur la propriété
des passages dans les villes (*Arr. du conseil du*
23 *avril* 1818, *Durand*); — sur les chemins réclamés non à titre de vicinalité, mais de servitude
conventionnelle de passage à travers les propriétés
privées (*Arrêts du conseil des* 12 *mars* 1814; 18
novembre 1818, *Farel;* 23 *juin* 1819, *Gerdret;*
11 *août* 1819, *Martin;* 18 *avril* 1821, *Ferrand*);
— ou de servitude légale pour l'exploitation des
fonds enclavés (*Art.* 682 *Cod. civ.* — *Arrêts du*
conseil des 18 *nivôse an* 11, 5 *floréal an* 13, *et*
17 *août* 1825, *Picard*); — enfin sur le provisoire
de jouissance d'un chemin litigieux entre deux
particuliers, et non réclamé par la commune, soit
comme partie principale, soit comme partie inter-
venante (*Arrêt dudit conseil du* 28 *septembre*
1816, *commune de Clichy*).

10° Les questions de servitude élevées par les
riverains d'une rue ou d'un chemin supprimés
(*Arrêt du conseil du* 10 *décembre* 1817; *Gué-*
rin), ainsi que celles relatives au partage entre les
mêmes riverains, des portions de terrain retran-

chées des voies publiques, par suite de leur rétrécissement ou de leur redressement (*Voy. suprà,
n° 107, pag.* 478), sont également du ressort
exclusif des tribunaux civils.

11° Nous plaçons pareillement dans les attributions de ces tribunaux, les questions d'indemnités
pour dommages permanents continus, causés aux
riverains par des travaux d'exhaussement ou d'a-
baissement du sol des rues, places et chemins
(*n° 101, pag. 366 et suiv., ci-dessus*).

12° Les tribunaux civils statuent aussi sur l'appel
des sentences rendues par les juges de paix, soit au
possessoire, soit en matière personnelle et mobilière (*Loi du 25 mai 1838*).

MAIS ces tribunaux n'ayant de compétence que
pour statuer sur les questions de propriété et de
servitude, il suit qu'ils ne peuvent :

Déclarer si un chemin est vicinal ou grande
route, vicinal ou privé, et ordonner son rétablissement ou sa suppression (*Arr. du conseil des* 14
thermidor an 13, 12 *juillet* 1806 *et* 19 *février*
1808), et, par suite, ordonner à cet effet des expertises ou enquêtes (*Arr. dudit conseil du* 16
août 1808; *Danielon*);

Fixer les alignements dans les rues et chemins
(*Arr. du conseil des* 21 *août* 1816; *Husson;*
8 *mai* 1822; *Routhier*);

Et réintégrer les particuliers dans la possession
des terrains affectés à un chemin ou à une rue par
l'autorité administrative (*Arrêts du conseil d'état*

des 6 *février* 1828, *Lemoine ; et* 5 *septembre* 1836, *Lavaud*).

En résumé, l'étendue et les limites de la compétence des tribunaux civils se trouvent dans ces deux propositions :

L'une, qu'étant institués seulement pour appliquer la loi aux espèces particulières résultant de faits accomplis, ils ne peuvent administrer et prononcer par voie de disposition générale et réglementaire (art. 5 du Code civil);

Et l'autre, « qu'il n'y a pas de maxime mieux » avérée en France, comme le dit M. Proudhon » (*Traité du Domaine public*, n° 421), que » celle qui veut que *toutes les questions de propriété* soient exclusivement portées devant les » tribunaux, sans qu'il soit jamais permis à l'administration d'en connaître. »

IIIº JURYS D'EXPROPRIATION.

129. 1° C'est au jury spécial, créé par la loi du 7 juillet 1833, et maintenu par celle du 3 mai 1841, qu'est dévolue la fixation des indemnités dues aux propriétaires dépossédés pour ouverture de rues et de places, ou pour leur redressement ou rélargissement par voie soit d'expropriation, soit même d'alignement, comme aussi de celles revenant aux villes, bourgs et villages, pour cessions aux riverains, des portions retranchées des rues et places (*Loi du* 3 *mai* 1841, *art.* 29 *et suivants ;* — *Circulaire du ministre de l'intérieur du* 23 *août* 1841. — *Voyez suprà, pages* 749 *et sui-vantes).*

2° C'est également à un jury spécial, mais alors seulement composé de quatre membres titulaires au lieu de seize, et de trois supplémentaires au lieu de quatre, choisi par le tribunal de première instance et non par la Cour royale, et présidé par un juge de ce tribunal ou par le juge de paix, qu'il appartient de régler les indemnités pour ouverture ou redressement, autrement que par simple rélar-gissement, des chemins vicinaux (*Art.* 16 *de la loi du* 21 *mai* 1836. — *Voyez suprà,* n°s 69 *et* 70, *pages* 221 *et* 246.)

IV° COURS ROYALES (*Chambres civiles*).

130. 1° En fait de rues, places et chemins, ces Cours sont appelées à statuer sur l'appel des jugements des tribunaux de première instance, re-latifs à des questions de propriété ou de servitudes, ou d'indemnités pour dommages permanents con-tinus, lorsque l'objet de la demande est indéter-miné, ou porte soit sur une valeur excédant 1,500 fr., soit sur un fonds dont il ne sera pas prouvé par bail que le revenu est inférieur à 60 fr. (*Art.* 1er *de la loi du* 11 *avril* 1838).

2° Dans les départements qui sont le siège de ces Cours, c'est la première chambre qui choisit les seize jurés titulaires et les quatre supplémentaires formant le jury spécial chargé de régler les in-demnités, en cas d'expropriation autre que celle pour ouverture ou redressement des chemins vicinaux (*Art.* 3o *de la loi du* 3 *mai* 1841).

Vº COUR DE CASSATION (*sections civiles*).

131. Cette Cour, placée à la tête de l'organisation judiciaire pour maintenir l'unité dans la législation,

1º Statue sur les pourvois formés contre les jugements et arrêts en dernier ressort émanés des justices de paix, des tribunaux de première instance et des Cours royales de toute la France et des colonies;

2º Juge également ceux dirigés soit contre les jugements qui prononcent l'expropriation, soit contre la décision du jury et l'ordonnance du magistrat-directeur qui fixent l'indemnité.

Le pourvoi n'est admissible contre la décision du tribunal que pour incompétence, excès de pouvoirs ou vice de forme du jugement, et contre la décision du jury et l'ordonnance d'exécution, que pour violation du 1er § de l'art. 3o, de l'art. 31, des 2e et 4e §§ de l'art. 34, et des art. 35 à 4o de la loi du 3 mai 1841 (*Art.* 20 *et* 42 *de ladite loi,* *et art.* 16 *de celle du* 21 *mai* 1836).

SECTION II.

CONTENTIEUX CRIMINEL OU DE RÉPRESSION.

132. Comme le contentieux civil, celui de répression est attribué,

Soit aux tribunaux administratifs,

Soit aux tribunaux ordinaires.

§ 1.

Contentieux de répression, administratif.

133.   Il est dévolu aux conseils de préfecture et au conseil d'état.

I° et II° CONSEILS DE PRÉFECTURE ET CONSEIL D'ÉTAT.

1° *LES CONSEILS DE PRÉFECTURE* ont toujours été reconnus compétents pour réprimer les délits et contraventions relatifs au sol des grandes routes proprement dites, y compris les routes départementales; mais il y a dissidence entre le conseil d'état et la Cour de cassation sur leur juridiction, quant aux portions de ces grandes voies publiques qui traversent les villes, bourgs et villages; — le conseil d'état leur attribue exclusivement la répression des contraventions qui y sont commises, sur le motif que la loi du 29 floréal an 10 comprend toutes les routes, conséquemment les rues qui leur servent de prolongement (*Arrêts des 22 février et 31 juillet* 1822; *ministre de la justice;* — 17 *novembre* 1824, *Viguier;* — 15 *juillet* 1835; — 30 *juin* 1839, *min. des trav. pub.;* — 22 *août id.,* *Blanpain*). La Cour de cassation, au contraire, juge qu'il y a concurrence d'attributions entre eux et le tribunal de simple police, sauf à appliquer au condamné la maxime *non bis in idem;* qu'ainsi les dépôts ou encombrements dans les rues-traverses de grandes routes, peuvent constituer une double contravention, et donner lieu soit à une poursuite devant le tribunal de police, s'ils sont

qualifiés de contravention aux lois sur la police urbaine, soit à une poursuite devant le conseil de
préfecture, s'ils sont qualifiés de contravention aux
lois et réglements sur la grande voirie; que la voie
publique ne cessant pas d'être rue par cela seul
qu'elle devient route, le tribunal de police, saisi
d'une contravention de son ressort, ne peut se
déclarer incompétent pour en connaître, sous le
prétexte que le conseil de préfecture a, de son côté,
juridiction pour y statuer (*Arrêts de ladite Cour
des* 13 *juin* 1811, *Sirey*, 12-1-64; — 15 *avril*
1824, *S.*, 24-1-334; — 7 *décembre* 1826; — 7
juillet 1838, *S.*, 39-1-138, *et* 8 *avril* 1839, *ce
dernier, les chambres réunies, S.*, 39-1-413).
La concurrence cesserait, bien entendu, si le fait
avait exclusivement le caractère de contravention
de grande voirie, telle qu'une anticipation par
construction sur le sol de la rue-traverse, ou une
détérioration, ou si, au contraire, il constituait uniquement une infraction à un réglement municipal,
pris pour la sûreté ou la commodité du passage,
par exemple le défaut d'éclairage de matériaux ou
d'excavations autorisées; au 1er cas, le conseil de
préfecture serait seul compétent; au 2e, ce serait le
tribunal de police (*Arrêt de la Cour de cassation du* 25 *avril* 1839, *Sirey*, 40-1-459).

La Cour de cassation juge aussi que les conseils
de préfecture ne peuvent étendre leur juridiction
sur les portions adjacentes des grandes routes, dépendant de la petite voirie (*Arrêt de cassat. du*
16 *mai* 1839, *rapporté ci-dessus, page* 506).

A part, au reste, les questions relatives à la portée territoriale de la juridiction de ces conseils, leur compétence s'étend aux contraventions commises par les particuliers qui, sans avoir préalablement obtenu par écrit les alignements et autorisations nécessaires, ont construit, reconstruit, réparé, reconforté, augmenté, surélevé des édifices, maisons et bâtiments, étant le long des grands chemins ou les joignant, soit dans les traverses des villes, bourgs et villages, soit en pleine campagne (*Arrêt du conseil d'état du 27 février 1765; lettres-patentes du 25 août 1784; lois des 22 juillet 1791 et 29 floréal an 10; arrêtés des 18 thermidor an 11, 8 floréal an 12; arrêts du conseil des 25 thermidor an 12, 3 juillet 1806, 11 janvier 1808, 20 novembre 1815, 6 mars 1816, 20 janvier et 8 septembre 1819, 22 février et 30 mai 1821, 8 mai 1822, 19 mars 1823, 4 mai 1826, 18 janvier 1831, 12 avril 1832, 30 juin et 23 décembre 1835, 2 août et 14 octobre 1836*); — ou contrevenu aux permissions restrictives des préfets (*Arrêts des 4 septembre 1822 et 15 juillet 1835*); — ou enfreint l'alignement (*Arrêts des 15 décembre 1824 et 15 juillet 1835*); — ou obstrué la voie publique par des dépôts de pierres, bois, meubles ou matériaux, sur les quais, routes ou rues formant prolongement des routes royales ou départementales (*Arrêts des 22 février et 31 juillet 1822, 17 novembre 1824, et 15 juillet 1835*); — ou compromis la sûreté par des constructions contraires aux règles de l'art (*Arrêts des 6 juillet 1825 et 4 mai 1826*) ; — ou enfin reconforté des murs de face sujets à retranchement (*Arrêts des 2 août 1826, 8 janvier, 11 février, 6 mai, 2 août et 17 août 1836*).

La juridiction des conseils de préfecture comporte le pouvoir d'ordonner la démolition des ouvrages, etc. , ainsi que la confiscation des matériaux, et de condamner les contrevenants à l'amende et aux frais (*Arrêt du conseil du 27 février 1765 ; lois des 29 floréal an 10, 9 ventôse an 13 ; décret du 13 août 1811 ; — arrêts du cons. des 20 mars 1816, 1er et 8 septembre 1819, 20 juillet 1820, 30 mai, 20 juin et 18 juillet 1821, 8 mai 1822 et 4 novembre 1835*), et même au paiement des dépenses faites d'office par l'administration, pour la réparation des dégradations commises sur les grandes routes (*Arrêts des 11 janvier, 16 septembre 1808 et 16 juillet 1817*); mais il leur est interdit de prononcer des peines corporelles ; en conséquence, au cas de délit, ils ne peuvent statuer que sur ce qui est de leur compétence, et pour le surplus, ils doivent renvoyer devant le tribunal correctionnel (*Circulaires du ministre de la justice et du directeur des ponts et chaussées des 28 vendémiaire et 13 frimaire an 11 ; arrêts du cons. des 23 juin 1806, 21 mars et 23 avril 1807, Pavaillon; 2 février et 28 août 1808, 4 mars 1809, 17 juillet 1818, 19 février et 21 décembre 1825*).

Naguères les conseils de préfecture avaient été privés du pouvoir de modérer les amendes, souvent exorbitantes, décrétées par l'ancienne législation; le conseil d'état seul usait de ce droit de grâce; mais par la loi du 23 mars 1842, une assez grande latitude leur a été accordée; d'après l'art. 1er, les amendes *fixes* prononcées par les réglements de grande voirie, antérieurs à la loi du 19-22 juillet 1791, peuvent être réduites au 20e, sans cependant descendre au-dessous de 16 fr., et celles *arbitraires* pourront varier de 16 à 300 fr.

Les contraventions de grande voirie constituant des délits spéciaux, n'admettent point l'excuse tirée de l'intention et de la bonne foi; le tribunal administratif n'a que le fait matériel à vérifier (*voyez suprà, page* 532).

Sans distinction entre les faits qui, d'après la classification établie par les art. 137, 638 et 640 du Code d'instruction criminelle, constitueraient des délits ou de simples contraventions, la prescription applicable, dans tous les cas, aux infractions de grande voirie, est, conformément à ce dernier article, d'un an pour la poursuite, et de deux ans pour l'amende prononcée (*Arrêts du conseil d'état des* 27 *février* 1836; *Pozzo di Borgo; — et* 13 *mai id.; Pierre*). Quant au point de savoir s'il faut distinguer entre les contraventions permanentes et celles temporaires, entre le chef de l'amende et celui de la démolition, voyez *suprà*, pages 525 et suivantes.

2° Relativement aux chemins vicinaux, nous avons rapporté ci-dessus, pages 818 et suiv., la controverse qui existe sur le point de savoir si la répression des contraventions qui les concernent, est encore de la compétence des conseils de préfecture.

D'après la jurisprudence du conseil d'état, le conseil de préfecture aurait à reconnaître et déclarer le fait illicite d'anticipation, de suppression et de dégradation sur les chemins, classés comme vicinaux au moins au moment de l'examen de l'affaire, et à ordonner la suppression de l'empiétement qui serait restitué à la diligence de l'autorité administrative. Le tribunal de police auquel la poursuite serait renvoyée, ne pourrait remettre en question l'existence de la contravention, et serait dans la nécessité de prononcer sans examen l'amende établie par l'art. 479, n° 11 du Code pénal; mais sur un renvoi de cette sorte, la Cour de cassation a décidé, le 10 septembre 1840 (*Sirey*, 40-1-923), que l'arrêté du conseil de préfecture ne saurait lier le tribunal de police, et l'obliger, par cela qu'il est produit, a prononcer l'amende; la conscience du magistrat devant, en effet, toujours rester libre et indépendante.

Au reste, la controverse dont il s'agit n'a pour objet que les contraventions mentionnées dans l'art. 479, n° 11 du Cod. pénal, et nullement celles que prévoit le n° 5 de l'art. 471, lesquelles sont incontestablement de la compétence des **tribunaux** de police, et comprennent notamment le fait de construction sans avoir obtenu l'alignement du maire, s'il s'agit d'un chemin vicinal ordinaire (*arrêts de la Cour de cassat. des* 17 *octobre* 1838, 2 *août* 1839 *et* 30 *avril* 1840), ou du préfet, si le chemin est de grande communication (*arrêt de la même Cour du* 29 *août* 1840, *Sirey,* 40-1-815).

3° Suivant le projet de loi relatif à la police du roulage qui se discute en ce moment, les chemins vicinaux de grande communication pouvant, dans certains cas, être assimilés aux routes royales et départementales, il s'ensuit que les conseils de préfecture seraient aussi chargés de la répression des contraventions en cette matière pour ce qui les concerne.

LE CONSEIL D'ÉTAT remplit, par rapport aux décisions des conseils de préfecture, l'office non-seulement de Cour de cassation, ayant le droit de les casser pour excès de pouvoirs ou violation des formes et de la loi, mais aussi de Cour d'appel, pouvant apprécier le fond du litige et faire ce que les premiers juges auraient dû faire eux-mêmes.

Aucune limite de souveraineté n'ayant été établie pour la juridiction des conseils de préfecture, il faut en induire que leurs décisions sont toujours sujettes à recours, quelque faible que soit la peine prononcée.

Dans les affaires dont il est saisi, le conseil d'état peut modérer les amendes et même en faire remise (*arrêts du cons. d'état des* 2 *janvier* 1838,

Lerebours ; — 22 février 1838, *Rousseau et trois autres ; — 30 juin* 1839, *Cossin et autres ; — 6 août* 1840, *Caussat, etc., etc.*). Il jouit ainsi, en réalité, du droit de faire grâce ; mais il n'en résulte aucune atteinte à la prérogative inscrite dans l'art. 58 de la charte, en ce que, n'ayant point de juridiction à lui propre, c'est le roi qui est censé juger en son conseil et par conséquent accorder lui-même la grâce ou la commutation.

Au reste, les *arrêts* du conseil (que nous qualifions ainsi avec le décret du 7 février 1809 et l'ordonnance royale du 29 juin 1814, art. 9) emportent, de même que les arrêtés des conseils de préfecture, l'hypothèque judiciaire et l'exécution parée même par voie de contrainte par corps (*Avis du conseil d'état des* 16 *thermidor an* 12, 29 *octobre* 1811, *et* 24 *mars* 1812, *insérés au Bulletin des lois*).

Les règles de la procédure à suivre devant le conseil d'état en matière contentieuse criminelle ou civile, sont tracées dans le décret du 22 juillet 1806.

§ 2.

Contentieux de répression, judiciaire.

134. Les tribunaux suivants en sont chargés :
1° Le tribunal de police municipale ;
2° Le tribunal correctionnel et la Cour royale ;
3° La Cour d'assises ;
4° Et la Cour de cassation.

1° TRIBUNAUX DE POLICE MUNICIPALE.

135. Ces tribunaux, qui sont composés soit du juge de paix, soit du maire, selon les distinctions établies par les art. 139 et suivants du Code d'instruction criminelle, et qui ont compétence pour statuer sur toutes les contraventions qui peuvent donner lieu à une amende de 15 fr. et au-dessous, ou à un emprisonnement de cinq jours ou au-dessous, quelle que soit la quotité des réparations civiles (*suprà, pag.* 518), connaissent :

1° Des contraventions aux n°s 4, 6, 7 de l'art. 471 ; — 3, 4 et 5 de l'art. 475, et 4 de l'art. 479 du Code pénal, par rapport à toutes les voies publiques ;

2° De la négligence ou du refus d'exécuter les réglements ou arrêtés concernant la petite voirie ; des contraventions aux réglements légalement faits par l'autorité administrative, notamment à l'arrêté général du préfet, dressé en vertu de l'art. 21 de la loi du 21 mai 1836 ; enfin des infractions aux arrêtés publiés par l'autorité municipale, conformément à l'art. 3, tit. 11 de la loi du 16-24 août 1790, et à l'art. 46, tit. 1er de celle du 19-22 juillet 1791 (*a*) (*Cod. pén., art.* 471, n°s 5 et 15);

_____

(*a*) Voici le texte de ces articles si souvent cités :

Loi du 16-24 août 1790, tit. XI.

Art. 3. Les objets de police confiés à la vigilance et à l'autorité des corps municipaux, sont :

1° Tout ce qui intéresse la sûreté et la commodité du passage dans les rues, quais, places et voies publiques ; ce qui comprend le nettoiement, l'illumination, l'enlèvement des encombrements, la démolition

3° Des dégradations ou détériorations, de quelque manière qu'elles aient été faites, des chemins publics, ainsi que de l'usurpation sur leur largeur

---

ou la réparation des bâtiments menaçant ruine, l'interdiction de rien exposer aux fenêtres ou autres parties des bâtiments qui puisse nuire par sa chute; et celle de rien jeter qui puisse blesser ou endommager les passants, ou causer des exhalaisons nuisibles;

2° Le soin de réprimer et punir les délits contre la tranquillité publique, tels que les rixes et disputes accompagnées d'ameutements dans les rues, le tumulte excité dans les lieux d'assemblée publique, les bruits et attroupements nocturnes qui troublent le repos des citoyens;

3° Le maintien du bon ordre dans les endroits où il se fait de grands rassemblements d'hommes, tels que foires, marchés, réjouissances et cérémonies publiques, spectacles, jeux, cafés, églises et autres lieux publics;

4° L'inspection sur la fidélité du débit des denrées qui se vendent au poids, à l'aune ou à la mesure, et sur la salubrité des comestibles exposés en vente publique;

5° Le soin de prévenir, par les précautions convenables, et celui de faire cesser, par la distribution des secours nécessaires, les accidents et les fléaux calamiteux, tels que les incendies, les épidémies, les épizooties, en provoquant aussi, dans ces deux derniers cas, l'autorité des administrations de département et de district;

6° Le soin d'obvier ou de remédier aux événements fâcheux qui pourraient être occasionnés par les insensés ou les furieux laissés en liberté, et par la divagation des animaux malfaisants ou féroces.

L'art. 4 est relatif aux spectacles.

Loi du 19-22 juillet 1791, tit Ier.

Art. 46. Aucun tribunal de police municipale, ni aucun corps municipal, ne pourra faire de réglements; le corps municipal, néanmoins, pourra, sous le nom et l'intitulé de *délibération*, et sauf la réformation, s'il y a lieu, par l'administration du département, sur l'avis de celle du district, faire des arrêtés sur les objets qui suivent:

1° Lorsqu'il s'agira d'ordonner les précautions locales sur les objets confiés à sa vigilance et à son autorité, par les art. 3 et 4 du titre XI du décret du 16 août sur *l'organisation judiciaire*;

2° De publier de nouveau les lois et réglements de police, ou de rappeler les citoyens à leur observation.

A ces dispositions, il convient d'ajouter celles analogues de

(*Code pénal, art.* 479, *n°* 11; — *voyez suprà,*
pag. 818 *et suiv., et* 889);

4° De l'enlèvement des gazons, terres ou pierres,
des chemins publics, à moins d'autorisation (*Code*
pénal, art. 479, *n°* 12);

5° Du fait de passage, avec destruction de clôture ou autre dommage, sur les fonds voisins d'un
chemin vicinal impraticable (*voyez suprà, pag.*
805 *et suiv., et* 866);

136. L'APPLICATION des réglements de police
municipale, donnant lieu à de nombreuses ques-

---

la loi du 18 juillet 1837 sur l'administration municipale, et qui
sont ainsi conçues :

Art. 9. Le maire est chargé, sous l'autorité de l'administration supérieure :

1° De la publication et de l'exécution des lois et réglements;

3° De l'exécution des mesures de sûreté générale.

Art. 10. Le maire est chargé, sous la surveillance de l'administration
supérieure :

1° De la police municipale, de la police rurale et de la voirie municipale, et de pourvoir à l'exécution des actes de l'autorité supérieure qui y sont relatifs.

Art. 11. Le maire prend des arrêtés à l'effet,

1° D'ordonner les mesures locales sur les objets confiés par les lois
à sa vigilance et à son autorité ;

2° De publier de nouveau les lois et réglements de police, et de
rappeler les citoyens à leur observation.

Les arrêtés pris par le maire sont immédiatement adressés au
sous-préfet. Le préfet peut les annuler ou en suspendre l'exécution.

Ceux de ces arrêtés qui portent réglement permanent ne seront
exécutoires qu'un mois après la remise de l'ampliation constatée par
les récépissés donnés par le sous-préfet.

tions souvent fort difficiles, il nous paraît nécessaire de réunir ici quelques principes sur cette importante matière.

1° C'est aujourd'hui un point de jurisprudence
à l'abri de toute controverse, que les tribunaux de
police ne doivent appliquer les arrêtés des maires
qu'autant qu'ils ont été pris dans le cercle des attributions confiées à l'autorité municipale par un
texte de loi formel, notamment par les articles ci-
dessus cités en note des lois des 16-24 août 1790,
19-22 juillet 1791 et 18 juillet 1837; en conséquence, ceux qui se trouveraient en dehors de ces
attributions, encore qu'ils eussent été approuvés
par le préfet et non rapportés par l'autorité supérieure, ne seraient obligatoires ni pour les particuliers ni pour les tribunaux. En appréciant le
mérite de l'acte administratif sous le rapport de la
légalité, l'autorité judiciaire ne commet point
d'empiétement, elle ne fait que reconnaître les
bornes de sa propre compétence; ne pouvant, en
effet, appliquer de peines qu'en vertu d'une loi, et
dans les cas qui y sont formellement exprimés, elle
se trouve dans la nécessité de rechercher si le maire
s'est renfermé dans les termes de la délégation qui
lui est faite par cette loi, puisque s'il s'en est écarté,
l'infraction à son réglement n'est plus une contravention punissable; refuser en ce cas d'en procurer l'exécution, ce n'est ni réformer ni modifier
un acte du pouvoir exécutif, c'est s'abstenir de
prêter à une mesure illégale, la sanction de la jus-

tice, c'est éviter de commettre un excès de pouvoir. A la différence de ce qui a lieu en matière civile, où les tribunaux ordinaires ne peuvent jamais interpréter ou annuler les actes administratifs, le juge criminel doit préalablement s'assurer de la légalité de ceux dont l'exécution lui est demandée, parce que, on le répète, n'ayant qualité pour prononcer une peine que quand elle résulte médiatement ou immédiatement de la loi, son autorité cesse quand cette loi se tait, ou, ce qui est la même chose, lorsque le magistrat qui a reçu d'elle, d'une manière restreinte et limitée, le pouvoir de statuer sur certains cas déterminés, outrepasse les limites de son mandat; aussi la jurisprudence de la Cour de cassation est-elle constante sur ce point (*voyez notamment ses arrêts des 20 novembre* 1818, — 13 *août et 26 novembre* 1819, *Sirey,* 19-1-388, — 27 *janvier et 24 février* 1820, — 1er *avril, 6 mai et 16 décembre* 1826, — 21 *août* 1829, *S.,* 29-1-345, — 14 *août* 1830, — 26 *mars* 1831, — 16 *février* 1833, — 18 *janvier* 1834, — 18 *janvier* 1838, *S.,* 38-1-319, — 4 *janvier* 1839, *S.,* 39-1-709).

Mais aussi, quand les arrêtés sont compétemment pris, ils lient le juge, quelque injustes qu'ils soient, et lors même qu'ils contiendraient au fond une fausse application ou une violation de la loi*(a)*;

_____

(*a*) Voy. plusieurs arrêts de la Cour de cassation, entre autres des 11 mai 1810 (*Sirey,* 11-1-15), 24 juin et 20 octobre 1831 (*S.,* 31-1-398 et 32-1-283). — Cette Cour a poussé l'applica-

en effet, les tribunaux n'ont pas plus le droit de
s'immiscer dans les actes de l'administration, que
celle-ci ne pourrait entraver le cours de la justice
ou en réformer les décisions ; la séparation constitutionnelle des pouvoirs s'y oppose d'une manière
absolue, et les art. 127, § 2, 128 et suivants du
Code pénal portent des peines très-graves en cas
d'empiétement.

Il en est différemment en Angleterre, où l'autorité royale elle-même n'a que le droit de faire des
proclamations pour l'exécution des lois, sans y
pouvoir apporter la moindre modification ou déro-
gation ; les tribunaux, gardiens-nés de la liberté et
du droit commun, doivent, aux termes de la constitution, qui est pour eux la première loi et qui leur
défend de prêter main-forte à des tentatives illéga-
les, rechercher d'abord si l'acte du pouvoir royal ou
administratif est conforme à la loi ; s'ils reconnaissent le contraire, leur devoir est de le déclarer et

tion de ce principe jusqu'à décider que la sanction de la loi pénale
ne pouvait être refusée à des arrêtés qui, bien que pris en apparence dans l'intérêt du maintien du bon ordre, n'avaient
évidemment au fond d'autre but que de créer un monopole en
faveur des communes, et de leur procurer des ressources pécuniaires ; par exemple, à ceux par lesquels des maires, après
avoir amodié le droit exclusif de faire danser et jouer les jours
de fête, prennent, par suite de cet engagement, un arrêté défendant la danse et les jeux ailleurs que dans le local tenu par
l'adjudicataire (*Arrêts des* 19 *janvier* 1837, *Sirey*, 38-1-906,
et 23 *décembre* 1842 ; *ce dernier, les chambres réunies, cassant
un jugement du tribunal de police de Dijon*).

57

de renvoyer absous le citoyen qu'aucune peine ne peut frapper, à raison de ce qu'il se serait refusé à l'exécution d'un acte illégal (*Blackstone, lois civ., liv.* 1, *chap.* 7; — *Delolme, constitution d'Angleterre, chap.* 5); dans ce système, les citoyens gagnent en garanties et en indépendance ce que le pouvoir perd en force et en moyens d'action.

Toutefois chez nous, il y a une distinction à faire entre les anciens réglements de police et les nouveaux, c'est-à-dire ceux rendus depuis 1790; pour que ces derniers lient les tribunaux, il faut absolument qu'ils se renferment dans les limites posées par la législation actuelle, tandis que pour que les anciens soient restés exécutoires, il suffit qu'ils ne soient pas abrogés, et qu'ils soient relatifs à une matière non réglée par les lois nouvelles.

On peut citer comme exemples d'arrêtés rentrant dans l'exercice légal du pouvoir de police et de voirie, ceux qui, dans l'intérêt de la sûreté et de la viabilité de la voie publique, mettent à la charge des propriétaires riverains l'entretien des rues non pavées, sauf le droit des préfets de disposer, suivant la loi ou l'usage ancien, à l'égard des frais de premier pavage et d'entretien du pavé (*Cour de cassation,* 17 *mars* 1838; *Journal du droit criminel de M. Morin, n°* 2139); — ceux qui ordonnent la suppression de bornes établies devant un bâtiment et leur remplacement par des trottoirs (*Cour de cassation,* 3 *juin* 1830 *et* 18 *décembre* 1840; *Journ. crim., n°s* 439 *et* 2912); ou l'arrache-

ment d'herbes croissant dans la rue devant les
maisons (*Id.*, 17 *décembre* 1824; *Sirey*, 25-1-
188); — ceux qui ordonnent la clôture d'un terrain joignant la voie publique (*Cour de cassat.*,
2 *février* 1837; *Journ. crim.*, 2042, *et suprà*,
pag. 487 *et* 768); — ceux qui défendent aux propriétaires de cabriolets de remise de les faire sta-
tionner, sans y être préalablement autorisés, dans
des lieux ouverts attenants à la voie publique
(*Cour de cassation*, 21 *décembre* 1838, *Sirey*,
39-1-117); — ceux qui déterminent le mode de
stationnement de certaines voitures, dans les rues
et places d'une ville, certains jours de la semaine
(*Cour de cas.*, 23 *mars* 1832 *et* 21 *mai* 1836; *Journ.
crim.*, n°s 846 *et* 1812); — ceux enjoignant à
un habitant d'enlever des terres éboulées de sa
propriété dans un chemin public (*Cour de cassation*, 7 *juillet* 1836; *Journ. crim.*, n° 2000); —
ceux prescrivant aux propriétaires de maisons d'é-
tablir des gouttières sous les toits et des conduits
sur le pavé (*Cour de cassation*, 21 *novembre*
1834 *et* 30 *mai* 1840; *Journ. crim.*, n° 1438);—
ceux défendant le passage sur une rivière, lorsqu'ils ont pour objet d'assurer la sûreté des citoyens
(*Cour de cassation*, 16 *octobre* 1835; *Journ.
crim.*, n° 1732; — 19 *mars* 1836, *Sirey*, 36-1-624;
— 18 *avril* 1837, *S.*, 37-1-460); — ceux qui, pour
prévenir les incendies, interdisent les constructions
en bois (*Cour de cassat.*, 11 *mars* 1830; *Journ.
crim.*, n° 386, *et suprà*, p. 491); ou les couver-

tures eu chaume (*suprà, pag.* 471); — ceux qui
ordonnent à un particulier d'enlever un grillage
par lui placé à l'endroit où les eaux entrent dans
sa propriété (*Cour de cassation,* 29 *mars* 1838;
Journ. crim., 2204), etc., etc.

Mais on considérerait comme illégaux et non
obligatoires ceux qui prescriraient un mode particulier d'architecture, ou une couleur pour le ba-
digeonnage des maisons (*suprà, pag.* 469 *et* 738);
— ceux qui subordonneraient *tout encombrement* de la rue à l'obtention d'une autorisation
préalable, le n° 4 de l'art. 471 du Code pénal ne
prononçant de peine que contre ceux qui encom-
brent la voie publique *sans nécessité* (*Arrêts de
la Cour de cassation des* 10 *décembre* 1824,
Sirey, 25-1-234; 16 *février* 1833, *S.,* 33-1-318,
et 10 *avril* 1841, *S.,* 42-1-43); — ceux qui prescriraient une illumination, non pour pourvoir à la
sûreté publique, mais afin de solenniser une fête,
ou qui ordonneraient aux habitants de tapisser le
devant de leurs maisons pour une procession (*Arrêts de la même Cour du* 20 *novembre* 1818,
S., 18-1-412; *et du* 27 *novembre* 1819, *sections
réunies; S.,* 20-1-23), ou d'arborer un drapeau
le jour d'une fête (*id.,* 27 *janvier* 1820; *S.,* 20-1-
158); — ceux qui créeraient, pour assurer leur
exécution, des taxes ou contributions non autorisées par les lois (*id.,* 22 *février* 1825, *S.,* 25-1-
341); — ceux qui porteraient atteinte au droit de
propriété d'un particulier en lui imposant une servitude sur son fonds (*suprà, page* 488), etc., etc.

Au reste, quand un réglement contient tout à la fois des dispositions prises en dehors du cercle des attributions municipales et d'autres rentrant dans les limites de ce pouvoir, il faut les distinguer et n'accorder force qu'à celles-ci, en tenant seulement les premières pour non avenues, sans déclarer le tout inefficace. En effet, « chaque dis-
» position dont on vient demander aux tribunaux
» la sanction pénale, doit être examinée dans sa
» valeur intrinsèque et dans ses rapports de con-
» formité avec la loi qui a conféré à l'autorité ad-
» ministrative le droit de faire des réglements sur
» des matières déterminées » (*Arrêts de la Cour de cassation des* 18 *janvier* 1838, *Sirey*, 38-1-319 ; *et* 2 *juin* 1838, *S.*, 38-1-936).

2° Les arrêtés qui disposent sur une matière réglée par une loi, ne peuvent soit en restreindre ou en étendre les dispositions (*Cour de cassation,* 10 *décembre* 1824 *et* 16 *février* 1833, *Sirey,* 25-1-234, *et* 33-1-318), soit modifier la peine prononcée par cette loi ou en établir une autre (*id.,* 20 *février* 1829, *Journal du dr. crim.,* n° 119), à moins qu'ils ne soient basés sur d'anciens réglements, édits ou ordonnances, dont la pénalité excéderait celle fixée par l'art. 466 du Code pénal, cas auquel ils devraient l'y réduire (*id.,* 11 *juin* 1818, 17 *janvier* 1829, 12 *novembre* 1830, 19 *janvier* 1837 *et* 17 *décembre* 1841 ; = *Journal du dr. crim.*, n°s 95 *et* 651, *et Sirey*, 18-1-363, = 30-1-392, = 37-1-831, *et* 43-1-76).

Toutefois, et quelles que soient les dispositions de l'arrêté sous ce rapport, soit qu'aucune peine n'y ait été rappelée (*Cour de Douai*, 22 *août* 1828, S., 29-2·5; *C. de cassat.*, 17 *janvier* 1829; *Journal du dr. crim.*, n° 99, *et* 20 *février* 1829, S., 30-1-159), soit que celle mentionnée excède le taux déterminé par la loi (*Arrêts de lad. Cour des* 30 *juillet* 1806, 4 *mai* 1810, 12 *novembre* 1813, 10 *avril* 1819, *Sirey*, 19-1-310, *et* 10 *avril* 1823), pourvu qu'au fond il soit légalement pris, les tribunaux de police ne peuvent se déclarer incompétents, et ils doivent appliquer l'une des peines qui sont dans leurs attributions, sans égard à celle portée dans l'arrêté ou à l'omission qui y aurait été faite; omission que le ministre prescrit même actuellement aux maires, afin d'éviter toute erreur (*Arrêts ci-dessus*).

3° Le point jadis controversé, de savoir si les arrêtés municipaux ne sont exécutoires qu'après l'approbation expresse des préfets, est nettement résolu aujourd'hui par les deux derniers paragraphes de l'art. 11 de la loi du 18 juillet 1837, qui ne sont que l'application des principes posés dans une instruction de l'assemblée nationale, approuvée par le roi le 14 décembre 1789 (*Note sous le* n° 158 *du Tr. du dom. pub. de M. Proudhon, tom.* 1er). Les expressions de l'art. 50 de la loi du même jour, et qui portent que les fonctions *propres* au pouvoir municipal, sont de faire jouir les habitants des avantages d'une bonne po-

lice, démontrent assez que les maires ont en eux un pouvoir suffisant, sans être obligés de recourir à l'autorité des préfets; car, comme le dit M. Henrion de Pansey, « il est de l'essence de tout pou-
» voir légalement institué, d'avoir en lui-même le
» degré d'énergie nécessaire pour commander l'o-
» béissance, autrement ce pouvoir n'en serait pas
» un; il y aurait contradiction dans les mots
» comme dans les choses. »

Cette règle de l'exécution provisoire des réglements de police, sauf seulement la faculté de réformation par l'autorité supérieure, existait, au reste, déjà dans notre ancien droit public, ainsi que l'atteste Loyseau, *des Seigneuries, chap.* 3, n° 12, où il dit : « Le roy ne pouvant tout scavoir
» ny estre partout, et, par conséquent, ne lui
» estant possible de pourvoir à toutes les menues
» occurrences qui adviennent en tous les endroits
» de son royaume et qui requièrent d'estre réglées
» promptement, permet à ses principaux officiers
» soit des Cours souveraines, soit *des villes*, de
» faire des réglements, chacun au fait de leurs
» charges, qui ne sont pourtant que provisoires et
» faits sous le bon plaisir du roy, auquel seul ap-
» partient de faire loix absolues et immuables.
» Mais *ces réglements ont force sinon jusqu'à*
» *tant qu'ils soient révoqués* soit par le roy, ou
» par les successeurs des magistrats qui les ont
» faits ou encore par eux-mesmes. »

La disposition ci-dessus rappelée, de la loi du

18 juillet 1837, fait cependant encore naître une difficulté, qui est de savoir si, en donnant sur-le-champ son approbation expresse à un arrêté permanent, le préfet le rend obligatoire avant l'expiration du délai d'un mois mentionné audit article. Par deux arrêts en date des 7 et 20 juillet 1838 (*Sirey,* 38-1-741, *et* 39-1-206), la Cour de cassation s'était d'abord prononcée pour la négative, mais par un 3ᵉ du 3 décembre 1840 (*S.,* 41-1-747), elle est, mal à propos selon nous, revenue à l'opinion contraire, parce que ce délai est en faveur des tiers, et pour leur donner le temps de se pourvoir.

Au reste, le préfet ne peut qu'*annuler* l'arrêté ou en *suspendre* l'exécution, mais il ne lui serait pas loisible de le *modifier;* c'est ce qui résulte du rejet par la chambre des députés, d'un amendement admis par la chambre des pairs, et qui lui conférait ce dernier droit, par suite duquel le pouvoir du maire aurait été réduit à celui de faire une simple proposition.

4° Les préfets pourraient-ils de leur chef et *de plano* faire un arrêté de police *intérieure* pour toutes les communes de leurs départements? Henrion de Pansey leur refusait ce droit, prétendant que la police appartenait exclusivement aux maires. Dans son *Introduction aux lois des communes,* page 47, M. Dupin adoptait le même avis, mais plusieurs arrêts de la Cour de cassation, notamment des 6 février 1824 (*Sirey,* 25-1-93), 7 octobre 1826 (*Dalloz,* 27-1-362), 18 janvier

1828 (*Dalloz*, 28-1-99), et 23 avril 1835 (*Sirey*, 35-1-736), avaient décidé le contraire.

Aujourd'hui l'art. 15 de la loi du 18 juillet 1837 nous paraît avoir levé la difficulté en restreignant le droit des préfets au cas où, non pas seulement il y aurait absence de réglement municipal, mais où, après en avoir été requis formellement par eux, les maires refuseraient ou négligeraient de prendre l'arrêté; le rejet de l'amendement proposé par la chambre des pairs, et dont nous avons parlé plus haut, démontre évidemment que le législateur a voulu que le pouvoir municipal conservât des attributions propres et spéciales, dans l'exercice desquelles l'autorité administrative supérieure ne peut se substituer à son gré.

Les seuls cas dans lesquels les préfets pourraient prendre *de plano* des arrêtés, sont, d'une part, lorsque la loi les en charge spécialement (par exemple l'article 21 de la loi du 21 mai 1836), d'un autre côté, lorsqu'il s'agirait de l'intérêt général du département, et enfin, lorsque des circonstances particulières, telles qu'une maladie épidémique ou une épizootie, nécessiteraient une mesure qui, pour être efficace, devrait étendre son influence sur plusieurs communes. Ces fonctionnaires agiraient alors, non en vertu du pouvoir municipal dont ils ne sont point investis, mais en leur qualité d'administrateurs et comme agents du pouvoir exécutif, auquel seul il appartient de faire les réglements qui concernent l'ordre public et la sûreté générale.

D'après l'art. 17 de la même loi du 18 juillet 1837, les conseils municipaux peuvent aussi faire, pour les objets qui y sont prévus, des réglements dont une ordonnance royale, en date du 18 décembre 1838, détermine le mode de publication et de mise à exécution.

5° Pour qu'un réglement de police soit obligatoire, il faut, à l'exemple de la loi, que ses dispositions comprennent la généralité des personnes ou l'universalité des choses sur lesquelles il statue *omnes homines, resve,* et qu'en même temps elles ne s'appliquent qu'à l'avenir : « Les réglements, comme dit encore Loyseau, plus haut cité (*des Seigneuries, chap.* 3, n° 14), ne diffèrent de la loi qu'en deux points : l'un, que la loi est faite par le souverain, et le réglement par le magistrat; l'autre, que la loi est pour tous ceux de l'état, et le réglement n'est que pour ceux de la juridiction du magistrat; » autrement ce ne serait plus un réglement, mais un vrai jugement. La différence entre ces actes consiste en ce que l'un dispose sur des *masses* et l'autre sur des *individus* ou *choses particulières;* le premier s'occupe essentiellement de *l'avenir,* et le second se rapporte principalement à *des faits passés ;* enfin, celui-ci est une disposition *d'utilité,* tandis que celui-là est une détermination de ce qui est *droit.*

De là il résulte, d'une part, « que les dispositions » d'un arrêté de police, relatives à des individus

» considérés privativement, ne participent point » de l'autorité et de l'effet que la loi attribue aux » réglements de police ; » ce sont les termes mêmes d'un arrêt de la Cour de cassation du 24 août 1821, qui a décidé, avec beaucoup de raison, que l'adjudicataire d'un bail pour l'enlèvement des immondices d'une ville, ne peut être condamné à des peines de police pour contravention aux dispositions d'un arrêté municipal, qui déterminent ses obligations (*a*), et, d'un autre côté, que lorsqu'il existe un réglement général, le maire même qui en est l'auteur, ne peut dispenser un citoyen de l'exécuter, tellement que la permission contraire la plus formelle qu'il aurait donnée, ne doit pas empêcher le tribunal de police de prononcer la peine encourue (*Arrêts de la Cour de cassat. des* 18 *avril* 1828, *Sirey,* 28-1-440; — 1er *juillet* 1830, *Sirey,* 30-1-365; — 30 *juin* 1832, *S.,* 32-1-640; — 19 *décembre* 1833, *S.,* 34-1-262; — 23 *avril et* 29 *mai* 1835, *S.,* 35-1-736; — *et* 15 *décembre* 1836, *S.,* 37-1-827), parce que ce serait faire un réglement spécial pour un individu, en l'exemptant de se conformer au réglement général, et ainsi créer un privilége (*priva lex*) que n'admet pas l'égalité devant la loi proclamée par l'art. 1er de la Charte et par l'art. 3 du Code civil.

(*a*) Sirey, 22-1-49, et autre arrêt de la même Cour du 16 février 1833, S., 33-1-776 ; Legraverend, *Légis. crim.*, tom. 2, pag. 304.

Cependant il est des circonstances dans lesquelles un maire peut prendre un arrêté relatif à un seul individu, comme lorsqu'il lui ordonne d'enlever des dépôts indûment faits sur la voie publique, ou de démolir un bâtiment menaçant ruine ou construit en dehors de l'alignement, etc., etc.; mais alors c'est moins un arrêté proprement dit, qu'un procès-verbal par lequel le magistrat municipal, en constatant une contravention à une loi ou à un arrêté préexistant, constitue le contrevenant en demeure, et lui fait sommation de rétablir les choses dans leur ancien état; c'est mal à propos que cet acte est revêtu de la forme extérieure des arrêtés, ce n'est, au fond, qu'une injonction, valable comme se référant à un réglement antérieur, mais sans effet, si elle avait pour but de prescrire une mesure même utile et de la compétence de l'autorité municipale, qui n'aurait point été précédemment ordonnée par une loi ou par une disposition d'intérêt public et général consacrée par l'administration (*Arrêts de la Cour de cassat. des* 15 *avril et* 2 *octobre* 1824; *Dalloz, Rec. alph., v°. aut. munici., p.* 142 *et* 147; — 19 *août,* 8 *octobre et* 15 *décembre* 1836, *Sirey,* 36-1-406, *et* 37-1-451 *et* 827; — *et* 2 *février* 1837, *S.,* 37-1-827).

6° Du principe d'incontestable vérité inscrit dans les lois romaines (notamment dans la L. 6, cod. *de oper. pub.*), et rappelé par Dunod (*tr. des prescript.,* page 71), ainsi que par M. Troplong

(*même traité*, n°s 134, 139 et 140), que « l'on
» ne prescrit pas contre les lois de police géné-
» rale, soit que ces lois aient pour objet la sûreté
» ou la salubrité publiques, soit qu'elles ne con-
» cernent que l'ornement et l'embellissement
» d'une cité ; » *praescriptio longi temporis juri
publico non debet obsistere*, il découle plusieurs
conséquences importantes :

La 1re, que les réglements de police ne s'abro-
gent point par simple désuétude ou défaut de mise
à exécution, quelque temps qu'ait duré le non
usage, et que si la peine ou les dommages-intérêts,
pour ce qui est accompli, sont prescriptibles, il n'en
peut résulter le droit de renouveler les faits qui
constituent l'infraction (*Arrêt de la Cour de
cassat. du 23 juillet* 1836, *Sirey*, 37-1-245).

La 2e, que même un usage positif contraire,
quoique ancien et général, ne saurait prévaloir
contre les dispositions prohibitives d'un réglement
intervenu dans un intérêt d'ordre public ; la possession immémoriale n'étant d'aucune considération en cette matière, et la bonne foi résultant de
la tolérance de l'autorité et de l'exemple du plus
grand nombre, ne pouvant jamais être admise
comme motif d'excuse (*Arrêts de ladite Cour des
23 juillet* 1836, *Sirey*, 37-1-271; *et 22 septembre
suivant, S.*, 37-1-500).

La 3e, que l'arrêté municipal, ou le fait de son
exécution, ne pourrait être pris pour trouble par
celui que l'on voudrait contraindre à s'y confor-

mer, et ainsi ne saurait donner lieu à action possessoire ; cette action n'étant recevable que là où
la prescription est admissible (*Curasson, traité
de la compétence des juges de paix*, 2ᵉ édit.,
tom. 1ᵉʳ, *pag.* 61, *et tom.* 2, *pag.* 373).

On ne pourrait pas davantage exciper contre un
réglement pris dans le cercle des attributions municipales, soit d'un titre exprès qui conférerait la
faculté de faire ce qu'il défend ou de s'abstenir de
ce qu'il prescrit, soit du droit de jouissance et de
disposition qui appartient, de la manière la plus
étendue, au maître sur sa chose, et que les lois
romaines qualifiaient même de *jus abutendi*.
« Quelqu'absolu que soit le droit de propriété,
» dit le jurisconsulte qui vient d'être cité (*tom.* 1ᵉʳ,
» *pag.* 61), son exercice demeure néanmoins
» soumis aux restrictions que peuvent y apporter
» les lois et réglements dans un intérêt général
» (*art.* 544, *Cod. civ.*); si, par exemple, certains
» dépôts sont prohibés sur des terrains joignant la
» voie publique, ou qu'il soit défendu d'y étaler
» des marchandises, le propriétaire dirait en vain
» que chacun est libre de faire de sa propriété ce
» qui lui convient; cette liberté peut être res-
» treinte par des mesures de police tenant à la sa-
» lubrité, à la sûreté publique ou à l'ordre que
» l'autorité municipale a le droit d'établir. » Dunod, à l'endroit ci-dessus cité, en donne pour
raison, que « le public et les souverains ont tou-
» jours un domaine éminent et supérieur, auquel

» les particuliers sont censés avoir consenti quand
» ils ont formé les sociétés, et qu'ils peuvent, en
» vertu de ce domaine, disposer des biens des par-
» ticuliers, quand la nécessité et l'utilité du pu-
» blic le demandent; » mais il ajoute, que c'est
« à la charge toutefois de les dédommager. »

7° Cette dernière réflexion nous conduit à examiner si effectivement, lorsque l'exécution d'un
arrêté de police cause quelque dommage aux citoyens qu'il atteint, ceux-ci peuvent être fondés à
réclamer une indemnité.

Il est d'abord une certaine catégorie de ces arrêtés, et c'est la plus nombreuse, par rapport à
laquelle la question ne saurait même s'élever; nous
voulons parler des mesures prises par l'autorité
municipale relativement à l'usage, soit de la voie
publique, soit des propriétés, édifices ou établissements communaux. Comme ces objets n'appartiennent point aux particuliers, il est bien certain que
l'autorité peut, ou, en en permettant la jouissance,
y apporter telle restriction qui lui paraît utile, ou
même la retirer complétement, sans qu'il y ait lieu
à aucun dédommagement; c'est ainsi que les réglements relatifs à la sûreté du passage dans les
rues, et concernant les saillies, les étalages, les
gouttières, les encombrements, les dépôts mo-
mentanés, les enseignes, le jet ou l'exposition au-
devant des maisons de choses de nature à nuire par
leur chute, la conduite des chevaux et voitures,
etc., etc., ne peuvent jamais, quelque rigoureux,

gênants ou dommageables qu'ils soient, motiver aucune demande en indemnité, parce qu'ici le maire agit non-seulement en vertu de son droit de police, mais aussi comme usant du droit de propriété de la commune, et que, par suite, les particuliers n'éprouvent aucune lésion dans ce qui leur appartient privativement.

Il est bien vrai, ainsi que nous l'avons reconnu *suprà*, n° 100, pages 339 et suivantes, que les riverains des voies publiques y prennent leurs vues et leurs issues à titre de servitude proprement dite; mais comme ces droits ne sont eux-mêmes que le résultat d'une concession gratuite qui est faite par la loi, il est certain que le législateur a pu y imposer la condition de n'en jouir que sous les restrictions qui seraient commandées par l'intérêt public, et jugées nécessaires par l'autorité locale; en sorte qu'il n'y a jamais privation d'un droit acquis et absolu.

Quant à la seconde catégorie, comprenant les mesures par lesquelles l'autorité municipale porterait atteinte, dans l'intérêt général, à une propriété privée, en en restreignant le mode de jouissance et la disposition, il faut distinguer entre celles qui auraient pour objet de procurer un avantage au public, et celles qui tendraient seulement, au contraire, à réprimer un abus, ou à empêcher une chose nuisible à la sûreté, à l'ordre ou à la salubrité publiques.

Ces dernières, qui, aux termes des lois de 1790,

1791 et 1837, ci-dessus citées, peuvent seules constituer un réglement de police proprement dit, ne doivent jamais donner lieu à indemnité pour les privations qu'elles imposent, parce qu'en pareil cas, il ne saurait y avoir de droit acquis soit par titre, soit par possession. Quelqu'absolu que soit le droit de propriété, il ne confère pas la faculté de jouir de sa chose d'une manière nuisible à autrui et surtout au public; l'art. 544 l'exprime positivement par ces mots : « Pourvu qu'on n'en » fasse pas un usage prohibé par les lois et par les » réglements. » Ainsi, et après une tolérance même de plusieurs siècles, l'autorité peut défendre, dans l'intérieur des villes, les constructions en bois et les couvertures en chaume, l'élévation des bâtiments au-delà d'une certaine hauteur, la préparation des feux d'artifice, l'entrepôt ou la fabrication de matières produisant des exhalaisons nuisibles, la détention d'animaux tels que porcs, lapins, etc., répandant une odeur insalubre, le curage des lieux d'aisances pendant le jour et sans certaines précautions, la suppression de privés et d'égoûts donnant dans un cloaque commun, le débit et même la simple exposition en vente de substances nuisibles à la santé ou de viandes malsaines, etc., etc. Ces prohibitions portent, en effet, sur autant d'abus qui ne se prescrivent jamais et qui appellent sans cesse une réforme : « Le temps, quelque long » qu'il soit, dit Dunod, *loc. cit.*, ne couvre pas » l'abus et ne l'autorise pas : *abusus enim per-*

» *petuò clamat;* il peut toujours être proposé et
» réformé, en choses importantes et qui blessent
» la discipline, le bon ordre et le droit public. On
» ne prescrit point contre la police générale, l'uti-
» lité et la sûreté publique..... » Vainement on
exciperait même d'une permission formelle; elle
ne saurait lier l'autorité qui l'aurait donnée, et
pourrait toujours être révoquée soit par celle-ci,
soit par ses supérieurs, parce que nul pouvoir n'a
qualité pour consentir un pacte perpétuel de cette
nature et pour compromettre des droits inaliéna-
bles; il y a plus, c'est que l'autorisation n'en serait
pas moins essentiellement précaire, lors même
qu'elle aurait été accordée à prix d'argent; elle ne
se convertirait pas pour cela en droit, et pour la
retirer, il ne serait pas besoin d'expropriation proprement dite; un simple ordre de l'administration
suffirait; seulement la somme versée devrait être
restituée, *condictione causâ datâ, causâ non
secutâ,* parce qu'elle se trouverait sans cause entre
les mains de celui qui l'aurait reçue (*a*).

(*a*) Au reste, un semblable pacte serait également nul, mais
alors pour défaut de cause, si la chose qui en fait l'objet n'avait
rien de nuisible et n'était point prohibée; c'est ce qu'a jugé la
Cour de Bruxelles, le 22 février 1811, par l'arrêt suivant, rapporté au *Recueil alphabétique de Dalloz* (tom. 12, v° *voirie,*
pag. 1010) : « Attendu que, par la convention du 29 messidor
» an 11, les appelants se sont engagés, envers le maire de Rep-
» pelen, à payer à la commune une somme annuelle de 600 fr.
» pour prix de la permission que ce maire leur donnait, par le

Si, au contraire, les mesures prescrites par l'autorité municipale, et portant atteinte à la propriété privée, avaient pour objet, non de réprimer un abus, mais de procurer un avantage au public et de faire une amélioration, alors, quoique prises sous la forme d'arrêté, elles ne constitueraient point un réglement de police proprement dit, elles équivaudraient à une expropriation, et, par suite, donneraient lieu à une indemnité pour réparation du dommage; c'est ainsi que la modification apportée au niveau du sol d'une

---

» même acte, de bâtir un moulin à vent dans la commune et
» sur leur propriété particulière; — qu'il n'entre point dans les
» attributions du maire de refuser ou d'accorder, pour une
» somme d'argent, à un propriétaire, la faculté de faire sur son
» fonds une construction quelconque, pourvu qu'elle ne soit
» pas contraire aux lois sur la police ni au bien public; —
» qu'il a été reconnu, par l'autorité supérieure, que la construc-
» tion dont il s'agit n'était pas en opposition avec les lois et les
» réglements sur la police, et qu'elle ne compromettait point la
» sûreté publique; qu'il s'ensuit que cet établissement ne devait
» trouver aucun obstacle dans la personne du maire; que ce-
» lui-ci, en mettant un prix à une permission de bâtir, qu'il
» ne pouvait ni accorder ni refuser, et, en la vendant aux ap-
» pelants pour une rente, a induit ceux-ci à s'imposer une
» obligation sans cause; ce qui, d'après l'art. 1131 du Code
» civil, détruit l'effet de la convention. »

Ainsi, il ne peut jamais y avoir transaction en ce qui touche à l'ordre public, car de deux choses l'une : ou le fait sur lequel on pactise moyennant une somme, est défendu, et alors la convention est nulle comme ayant une cause illicite; ou il est permis, et alors il n'y a plus de cause.

voie publique, et qui aurait pour effet de priver les propriétés riveraines de leurs issues ou de quelques aisances ; que la suppression de fenêtres ou portes, nécessitée par la rectification d'un alignement ; que l'essartement d'une forêt sur une certaine étendue le long d'une route ; que l'obligation pour un propriétaire dont le sol est *naturellement* plus bas que celui de la rue joignant, d'élever un mur de soutenement avec parapet ; que la défense, imposée par l'arrêté du préfet aux riverains des chemins vicinaux, de planter des arbres ou haies sur leurs bords si ce n'est à une distance excédant celle prescrite par le Code civil, entraîneraient un dédommagement, parce que, dans tous ces cas, il y a atteinte portée à un droit légitime et acquis, tort causé à une propriété privée, création d'un avantage pour le public, et non pas seulement répression d'un abus et rétablissement des choses dans leur état normal. C'est à ces hypothèses seules que s'applique évidemment le passage de Dunod que nous avons rapporté ci-dessus, et dans lequel il fait principalement allusion à l'expropriation pour cause d'utilité publique.

8° Les arrêtés de police peuvent-ils avoir, à la différence des lois, un effet rétroactif ? — Voyez, à cet égard, *suprà*, pag. 492 et suiv.

9° Les réglements municipaux obligent en général tous ceux qui se trouvent, même momentanément, sur le territoire de la commune pour laquelle ils ont été pris ; c'est une application de l'art. 3 du

Code civil, qui, en parlant de ceux qui habitent le territoire, entend évidemment y comprendre les personnes mêmes qui ne font qu'y passer. « Un » souverain ne peut commander qu'à ses sujets, » dit Toullier, tom. 1er, n° 112; sa puissance ne » s'étend point sur les étrangers. Cependant, s'ils » viennent habiter son territoire, s'ils y voyagent, » ils sont censés se soumettre aux lois et aux sou- » verains du pays. Les lois de l'hospitalité, qui » dérivent du droit naturel, exigent que tout » étranger respecte les lois du pays où il passe ou » dans lequel il réside, et qu'il s'y soumette; » d'autant mieux que dans le cours de son voyage, » et pendant le temps plus ou moins long de sa » résidence, il est protégé par ces lois. » *Romae si viveris, romano vivito more.* Toutefois, par rapport aux réglements de police, il faut faire une exception pour les faits qui ne sont pas de nature à s'accomplir complètement sur le territoire même de la commune, et qui ne sont, au contraire, que la continuation de faits indivisibles, licites en eux- mêmes, ayant commencé et devant se continuer ailleurs; il est évident alors que le réglement local ne saurait les atteindre; cette restriction forcée ex- plique un arrêt de la Cour de cassation du 23 avril 1842 (*Sirey*, 42-1-878), qui a rejeté le pourvoi con- tre un jugement d'un tribunal de police, ainsi mo- tivé : « Considérant que les réglements émanés de » l'autorité municipale ne sont obligatoires que pour » les habitants de la commune pour lesquels ils

» ont été faits; que, dès-lors, ils ne sauraient sou-
» mettre à leur empire des individus étrangers à
» la commune et qui se trouvent momentanément
» sur le territoire. » Le principe ainsi posé d'une
manière générale est évidemment faux; mais l'application qui en avait été faite dans l'espèce ne
pouvait encourir la censure de la Cour suprême,
en ce qu'il s'agissait d'un arrêté du maire de Dunkerque qui interdisait aux voitures de charge de
circuler dans la ville sans être munies d'un long
timon et d'une plaque portant le nom et le domicile
du propriétaire; conditions véritablement inexécu-
tables pour les voitures venant du dehors.

10° Quand l'application d'un arrêté de police est
contestée devant le tribunal, il faut, pour résoudre
la difficulté, faire plusieurs distinctions tirées de
la nature du moyen proposé.

Si l'exception est fondée sur ce qu'*en droit*,
l'arrêté aurait été pris en dehors des attributions
de l'autorité municipale, le juge doit y statuer lui-
même, ainsi qu'on l'a vu *suprà*, pag. 895.

Si c'est parce qu'en *fait*, l'arrêté ne porterait
pas sur tel objet ou ne s'étendrait pas à telle personne, le juge de police est encore compétent pour
prononcer, parce qu'il s'agit ici d'une interprétation, et que le tribunal saisi d'une contestation, a
le droit d'interpréter la loi ou le réglement qui en
tient lieu.

Si c'est parce qu'un pourvoi aurait été formé
contre l'arrêté, le tribunal devrait passer outre,

parce que le réglement doit être exécuté tant qu'il subsiste, et qu'un recours, quoique légalement constaté, ne peut ni suspendre l'exécution des mesures prescrites, ni soustraire ceux qui ont négligé ou refusé de s'y conformer, aux peines encourues par leur contravention (*Arrêt de la Cour de cassation du 9 mai* 1828).

Si c'est parce qu'on soutiendrait l'incapacité du fonctionnaire qui aurait pris l'arrêté, par exemple, d'un conseiller municipal ayant agi à la place du maire, il y aurait lieu de surseoir et de renvoyer à l'autorité administrative (*Arrêt de la même Cour du* 3 *janvier* 1835).

Si c'est enfin parce que le contrevenant proposerait une exception préjudicielle, le juge devrait, selon les cas exposés ci-dessus, pag. 534 et suivantes, ou surseoir ou statuer sur-le-champ.

11° Aucune autorité n'a le droit de dispenser de l'exécution des arrêtés pris légalement; ainsi l'entrepreneur des travaux du génie ne peut se soustraire à la peine par lui encourue pour contravention de police, sur le motif qu'il n'aurait fait qu'exécuter les ordres de l'autorité militaire (*Arr. de la Cour de cassat. du* 28 *août* 1829; *Journ. du droit criminel, n°* 212, — 13 *novemb.* 1835, *Sirey,* 36-1-311, — *et* 25 *juin* 1836, *chambres réunies ; S.,* 36-1-846). Cependant, et par une exception fondée sur la nature du service qu'elles font, les malles-postes ne sont soumises qu'aux réglements de l'administration spéciale qui les dirige, et les arrêtés des administrations locales, non plus que les dispositions de l'ordonnance royale du 16 juillet 1828 sur les voitures publiques, ne leur sont point applicables (*Arr. de lad. Cour des 25 avril 1840 et 4 novembre 1841; Sirey, 41-1-240 et 42-1-71*).

12° Les tribunaux de police ne peuvent ni admettre l'excuse tirée de la bonne foi (*voy. suprà, pag. 532, et Cour de cassat, 23 juillet 1836; S., 37-1-271*); — ni refuser d'appliquer un réglement, parce qu'il entraînerait des inconvénients ou qu'il serait d'une exécution difficile (*même Cour des 24 juin 1831, Sirey, 31-1-398; — 20 octobre 1831, S., 32-1-283*); — ni relaxer le contrevenant sur le motif qu'avant de comparaître devant le tribunal, il aurait exécuté l'arrêté (*Id., 14 mars 1833, S., 33-1-488*);—ni suspendre l'exécution des réglements en accordant au prévenu un délai déterminé pour se conformer à leurs dispositions, parce qu'en cela ils usurperaient une portion du pouvoir municipal, juge exclusif de l'opportunité et de l'urgence de la mesure (*Id., 18 décembre 1840, S., 41-1-139; et même date, S., 42-1-73*). Mais ils doivent examiner la question de discernement par rapport aux prévenus de contravention âgés de moins de seize ans (*Arr. de la Cour de cassat. des 20 janvier 1837, Sirey, 38-1-906; et 10 juin 1842, S., 42-1-832*). « La règle consacrée par » l'art. 66 du Code pénal, disent les auteurs de la

» *Théorie de ce Code*, MM. Chauveau et Hélie,
» tom. 2, pag. 187, résulte en effet de la nature
» des choses; elle se puise dans les lois de la na-
» ture humaine, dans l'étude des progrès de l'in-
» telligence de l'homme. C'est une loi générale
» qui domine toutes les lois, une règle commune
» qui plane sur toutes les législations, car elle
» prend son origine dans un fait commun à toutes
» les actions de l'homme, son ignorance présumée
» de la criminalité de ces actes jusqu'à l'âge de
» seize ans accomplis. » Cependant MM. Carnot
(*Comm. du Code pén.*) et Le Sellyer (*Tr. des
act. pub. et priv., tom.* 1, n° 108) professent une
opinion contraire. Au reste, le prévenu acquitté
pour défaut de discernement, doit être condamné
aux frais (*Arr. ci-dessus, et autres de la même
Cour des* 18 *février* 1841, S., 42-1-189, — *et* 18
mars 1842, S., 42-1-465).

13° Outre la condamnation à l'amende et aux
dommages-intérêts pécuniaires, les jugements
doivent ordonner la démolition de ce qui a été fait
en contravention à l'arrêté (*voyez sup.*, p. 515).

14° Il résulterait d'un arrêt du conseil d'état du
25 septembre 1834 (*Sirey*, 35-2-507), qu'un arrêté municipal ne serait plus susceptible d'être
réformé, ni par le préfet, ni par le ministre, ni par
le conseil d'état, lorsqu'il aurait servi de base à des
condamnations passées en force de chose jugée
contre le réclamant.

15° Quand la contravention a été commise par

un domestique on un ouvrier, en exécution des ordres de son maître, celui-ci est lui-même punissable comme auteur de l'infraction, et non pas
seulement civilement responsable (*Cour de cassat., 6 mars 1834, Sirey,* 34-1-443); il n'est
pas même nécessaire qu'il y ait ordre exprès lorsque le maître exerce une industrie que les réglements soumettent à certaines obligations, parce
qu'alors il doit veiller à leur exécution, et que sa
négligence constitue seule, et indépendamment de
tout fait actif personnel, la contravention (*même
Cour,* 15 *janvier* 1841, *S.,* 41-1-149, *et 4 juin*
1842, *S.,* 42-1-885). Mais à part ces cas, où il y
a faute imputable à celui qui n'est pas l'auteur direct de la contravention, la condamnation ne peut
être prononcée que contre ce dernier, lors même
qu'il serait mineur sous la puissance de ses père et
mère, qui alors sont seulement responsables civilement (*même Cour,* 28 *septemb.* 1838, *S.,* 39-
1-445).

16° Le 2e alinéa de l'art. 483 du Code pénal, qui
rend applicable aux contraventions de police l'art.
463 du même Code, sur la réduction de la peine
par suite de circonstances atténuantes, s'étend
à tous les cas, qu'il y ait ou non récidive (*Arrêt
de la Cour de cassat. du* 1er *février* 1833; *S.,*
33-1-319), au moyen de quoi les art. 471, 473,
474, 475, 476, 478, 479, 480 et 482, ne forment
plus, sous le rapport du *minimum,* qu'une seule
disposition dans laquelle le juge peut choisir de 1

franc à 15 fr. d'amende, et d'un jour à cinq jours
d'emprisonnement la peine à appliquer selon les
circonstances ; la seule différence avec l'art. 606
du Code du 3 brumaire an 4, qui n'avait établi,
pour tous les cas, qu'une seule catégorie de peines
limitée par un *maximum* et un *minimum* uniques,
c'est qu'aujourd'hui les contraventions sont divisées en trois classes ayant chacune son *maximum*
de pénalité que le juge ne peut excéder; mais pour
toutes, le *minimum* est également de 1 fr. d'a-
mende.

17° Les dispositions relatives à la complicité,
dont les caractères généraux sont définis par les
art. 59, 60, 61 et 62 du Code pénal, ne s'appliquent qu'aux crimes et délits, et nullement aux
simples contraventions, à moins d'un texte formel,
comme celui unique dans ce Code, du n° 8 de son
art. 479 (*Arr. de la Cour de cassat. du* 21 *avril*
1826; *Bullet. crim., n°* 80). — Il en est de même
de la solidarité prononcée par l'art. 55 dudit Code
(*voy. suprà, pag.* 529).

18° Nous terminerons ces notions sur les arrêtés municipaux et sur leur application par les tribunaux de police, en disant que l'article 365 du
Code pénal, qui prohibe le cumul des peines, est
général, et par suite applicable aux simples contraventions comme aux délits (*même Cour,* 23
mars 1837, S., 37-1-365;=22 *février* 1840;=*et*
15 *janvier* 1841, S., 41-1-146).

137. *LES TRIBUNAUX DE POLICE CORRECTIONNELLE* ont dans leurs attributions :

1° Les appels des jugements des tribunaux de police municipale qui prononcent un emprisonnement ou des amendes, restitutions et autres réparations civiles excédant la somme de 5 fr., outre les dépens (*art.* 172, *Cod. d'inst. crim.*). Ce qu'il y a de particulier en cette matière, c'est que ce n'est point la quotité de la demande qui détermine le premier ou le dernier ressort, mais bien celle de la condamnation ; en sorte, qu'en cas d'absolution il ne peut y avoir appel ;

2° La répression de tous les délits relatifs aux chemins publics, rues, ainsi qu'à la destruction des arbres, fossés, haies, bornes, travaux d'art, etc., qui sont punis d'une peine excédant 15 fr. d'amende ou cinq jours d'emprisonnement, notamment dans les cas prévus par les art. 444, 445, 446, 448, 456 et 457 du Code pénal.

M. Garnier (*Traité des chemins, pag.* 447, 4e *édition*) pense que l'art. 438 du Code pénal relatif à ceux qui, par voies de fait, se seront opposés à la confection de travaux autorisés par l'état, n'est point applicable aux ouvrages exécutés sur les chemins vicinaux ou à l'extraction des matériaux destinés à leur établissement ou à leur entretien, à moins peut-être que les autorisations et adjudications n'aient eu lieu dans la forme suivie pour les entreprises du gouvernement.

Dans tous les cas, il est hors de doute que la simple opposition à l'exécution de travaux publics ne constituerait pas un délit, s'ils étaient entrepris sur le terrain d'un particulier avant que les formalités prescrites soit par la loi du 3 mai 1841, soit par les art. 15, 16 et 17 de celle du 21 mai 1836, eussent été remplies (*Arrêts de la Cour de cassat. du 4 mars 1825, et du cons. d'état du 16 février 1826, Meilhou*); il en serait autrement cependant des travaux préparatoires de levée de plans autorisés par arrêté du préfet.

3° La répression même des simples contraventions de police qui leur sont directement déférées, lorsque la partie publique ou la partie civile ne demande pas le renvoi (*Art. 192, Cod. d'instr. crim.*).

LES CHAMBRES CORRECTIONNELLES DES COURS ROYALES connaissent de l'appel de tous les jugements des tribunaux correctionnels, quelle que soit la quotité de la peine requise ou prononcée; ces tribunaux, en effet, ne jugent jamais en dernier ressort (*art. 199, Cod. d'inst. crim.*), si ce n'est sur l'appel des sentences des tribunaux de police municipale, ou lorsqu'ils statuent *de plano* sur une simple contravention, conformément à l'art. 192 du même Code d'inst. crim.

IIIᵒ COURS D'ASSISES.

138. Le seul crime relatif aux voies publi-

ques est celui de destruction ou renversement
volontaire, par quelque moyen que ce soit, en
tout ou en partie, des ponts, digues, chaussées
ou autres constructions de cette nature élevées
pour leur usage ou leur protection. La peine prononcée dans ce cas par l'art. 437 du Code pénal, est
la réclusion et une amende qui ne peut excéder
le quart des restitutions et indemnités, ni être au-
dessous de 100 fr.

IVᵒ COUR DE CASSATION (*section criminelle*).

139.   Les arrêts et jugements rendus en dernier ressort en matière criminelle, correctionnelle ou de police, ainsi que l'instruction et les
poursuites qui les ont précédés, peuvent être an-
nullés par la Cour de cassation dans les cas et avec
les formes déterminées par les art. 408 à 442 du
Code d'instruc. crim. (*art.* 407 *dudit Code*).

LÉGISLATION

SUR LES CHEMINS VICINAUX ET SUR LES ALIGNEMENTS.

Avant de donner le texte ou l'analyse des lois qui régissent aujourd'hui les chemins vicinaux et les alignements, il nous a paru utile, pour faire connaître leur esprit, établir leur liaison et faciliter leur intelligence, de rappeler celles qui les ont précédées, et, à cet effet, de présenter de courtes notions historiques sur sa matière.

L'ORIGINE des chemins remonte à l'époque où les hommes, devenus assez nombreux, se distribuèrent en différentes agglomérations ou sociétés séparées par des distances; l'établissement, l'entretien et l'usage de ces moyens de communication ont probablement été soumis de tous temps à quelques règles de police; mais sur cet objet comme sur presque tous les autres, il ne nous reste que peu de monuments de la législation des peuples anciens; l'histoire des Égyptiens, des Babyloniens et des Assyriens, fait bien mention de digues et de canaux construits pour prévenir les inondations et répandre la fertilité, mais on n'y trouve rien concernant les chemins.

Les Hébreux admettaient la distinction entre les grandes routes et les communications d'un ordre inférieur, depuis appelées vicinales (1), et appliquaient à l'entretien des unes et des autres la corvée, ainsi qu'une contribution évaluée du tiers au quart du revenu foncier (2). Une disposition de leurs lois autorisait le voyageur, arrêté dans sa route par le mauvais état du chemin, à passer sur les propriétés voisines (3).

---

(1) Livre 1er des Nombres, chap, 21, ɤ 22, où la grande route est appelée *via regia*.

(2) Pastoret, *hist. de la Législat.*, tom. 1er, page 420.

(3) Tempore quo cœnosæ nimis fuerint viæ publicæ, aut aquis impeditæ, fas esto viatoribus, viis relictis, in vicina loca se conferre, atque ibi transire, tametsi transierint in via quæ suos habet dominos. (*Art. 9 des lois agraires, attribuées à Josué et rapportées par la Gémare de Babylone, Selden, Marsham, Leidekker.*)

928   LÉGISLATION.

Chez les Athéniens, il y avait une administration particulière de la voirie ; les routes étaient placées sous la protection de Mercure, dont les statues de forme cubique, surmontées d'une tête et appelées *Hermès*, s'élevaient de distance en distance pour diriger le voyageur (1).

Lacédémone, Thèbes et d'autres états, avaient confié le soin de la voirie aux hommes les plus considérables, qui étaient aidés dans leur inspection par des agents subalternes.

Il était réservé à un peuple commerçant de faciliter les voyages et d'améliorer les moyens de transport ; aussi attribue-t-on le pavé des premières voies aux Carthaginois (2).

Les Romains ne négligèrent pas cet exemple, et cette partie de leurs travaux n'est pas leur moindre titre de gloire. Le premier chemin qu'ils construisirent passe pour l'un des plus beaux qu'ils aient créé. C'est la *voie Appienne*, sur laquelle deux chariots pouvaient marcher de front ; l'esprit de conquête les multiplia, et toute la partie du monde soumise à leur domination en fut promptement sillonnée (3).

D'après la loi des XII tables, les chemins publics devaient avoir une largeur de huit pieds quand ils étaient en ligne droite, et du double dans les endroits où ils tournaient (4). Leur entretien était à la charge des riverains (5), et les voyageurs avaient le droit de traverser avec leurs chevaux sur les fonds de ceux-ci quand le passage était devenu impraticable (6).

(1) Pastoret, *ibid.*, tom. 7, pag. 135.
(2) *Primùm Pœni dicuntur lapidibus vias stravisse*, dit Isidore, *Origines*, liv. 15, chap. 16.
(3) Voyez sur les voies romaines, leur direction et le mode de leur construction, l'ouvrage de l'avocat Bergier, in-4°, 1662. Voyez aussi l'itinéraire d'Antonin et la table Théodosienne, ou table de Peutinger ou d'Augsbourg.
(4) Table VIII, chap. 8.
(5) Une loi de l'empereur Julien, recueillie dans le Code de Théodose *de itinere muniendo*, veut que chacun supporte l'entretien des parties de route mises à sa charge, d'après les anciennes coutumes.
(6) Chap. 9 de la VIIIᵉ Table dont le texte est rapporté *suprà*, pag. 806.

En temps de paix, les troupes étaient employées à l'entretien et à la réparation des chemins, et chaque municipalité avait, sous le nom de *curatores viarum*, ou, selon Varron, de *viocuri* ou voyers, des fonctionnaires préposés à leur surveillance. On s'appliquait à les rendre non-seulement solides et durables, mais on y joignait tout ce qui pouvait augmenter leur commodité ou leur embellissement, tels que colonnes milliaires, ou termes indicateurs des *milles* (1), aussi appelés *lares viales*, bancs destinés au repos des voyageurs à pied, pierres (*suppedanea*) pour aider à monter à cheval et pour remplacer les étriers dont l'usage était alors inconnu, trottoirs (2), stations ou mansions soit pour les troupes, soit pour les fonctionnaires et les simples voyageurs, arcs-de-triomphe, etc. Aussi les siècles suivants et les autres nations n'offrent rien que l'on puisse comparer à ces magnifiques travaux qui attestent encore, par leur durée, la force d'organisation de ce peuple souverain.

(1) Le MILLE romain (*milliarium, milliare vel millia*), avait 1000 pas correspondant à 1481 mètres 588 millimètres; il se composait de huit STADES olympiques ou romains (*stadium*), chacun de 125 pas ou de 185 mètres 199 millim.

Le PAS (*passus*), formé de cinq pieds, était égal à 1 mètre 481 millimètres, le demi-pas (*gradus vel gressus*), de deux pieds et demi à 0,741, et la COUDÉE (*cubitus, cubitum*), d'un pied et demi (*sesquipes*), à 444 millimètres.

Le PIED du Capitole (*pes*), de 625 au stade, est évalué à 0,mèt. 296318 d'après les calculs les plus récents, différant un peu des anciens qui ne le portaient généralement qu'à 0,294611. Il se divisait en 4 PALMES (*palmus vel palmum*), ou en 12 ONCES ou POUCES (*pollex vel uncia*), ou encore en 16 DOIGTS (*digitus*), dont chacun était considéré comme égal à la largeur de quatre grains d'orge placés l'un à côté de l'autre (*hordei grana*), (Frontin, *de aquaeductibus*, 12).

(2) De chaque côté de la route il y avait des trottoirs en pierre appelés *Margines*, d'où la route qui en était pourvue, prenait le nom de *Marginari* (*Tit.-Liv.* 41, 27); la largeur de ces trottoirs ou banquettes était à peu près de deux pieds, et leur hauteur d'un pied et demi; la chaussée présentait ordinairement un peu moins de 14 pieds de large.

Les voies de communication étaient divisées alors à peu près comme aujourd'hui, en grandes routes ou chemins de première classe appelés *voies prétoriennes, voies consulaires, voies royales, voies publiques, voies militaires ou voies pavées (stratæ viæ)*, en chemins d'un ordre inférieur servant seulement à la communication des villages ou bourgs (*vicus*), et de-là qualifiés de *voies vicinales*, et enfin en passages d'utilité privée consacrés à la desserte des héritages et désignés sous le nom de *voies privées, voies agraires ou d'exploitation*.

La police des grands chemins subsista chez les Romains avec plus ou moins de vigueur, selon que l'état fut plus ou moins florissant. Elle suivit toutes les révolutions du gouvernement et tomba avec l'empire. Des peuples continuellement en guerre, sans discipline, successivement vainqueurs et vaincus, ne pensèrent guères aux routes, et l'indifférence sur cet objet se prolongea en France jusqu'à la fin du 8e siècle.

En effet, malgré quelques réglements anciens (1), notamment ceux de Dagobert, dont un, donné aux Bavarois, distingue les chemins en *viæ publicæ, viæ convicinales et semitæ*, Charlemagne est, à juste titre, regardé comme le premier de nos rois qui se soit efficacement occupé des moyens de communication.

Dans ses projets de conquêtes, il répara les anciennes voies militaires et en fit ouvrir de nouvelles ; non-seulement il employa les troupes à ces travaux, mais il eut aussi recours aux péages et à la corvée que les Francs avaient établie à l'imitation des services que les patrons romains exigeaient de leurs affranchis (2).

_____

(1) La loi salique (art. 3, tit. 33), une loi additionnelle à celle des Bourguignons (art. 1er, tit. 1er), la loi des Visigoths (liv. 8, tit. 2, art. 25), et celle de Clotaire II, de novembre 614 (art. 9), défendent, sous de fortes amendes ou compositions, de fermer, encombrer ou labourer les chemins, et prescrivent de ramener les péages perçus en divers lieux à leur ancien état.

(2) Voyez les capitulaires de 793, 800 et 813, ce dernier donné à Aix-la-Chapelle dans une assemblée nationale. — Voyez aussi sur l'origine de la corvée le chapitre 60 des *Observations sur la cout. de Bourgogne*, du président Bouhier.

Malheureusement l'esprit qui animait ce grand roi s'affaiblit bientôt dans les princes qui recueillirent son héritage ; les villes restèrent dépavées, les ponts et les routes furent délaissés. Cependant son fils, Louis-le-Débonnaire, et quelques-uns de ses successeurs, rendirent plusieurs ordonnances pour régler la police des chemins (1) ; mais les troubles des 10ᵉ, 11ᵉ et 12ᵉ siècles en empêchèrent l'exécution, et tous les droits de la souveraineté ayant été successivement usurpés par l'oligarchie seigneuriale, les corvées et les péages, au lieu de tourner à l'avantage des peuples, devinrent pour eux une source de vexations, et se convertirent en droits féodaux.

Dans ces temps de désordre et d'anarchie, l'état ne pouvant ni subvenir aux dépenses des travaux d'art qu'exigeaient les routes, ni même procurer la sûreté aux personnes obligées de les parcourir, il se forma, sous le nom de *Frères du Pont* ou *Frères hospitaliers-pontifes*, une association religieuse d'hommes charitables qui s'imposèrent la tâche de prêter main-forte aux voyageurs, et de bâtir des ponts ou de placer des bacs sur les rivières ; on les voit établis à Avignon en 1176. Ce sont eux qui, sous la direction de St. Bénézet, mort en 1184, construisirent le pont de cette ville, composé de dix-huit arches, ceux de Maupas, sur la Durance ; du St.-Esprit, sur le Rhône, et presque tous les ponts de la Provence, de l'Auvergne, de la Lorraine, du Lyonnais, etc. ; ils formaient une communauté religieuse qui s'étendit en Italie où elle subsista jusqu'en 1590. D'un autre côté, et à peu près vers la même époque, les Templiers s'adonnaient aussi à l'établissement et à l'entretien des routes, à la construction des ponts et des hospices.

Toutefois, la puissance royale s'étant un peu relevée au commencement du 13ᵉ siècle, Philippe-Auguste revendiqua la propriété des grands chemins traversant son royaume d'une fron-

---

(1) Des capitulaires de Louis-le-Débonnaire, des années 819, 821, 823, 829 et 830, et de Charles-le-Chauve, de l'an 854, recommandent le rétablissement des ponts, et règlent la perception des péages destinés à cette dépense.

tière à l'autre, ou communiquant de province à province, et les fit entretenir et réparer de ses deniers. Par une charte donnée à Melun, en 1222, il en fixa la largeur à 18 pieds; ce fut lui qui, ayant convoqué, en 1184, les bourgeois et le prévôt de Paris, leur ordonna, par son autorité royale, de paver toutes les places publiques et rues de la cité.

Pour encourager le commerce et faciliter les communications, St. Louis affranchit des péages les marchands qui se rendaient aux foires. Par l'article 251 de son ordonnance de 1350, emprunté aux réglements du prévôt Boileau, le roi Jean imposa à chaque propriétaire riverain des chemins l'obligation d'en réparer en droit soi la chaussée. Enfin, un long édit de Charles VI, du mois de mai 1413, renouvelé par une ordonnance de Louis XII, du 23 décembre 1499, pourvut au rétablissement des routes, et posa les bases d'une administration centrale préposée à leur conservation et à leur amélioration.

Sous Charlemagne, Louis-le-Débonnaire et Philippe-Auguste, l'inspection des grands chemins avait été confiée à des envoyés ou commissaires généraux appelés *missi dominici* répartis dans chaque province et nommés par le roi de qui seul ils relevaient.

Au commencement du 14e siècle, ces officiers furent remplacés dans leurs fonctions par les juges ordinaires auxquels succédèrent pour une partie, en 1508, les trésoriers de France. Par un édit de Henri II, du mois de février 1552, les élus furent aussi autorisés à faire des réparations jusqu'à concurrence de 20 livres. Enfin Henri III, en 1583, leur associa les officiers des eaux et forêts, en sorte qu'il y avait alors quatre juridictions qui connaissaient de ces matières.

Pour faire cesser la confusion qui résultait de cette concurrence, Henri IV institua en 1599 le premier ministère des travaux publics qui ait existé, sous le titre d'une haute charge, celle de *grand voyer de France*, dont Sully a seul été pourvu; il lui confia la surintendance des grands chemins, avec pouvoir de commettre des lieutenants dans les provinces.

Cet office fut supprimé par un édit de Louis XIII, du mois

de février 1626, qui en transféra les attributions à un directeur général des ponts et chaussées, ayant sous ses ordres des inspecteurs, des ingénieurs et des gardes des ponts et chaussées. L'autorité réglementaire et le jugement du contentieux furent concentrés dans l'institution des trésoriers de France qui avaient leur bureau au chef-lieu de chaque intendance ou généralité.

Sous Louis XV, on établit des écoles de ponts et chaussées à Paris, en Languedoc et en Bretagne.

Les corvées publiques ayant été supprimées au commencement du règne de Louis XVI, le gouvernement dut pourvoir aux dépenses de la voirie par le produit des contributions en argent perçues d'une manière uniforme.

En général, au moment de la révolution de 1789, les pays d'état veillaient eux-mêmes dans leur territoire à l'entretien des ponts et chaussées. La grande voirie était administrée par les trésoriers de France, et les chemins vicinaux, ainsi que les autres chemins d'un intérêt purement local, étaient dans les attributions du seigneur, haut-justicier, qui, en sa qualité de propriétaire, demeurait chargé de leur entretien.

Dans l'abrogation absolue des droits féodaux, l'assemblée constituante comprit, par son décret du 28 mars 1790, les droits de péages dont les particuliers avaient la jouissance, et confia l'entretien et la surveillance de toutes les voies de communication à l'administration publique soit de l'état, soit des départements, soit des communes ; peu après, une loi du 19 janvier 1791 jeta les bases d'une nouvelle organisation du service des ponts et chaussées qui ne fut définitivement réglée que par le décret impérial du 7 fructidor an 11 (25 août 1804).

Si dès les temps les plus anciens, comme on vient de le voir, la construction et l'entretien des routes et des chemins furent l'objet de la sollicitude des magistrats, on ne peut en dire autant de l'alignement des rues des villes et villages qui, à de rares exceptions près, a été toujours négligé, et dont on ne s'est sérieusement occupé que de nos jours, quoique d'une manière encore bien incomplète.

Les rues d'Athènes n'étaient point d'abord alignées. « Depuis

» que le goût des bâtiments s'est introduit, dit l'auteur du *Voyage*
» *d'Anacharsis*, les arts font tous les jours des efforts pour le
» favoriser et l'étendre. *On a pris le parti d'aligner les rues,*
» de séparer les nouvelles maisons en deux corps de logis...., de
» les rendre plus commodes par de sages distributions, et plus
» brillantes par les ornements qu'on y multiplie. »

Rome fut, dans le principe, un assemblage de cabanes, *casæ*
vel *tuguria*, couvertes de chaume (1). Après leur incendie par les
Gaulois, en 388 avant Jésus-Christ, on rebâtit les maisons
d'une manière plus solide et plus commode; mais la précipitation qu'on mit dans leur construction empêcha que les rues ne
fussent régulières (2); on les disposa sans ordre, *nullâ distinc-
tione passim erectæ* (3), et sans égard à la propriété, *omisso sui
alienique discrimine, adeo ut forma urbis esset occupatæ magis, quam divisæ similis* (4). Chacun bâtissait dans le lieu qu'il
avait choisi, restreignant à son gré la voie publique (5) et se
servant même, pour ses fondations, de la voûte des égouts publics, qui eurent ainsi leur cours sous les maisons particulières.

Ce fut vers la fin de la république, et surtout sous le règne
d'Auguste, que Rome, devenue la capitale du Monde, commença à s'embellir par ses édifices. Aussi cet empereur se van-
tait-il souvent de l'avoir trouvée de brique et de la laisser de

---

(1) Ovid. *amor* 2, 9, 18; d'où *culmen* le toit d'une maison *quod
culmis tegebantur* (*Serv. in Virg.*); on en comptait un millier.

(2) Tit.-Liv., v. 55. — Diodor., xiv, 116. On fit marché avec des entrepreneurs qui s'obligèrent d'édifier les maisons dans l'année; le
trésor public fournit la charpente et le bois pour la couverture; il y
eut ordre de laisser prendre gratuitement les pierres dans les carrières
de la campagne.

(3) Tacit., ann. xv, 43.

(4) Tit.-Liv., *ibid*.

(5) On ne sait si la disposition de la loi des 12 tables, ci-dessus citée, qui fixait à 8 et à 16 pieds (2 mètres 37 cent. et 4 mètres 74 centimètres) la largeur des chemins, était applicable aux rues de la
ville.

marbre ; *marmoream se relinquere, quam lateritiam accepis-
set* (1). Cependant cette magnificence des temples et des palais
ne remédia pas aux défauts du plan primitif; les rues restèrent
étroites et irrégulières (2). Les maisons étaient non-seulement
incommodes, mais encore dangereuses par leur hauteur et par
les matériaux dont elles se composaient; la plupart étaient en
bois et à trois étages, *scalis habito tribus, sed aliis* (3).

Un incendie du temps de Néron (64 ans après Jésus-Christ)
ayant consumé 36 des 40 quartiers, *regiones*, dans lesquels la
ville était divisée (4), on la rebâtit avec plus d'ordre et de régularité; sans conserver l'ancienne disposition ni laisser la liberté aux particuliers de construire à leur gré, comme ils avaient
fait précédemment, on élargit et on aligna les rues, on ménagea
des places publiques, on assigna l'emplacement des maisons, et
leur hauteur fut restreinte à 70 pieds (20 mètres 74 centim.)
comme au temps d'Auguste (5), on exigea qu'elles fussent voû-
tées dans la partie inférieure, bâties en pierre de Gabie ou
d'Albe, pour être moins sujettes au feu (6) et séparées de celles
voisines par un intervalle libre, ce qui leur fit donner le nom
d'*insulæ*.

Ordinairement la porte était élevée au-dessus de terre, et on
n'y parvenait qu'au moyen de quelques degrés (7); les montants,
appelés *antæ*, formaient saillie sur le mur, mais les vantaux ou
battans, *valvæ*, devaient s'ouvrir en dedans, à moins qu'une loi
spéciale n'eût concédé le privilège de les faire développer en
dehors, suivant la coutume des Athéniens (8), comme cela fut
accordé à Valerius Poplicola et à son frère, deux fois vainqueurs
des Sabins.

---

(1) Suéton, Aug. 29.
(2) Suet. Ner. 38. — Tacit. xv, 38.
(3) Juvenal. 3, 193. — Martial, 1, 118.
(4) Tacit. ann. xv, 40.
(5) Strabon, v., p. 162.
(6) *Ignibus impervius :* Tacit. ann. xv, 55.
(7) Virg. Æn. 2, 492. — Sén., ép. 84.
(8) *Ut domus eorum fores extrà aperirentur.* Plin., 36, 15.

Presque toutes les villes anciennes de France ont eu des commencements pareils à ceux de Rome. Paris, dévoré par le feu en 586, 1034 et 1059, fut à chaque fois rebâti à peu près sur le même plan, dont les rues étroites et irrégulières de la cité nous donnent une idée. Les quartiers ajoutés longtemps après ne présentent pas une meilleure disposition.

Ce n'est guère qu'au commencement du 17e siècle que l'on sentit le besoin d'ouvrir des communications sûres et commodes ; le gouvernement fit les premières tentatives et commença par les routes, sur le bord desquelles on prohiba tout ce qui pouvait contrarier les projets de redressement ou de rélargissement ; les rues des villes et villages qui leur servaient de traverse furent naturellement soumises à la même police et profitèrent les premières de cette amélioration due à l'édit très-remarquable de Henri IV, de décembre 1607.

L'exemple donné par l'administration supérieure éveilla bientôt l'attention des autorités municipales dans les grandes cités. Quelques magistrats éclairés pensèrent qu'il serait utile de donner les mêmes soins aux rues qui n'étaient pas le prolongement des grandes routes. Cette surveillance s'étendit aussi parfois sur les chemins vicinaux. De-là vint la petite voirie qui fut abandonnée à la justice seigneuriale ou municipale, suivant les localités, et qui aujourd'hui se trouve régie par trois articles de la loi du 16 septembre 1807 (1).

CES notions exposées, nous allons donner le texte ou l'analyse des lois soit romaines, soit françaises, anciennes et nouvelles qui doivent être considérées comme étant encore aujourd'hui en vigueur ou dont on peut être dans le cas d'invoquer l'autorité.

---

(1) Quant à l'historique de l'expropriation pour cause d'utilité publique, voyez ci-dessus, n° 65, pag. 191 et suiv.

§ 1.

DROIT ROMAIN.

Le corps de droit de Justinien renferme un grand nombre de dispositions relatives aux moyens de communication ; mais plusieurs ne font qu'exposer les règles en matière de servitudes privées de passage ou d'enclave (1), et dès-lors nous ne devons pas nous en occuper.

Trois titres seulement sont spécialement consacrés aux chemins publics, savoir : les 7e, 8e et 11e du liv. 43 du Digeste, ayant pour rubriques :

De locis et itineribus publicis ;

Ne quid in loco publico vel itinere fiat ;

Et *De viâ publicâ et itinere publico reficiendo.*

Trois autres, le 10e du même liv. 43, *de viâ publicâ et si quid in eâ factum esse dicatur*, ainsi que les 10e et 12e du liv. 8 du Cod. *de edificiis privatis*, et *de operibus publicis*, traitent en particulier des rues des villes, de la police et de la voirie urbaines.

C'est de la partie de ces divers titres ayant le trait le plus direct à notre sujet que nous allons présenter l'analyse en distinguant ce qui concerne les chemins proprement dits des rues des villes et bourgs (2).

_____

(1) Au titre 3, liv. 8, ff. *de servitutibus prædiorum rusticorum*, on trouve particulièrement des notions très-utiles sur les trois espèces de passages ou de chemins de desserte qu'on peut avoir droit d'exercer sur le terrain d'autrui : le sentier, le chemin, la voie, *iter, actus, via;* ces trois espèces de chemins y sont distinguées avec soin; on y indique la largeur que chacune d'elles doit avoir en ligne droite ou dans les détours. Il est à regretter que notre législation soit muette sur ces points, sources de nombreuses difficultés.

(2) Ces six titres renferment 49 lois formant 105 paragraphes distincts. Notre analyse comprend 74 de ces paragraphes; les 31 autres, parmi lesquels deux non authentiques, sont étrangers à la voirie.

Voyez encore sur le mode de répartition des charges pour l'entretien des voies publiques chez les Romains et sur les fonctionnaires préposés à leur surveillance, les notes au bas des pages 26 et 120 ci-dessus.

Des chemins publics proprement dits.

On distingue trois espèces de chemins en général, les chemins publics, privés ou vicinaux (*L.* 2, § 22, *tit.* 8, *lib.* 43).

On appelle *chemins publics* ceux que les Grecs désignaient sous le nom de chemins royaux et qui sont maintenant qualifiés de prétoriens par les uns, et de consulaires par les autres (*ibid.*).

Les *chemins privés* sont ceux que quelques-uns appellent *agraires* (§ 23, *eod.*).

Par chemins *vicinaux*, on entend ceux qui traversent les villages ou y conduisent (§ 23); quelques personnes les mettent au rang des chemins publics; ce qui est vrai, quand ils n'ont pas été faits aux dépens des particuliers, quoique ceux-ci soient chargés de leur entretien, car cette dernière circonstance ne suffit pas pour les rendre privés; la charge de leur réparation doit en effet être corrélative à leur utilité et par suite être commune (*idem*).

Cependant les chemins vicinaux, même formés avec les terrains des particuliers sont censés publics lorsque leur origine remonte au-delà de la mémoire des hommes (*L.* 3, *princ.*, *tit.* 7, *lib.* 43, *ff.*).

Mais il y a cette différence entre les chemins vicinaux et les voies militaires, que ces dernières aboutissent à la mer, ou à une rivière publique, ou se lient à un autre chemin militaire; tandis que les chemins vicinaux s'embranchent à une voie militaire, ou même se perdent sans issue lorsqu'ils sont arrivés au point de communication qu'ils ont pour objet d'atteindre (*dict. leg.*, § 1).

Les chemins privés sont de deux sortes; il y en a qui existent dans les champs par suite d'une servitude imposée pour conduire d'un fonds de terre à un autre; ce sont les véritables voies agraires, et d'autres par lesquels il est permis à tout le monde de passer, où l'on entre par un chemin consulaire, et qui aboutissent à un autre chemin conduisant à un village ou à une métairie; ces derniers doivent être placés au rang des chemins publics (*L.* 2, § 23, *tit.* 8, *lib.* 43, *ff.*), au moins (comme le dit Pothier dans ses pandectes), quant à l'usage, car quant au sol, il n'en serait ainsi qu'autant qu'ils existeraient de temps immémorial.

Tous les chemins publics ne sont pas nécessairement consulaires; on appelle chemin public celui dont le sol est lui-même public; c'est par là qu'ils diffèrent des chemins privés. Le sol de ces derniers appartient toujours aux propriétaires des terrains sur lesquels ils ont été établis; les autres personnes n'ayant que le droit d'y passer à pied, à cheval ou en voiture; au lieu que celui d'un chemin public appartient au public, et a été laissé en ligne droite et dans une certaine largeur par l'autorité qui en avait le droit (soit le prince, soit le sénat), pour servir de passage au public (*dictâ lege*, § 21).

Pour faciliter à chacun l'usage des chemins et en prévenir les dégradations ou usurpations, le préteur accordait différents interdits.

Par le PREMIER, il était permis à chacun de demander ce qui appartient à l'usage de tous, particulièrement les voies et les chemins publics soit militaires, soit vicinaux, et en conséquence il était donné à tous ceux qui voulaient en user (*L.* 1, *tit.* 7, *lib.* 43, *ff.*) et contre tous ceux qui tentaient d'usurper des lieux publics ou d'y bâtir comme sur un sol privé; car il n'est permis à personne d'élever un monument dans un chemin public (*L.* 2, *cod.*).

L'action était recevable quel que fût le temps pendant lequel on avait cessé de se servir du chemin, car le peuple ne peut pas perdre les voies publiques par le non usage (*L.* 2, *tit.* 11, *lib.* 43, *ff.*).

Par le SECOND interdit, le préteur défendait de rien faire ou déposer dans un lieu public qui pût nuire, à moins qu'on en eût obtenu la permission par une loi, un sénatus-consulte, un édit ou un décret du prince (*L.* 2, *princ.*, *tit.* 8, *lib.* 43, *ff.*), et il ordonnait la destruction de ce qui avait été indûment fait.

On pourvoyait par là non-seulement à l'intérêt du public, mais encore à celui des particuliers; car les lieux publics sont destinés à l'usage des citoyens qui en usent non à titre privatif, mais en vertu du droit de tous, et comme membres du corps social ; chacun a le droit d'en réclamer la libre jouissance et de s'opposer à toute entreprise qui aurait pour effet de l'entraver. l'action était reçue quoique le dommage n'eût été porté qu'à un seul particulier (*dictâ l.* 2, § 1 et 2).

Elle s'appliquait non-seulement aux voies et chemins publics, mais encore aux places, îles et terrains destinés à l'usage de tous (*dict. l.*, § 3 et 5).

Elle n'était point populaire, puisqu'elle n'avait lieu que pour l'utilité des particuliers ; en conséquence elle pouvait être intentée par procureur.

Sa prohibition s'étendait à tout ouvrage nouveau ou nouvellement réparé qui pouvait nuire à quelqu'un (*dict. l.*, § 7) ; il suffisait qu'il y eût dommage, et il était indifférent qu'il eût été causé par suite de permission ; car toutes les fois qu'on permet de faire quelque chose dans un lieu public, ce doit toujours être sous la condition que personne n'en éprouvera de préjudice. Le prince est même dans l'usage d'apposer cette clause à toutes les autorisations de ce genre qu'il donne ; d'où il suit que s'il a accordé purement et simplement permission de construire un édifice dans un lieu public, il n'est pas censé pour cela avoir concédé le droit de le faire d'une manière nuisible, à moins qu'il ne l'ait dit expressément (*dict. leg.*, § 10 et 16).

On est censé éprouver un dommage toutes les fois qu'il y a perte d'un avantage quelconque qu'on retirait d'un lieu public (*dictâ leg.*, § 11), si, par exemple, un passage a été rétréci ou rendu plus difficile, si les vues d'une maison ont été bornées ou interceptées par la construction d'un nouvel édifice ou par le placement d'un rideau sur la terrasse qui le couronne (*dict. leg.*, § 6, 12 et 14).

Mais il en serait autrement dans ces deux cas : 1° si l'avantage dont on est privé ne venait pas du lieu public, mais de celui appartenant à l'auteur des travaux, par exemple, si je construisais dans un lieu public un édifice pour empêcher l'écoulement sur votre terrain, des eaux provenant du mien, et que je ne serais pas tenu de vous envoyer (*dictâ leg.* 2, § 13); 2° si la construction faite sur le lieu public nuisait à un autre édifice indûment bâti lui-même sur ce lieu (*dict. leg.*, § 15).

Du reste, cet interdit qui s'étendait aux héritiers et autres successeurs (*dict. leg.*, § 18), n'était que prohibitoire et non restitutoire, c'est-à-dire qu'il ne consistait que dans la voie d'opposition à l'ouvrage projeté, de telle sorte que si un individu avait bâti dans un lieu public, sans opposition de la part de personne, il ne devait pas être forcé d'enlever son édifice, parce qu'en le démolissant il aurait défiguré la ville par des ruines (*dict. leg.*, § 17).

Mais si l'action avait été exercée, et que la construction eût été faite malgré la défense du préteur, elle devait être détruite, parce qu'autrement le jugement de ce magistrat eût été sans effet, et sa juridiction illusoire (*L.* 7, *tit.* 8, *lib.* 43).

Si au lieu de porter préjudice seulement à un particulier, l'édifice nuisait à l'usage public, le fonctionnaire préposé aux travaux publics devait le faire détruire. Dans le cas où il ne nuisait pas, il y avait toujours lieu d'imposer à celui qui l'avait élevé une redevance foncière appelée *solarium*, parce qu'elle portait sur le sol (*L.* 2, § 18, *dict. tit.* 8).

S'il s'agissait d'une conduite d'eau pratiquée dans un lieu public et qui pût nuire à un particulier, celui-ci avait, en vertu de la loi des 12 tables, une action pour se faire donner caution du dommage par le constructeur de l'aqueduc (*L.* 5, *dict. tit.* 8).

Le TROISIÈME interdit avait pour objet d'empêcher qu'on fît ou qu'on déposât rien dans une voie ou chemin public qui pût le détériorer soit immédiatement, soit par la suite (*L.* 2, §§ 20 et 31, *dict. tit.* 8).

Il était perpétuel et populaire, et il devait procurer au demandeur une complète réparation du préjudice (*dictâ leg.*, § 34); il ne s'appliquait qu'aux chemins publics consulaires ou non, existant dans la campagne, mais non aux rues des villes (*d. leg.*, § 24).

Par détérioration, on entendait tout ce qui rend l'usage du

chemin plus difficile, comme si on le faisait montueux s'il était uni, raboteux s'il était doux, étroit s'il était large, marécageux s'il était sec (*dict. leg.*, § 32).

Ainsi il était défendu d'y faire déverser un égout qui aurait rendu le passage incommode, de creuser un fossé ou de bâtir un édifice qui y aurait fait écouler ou stagner des eaux (*d. leg.*, §§ 26 *et* 27).

Si les eaux sortant de votre héritage provenaient de celui du voisin, l'interdit devait avoir lieu contre ce dernier, dans le cas où vous étiez obligé de les recevoir, et contre vous dans l'hythèse contraire; dans toutes les circonstances vous en restiez tenu, si vous ne lui reportiez pas l'action du demandeur (*dict. leg.*, § 28).

Ainsi encore il n'était point permis d'établir des ponts au-dessus des chemins ou de pratiquer par-dessous des galeries, parce qu'il pouvait résulter de là une détérioration (*dict. leg.*, § 33).

La prohibition de cet interdit s'étendait également aux dégradations qui pouvaient survenir aux chemins publics par le fait des animaux qu'on y laissait paître (*dict. leg.*, § 30), et même jusqu'aux manufactures à odeur insalubre ou incommode, telle qu'une soufrière que l'on aurait voulu établir sur leurs bords ou à proximité (*dict. leg.*, § 29).

Lorsqu'un chemin public avait été mal à propos supprimé, intercepté ou rétréci, l'autorité devait intervenir (*dict. leg.*, § 25).

A côté de l'interdit précédent, qui n'était que prohibitoire, il y en avait un QUATRIÈME procédant des mêmes causes, mais qui était restitutoire (*dict. leg.*, § 36).

C'est par cet interdit que le préteur ordonnait la réparation du dommage causé à une voie ou à un chemin public en y construisant ou y déposant quelque chose qui l'avait détérioré ou devait le détériorer (*dict. leg.*, § 35).

Cet interdit ayant pour objet l'utilité publique, dont la raison subsiste jusqu'à ce que l'ouvrage nuisible soit détruit, était perpétuel (*dict. leg.*, § 44).

Il était donné, non contre celui qui avait fait la chose, mais contre celui qui en jouissait ou qui, par dol, avait cessé de la posséder, peu importe par qui elle eût été faite; d'où il résultait que celui qui abandonnait la chose ou l'ouvrage cause de la détérioration, par exemple, un arbre tombé de son fonds sur le chemin voisin qui s'en trouvait intercepté, n'était pas tenu de l'interdit, parce qu'il est de principe qu'on n'est responsable du préjudice causé par sa chose sans qu'il y ait faute, que jusqu'à concurrence de la valeur de cette chose (*dict. leg.*, §§ 37, 38, 39, 40, 41 *et* 42).

Pour savoir en quoi consistait la réparation, but de cet interdit, il fallait distinguer entre le cas où le défendeur avait fait lui-même l'ouvrage, l'avait fait faire par un autre, ou avait approuvé ce qui avait été fait, et celui où il possédait seulement ce qui avait été fait; au premier, il devait rétablir à ses frais les lieux dans leur ancien état; au second, il était seulement tenu de souffrir qu'on les rétablît; s'il ne réparait pas le dommage lorsqu'il y était obligé, il s'ensuivait une condamnation relative à l'intérêt qu'avait le demandeur à ce que l'ouvrage fût détruit (*dict. leg.*, § 43).

Par un CINQUIÈME interdit, ne concernant que les chemins et nullement les autres choses publiques ou communes, par rapport auxquelles on ne pouvait, en cas d'obstacle, intenter que l'action d'injures, le préteur defendait que l'on empêchât par violence, qui que ce soit, de passer dans les chemins publics (*dict. leg.*, § 45).

Non-seulement il protégeait les personnes qui se bornaient à user des voies existantes, mais il défendait aussi par un interdit spécial, qui était le SIXIÈME, de faire violence à celui qui voulait ouvrir un chemin public, le nettoyer ou le réparer, pourvu qu'il ne le détériorât pas (*L.* 1re *princ.*, *tit.* 11, *lib.* 43 *ff.*).

Il n'y aurait, en effet, pas eu lieu à cet interdit, si, sous le prétexte de réparer un chemin, on l'eût dégradé en réalité, si, par exemple, on l'eût fait plus long ou plus large, plus haut ou plus bas qu'il n'était; si on eût mis du gravier sur une chaussée de terre, ou si, au contraire, on eût couvert de terre un chemin pavé (*dict. leg.* , § 2).

Ouvrir un chemin (*aperire viam*), c'est lui rendre ses anciennes largeur et hauteur.

Le *nettoyer* (*purgare*), c'est en partie le réparer et, à proprement parler, le rétablir à son ancien niveau en enlevant ce qui avait été placé dessus.

Enfin, le réparer (*reficere*), c'est l'ouvrir, le nettoyer et, généralement, le remettre dans son premier état, de quelque manière que ce soit (*dict. leg.* , § 1).

L'interdit en question était donné perpétuellement à tous contre tous, et tendait à la réparation complète du préjudice éprouvé par le demandeur (*dict. leg.* , § 3).

Celui qui avait labouré un chemin public était seul tenu de le rétablir, et celui qui l'avait rejeté sur le fonds du voisin était passible d'une action *in factum* pour la réparation de tout le dommage causé (*L.* 3 *cod.* , *tit.* 11).

Voirie urbaine.

Ce n'était point par des interdits qu'il était pourvu à ce qui concernait la voirie urbaine ; cette partie de la police était confiée à des magistrats spéciaux, les *édiles curules* , dont la fonction toute gratuite consistait à veiller à la conservation des chemins, des édifices et des ouvrages publics.

Ces magistrats, dit Papinien dans un livre écrit en grec sur leurs devoirs, et dont un extrait forme le tit. 10 du liv. 43 du Digeste, sont chargés de faire aplanir les rues et les chemins voisins des villes, d'empêcher que l'eau ne reflue contre les maisons, et de faire établir des ponts partout où ils seront jugés nécessaires (*L.* *unica* , *princ.* , *dict. tit.* 10).

Ils sont aussi chargés d'empêcher que leurs murs et ceux des autres, ainsi que les maisons donnant sur les rues, ne tombent en ruine, et de contraindre, sous peine d'amende, les propriétaires à les reconstruire ou réparer de la manière prescrite (§ 1 *eodem*).

Ils doivent également s'opposer à ce que personne ne fasse

des fouilles, des substructions ou des constructions dans les rues; en cas de contravention, les travaux doivent être détruits et les délinquants punis d'une amende s'ils sont de condition libre, et de la fustigation s'il s'agit d'esclaves (§ 2, *cod.*).

Chacun est obligé d'entretenir la rue devant sa maison, de nettoyer l'aqueduc à ciel ouvert qui y passe, et de l'établir de manière à ne point nuire au passage des voitures. Faute par les propriétaires de se conformer à ces obligations, les locataires en sont tenus, sauf à imputer les dépenses sur le montant de leurs loyers (§ 3, *cod.*).

Une autre attribution des édiles est de prévenir les rixes dans les rues, d'empêcher qu'on n'y jette des immondices ou des cadavres et peaux d'animaux (§ 5, *cod.*), et de défendre qu'on n'expose rien en dehors des boutiques qui soit en saillie sur la voie publique, à moins qu'il ne s'agisse, par exemple, d'un teinturier qui fasse sécher ses étoffes au soleil, ou d'un carrossier qui répare une voiture devant sa maison, et encore pourvu que le passage dans la rue ne s'en trouve point entravé (*L.* 4, *cod.*).

Il est défendu de démolir les édifices pour en enlever les marbres et les vendre; le déplacement de ces matériaux n'est permis qu'à la charge de les réemployer dans une nouvelle construction, et si d'ailleurs il n'en résulte pas une atteinte trop sensible à la beauté de la ville (*L.* 2, *tit.* 10, *lib.* 8 *cod.*).

En général on n'est pas libre de démolir sa maison pour la convertir en jardin; il appartient au président de la province de décider, d'après l'usage, si la permission peut en être accordée ou s'il faut en outre l'autorisation des magistrats et des voisins (*L.* 3, *cod.*).

Les marbres et les colonnes destinés à l'ornement d'une maison de ville ne peuvent être transportés que dans une autre maison de ville, de même que ceux d'une maison de campagne peuvent servir à une autre maison de campagne; en cas de transport de la ville à une maison de campagne, il y aurait confiscation de cette dernière (*L.* 6, *cod.*). Dans tous les cas il est défendu de faire sortir d'une province les colonnes ou les statues qui contribuent à son embellissement (*L.* 7, *cod.*).

Les juges doivent veiller à ce que les propriétaires de maisons les réparent ou les reconstruisent si elles sont dégradées ou si elles tombent en ruine (*L.* 8, *cod.*).

Pour prévenir les dangers qui naissent du voisinage, il n'est pas permis de construire à moins de quinze pieds (4 mèt. 44 c.) de distance des édifices publics (*L.* 9, *cod.*). Le même espace doit, à peine de démolition et en outre de confiscation du bâtiment, être laissé entre les terrasses ou balcons et les magasins publics; dans les autres cas un intervalle de dix pieds (2 mèt. 96 cent.) doit toujours être exigé pour la libre circulation de l'air (*L.* 11, *cod.*).

On ne peut se prévaloir d'aucune prescription ni d'aucun rescrit pour maintenir ce qui a été fait contre le droit public; en conséquence il y a lieu de démolir toutes les constructions élevées dans le forum ou dans tout autre lieu public, qui sont jugées nuisibles à l'ornement et aux commodités de la ville (*L.* 6, *tit.* 12, *cod.*).

Les magistrats municipaux sont passibles d'une amende de six livres d'or s'ils ne veillent pas à la conservation des ornements de leur patrie (*L.* 13, *cod.*).

Les échoppes et tentes attenant aux remparts ou autres édifices publics, et qui pourraient les exposer aux incendies, ou qui embarrassent les places publiques ou les portiques des bâtiments publics, doivent être démolies ou détruites sur-le-champ (*L.* 14, *eodem*).

Sous peine d'une amende de 50 liv. d'or, il est défendu de renfermer dans l'enceinte des maisons particulières des portiques ou des ruelles et impasses; les usurpateurs doivent être condamnés à la restitution (*L.* 20, *cod.*).

EN terminant cette analyse de la législation romaine, qui, comme on le voit, avait prévu et réprimé toutes les atteintes possibles à la propriété, à la sûreté, à la liberté et à l'ornement de la voie publique, il n'est pas inutile de faire remarquer que plusieurs des lois rapportées dans le Digeste ont subi diverses interpolations dans le but d'attribuer aux empereurs une influence plus grande que celle que Rome libre exerçait sur les municipalités des provinces.

§ 2.

ANCIENNE LÉGISLATION FRANÇAISE (1).

Dans le recueil des ordonnances de nos rois, depuis l'an 420 jusqu'à la révolution de 1789, on ne trouve rien de spécial aux

---

(1) Avant la révolution de 1789, on considérait comme une loi fondamentale du royaume, qu'aucun édit, ordonnance ou déclaration du roi n'était obligatoire dans une province qu'après avoir été vérifié et enregistré par le Parlement d'où ressortissait cette province, et publié par son autorité. Or plusieurs des actes législatifs rappelés dans ce § n'ont pas été enregistrés dans tous les Parlements de France, notamment le célèbre arrêt du conseil du 27 février 1765, chaque jour appliqué par les conseils de préfecture et par le conseil d'état, pour les constructions *le long ou joignant les routes;* quel sera alors la valeur de ces actes? sont-ils aujourd'hui obligatoires?

Plusieurs auteurs graves se sont prononcés pour la négative, en prétendant que lorsque, par ses décrets des 19-22 juillet 1791, art. 29, et 21 septembre 1792, l'Assemblée constituante a déclaré que, dans certaines matières spéciales, les anciennes lois étaient maintenues, elle n'avait eu d'autre but que de conserver le *statu quo* jusqu'à la promulgation de nouveaux réglements, mais non d'étendre à toute la France des dispositions restées spéciales à certaines localités par l'exécution qui leur avait été donnée jusque-là. Tel est particulièrement l'avis de M. Daviel (*Traité des cours d'eau*, n° 252, tom. 1er, page 218, 2e édit.), et de M. Isambert (*Traité de la voirie, n° 915, 3e partie, page 383*). Divers arrêts de la Cour de cassation du 24 juillet 1834 (*Sirey*, 35-1-219) ont également admis cette doctrine, par rapport à une déclaration du 31 octobre 1744, réglant un mode de pêche et qui n'avait point été enregistrée au Parlement de Normandie.

Cependant la jurisprudence du conseil d'état s'est formée dans un sens contraire, ainsi qu'il résulte de ses arrêts des 19 mars 1823 relatif aux déclarations de 1729 et 1730 (*Cavellier C. Grauner*) et 23 février 1837, concernant l'arrêt du conseil du 27 février 1765 (*Victor*). La Cour de cassation elle-même, par arrêt du 30 août 1833 (*Sirey*, 34-1-493), a décidé que les susdites déclarations de 1729 et 1730 étaient exécutoires dans toute la France *comme étant spéciales pour l'objet d'intérêt public et général qu'elles concernent.*

Au reste, il a été professé, devant les chambres réunies de la Cour de cassation, par son procureur-général M. Mourre, que *la formalité de l'enregistrement n'était pas nécessaire pour que les réglements sur une matière de police fussent obligatoires;* ce que consacre

chemins vicinaux; tous les actes législatifs, ainsi que les coutumes et les opinions des auteurs, parlent des voies de communication en général (1), de telle sorte que c'est dans leur ensemble

---

implicitement l'arrêt solennel intervenu le 24 juin 1826, à la suite de ce réquisitoire (*Sirey*, 27-1-124). MM. Cotelle, Doyat et de Cheppe, dans trois dissertations insérées, les deux premières aux *Annales des ponts et chaussées* (1837, 1ᵉʳ semestre, page 327, et 1839, 1ᵉʳ semestre, page 105), et la troisième aux *Annales des mines* (1838, pages 36 et 65), démontrent également que si la solennité de l'enregistrement était indispensable autrefois pour imprimer le caractère de loi proprement dite aux dispositions générales dont l'exécution ressortissait aux tribunaux, elle n'était pas nécessaire pour rendre obligatoires les simples réglements, c'est-à-dire les actes dont l'application appartenait à l'administration.

(1) Sous l'ancienne législation, la distinction de *grande* et de *petite* voirie se référait non pas comme aujourd'hui uniquement à la classification des voies d'après leur importance matérielle, mais à la nature et à l'étendue du droit de police qui y était exercé.

La grande voirie, selon Perrot (*Dictionnaire de voirie*, page 438), consistait « dans l'inspection sur les rues et chemins, à donner des » alignements, à prévenir les entreprises sur la voie publique et le » péril des bâtiments, et à ordonner l'exécution des réglements. — La » petite consistait à donner permission de placer des auvents, de » planter des bornes, de suspendre des enseignes et autres choses » semblables. »

Duclos, l'auteur des *Considérations sur les mœurs*, et qui a fait aussi un *Essai sur la voirie* (il fut maire de Dinan en Bretagne), la divise également en grande et petite.

« La première s'étend sur tous les grands chemins du royaume, » sans aucune exception de territoire, en y comprenant les rues des » villes et villages qui font partie de ces chemins, et toutes les com- » munications que le roi juge à propos de faire ouvrir et réparer, qui » dès-lors deviennent chemins royaux. — La petite voirie consiste » dans la police ordonnée aux habitants des villes sur l'apposition » des seuils, bornes, étaux, balcons ou autres édifices faisant saillie » sur la voie publique. »

« Sous l'ancien régime, dit Fleurigeon (*Code administratif*, partie » *police*), on entendait par grande voirie, l'ouverture, la direction, » l'alignement et la conservation des routes royales, des chemins » des communes et de toutes les rues des villes, bourgs et villages, » qu'elles fissent ou non suite à des routes royales ou chemins ordi-

qu'il faut rechercher les principes qui depuis ont été érigés en lois ; nous en présenterons une analyse rapide divisée par ordre

---

» naires. — Sous le titre de petite voirie, on entendait la police de
» conservation de ces routes, chemins et rues, laquelle avait à
» empêcher leur détérioration, leur encombrement, leur rétrécisse-
» ment par des échoppes ou des étalages fixes ou mobiles. »

Dans chaque généralité, les trésoriers de France, constitués en tribunal administratif sous le nom de *Bureau des finances*, avaient cumulativement la grande et la petite voirie : 1° dans tous les lieux où la justice était au roi ; 2° dans tous les chemins construits par ordre du roi ; 3° et dans tous les grands chemins ou routes royales (*même Dict.*, pag. 239). Par rapport aux autres chemins, dans les localités où le roi n'avait pas la justice, la voirie en son entier appartenait aux seigneurs, qui l'exerçaient par leurs juges, dont les sentences étaient portées par appel aux Parlements. Cette distinction fut cependant souvent méconnue, et il y eut longtemps confusion des droits seigneuriaux et de ceux du souverain en cette matière ; elle ne disparut complètement que par l'arrêt du conseil du 18 novembre 1781, qui, pour éviter le conflit de juridiction entre les trésoriers de France et les juges seigneuriaux, décida que les rues, chemins et communications particulières qui ne faisaient pas partie des routes, seraient retirés des baux d'entretien des ponts et chaussées, et que les seigneurs haut-justiciers des lieux exerceraient désormais seuls la voirie à leur égard.

Au reste, comme nous l'avons dit ci-dessus, page 819, chacun de ces deux ordres de juridiction avait, dans les limites de sa compétence, tout à la fois le pouvoir administratif ou réglementaire et le pouvoir judiciaire ou de répression, c'est-à-dire le droit de faire des réglements et celui de les appliquer.

« Aujourd'hui, dit Carré dans une note de ses *Lois de l'organisa-
» tion et de la compétence des juridictions civiles*, d'après les lois
» des 22 décembre 1789, 14 octobre 1790, 16 frimaire an 2, 29 flo-
» réal an 10, 9 ventôse an 13, 16 septembre 1807 et le décret du
» 16 décembre 1811, la distinction de la grande et de la petite voirie
» prend sa source dans la nature même des communications, en tant
» que par leur degré d'importance et le genre de leur service, l'état,
» les départements, les arrondissements et les communes en ont la
» propriété ou sont chargés de leur entretien en tout ou en partie.
» La grande voirie comprend en conséquence, dans toute l'étendue
» du royaume, l'alignement, la confection, l'entretien et la police de
» tous les chemins publics, c'est-à-dire de tous ceux qui appartiennent
» à l'état, et qui sont, en général, à la charge du trésor public, soit

de matières, beaucoup plus convenable que l'ordre chronologique :

1° Propriété des chemins. — « De droit commun, dit
» Beaumanoir en ses *Coutumes de Beauvoisis*, rédigées vers la
» fin du 13° siècle, chap. 25, tous les chemins, même ceux de
» 16, de 32 et de 64 pieds, sont et appartiennent en toute chose
» au seigneur de la terre qui tient en baronnie, soit les chemins
» parmi leur domaine, soit parmi le domaine de leurs sujets;
» mais nous avons coutume contraire en Beauvoisis. »

C'est par suite de ce droit de propriété, aussi formellement
reconnu, quant aux chemins de traverse, en faveur des haut-
justiciers, par Bourjon, *Droit commun de la France*, que,
suivant La Poix de Fréminville, *Pratique des terriers*, tom. 2,
pag. 449, le trésor trouvé dans le chemin appartenait pour
moitié au seigneur, qui n'aurait eu le droit d'y prendre que le
tiers s'il n'eût pas été réputé propriétaire.

Les dispositions des coutumes étaient aussi positives à cet
égard. Elles attribuaient, comme conséquence de la propriété
du sol, la propriété des arbres plantés dans les chemins, non
aux riverains, mais aux seigneurs, sans la permission desquels
on ne pouvait y en planter, ni même établir des haies vives
à moins d'un pied et demi de leurs limites. Merlin, *Répertoire
de jurisprudence*, v° *chemin public seigneurial*, cite à l'appui
de ce principe deux arrêts du Parlement de Paris, des 2 août
1715 et 11 juillet 1759.

» grandes routes, canaux et rivières navigables, soit rues faisant suite
» à des grandes routes, sauf les contributions des individus, des com-
» munes, des arrondissements ou départements, en raison des avan-
» tages particuliers que leur offrent ces communications. Il résulte
» des dispositions du décret du 16 décembre 1811 que les routes
» départementales sont comprises dans la même catégorie, et sont du
» domaine de la grande voirie.
» La petite voirie comprend seulement la confection, l'entretien et
» la police des chemins vicinaux et des rues des communes, en tout
» ce qui concerne leur ouverture, leur situation, leur largeur, l'ali-
» gnement des maisons, la salubrité, la liberté et la sûreté de ces
» chemins et rues. »

D'ailleurs, en déclarant que, par suite de l'abolition du régime féodal et des justices seigneuriales, nul ne pourrait dorénavant, à l'un ou à l'autre de ces titres, prétendre aucun droit de propriété ni de voirie sur les chemins publics, l'art. 1er de la loi du 26 juillet-15 août 1790 reconnaissait bien pour le passé la propriété des ci-devant seigneurs.

Cependant ce droit leur avait été plusieurs fois contesté.

Bouteillier, conseiller au Parlement, vers la fin du 14e siècle, enseignait déjà, au tit. 85 de sa *Somme rurale*, « que le chemin de traverse est commun à tous, et qu'en France au roi appartiennent les travers à garder et maintenir. » Loyseau, ce grand adversaire des seigneurs, adoptant la même opinion, leur dénie tout droit de propriété, et ne leur accorde que celui de voirie par délégation du souverain auquel appartient la surintendance de la police de son royaume; il va même plus loin, en ajoutant (*des Seigneuries*, chap. 9): « les chemins, pour être
» dits *royaux*, ne sont pas plus au roi que les *traverses* ou
» autres chemins publics; ils sont de la catégorie des choses
» qui sont hors du commerce, dont, partant, la propriété n'ap-
» partient à aucun, et l'usage est à un chacun; qui, pour cette
» cause, sont appelés chemins publics; et par conséquent la
» garde d'iceux appartient au prince souverain, non comme
» iceux étant de ses domaines, mais comme lui, étant gardien
» et conservateur du bien public. » Cette doctrine, parfaitement conforme aux principes actuels, est en opposition avec l'histoire et avec les auteurs qui ont traité de cette partie du droit public (1).

---

(1) Cependant la coutume de la châtellenie de Lille plaçait déjà, comme Loyseau, les chemins dans le domaine du Roi (tit. Ier, art. 17), c'est-à-dire dans le domaine public, car avant 1789 ces deux domaines étaient confondus; ils y étaient aussi rangés par le décret de l'empereur Frédéric *quæ sint regalia*, dans le livre de *Usibus feudorum*, et par un arrêt du conseil du 13 juillet 1620, qui décide que les chemins royaux appartiennent au Roi, et que, par ce motif, ils ne sont pas compris en la mesure des terres voisines.

Voyez encore, sur la propriété des chemins, *suprà*, la note au bas de la page 814.

2° DIVERSES ESPÈCES DE CHEMINS ET LEUR LARGEUR. — Antérieurement au 13ᵉ siècle, on divisait les chemins en cinq classes : la première, de 4 pieds, qui est le sentier ; la deuxième, appelée charrière (*callis*) de 8 pieds ; la troisième, de 16 pieds, allant de ville à autre, de marché à autre, de châtel ou de ville-chapitre à autres ; la quatrième, de 32 pieds, allant par les cités et les châteaux, *là où les travers sont dus ;* la cinquième enfin, qui est le grand chemin des Romains, de 64 pieds de large, destiné aux grandes communications. Cette division n'existait déjà plus du temps de Beaumanoir, qui la rapporte.

Les coutumes variaient sur la classification et la largeur.

En *Bourgogne*, on reconnaissait trois espèces de chemins : le sentier, d'un pas et demi de large (4 pieds et demi ; le pas étant de 3 pieds, le pied de 12 pouces, et le pouce de 12 lignes); le fincrot, de 6 pas (18 pieds); et le grand chemin, de 10 pas (30 pieds) (Bouhier, *Observations sur la coutume de Bourgogne*, tom. 2, pag. 344, n° 72, et Taisand, *Coutume de Bourgogne*, pag. 871).

En *Normandie*, l'art. 623 de la Coutume assigne au chemin royal une largeur d'au moins 4 toises. Un arrêt du conseil de 1671, rapporté par M. Isambert (*Traité de la voirie*, p. 633), fixe, pour cette province et pour le pays du Perche et de Châteauneuf, la largeur des chemins royaux à 24 pieds, des chemins vicinaux à 16 pieds, et des chemins de traverse à 8 pieds.

Selon l'art. 272, tit. 20 de la Coutume de *Senlis*, les grands chemins doivent avoir 30 pieds de large, et, dans la traverse des forêts, 40.

D'après l'art. 194 de la Coutume de *Valois*, le sentier a 4 pieds de large ; la carrière 8 pieds ; la voie 16 pieds ; le chemin royal 30 pieds dans les terres et 40 dans les bois.

Amiens : le chemin royal 60 pieds (art. 184).

Boulonnois : chemin royal 60 pieds ; chemin vi-comtier 30; chemin châtelain 20; chemin forain ou à l'entrée d'une ville à forts 15 pieds ; chemin d'issue de ville, c'est-à-dire sortant des villages pour la culture des terres, 11 pieds; sente ou sentier 2 pieds et demi (art. 156, 161 et 162).

Clermont en Beauvoisis : le sentier de pied, 4 pieds ; la car-rière, pour charrette et bestial tenu à la cordelle, 8 pieds ; la voie où on peut mener le bétail, mais sans l'y laisser s'arrêter, 16 pieds ; le chemin proprement dit, pour marchandises et bestiaux, 32 pieds ; enfin le chemin royal, 64 pieds (art. 226).

Tours (art. 59) *et Lodunois* (chap. 5, art. 1ᵉʳ) : grands chemins 16 pieds ; voisinaux 8.

Maine (art. 70) *et Anjou* (art. 60) : les grands chemins péageux 24 pieds.

Saint-Omer : grand chemin 60 pieds ; chemin vi-comtier 30 pieds (art. 15).

L'art. 1ᵉʳ du tit. 28 de l'ordonnance d'août 1669 sur les eaux et forêts, veut que les chemins royaux aient 72 pieds de large dans les forêts royales, et même que l'on maintienne une plus grande largeur si elle existait

Un arrêt du conseil du 28 avril 1671 ordonne que les che-mins publics ou vicinaux, conduisant d'une ville ou d'un bourg à l'autre, auront 16 pieds, ceux de traverse, allant de village ou hameau à l'autre, 8 pieds, et qu'ils seront faits et entrete-nus aux frais des propriétaires ou de leurs fermiers.

Un autre arrêt du même conseil du 3 mai 1720, avait fixé la largeur des grandes routes, y compris les fossés (de 6 pieds de chaque côté), à 72 pieds. Quant aux autres chemins, servant de passage aux coches, carrosses, etc., de ville à autre, et cor-respondants aux routes royales de deuxième classe actuelles, ils doivent avoir 36 pieds de large, et leurs fossés sont mis, quant à l'entretien et au curage, à la charge des propriétaires riverains, qui sont obligés de prendre sur leurs fonds le pro-duit du curage.

Par un troisième arrêt du même conseil en date du 6 février 1776, encore aujourd'hui en vigueur, les routes sont divisées en quatre classes, dont les dimensions sont ainsi fixées :

La première, comprenant les routes qui traversent la totalité du royaume ou qui conduisent de la capitale dans les principales villes, ports ou entrepôts de commerce, 42 pieds ;

La deuxième, relative aux routes par lesquelles les provinces et les principales villes du royaume communiquent entre elles, ou qui conduisent de Paris à des villes considérables, mais moins importantes que celles ci-dessus, 36 pieds ;

La troisième, s'appliquant aux routes qui ont pour objet la communication entre les villes principales d'une même province ou de provinces voisines, 30 pieds ;

La quatrième enfin, dans laquelle sont rangés les chemins particuliers destinés à la communication des petites villes ou bourgs, 24 pieds.

Le tout non compris les fossés ni les empattements des talus ou glacis, et sans préjudice, 1° du maintien des largeurs plus considérables actuelles ; 2° d'une augmentation de largeur qui pourra être portée à 60 pieds aux abords de Paris et des villes d'un grand commerce ; 3° de la confirmation de l'art. 1er ci-dessus rappelé de l'ordonnance de 1669, pour les routes traversant les forêts ; 4° et d'une diminution de largeur dans les montagnes et endroits où la construction des chemins présente des difficultés ou entraîne des dépenses extraordinaires.

3° IMPRESCRIPTIBILITÉ DES CHEMINS PUBLICS. — Ce principe paraît avoir été admis de toute ancienneté en France. Après s'être plaint de l'usurpation des chemins, Beaumanoir (*Cout. de Beauvoisis de* 1283, chap. 25) ajoute : « les sentiers, ou » charrières, ou voies, ou chemins, ou les plus grands que » l'on appelle chemins royaux, doivent être ramenés à ce qu'il » peut être trouvé qu'ils furent anciennement, ne nul usage » que l'on fait au contraire ne doit valoir ; car usage qui est » fait contre le commun profit, si ne doit pas valoir que la » chose ne soit ramenée à son premier état. » Cette opinion a été érigée en loi par l'art. 356 de l'ordonnance de Blois de mai 1579, qui porte : « Tous grands chemins seront réduits à leur » ancienne largeur, nonobstant toutes usurpations, par quel- » que laps du temps qu'elles puissent avoir été faites. "

Depuis lors, les auteurs ont en général admis l'imprescriptibilité.

Nous avons rapporté *suprà*, pag. 109, l'avis de Pothier.

Denizart, *Collection de décisions de jurisprudence*, v° *chemin*,
s'exprime en ces termes : « Un chemin particulier devient
» chemin public par la seule possession du public ; et quand il
» est une fois chemin public, il n'est plus sujet à prescription ;
» cela est décidé par plusieurs textes de lois. »

Quant à Dunod, il apporte une exception à la règle :
« ..... Les rues, les places, les marchés, les cours, les fon-
» taines, les édifices publics, etc., dit-il dans son *Traité des*
» *prescriptions*, page 74, ne sont pas dans le commerce ; c'est
» pourquoi ils ne peuvent pas être prescrits *par le temps ordi-*
» *naire ;* mais si le public peut s'en passer, et qu'ils soient
» tenus d'un temps immémorial, ils sont censés aliénés et
» prescrits, en suite d'un privilège ou d'une concession légi-
» time faite par le souverain ou par le peuple, qui en avait la
» pleine administration ; le droit civil, qui les rend publics, ne
» leur imprime pas une imprescriptibilité absolue ; il suppose
» même qu'ils peuvent être acquis par concession et privilège ;
» ils peuvent par conséquent être prescrits par une possession
» immémoriale qui fait présumer le privilège ou le titre nécessaire.
» Les lois qui rejettent la prescription en cette matière ne doivent
» être entendues que de celle d'un long temps, ou de celle
» qui n'exige point de titre, et ne le fait pas présumer. »

4° Expropriation pour cause d'utilité publique ; prise de
matériaux et suppression des chemins. —Sur la manière d'obtenir les terrains nécessaires à l'ouverture et à la rectification
des rues et chemins, nous n'ajouterons rien à ce que nous avons
dit ci-dessus, pag. 195 et suiv. et 746 et suiv.

On trouve pour la première fois, dans une ordonnance de
Henri II du 15 février 1556 (rapportée au *Traité de la police*
de Delamare, tom. 4, pag. 479), relative au prolongement de
la grande route d'Orléans depuis Arthenay jusqu'à Thoury, la
faculté accordée à l'entrepreneur de prendre des matériaux,
pierres, grès, sables, etc., dans les fonds des particuliers,
gens d'église, nobles ou roturiers, et même d'y fouiller, ou
prendre des terres pour exhausser les routes. Cette ordonnance
va même jusqu'à contraindre les paveurs à travailler à la route,

les propriétaires riverains à fournir le terrain nécessaire au rélargissement, et les habitants de Thoury à paver à leurs frais le devant de leurs maisons, le tout sans indemnité préalable.

Le droit de prendre des matériaux a été depuis consacré par les arrêts du conseil des 3 octobre 1667, 3 décembre 1672, 18 mars 1677 et 22 juin 1706, dont les dispositions, originairement relatives aux seuls entrepreneurs du pavé de Paris, ont été déclarées applicables à tous les autres travaux publics par l'arrêt du 7 septembre 1755, interprété lui-même par une ordonnance du bureau des finances du 17 juillet 1781 (art. 14).

Des lettres-patentes des 24 avril 1599, juillet 1637, 15 juin 1639, et autres de dates plus récentes (*Traité de la police*, t. 4, pag. 514 et 515), autorisent, après enquête, la suppression d'un chemin, à la charge d'en établir un autre libre et commun pour la commodité publique; mais toute translation de cette espèce, opérée sans ordonnance précédée d'une information de *commodo et incommodo*, est punie conformément aux réglements des 26 mai 1705, 17 juin 1721 et 4 août 1731; le premier de ces réglements ordonne que les chemins seront conduits du *plus droit* alignement que faire se pourra, par les commissaires à ce préposés; puis il ajoute que, « à cet effet il sera » passé, sans aucune distinction, au travers des terres des par- » ticuliers, auxquels, pour leur dédommagement, sera délaissé » le terrain des anciens chemins qui seront abandonnés; et en » cas que le terrain desdits anciens chemins ne se trouve pas » contigu aux héritages des particuliers sur lesquels ces nou- » veaux chemins passeront, ou que la portion de leurs héri- » tages qui resterait fût trop peu considérable pour être exploi- » tée séparément, S. M. veut que les particuliers dont les » héritages seront contigus, tant aux anciens chemins qui » auront été abandonnés qu'aux portions des héritages qui se » trouveront coupées par le nouveau chemin, soient tenus » du dédommagement de ceux sur lesquels les nouveaux che- » mins passeront, suivant l'estimation qui sera faite par les- » dits commissaires. »

5° ALIGNEMENTS ET PERMISSIONS DE BATIR. — Mai 1599.

Edit de Henri IV portant création de l'office de grand-voyer de
France; il fut supprimé par l'édit de février 1626. Le duc
de Sully, grand-maître de l'artillerie, en avait été seul revêtu.

22 septembre 1600. — Ordonnance de M. le prévôt de
Paris ou son lieutenant civil pour la police générale et réglement de la voirie (voy. *sup.*, pag. 561, *à la note*).

Décembre 1607. — Édit de Henri IV, contenant l'ordre, la
fonction et les droits du grand-voyer et de ses commis (enregistré au Parlement le 14 mars 1608).

Voici, en ce qui concerne notre sujet, un extrait littéral de
cet édit, dont les dispositions, très-remarquables pour l'époque,
ont posé les premières bases certaines de la législation sur la
voirie :

« Deffendons à nostre dit grand-voyer ou ses commis, de
» permettre qu'il soit fait aucunes saillies, avances et pans de
» bois estre aux bâtiments neufs, et mesme à ceux où il y en a
» à présent de contraindre les réédifier, n'y faire ouvrages qui
» les puissent conforter, conserver et soutenir, ny faire aucun
» encorbellement en avance pour porter aucun mur, pan de
» bois ou autres choses en saillie, et porter à faux sur lesdites
» rues, ains faire le tout continuer à plomb, depuis le rez-de-
» chaussée tout contremont; et pourvoir à ce que les rues s'em-
» bellissent et élargissent au mieux que faire se pourra; et en
» baillant par luy les allignements, redressera les murs où il y
» aura ply ou coude, et de tout sera tenu de donner par écrit
» son procès-verbal de luy signé, ou de son greffier, portant
» l'allignement desdits édifices de deux toises en deux toises, à
» ce qu'il n'y soit contrevenu....

» Comme aussi nous deffendons à tous nos sujets de ladite
» ville, fauxbourgs, prévosté et vicomté de Paris, et autres
» villes de ce royaume, faire aucun édifice, pan de mur, jambe
» estrière, encoignures, caves ni caval, forme ronde en saillie,
» sièges, barrières, contre-fenestres, huis de cave, bornes,
» pas, marches, siège, montoirs à cheval, auvents, enseignes,
» establies, cage de menuiserie, chassis à verre et autres
» avances sur ladite voyrie, sans le congé et allignement de

» nostre dit grand-voyer ou desdits commis.... et après perfec-
» tion d'iceux seront tenus lesdits particuliers d'en avertir
» ledit grand-voyer ou son commis, afin qu'il recolle lesdits
» allignements, et reconnaisse si lesdits ouvriers auront tra-
» vaillé suivant iceux ;.... et où il se trouverait qu'ils auraient
» contrevenu auxdits allignements, seront lesdits particuliers
» assignez devant le prévost de Paris ou son lieutenant, pour voir
» ordonner que la besongne mal plantée sera abattue, et con-
» damnéz à telle amende que de raison....

» Faisons aussi deffenses à toutes personnes de faire et creuser
» aucunes caves sous les rues; et pour le regard de ceux qui
» voudront faire degréz pour monter à leurs maisons, par le
» moyen desquels les rues estrécissent, faire sièges èsdites rues,
» estail ou auvent, clorre ou fermer aucunes rues, faire planter
» bornes au coin d'icelles, ès entrées de maisons, poser en-
» seignes nouvelles, ou faire le tout réparer, prennent congé
» dudit grand-voyer ou commis.... et où aucuns voudraient
» faire telles entreprises, sans lesdites permissions, le pourra
» faire condamner en ladite amende de....., et faire abattre les-
» dites entreprises; le tout au cas que lesdites entreprises incom-
» modent le public, et pour cet effet sera tenu le commis dudit
» grand-voyer se transporter sur les lieux auparavant que
» donner la permission ou congé de faire lesdites entreprises....

» Deffendons aussi à toutes personnes de faire des éviers plus
» hauts que le retz de chaussée, s'ils ne sont couverts jusqu'au-
» dit retz de chaussée, et mesme sans la permission de nostre dit
» grand-voyer.....

» Enjoindra (ledit grand-voyer) aux sculpteurs, charrons,
» marchands de bois, et tous autres, de retirer et mettre à
» couvert, soit dans leurs maisons ou ailleurs, ce qu'ils tiennent
» d'ordinaire dans les rues, comme pierres, coches, charrettes,
» charriots, troncs, pièces de bois, et autres choses qui peuvent
» empescher ou incommoder ledit libre passage desdites rues;
» comme aussi aux teinturiers, foulons, fripiers, et tous au-
» tres, de ne mettre seicher sur perches de bois, soit èz fenestres
» de leurs greniers ou autrement sur rues et voyes, aucuns

» draps, toilles et autres choses qui peuvent incommoder et
» offusquer la veüe desdites rues.

» Voulons et nous plaist que ledit grand-voyer et ses commis
» ayent l'œil et connoissance du pavement desdites rues, voyes,
» quais et chemins, et où il se trouvera quelques pavez cassez,
» rompus ou enlevez, qu'ils les fassent refaire et restablir
» promptement, mesme faire l'ouverture des maisons des refu-
» sants d'icelles, aux dépens des détempteurs desdites mai-
» sons, injonction préalablement faite auxdits détempteurs, et
» prendra garde que le pavé de neuf soit bien fait et qu'il ne
» se trouve plus haut élevé que celuy de son voisin.

» Deffendons au commis de nostre dit grand-voyer de donner
» aucune permission de faire des marches dans les rues, mais
» seulement continuer les anciennes ès lieux où elles n'empeschent
» le passage.

» Ne pourra aussi nostredit voyer ou commis, donner per-
» mission d'auvent plus bas que de dix pieds, à prendre du retz
» de chaussée en amont, et pour ceux qu'il donnera, ensemble
» pour les enseignes, luy appartiendra, etc...

» Voulons et nous plaist que ledit grand-voyer ou commis,
» pourvoyent des places vulgairement et anciennement appe-
» lées les places ordonnées par le feu roy saint Louis, estre
» aumosnées à pauvres femmes, veuves et filles orphelines et à
» marier, sises tant ès halles de Paris, rue aux Feure, qu'ès
» environs; comme aussi de toutes les autres places dépen-
» dantes de ladite voyrie...

» Lesquels lieutenants et commis de nostre grand-voyer
» pourront commettre en chacune ville un maçon ou autre
» personne capable, pour donner les allignements sur rues... »
Février 1626. — Édit sur la voirie.

26 octobre 1666. — Ordonnance des trésoriers de France,
portant réglement pour les saillies.

19 novembre 1666. — Arrêt du conseil sur le même objet.

18 août 1667. — Ordonnance de police sur les pignons et
constructions en bois.

Mars 1669. — Arrêt du conseil, portant que tous les alignements seront donnés par les trésoriers de France.

3 août 1685. — Arrêt du conseil d'état, relatif aux caves situées sous les rues.

29 octobre 1685. — Jugement du maître général des bâtiments sur le mode de construction des fondations et des murs.

Mars 1693. — Edit concernant la voirie.

16 juin 1693. — Déclaration du roi, « faisant défense à tous » particuliers, maçons et ouvriers, de faire démolir, construire » ou réédifier aucuns édifices ou bâtiments, élever aucuns pans » de bois, balcons ou auvents cintrés, établir travaux de ma- » réchaux, poser pieux ou barrières, étais ou étrésillons, sans » avoir pris les alignements et permissions nécessaires des tré- » soriers de France, à peine, contre les contrevenants, de 20 liv. » d'amende, etc. »

1er avril 1697. — Ordonnance du bureau des finances de Paris, portant réglements sur les saillies, etc.

1er juillet 1712. — Réglement concernant la police des bâtiments, les pans de bois, les entablements, etc.

28 avril 1719, et 13 octobre 1724. — Réglements sur les pans de bois.

22 mai 1725. — Arrêt du conseil sur la hauteur des seuils des portes et les pentes des pavés.

18 juillet 1729. — Déclaration du roi, concernant les formes à suivre pour la démolition des bâtiments en péril, et réglant les fonctions des *officiers du Châtelet de Paris*.

18 août 1730. — Autre déclaration du roi sur le même objet, et attribuant, par concurrence, juridiction dans le même cas aux *officiers du bureau des finances*. Elle reproduit presque littéralement celle du 18 juillet 1729, en ces termes :

» Art. 1er. — Qu'en cas de périls imminents des maisons et » bâtiments (1) de notre bonne ville et fauxbourgs de Paris, en

_____

(1) Le péril des constructions se reconnaît aux indices suivants : 1° Lorsque c'est par vétusté que l'une ou plusieurs des jambes étrières, trumeaux ou pieds-droits sont en mauvais état ; 2° Lorsque le mur de face sur une rue est en surplomb de la moitié

» ce qui regarde les murs ayant face sur rue , et tout ce qui
» pourrait, par sa chute, nuire à la voie publique, les com-
» missaires de la voirie aient une attention particulière pour
» s'en instruire.

» *Art.* 2. — Aussitôt qu'ils en auront avis, ils se transporte-
» ront sur les lieux, dresseront procès-verbal de ce qu'ils y
» auront remarqué, et qui pourrait être contraire à la sûreté
» de la voie publique.

» *Art.* 3. — Ils feront assigner sans retardement, à la requête
» du substitut de notre procureur-général au bureau des fi-
» nances, les propriétaires au premier jour d'audience dudit
» bureau, même à des jours extraordinaires, s'il y échet.

» *Art.* 4. — Les assignations seront données au domicile du
» propriétaire, s'il est connu et s'il est dans l'étendue de notre
» bonne ville ou faubourgs de Paris, sinon les assignations
» pourront être données à la maison même où se trouvera le
» péril, en parlant au principal locataire, ou à quelqu'un des
» locataires en cas qu'il n'y en ait pas de principal, et vau-
» dront lesdites assignations comme si elles avaient été données
» au propriétaire.

» *Art.* 5. — Au jour marqué pour l'assignation, le commis-
» saire de la voirie fera son rapport à l'audience; et si la
» partie ne compare pas, il sera, sur les conclusions de notre
» avocat audit bureau, ordonné, s'il y échet, que les lieux
» seront visités par expert qui sera nommé par ledit bureau.

» *Art.* 6. — Si la partie compare, et qu'elle ne dénie point le

de son épaisseur, dans quelque état que se trouvent les jambes étrières,
les trumeaux et pieds-droits;

3° Si le mur sur rue est *à fruit,* et s'il a occasionné, sur sa face
opposée, un surplomb égal au *fruit* de la face sur la rue;

4° Chaque fois que les fondations sont mauvaises, quand il ne se
serait manifesté dans la hauteur du bâtiment aucun *fruit* ni surplomb;

5° S'il y a un bombement égal au surplomb dans les parties inférieures du mur de face.

61

» péril, ledit bureau ordonnera, sur les conclusions de notre dit
» avocat, que la partie sera tenue de faire cesser le péril dans le
» temps qui sera prescrit par le jugement, et enjoint au commis-
» saire de la voirie d'y veiller.

» *Art. 7.* — Au cas que la partie soutienne qu'il n'y a aucun
» danger, elle aura la faculté de nommer un expert de sa part,
» pour faire la visite conjointement avec celui qui sera nommé
» par notre procureur audit bureau, et sera tenue la partie de
» le nommer sur-le-champ, sinon sera passé outre à la visite
» par l'expert seul qui aura été nommé par notre dit procureur.

» *Art. 8.* — La visite sera faite dans le temps qui aura été
» fixé par la sentence en présence de la partie, ou elle dûment
» appelée au domicile de son procureur, si elle a comparu,
» sinon en la forme prescrite par l'art. 4 ci-dessus, et ce, soit
» que la sentence ait été donnée contradictoirement ou par
» défaut, sans qu'il soit nécessaire, même dans le cas de la
» sentence rendue par défaut, d'attendre l'expiration de la
» huitaine; et en cas que la partie ait nommé un expert de sa
» part, et que les experts se trouvent d'avis différents, il sera
» nommé un tiers expert au premier jour d'audience, la partie
» présente ou dûment appelée au domicile de son procureur.

» *Art. 9.* — Sur le vu du rapport de l'expert ou des experts,
» la partie ouïe à l'audience, ou elle dûment appelée au domi-
» cile de son procureur, s'il y en a, ou s'il n'y en a point, en
» la forme prescrite par l'art. 4 ci-dessus, et ouï le commis-
» saire de la voirie, ensemble notre avocat audit bureau en ses
» conclusions, il sera ordonné, s'il y a lieu, que dans un
» certain temps le propriétaire de la maison sera tenu de faire
» cesser le péril, et d'y mettre à cet effet ouvriers; à faute de
» quoi, ledit temps passé, et sans qu'il soit besoin d'appeler les
» parties, sur le simple rapport verbal du commissaire de la
» voirie au bureau, portant qu'il n'y a été mis ouvriers, les
» juges ordonneront qu'il en sera mis à la requête de notre
» procureur audit bureau, poursuite et diligence dudit com-
» missaire de la voirie, à l'effet de quoi les deniers seront
» avancés par le receveur des amendes, dont lui sera délivré

» executoire sur la partie, pour en être remboursé par privi-
» lège et préférence à tous autres, sur le prix des matériaux
» provenant des démolitions, et subsidiairement sur le fonds et
» superficie des bâtiments desdites maisons ; ce qui sera pareille-
» ment observé dans le cas de l'art. 4 ci-dessus.

» *Art.* 10. Dans les occasions où le péril serait si urgent qu'on
» ne pourrait attendre le jour de l'audience, ni observer les
» formalités ci-dessus sans risquer quelque accident fâcheux,
» sur le rapport qui sera fait par le commissaire de la voirie à
» l'un des trésoriers de France qui sera commis à cet effet par
» le président de service audit bureau au commencement de
» chaque semestre.... et, les parties appelées en la forme pres-
» crite par l'art. 4, sera statué par ledit juge en son hôtel, par
» provision, ce qu'il jugera absolument nécessaire pour la sû-
» reté publique. »

Art. 11. — (*Il règle le conflit qui pourrait s'élever entre le
bureau des finances et le lieutenant-général de police.*)

« *Art.* 12. — Voulons que les jugements interlocutoires ou
» définitifs, qui seront rendus par le bureau des finances sur ce
» qui concernera lesdits périls imminents, soient exécutés par
» provision et sans préjudice de l'appel » (1).

---

(1) Le journal de droit municipal, intitulé *l'École des communes*,
a, dans son volume de 1839, pag. 196, mis en harmonie les formes
prescrites par cette déclaration avec l'ensemble de la législation nouvelle.

Voyez, sur le même objet, et sur l'autorité compétente aujourd'hui
pour ordonner la démolition, le *Traité du domaine public* de
M. Proudhon, 2e édition, no 449, et nos notes sous ce no, ainsi que
suprà, pag. 509 et suiv.

Un avis du conseil d'état du 27 avril 1818, après avoir visé l'art. 50
du décret du 14-22 décembre 1789, les articles 1, 3 et 13, tit. 9 du décret du 16 août 1790, l'art. 29 de celui du 19 juillet 1791, l'art. 21
de l'arrêté du 12 messidor an 8, l'art. 4 de la loi du 11 frimaire an 7,
et l'art. 471, no 5 du Code pénal, décide « qu'il doit être procédé,
» à l'égard des bâtiments menaçant ruine dont il y a lieu de provo-
» quer la démolition, suivant les formes administratives ; — que les
» frais de démolition doivent être avancés et supportés par les com-

12 décembre 1747. — Ordonnance du bureau des finances sur le jet des démolitions par les fenêtres, et sur les réparations des façades des maisons, sans permission préalable.

29 mars 1754. — Ordonnance du bureau des finances de Paris, concernant l'application des précédents arrêts sur la police générale des routes et chemins.

L'art. 4 en est ainsi conçu : « Faisons défense à tous habitants, » propriétaires, locataires ou autres, ayant maisons ou hé- » ritages le long des rues, grandes routes et autres grands » chemins, de construire ou reconstruire, soit en entier, soit » en partie, aucuns bâtiments sans en avoir pris alignements, » ni de poser échoppes ou choses saillantes sans en avoir obtenu » la permission; lesquels alignements et permissions seront » donnés... dans la généralité... par nous... conformément aux » plans levés et arrêtés, et déposés au greffe du bureau, ou » qui le seront dans la suite; et lesdits alignements seront » donnés sans frais.... à peine, contre les particuliers contre- » venants, de 300 liv. d'amende, de démolition des ouvrages » faits et de confiscation des matériaux ; et contre les maçons, » charpentiers et ouvriers, de pareille amende, et même de » plus grande peine en cas de récidive.... »

Cette ordonnance, faite seulement pour la généralité de Paris, a été confirmée par l'arrêt du conseil du 27 février 1765 ci-après, qui en a étendu les dispositions à toutes les généralités du royaume.

13 juillet 1764. — Ordonnance de police concernant les gouttières saillantes, art. 3 et 4.

27 février 1765. — Arrêt du conseil formant encore aujour-d'hui la principale règle de la matière, et contenant les disposi-tions suivantes :

» Les alignements pour constructions ou reconstructions de

_____

» munes, lorsque ces frais ne pourront être prélevés ni sur les maté- » riaux ni sur le fonds; — qu'il y a lieu de demander devant les » tribunaux le remboursement de ces frais, par privilège et préférence » sur toutes autres créances. »

» maisons, édifices ou bâtiments généralement quelconques, en
» tout ou en partie, étant *le long et joignant* les routes cons-
» truites soit dans les traverses des villes, bourgs et villages,
» soit en pleine campagne, ainsi que les permissions pour toute
» espèce d'ouvrages aux faces desdites maisons, édifices et bâti-
» ments, et pour établissements d'échoppes ou choses saillantes
» le long desdites routes, ne pourront être donnés en aucuns
» cas par autres que les trésoriers de France, le tout sans frais,
» et en se conformant par eux aux plans levés et arrêtés par les
» ordres de S. M., qui sont ou seront déposés par la suite au
» greffe du bureau des finances de leur généralité, et dans le
» cas où les plans ne seraient pas encore déposés audit greffe,
» veut S. M. qu'avant de donner lesdits alignements ou permis-
» sions, lesdits trésoriers de France se fassent remettre un rap-
» port circonstancié de l'état des lieux par l'ingénieur ou l'un des
» sous-ingénieurs des ponts et chaussées de ladite généralité, et
» que dudit alignement ou de ladite permission il soit déposé
» minute au greffe dudit bureau des finances, à laquelle ledit
» rapport sera et demeurera annexé.

» Fait S. M. défense à tous particuliers, propriétaires ou
» autres, de construire, reconstruire ou réparer aucuns édifices,
» poser échoppes ou choses saillantes le long desdites routes,
» sans en avoir obtenu les alignements ou permissions desdits
» trésoriers de France, à peine de démolition desdits ouvrages,
» confiscation des matériaux, et de 300 livres d'amende (1); et,
» contre les maçons, charpentiers et ouvriers, de pareille
» amende, et même de plus grande peine en cas de récidive. »

Par les deux dernières dispositions de cet arrêt, il est interdit à *tous autres*, c'est-à-dire aux pouvoirs féodal, municipal et
judiciaire, de continuer à s'immiscer dans les délivrances d'alignements ou permissions de grande voirie, et la matière est dé-

---

(1) Depuis longtemps la confiscation des matériaux n'est plus prononcée, et, par la loi du 23 mars 1842, l'amende peut être réduite à
16 francs.

clarée purement administrative, ressortissant par appel au conseil d'état.

Une ordonnance du bureau des finances du 18 juin de la même année 1765 a développé le principe de la prohibition portée par l'arrêt précédent, et une autre ordonnance réglementaire du 17 juillet 1781 en a aussi fait l'application à différents cas prévus dans l'intérêt de la conservation des chemins publics.

1er septembre 1779. — Ordonnance sur la reconstruction des maisons faisant encoignures, les écriteaux, les gouttières, les âtres et manteaux de cheminées.

10 avril 1783. — Déclaration du roi, concernant les constructions dans la ville et les faubourgs de Paris : Aucune rue nouvelle ne pourra être ouverte sur une largeur moindre de 30 pieds ; les anciennes seront successivement portées à cette dimension (art. 1er). — Il sera levé un plan général de la ville, qui sera déposé au greffe du bureau des finances (art. 2). — Défense est faite de construire ou reconstruire aucun mur de face sur la rue sans avoir déposé audit greffe le plan des ouvrages projetés, et avoir obtenu du bureau l'alignement conformément au plan général (art. 3). — Le plan général sera établi aux frais des propriétaires de maisons sur les rues (art. 4). — Fixation de la hauteur des maisons selon les largeurs des rues (art. 5). — Défense d'établir des saillies et porte à faux (art. 6). — Amendes, démolition, confiscation des matériaux et du sol en cas de contravention (art. 7).

25 août 1784. — Lettres-patentes du roi, qui modifient l'art. 5 de la déclaration précédente, relatif à la hauteur des maisons, et y ajoutent diverses explications (1).

6° FOSSÉS LE LONG DES ROUTES ET CHEMINS. — Voyez *suprà,*

---

(1) On trouve encore cités, dans les auteurs et les arrêts, deux édits de novembre 1697 et du 31 décembre 1781, une déclaration du roi du 8 juillet 1783, et des arrêts du conseil des 5 août 1682 et 6 octobre 1733, revêtus de lettres-patentes des 12, 17 et 22 mars 1739, concernant la voirie et les alignements, mais leurs dispositions ont été ou abrogées ou reproduites par les actes législatifs ci-dessus.

pag. 435, et en outre l'ordonnance du bureau des finances de Paris du 17 mai 1686, prescrivant aux riverains de relever les fossés tous les ans au 1er octobre, sous peine de 100 livres d'amende; l'arrêt du conseil du 17 juin 1721, ainsi que l'ordonnance du même bureau des finances du 18 juin 1765, qui défend aux riverains des grandes routes de pousser les labours jusqu'au pied et pourtour des arbres, haies ou bords des fossés, berges et talus; d'y planter et ensemencer, sous peine de 50 liv. d'amende.

7° PLANTATIONS LE LONG DES ROUTES ET CHEMINS. — (Voy. *suprà*, pag. 447.) L'édit de Henri II du 19 janvier 1552, motivé non sur l'ornement des routes, mais sur le manque de bois de charronnage, est ainsi conçu : « Comme après avoir entendu le » grand nombre d'ormes, qui nous fait de besoin chaque année » pour servir aux affûts et remontaiges de notre artillerie, et la » difficulté qui se trouve déjà d'en renouveller, de sorte qu'il » est tout apparent que nous sommes pour en tomber, par suc- » cession de temps, en très-grande faute et nécessité, à ces » causes ordonnons, sous peine d'amende arbitraire, aux sei- » gneurs haut-justiciers et aux manants et habitants des villes, » villages et paroisses, de faire planter des ormes le long des » voiries et grands chemins publics, et autres lieux qu'ils ver- » ront plus commodes et à propos. »

8° ESSARTEMENT LE LONG DES ROUTES. — Art. 3, tit. 28 de l'ordonnance d'août 1669, arrêts du conseil des 4 octobre 1670, 20 novembre 1671, 3 mai 1720 (art. 1er), 26 février 1771, et 6 février 1776 (art. 5), expliqués par la loi du 2 brumaire an 8, et par un avis du conseil d'état du 18 octobre 1824 (voy. *suprà*, pag. 776).

9° DISTANCE DES EXCAVATIONS ET DES CARRIÈRES PRÈS DES CHEMINS. — Voyez *suprà*, page 771, et encore l'art. 11 de l'ordonnance du bureau des finances du 24 mars 1754, ainsi que les art. 11 et 12 d'une autre ordonnance du même bureau du 30 avril 1772.

10° Prohibition d'avoir des caves sous la voie publique. — Édit du mois de décembre 1607 ; — arrêt du conseil d'état du 3 août 1685 ; — déclaration du roi du 16 juin 1693 ; — réglement de 1776 ; — ordonnance du bureau des finances de Paris du 4 septembre 1778.

11° Bornes milliaires. — Poteaux indicateurs. — Art. 6, tit. 28 de l'ordonnance d'août 1669 ; — ordonnances du bureau des finances des 2 août 1774 et 17 juillet 1781, art. 7 (voy. *suprà*, pag. 777).

12° Police du roulage. — 23 mai 1718, arrêt du conseil qui défend aux rouliers et voituriers de charger plus de 5 à 6 pièces de vin, ou plus de 3 milliers (1500 kilog.) pesant de marchandises sur les voitures à deux roues. — Cet arrêt est confirmé par un deuxième du 17 août 1727, et par une ordonnance du bureau des finances de Paris du 2 août 1774.

Une déclaration du roi du 14 novembre 1724, enregistrée au Parlement le 27 janvier 1725, renouvelée par arrêt du conseil du 27 avril 1772, considérant qu'à défaut de moyen de vérifier directement le poids des voitures, la fixation du nombre des chevaux est l'expédient le plus facile, détermine ce nombre d'après les saisons et selon l'espèce des voitures, en faisant une exception pour celles d'exploitation.

Enfin deux arrêts du même conseil des 20 avril et 28 décembre 1783, formant le dernier état de l'ancienne législation sur cette matière, déterminent le nombre de chevaux, indiquent les exceptions soit pour voitures d'exploitation, soit pour transports d'objets indivisibles, soit pour jantes ayant plus de cinq pouces (135 millim.) de largeur, prohibent les clous à tête saillante, et prescrivent l'apposition de plaques indicatives des nom et domicile du voiturier. Précédemment un arrêt du conseil du 4 mai 1624 avait fixé la longueur des essieux à 5 pieds 10 pouces (1 mètre 90 cent.), et une ordonnance du 12 novembre 1720, confirmée par arrêt du conseil du 22 novembre 1735, autorise l'emploi des barrières de dégel.

13° Mesures diverses de police. — Dans l'intérêt de la conservation des routes et de la sûreté de ceux qui les fréquentent, il était défendu :

1° Aux propriétaires, fermiers ou locataires riverains des chemins, — d'y faire aucune entreprise, telle que de combler les fossés, d'abattre les berges, et d'anticiper sur leur largeur en labourant ou autrement (*Réglements des 26 mai 1705, 17 juin 1721, 4 août 1731, 18 juin 1765 et 17 juillet 1781*).

2° Aux propriétaires dont les héritages sont plus bas que le chemin et en reçoivent les eaux, — d'en interrompre le cours soit par l'exhaussement, soit par la clôture de leurs terrains, sauf à eux néanmoins à construire et entretenir à leurs frais des aqueducs, gargouilles et fossés, conformément aux dimensions qui leur auront été données; — le tout sous peine de réparation à leurs frais et de 50 liv. d'amende (*Ordonnances des 13 février 1741, 22 juin 1751, 29 mars 1754, art. 6, 17 juillet 1781, art. 8*).

3° De faire aucune ouverture ou tranchée sur les routes, pour quelque cause que ce puisse être, sans en avoir obtenu la permission des trésoriers de France, — à peine de 100 liv. d'amende (*Ordonnances des 2 août 1774 et 17 juillet 1781, art. 13*). — Aux gravatiers, laboureurs, vignerons, jardiniers, charrons et autres, — de décharger des gravois, terres, fumiers, immondices, pierres, bois, ou autres empêchements au passage public, tant sur les chaussées de pavé, accotements et chemins de terre, que sur les ponts, aux avenues des ports, et dans les rues des villes, bourgs et villages où sont les grandes routes; — d'y laisser séjourner aucunes voiture, charrette, bois de charronnage, meule de foin ou de paille, ni quelque autre chose que ce soit qui puisse embarrasser la voie publique; — de faire des trous ou fouilles à côté des chaussées ou accotements, et sur les glacis; d'y faire aucune culture et d'y prendre du sable, de la pierre ou d'autres matériaux, — le tout sous peine de 50 livres d'amende, de confiscation, de réparation du dommage, et même de plus grande peine le cas échéant (*Réglements des 26 octobre et 19 novembre 1666, 28 mai 1714, 17 juin 1721, 4 août 1731, 17 mars 1739, 23 août 1743, 18 juin 1765, et 17 juillet 1781*).

4° Aux bergers, conducteurs de bœufs, vaches, moutons, chèvres et autres animaux, et à toute autre personne, — d'arracher ou d'endommager les arbres ou haies plantés le long des chemins, sous les peines ci-dessus (*mêmes réglements*); — de conduire les bestiaux en pâturage ou de les laisser répandre sur les bords des chemins plantés d'arbres et de haies d'épines, — à peine de confiscation des bestiaux et de 100 liv. d'amende, dont les pères de famille, maîtres, etc., seront civilement responsables (*arrêt du conseil du* 16 *décembre* 1759).

5° A toutes sortes de personnes, — de troubler les paveurs de chemins dans leurs ateliers, de les injurier, d'arracher les pieux mis pour la sûreté de leurs ouvrages, les bornes placées pour empêcher le passage des voitures sur les accotements de chaussées, celles qui défendent les parapets des ponts, les bornes milliaires grandes ou petites, les parapets ou anneaux de fer attachés aux ponts, — et ce sous peine de 300 liv. d'amende; — d'enlever les pavés, le bois, les pierres et les autres matériaux destinés aux ouvrages publics ou mis en œuvre, — à peine, contre les contrevenants, du carcan pour la première fois, et des galères en cas de récidive, et contre les recéleurs ou acheteurs de matériaux volés, de 1000 livres d'amende (*Réglements des* 14 *février* 1770, 4 *août* 1731, 29 *mars* 1754, 19 *juillet* 1757, 14 *novembre* 1760, 30 *avril* 1772, 2 *août* 1774, *et* 17 *juillet* 1781, *art.* 13).

6° Aux blanchisseurs ou blanchisseuses, aux jardiniers et à toute autre personne, — d'attacher aux arbres plantés le long des grands chemins, aucun cordage pour faire sécher des linges, des habillements, des légumes, ou sous quelque prétexte que ce soit, et d'établir ces étalages sur les haies bordant les routes, — à peine de 50 livres d'amende et de confiscation des linges et étalages (*art.* 2 *de l'ordonnance du bureau des finances du* 2 *août* 1774, *et* 7 *de celle du* 17 *juillet* 1781).

7° Aux propriétaires ou adjudicataires d'arbres le long des grands chemins, — de laisser séjourner sur les routes, leurs accotements et fossés, le bois provenant de l'abattage ou élagage desdits arbres, — à peine d'amende et de confiscation en cas de récidive (*art. 3 de ladite ordonnance de 1774 , et 7 de celle de* 1781).

8° Aux mendiants , bergers et tous autres , — de construire ou pratiquer sur les accotements, berges ou fossés des grands chemins, aucune cabane ou loge pour s'y retirer dans les mauvais temps, et de séjourner dans les mêmes lieux en y mendiant, — sous peine d'amende, et, en cas de récidive, d'emprisonnement (*art. 4 de ladite ordonnance de* 1774).

9° Aux rouliers et voituriers , — de dormir dans leurs voitures, de les abandonner ou de s'en écarter de manière à ne pouvoir y veiller continuellement, et d'embarrasser la voie publique en s'arrêtant et assemblant leurs voitures devant les portes des auberges , — à peine d'amende pour la première fois, et de confiscation des voitures , chevaux et marchandises, en cas de récidive (*art. 5 de ladite ordonnance*).

10° Aux mêmes rouliers et voituriers, et à toute autre personne , — de déposer ou laisser séjourner sur les grands chemins aucun cheval mort ou d'autres charognes ; lesquels objets devront être transportés à 300 toises au moins du chemin , — sous peine d'une amende de 300 livres contre les maîtres et domestiques solidairement (*art. 6 de ladite ordonnance*).

Les contrevenants pouvaient être assignés sur-le-champ devant les trésoriers de France dans la généralité de Paris, et devant les commissaires départis dans les autres généralités, pour être condamnés à l'amende. Les ordonnances étaient exécutoires par provision, sauf l'appel au conseil, et les syndics des paroisses devaient, à peine de responsabilité personnelle, déclarer à première réquisition, les noms des contrevenants ou des propriétaires riverains des routes (*arrêt du conseil du 17 juin* 1721).

14° MODE D'ENTRETIEN DES ROUTES ET CHEMINS. — Autrefois il était pourvu en France aux travaux de construction et d'entretien des voies de communication, d'après les ordres et sous la surveillance des officiers des ponts et chaussées pour les grandes routes, et des seigneurs pour les autres chemins, au moyen de corvées exigées sans rétribution des habitants les plus pauvres; d'où la division des corvées en publiques et en particulières.

La Normandie seule faisait exception; les arrêts du conseil des 18 juillet 1670 et 18 avril 1671, rendus pour cette province, ordonnent que tous les chemins royaux, publics et de traverse seront, à la diligence des vicomtes, réparés et entretenus aux frais des propriétaires d'héritages riverains, avec des cailloux, graviers ou fascines.

Une ordonnance du bureau des finances de Paris du 30 avril 1772, enjoint aux propriétaires des maisons ou fonds de cette généralité, de réparer et entretenir, chacun en son endroit, les revers de pavés et les accotements de chaussées entre leurs propriétés et la chaussée du milieu, et de combler les trous qui s'y trouveraient, de manière à empêcher la stagnation des eaux.

Les plaintes qui depuis longtemps s'élevaient de toute part contre l'impôt de la corvée (1), et les abus qu'entraînait sa ré-

---

(1) Une chose fort remarquable, c'est que J.-J. Rousseau, cet ardent apôtre de la liberté, s'élève contre la conversion de la corvée en taxes pécuniaires. « Sitôt que le service public, dit-il dans le chap. 15 » de son *Contrat social*, cesse d'être la principale affaire des ci- » toyens, et qu'ils aiment mieux servir de leur bourse que de leur » personne, l'état est déjà près de sa ruine. Faut-il marcher au com- » bat, ils paient des troupes et restent chez eux. Faut-il aller au » conseil, ils nomment des députés et restent chez eux. A force de » paresse et d'argent, ils ont enfin des soldats pour asservir la patrie » et des députés pour la vendre,..... Dans un état vraiment libre, les » citoyens font tout avec leurs bras et rien avec de l'argent. Loin de » payer pour s'exempter de leurs devoirs, ils paieraient pour les rem- » plir eux-mêmes. *Je suis bien loin des idées communes, je crois les* » *corvées moins contraires à la liberté que les taxes.* »

L'illustre président Bouhier, dans ses *Observations sur la Coutume de Bourgogne*, chap. 60, défend aussi la corvée, mais par d'autres motifs tirés de son origine, qu'il fait remonter aux Romains. « On ne » saurait, dit-il, sans injustice lui donner les noms odieux d'usurpa- » tion et d'extorsion..... A l'égard des mains-mortables, c'est une » suite naturelle de leur condition, dont la dureté a été fort miti- » gée..... et à l'égard des affranchis, c'est le prix de leur liberté, et » par conséquent une faveur dont l'avantage est inestimable, et dont » ils ne doivent jamais perdre le souvenir. »

partition, déterminèrent Louis XVI a en prononcer l'abolition, que M. de Trudaine avait le premier proposée ; il fut supprimé par le célèbre édit de février 1776, œuvre de Turgot ; on y substitua une contribution de tous les propriétaires de biens-fonds ou de droits réels sujets au vingtième dans la proportion de leur cotisation au rôle de cet impôt. Les fonds et droits réels du domaine de la couronne y furent assujettis comme les autres biens. Cet édit, qui avait été enregistré par force en un lit de justice tenu par le roi en personne, souleva les privilégiés. Le ministre auteur de cette innovation ayant été par suite renversé, la corvée fut *provisoirement* rétablie par une déclaration du 11 août suivant, dans le préambule de laquelle il est énoncé qu'en cela S. M. *cédait aux remontrances des Cours.*

Cependant, après un nouvel essai tenté en 1786, il intervint, le 27 juin 1787, une dernière déclaration portant que tous les travaux de confection et entretien des routes seraient exécutés dans tout le royaume au moyen d'une prestation ou contribution en argent, représentative de la corvée *définitivement supprimée* (1).

Telles sont les principales dispositions de notre ancienne législation sur la matière qui nous occupe ; malheureusement leur exécution est restée suspendue pendant les quinze années qui séparèrent l'ancienne monarchie de l'empire, et ce sommeil des lois a produit d'incalculables dommages. « Pendant long-" temps, écrivait le directeur général des ponts et chaussées aux " préfets, le 30 messidor an 10 (19 juillet 1802), la police des " grandes routes (et il faut en dire autant, à plus forte raison,

(1) Cette mesure commençait à produire d'heureux résultats lorsque survint la révolution, pendant laquelle les routes furent extrêmement négligées et détériorées. Malgré les décrets rendus les 22 mai 1792, 22 février 1793, 16 frimaire, 4 pluviôse an 2, 7 nivôse et 8 prairial an 3, et 28 messidor an 4, leur état de dégradation devint tel, qu'en l'an 5 et en l'an 6 on fut obligé de créer, pour leur entretien, une souscription volontaire et une taxe extraordinaire perçue à l'aide de barrières, et qui dura jusqu'au 24 avril 1806, date de la loi qui la convertit en un impôt sur le sel.

» des autres chemins) a été totalement négligée ; les précautions
» sages que l'expérience avait fait établir pour leur conserva-
» tion ont été oubliées ; le sol même consacré à la voie publique
» n'a point été respecté, et souvent on a vu des particuliers,
» profitant du silence momentané des lois, s'y permettre les an-
» ticipations les plus répréhensibles ; partout également les lois
» relatives aux alignements sont restées sans vigueur et sans
» exécution, et il en est résulté des inconvénients d'autant plus
» graves, que les effets en sont plus durables ; partout enfin, les
» réglements qui fixaient le poids des voitures sont tombés dans
» la désuétude la plus absolue ; et c'est à cet oubli funeste que
» l'on peut attribuer la cause principale de la détérioration des
» routes. »

§ 3.

DROIT FRANÇAIS NOUVEAU.

I.

14-18 DÉCEMBRE 1789. — *Décret relatif à la constitution des municipalités.*

Art. 50. Les fonctions propres au pouvoir municipal, sous la surveillance et l'inspection des assemblées administratives, sont : de régir les biens et revenus communs des villes, bourgs, paroisses et communautés ; de régler et d'acquitter celles des dépenses locales qui doivent être payées des deniers communs ; de diriger et faire exécuter les travaux publics qui sont à la charge de la communauté ;..... de faire jouir les habitants des avantages d'une bonne police, notamment de la propreté, de la salubrité, de la sûreté et de la tranquillité dans les rues, lieux et édifices publics (1).

_____

(1) Cette disposition a été étendue et expliquée par les art. 3, tit. XI, de la loi du 16-24 août 1790 ; 46, tit. 1er de celle du 19-22 juillet 1791, et 9, 10 et 11 de celle du 18 juillet 1837, textuellement rappor-tés ci-dessus, à la note de la page 892.

II.

26 juillet-15 aout 1790. — *Décret relatif aux droits de propriété et de voirie sur les chemins publics, rues et places de villages, bourgs ou villes, et arbres en dépendants.*

Art. 1er. Le régime féodal et la justice seigneuriale étant abolis, nul ne pourra dorénavant, à l'un ou à l'autre de ces deux titres, prétendre aucun droit de propriété ni de voirie sur les chemins publics, rues et places de villages, bourgs ou villes.

Art. 2. En conséquence, le droit de planter des arbres, ou de s'approprier les arbres crûs sur les chemins publics, rues et places de villages, bourgs ou villes, dans les lieux où il était attribué aux ci-devant seigneurs par les coutumes, statuts ou usages, est aboli.

III.

6, 7-11 sept. 1790. — *Décret relatif à la forme de procéder devant les autorités administratives et judiciaires.*

Art. 4. Les demandes et contestations sur le réglement des indemnités dues aux particuliers, à raison des terrains pris ou fouillés pour la confection des chemins, canaux ou autres ouvrages publics, seront portées de même, par voie de conciliation, devant le directoire de district, et pourront l'être ensuite au directoire de département, lequel les terminera en dernier ressort, conformément à l'estimation qui en sera faite par le juge de paix et ses assesseurs.

Art. 5. Les particuliers qui se plaindront des torts et dommages procédant du fait personnel des entrepreneurs et non du fait de l'administration, se pourvoiront contre les entrepreneurs, d'abord devant la municipalité du lieu où les dommages auront été commis, et ensuite devant le directoire de district, qui statuera en dernier ressort lorsque la municipalité n'aura pu concilier l'affaire.

Art. 6. L'administration, en matière de grande voirie, appartiendra aux corps administratifs ; et la police de conservation, tant pour les grandes routes que pour les chemins vicinaux, aux juges de district.

IV.

7-14 OCTOBRE 1790. — *Décret qui règle différents points de compétence des corps administratifs en matière de grande voirie.*

1° L'administration en matière de grande voirie, attribuée aux corps administratifs par l'art. 6 du décret des 6 et 7 septembre sur l'organisation judiciaire, comprend, dans toute l'étendue du royaume, l'alignement des rues, des villes, bourgs et villages qui servent de grandes routes.

V.

22 NOVEMBRE-1ᵉʳ DÉCEMBRE 1790. — *Décret relatif aux domaines nationaux, aux échanges, etc.*

Art. 2. Les chemins publics, les rues et places des villes, les fleuves et rivières navigables, les rivages, lais et relais de la mer, les ports, les havres, les rades, etc., et en général toutes les portions du territoire national qui ne sont pas susceptibles d'une propriété privée, sont considérés comme des dépendances du domaine public (1).

VI.

19-22 JUILLET 1791. — *Décret relatif à l'organisation d'une police municipale et correctionnelle.*

TIT. 1ᵉʳ — *Art.* 18. Le refus ou la négligence d'exécuter les règlements de voirie ou d'obéir à la sommation de réparer ou démolir les édifices menaçant ruine sur la voie publique, seront, outre les frais de la démolition ou de la réparation de ces édifices, punis d'une amende de la moitié de la contribution mobilière, laquelle amende ne pourra être au-dessous de 6 liv.

Art. 29. Sont confirmés provisoirement les règlements qui subsistent touchant la voirie, ainsi que ceux actuellement existants à l'égard de la construction des bâtiments, et relatifs à

(1) Cette disposition est presque textuellement reproduite par l'art. 538 du Code civil.

leur solidité et sûreté, sans que de la présente disposition il puisse résulter la conservation des attributions ci-devant faites sur cet objet à des tribunaux particuliers.

VII.

3-14 SEPTEMBRE 1791. — *Déclaration des droits de l'homme et du citoyen.*

Art. 17. La propriété étant un droit inviolable et sacré, nul ne peut en être privé, si ce n'est lorsque la nécessité publique, légalement constatée, l'exige évidemment et sous la condition d'une juste et préalable indemnité.

VIII.

28 SEPTEMBRE-6 OCTOBRE 1791. — *Décret concernant les biens et usages ruraux et la police rurale.*

TIT. I, SECT. VI. — *Des chemins.*

Art. 1 Les agents de l'administration ne pourront fouiller dans un champ pour y chercher des pierres, de la terre ou du sable nécessaires à l'entretien des grandes routes ou autres ouvrages publics, qu'au préalable ils n'aient averti le propriétaire, et qu'il ne soit justement indemnisé à l'amiable ou à dire d'experts, conformément à l'art. 1er du présent décret.

Art. 2. Les chemins reconnus par le directoire de district pour être nécessaires à la communication des paroisses, seront rendus praticables et entretenus aux dépens des communautés sur le territoire desquelles ils sont établis; il pourra y avoir à cet effet une imposition au marc la livre de la contribution foncière.

Art. 3. Sur la réclamation d'une des communautés, ou sur celle des particuliers, le directoire de département, après avoir pris l'avis de celui du district, ordonnera l'amélioration d'un mauvais chemin, afin que la communication ne soit interrompue dans aucune saison, et il en déterminera la largeur.

TIT. II. — *Art.* 40. Les cultivateurs ou tous autres qui auront dégradé ou détérioré, de quelque manière que ce soit, des chemins publics, ou usurpé sur leur largeur, seront condamnés à la réparation ou à la restitution, et à une amende qui ne pourra être moindre de trois livres, ni excéder vingt-quatre livres.

Art. 41. Tout voyageur qui déclorra un champ pour se faire un passage dans sa route, paiera le dommage fait au propriétaire ; et, de plus, une amende de la valeur de trois journées de travail, à moins que le juge de paix du canton ne décide que le chemin public était impraticable ; et alors les dommages et les frais de clôture seront à la charge de la communauté (1).

Art. 44. Les gazons, les terres ou les pierres des chemins publics ne pourront être enlevés, en aucun cas, sans l'autorisation du directoire du département.

IX.

28 AOUT-14 SEPTEMBRE 1792. — *Décret relatif au rétablissement des communes et des citoyens dans les propriétés et droits dont ils ont été dépouillés par l'effet de la puissance féodale.*

Art. 14. Tous les arbres existants actuellement sur les chemins publics, autres que les grandes routes nationales, et sur les rues des villes, bourgs et villages, sont censés appartenir aux propriétaires riverains, à moins que les communes ne justifient en avoir acquis la propriété par titre ou possession.

X.

1 ET 4 AVRIL 1793. — *Décret qui ordonne la division et la vente par lots séparés, des biens nationaux.*

Art. 12. Dans le cas où la division d'un bien national exigerait l'ouverture d'une rue, et que, pour y parvenir, il serait nécessaire de faire au nom de la nation l'acquisition de maisons ou terrains appartenant à des particuliers, cette acquisition ne pourra avoir lieu qu'en vertu d'un décret de la convention nationale ; et, à cet effet, l'administrateur des biens nationaux lui enverra toutes les pièces propres à constater les avantages du

(1) Voyez l'historique de cette disposition, pages 806 et 927 ci-dessus.

projet de division, dont l'exécution devra donner lieu à l'acquisition proposée.

Art. 13. Lorsque la convention aura décrété l'acquisition, au nom de la nation, desdits maisons ou terrains, l'évaluation en sera faite par deux experts nommés, l'un par le propriétaire, et l'autre par le directoire de district, en prenant pour base le capital à cinq pour cent des loyers ou fermages connus ou présumés, et il sera ajouté au prix ainsi réglé un quart en sus, par forme d'indemnité accordée aux propriétaires.

XI.

24 JUIN 1793. — *Acte constitutionnel et déclaration des droits de l'homme.*

Art. 19. Nul ne peut être privé de la moindre portion de sa propriété sans son consentement, si ce n'est lorsque la nécessité publique légalement constatée l'exige, et sous la condition d'une juste et préalable indemnité.

XII.

10 JUIN 1793. — *Décret contenant le mode de partage des biens communaux.*

SECT. 1re. — *Art.* 5. Seront exceptés du partage, les places, promenades, voies publiques et édifices à l'usage des communes; et ne sont point compris au nombre des biens communaux, les fossés et remparts des villes, les édifices et terrains destinés au service public, les rivages, lais et relais de la mer, les ports, les hâvres, les rades, et, en général, toutes les portions du territoire qui, n'étant pas susceptibles d'une propriété privée, sont considérées comme une dépendance du domaine public.

XIII.

16-20 FRIMAIRE AN II (6-10 décembre 1793). — *Décret qui ordonne la réparation des routes et des ponts aux frais de l'État.*

Art. 1. Tous les travaux publics seront faits et entretenus aux frais de la république, à compter du 1er nivôse; en conséquence, tous les grands chemins, ponts et levées, seront faits et entretenus par le trésor public : les chemins vicinaux continueront d'être aux frais des administrés, sauf les cas où ils deviendraient nécessaires au service public.

XIV.

23 MESSIDOR AN V (11 juillet 1797). — *Arrêté du directoire exécutif qui ordonne la confection d'un état général des chemins vicinaux de chaque département.*

Le directoire exécutif, considérant que la destination des chemins vicinaux ne peut être que de faciliter l'exploitation des terres ou les communications de commune à commune ; que toutes les fois que ce double objet est rempli, l'ouverture de nouveaux chemins n'est plus qu'une usurpation sur l'agriculture ; que cette espèce de chemins, par l'effet de l'intérêt personnel, et au très-grand dommage de l'intérêt public, s'est multipliée au point de diminuer sensiblement les produits du territoire de la République ; que ce genre d'abus menace de prendre, de jour en jour, de funestes accroissements ;

Vu les art. 2 et 3 de la section VI de la loi du 28 septembre-6 octobre 1791 ;

Considérant que, par ces articles de ladite loi, la surveillance du territoire se trouve attribuée aux directoires de district et de département, représentés aujourd'hui par les seules administrations centrales de département ; que c'est à ces administrations centrales à faire entretenir les chemins vicinaux utiles, et à déterminer leur largeur, afin d'empêcher le double inconvénient d'un empiétement trop considérable sur les terrains susceptibles de culture, ou du refus de faire le sacrifice de la partie de ces terrains nécessaire aux chemins vicinaux destinés aux relations indispensables de commune à commune, et à l'exploitation des terres, arrête :

Art. 1. Dans chaque département de la République, l'administration centrale fera dresser un état général des chemins vicinaux de son arrondissement, de quelque espèce qu'ils puissent être. (*Voyez infrà*, n° XXII.)

Art. 2. D'après cet état, elle constatera l'utilité de chacun des chemins dont il sera composé.

Art. 3. Elle désignera ceux qui, à raison de leur utilité, doivent être conservés, et prononcera la suppression de ceux reconnus inutiles.

Art. 4. L'emplacement de ces derniers sera rendu à l'agriculture.

XV.

3 FRIMAIRE AN VII (23 novembre 1798). — *Loi relative à la répartition, à l'assiette et au recouvrement de la contribution foncière.*

Art. 103. Les rues, les places publiques servant aux foires et marchés, les grandes routes, les chemins publics vicinaux et les rivières ne sont point cotisables.

XVI.

11 FRIMAIRE AN VII (1er décembre 1798). — *Loi qui détermine le mode administratif des recettes et dépenses départementales, municipales et communales.*

Art. 4. Les dépenses communales, quant aux communes faisant partie d'un canton, sont celles :

1o De l'entretien du pavé pour les parties qui ne sont pas grandes routes;

2o De la voirie et des chemins vicinaux dans l'étendue de la commune;

5o De l'entretien des fossés, aqueducs et ponts à un usage et d'une utilité particuliers à la commune, et qui, de leur nature, ne font pas partie des objets compris dans les dépenses générales des travaux publics.

XVII.

2 BRUMAIRE AN VIII (24 octobre 1799). — *Loi qui autorise à arracher un bois planté sur une grande route.*

Le conseil.... considérant que le bois de la Touche est dangereux en ce que, par sa proximité de la grande route, il a servi et sert encore de repaire aux brigands de toute espèce, et met en danger les voyageurs;

Considérant cependant que le propriétaire de ce bois a droit de prétendre à une indemnité proportionnée à sa valeur, déterminée sous le rapport du produit annuel, et qu'il est de toute justice de fixer cette indemnité avant de procéder à l'arrachis de la partie indiquée,

Approuve.... la résolution suivante :

1° L'administration centrale de Loir-et-Cher est autorisée à faire arracher le bois taillis appelé le bois de la Touche, situé sur la route de Blois à Orléans, entre Suèvres et Mer.

2° Cet arrachis ne pourra se faire que sur la surface de 120 mètres de chaque côté de la grande route, dans toute son étendue, de manière que cette route en soit totalement isolée.

3° Avant d'entreprendre cet arrachis, l'administration centrale traitera avec le propriétaire, soit à l'amiable, soit par arbitres ; dans ce dernier cas, elle en désignera un, qui, réuni à celui du propriétaire, sinon nommé d'office par le juge de paix de son domicile, procédera à l'estimation du bois qu'il convient d'arracher, et dressera procès-verbal de leur estimation. Il en sera donné copie au propriétaire pour lui servir de titre.

4° Le bois arraché sera vendu à la requête de l'administration par huissier qu'elle commettra à cet effet. Le prix en provenant sera remis au propriétaire pour le payer, ou venir d'autant en déduction sur la somme qui lui sera due. En cas d'insuffisance, l'administration lui délivrera un mandat du restant de sa créance, à prendre sur les fonds destinés à l'acquit des dettes de cette nature.

XVIII.

28 PLUVIOSE AN VIII (17 février 1800). — *Loi concernant la division du territoire français et l'administration.*

Art. 15. Il y aura un conseil municipal dans chaque ville, bourg ou autre lieu pour lequel il existe un agent municipal et un adjoint.

Il réglera la répartition des travaux nécessaires à l'entretien et aux réparations des propriétés qui sont à la charge des habitants.

Il délibérera sur les besoins particuliers et locaux de la municipalité, sur les emprunts, sur les octrois ou contributions en centimes additionnels qui pourront être nécessaires pour subvenir à ces besoins; sur les procès qu'il conviendra d'intenter ou de soutenir pour l'exercice et la conservation des droits communs.

XIX.

4 THERMIDOR AN X (23 juillet 1802). — *Arrêté du gouvernement relatif à une convocation extraordinaire des conseils municipaux.*

Art. 6. Les chemins vicinaux seront à la charge des communes. — Les conseils municipaux émettront leur vœu sur le mode qu'ils jugeront le plus convenable pour parvenir à leur réparation. Ils proposeront à cet effet l'organisation qui leur paraîtrait devoir être préférée pour la prestation en nature.

Art. 22. Lorsqu'il y aura des dépenses communes à plusieurs municipalités, le sous-préfet déterminera, sur l'avis des conseils municipaux, la proportion dans laquelle chaque commune supportera la dépense.

Sur la décision du sous-préfet, approuvée par le préfet, le conseil municipal sera obligé de porter dans l'état des dépenses annuelles de sa commune, la part à laquelle elle aura été assujettie.

Art. 23. Le sous-préfet veillera à ce que les dépenses communes à plusieurs municipalités soient acquittées par chacune d'elles, pour la part à laquelle elles sont tenues, de manière à ce que le service dont ces dépenses sont le prix, ne puisse jamais être interrompu.

XX.

24 VENDÉMIAIRE AN XI (16 octobre 1802). — *Arrêté consulaire qui annulle une décision de l'administration du département du Rhône relative à la suppression d'un chemin vicinal.*

Vu la loi du 22 novembre-1er décembre 1790 sur la législation domaniale, portant, art. 2 : (*Voyez ci-dessus le texte de cet article.*)

Considérant que cette loi n'est relative qu'aux biens qui com-

posaient et doivent continuer à composer le domaine national;
que les chemins publics dont elle parle sont les routes faites et
entretenues aux frais de la nation; que celle-ci n'a jamais entendu s'emparer des chemins vicinaux composés de terrains
achetés ou échangés par les communes, ou fournis gratuitement
par les propriétaires pour le service particulier des communes;
que les lois des 6 octobre 1791, 16 frimaire an II, et 11 frimaire an VII, qui ont laissé l'entretien des chemins à la charge
des communes, sauf le cas où ils deviendraient nécessaires au
service public, ne donnent point à croire qu'ils soient des propriétés nationales;

Considérant qu'un chemin vicinal appartient à la commune;
que si des particuliers ou une commune croient avoir droit de
réclamer, c'est devant le préfet qu'ils doivent se pourvoir, sauf
à lui à renvoyer devant les tribunaux, s'il y a des questions de
propriété entre particuliers à décider.

Le conseil d'état entendu, arrête, etc.

XXI.

29 GERMINAL AN XI, 4 ET 10 PLUVIOSE ET 24 VENTOSE AN XII (19
avril 1803, 25 et 31 janvier et 15 mars 1804). — *Code
civil.*

Art. 537. ..... Les biens qui n'appartiennent pas à des particuliers sont administrés et ne peuvent être aliénés que dans les
formes et suivant les règles qui leur sont particulières.

Art. 538. Les chemins, routes et rues à la charge de l'état,
les fleuves et rivières navigables ou flottables, les rivages, lais
et relais de la mer, les ports, les hâvres, les rades, et généralement toutes les portions du territoire français qui ne sont pas
susceptibles d'une propriété privée, sont considérés comme des
dépendances du domaine public.

Art. 545. Nul ne peut être contraint de céder sa propriété si
ce n'est pour cause d'utilité publique, et moyennant une juste et
préalable indemnité.

Art. 650. Celles (les servitudes) établies (par la loi) pour
l'utilité publique ou communale ont pour objet le marchepied le

long des rivières navigables ou flottables, la construction ou réparation des chemins ou autres ouvrages publics ou communaux. — Tout ce qui concerne cette espèce de servitude est déterminé par des lois ou des réglements particuliers.

Art. 714. Il est des choses qui n'appartiennent à personne, et dont l'usage est commun à tous. — Des lois de police règlent la manière d'en jouir.

Art. 2226. On ne peut prescrire le domaine des choses qui ne sont point dans le commerce.

Art. 2227. L'état, les établissements publics et les communes sont soumis aux mêmes prescriptions que les particuliers, et peuvent également les opposer.

XXII.

9 VENTOSE AN XIII (28 février 1805). — *Loi relative aux plantations des grandes routes et des chemins vicinaux.*

Art. 6. L'administration publique fera rechercher et reconnaître les anciennes limites des chemins vicinaux, et fixera, d'après cette reconnaissance, leur largeur, suivant les localités, sans pouvoir cependant, lorsqu'il sera nécessaire de l'augmenter, la porter au-delà de six mètres, ni faire aucun changement aux chemins vicinaux qui excèdent actuellement cette dimension (1). (*Voy. suprà,* n° XIV.)

---

(1) Voici, à cet égard, les principales dispositions d'une instruction adressée, le 7 prairial an XIII (27 mai 1805), par le ministre de l'intérieur aux préfets, et dont l'autorité n'était pas moins grande que celle de la loi :

« Une loi du 9 ventôse an XII (29 février 1804) et celle du 9 ventôse dernier (28 février 1805), relative aux plantations des grandes routes et des chemins vicinaux, donnent à l'autorité administrative de nouvelles attributions qu'il est essentiel de fixer.

» Cette dernière loi porte, art. 6, que *l'administration publique fera rechercher et reconnaître les anciennes limites des chemins vicinaux, et fixera d'après cette reconnaissance, leur largeur, suivant les localités, sans pouvoir cependant, lorsqu'il sera nécessaire de l'augmenter, la porter au-delà de six mètres, ni faire aucun chan-*

Art. 7. A l'avenir, nul ne pourra planter sur le bord des chemins vicinaux, même dans sa propriété, sans leur conserver

---

gement aux chemins vicinaux qui excèdent actuellement cette dimension.

» Pour l'exécution de cette disposition, il paraît convenable que vous chargiez chaque maire de former l'état des chemins vicinaux de sa commune. Cet état devra en indiquer la direction et les différentes largeurs.

» S'il existe quelques titres qui fassent connaître ces particularités, ou qui constatent simplement que ces chemins sont une propriété communale ou publique, il en sera fait mention sur cet état; le maire y joindra des observations sur les élargissements qu'il serait utile de leur donner, soit en général, soit partiellement.

» L'état, ainsi disposé, devra être publié dans la commune.

» Les habitants seront invités à en prendre connaissance, et à adresser au maire, dans un délai de quinze jours, les réclamations qu'ils pourraient avoir à faire soit sur la largeur, soit sur la direction ou la propriété desdits chemins.

» Le tout sera ensuite, ainsi que l'état dressé par le maire, soumis au conseil municipal, qui devra vérifier les faits énoncés par le maire, et délibérer, tant sur les dispositions proposées par celui-ci, que sur les difficultés ou réclamations élevées par les habitants.

» Il donnera son avis sur les élargissements à faire; et il établira, d'après le vu ou l'absence des titres, s'ils doivent s'opérer à titre gratuit sur les propriétés contiguës, ou si la commune doit payer la valeur des terrains à acquérir.

» Vous ferez remarquer, à ce sujet, aux conseils municipaux, que ni la loi du 9 ventôse dernier, ni aucune autre, ne déroge aux principes conservateurs des propriétés privées, et que, si le besoin public exige qu'on prenne une portion de ces propriétés, la loi veut qu'on indemnise préalablement les propriétaires.

» La délibération du conseil municipal sera soumise au sous-préfet; ce fonctionnaire discutera les points contentieux; il vous donnera un avis motivé.

» L'exécution de cette partie de la loi, surtout lorsqu'il s'agira de reprendre sur les propriétés qui bordent les chemins, les terrains nécessaires pour rendre à ces chemins la largeur qu'ils devraient avoir, fera naître probablement plusieurs difficultés relatives à la propriété des terrains réclamés. Pour connaître l'autorité qui, en cette matière, doit prononcer sur la question de propriété que ces réclamation préla largeur qui leur aura été fixée en exécution de l'article précédent.

---

senteront, il faut rapprocher des dispositions de cette dernière loi, celles du 9 ventôse an 12.

» L'art. 5 porte : *Tous les biens communaux possédés à l'époque de la publication de la présente loi, sans acte de partage, et qui ne seront pas dans le cas précisé par l'art. 3 (celui d'un partage fait sans qu'il en ait été dressé acte), ou pour lesquels les déclarations et soumissions de redevance n'auront pas été faites dans le délai et suivant les formes prescrites par le même article, rentreront entre les mains des communautés d'habitants. En conséquence, les maires et adjoints, les conseils municipaux, les sous-préfets et préfets, feront et ordonneront toutes les diligences nécessaires pour faire rentrer les communes en possession.*

» L'art. 6 n'attribue au conseil de préfecture la connaissance que des contestations, soit sur les actes et les preuves de partage de biens communaux, soit sur l'exécution des conditions prescrites par l'art. 3, et cette limitation d'attributions semble d'abord exclure le cas établi par l'art. 5; mais l'art. 9 fixe à ce sujet l'intention du législateur. Cet article dit qu'*il ne sera prononcé de restitution de fruits en jouissance, ni par les tribunaux, en faveur des tiers, dans le cas des répétitions prévues par l'art. 8, ni par les conseils de préfecture, en faveur des communes*, dans celui mentionné en l'art. 5, *qu'à compter, etc.*

» Il résulte de cette dernière disposition, que le conseil de préfecture doit connaître aussi des possessions de biens communaux qui n'ont pas eu pour origine un partage plus ou moins illégal, et qui ne sont, par conséquent, que l'effet d'*usurpations* ordinaires.

» Les chemins vicinaux sont généralement composés de terrains acquis par les communes; ils forment une partie des biens communs; la connaissance des usurpations sur ces chemins doit donc appartenir au conseil de préfecture.

» Vous reconnaîtrez facilement que cette attribution donnée au conseil, par les dispositions combinées des deux lois du 9 ventôse an XII et du 9 ventôse dernier, ne nuit en rien au pouvoir qu'ont toujours les tribunaux de connaître des questions de propriété relatives à tous autres terrains que ceux qu'on peut supposer devoir faire partie des chemins vicinaux. Au reste, le conseil, dans l'exercice de cette attribution, ne devra pas perdre de vue qu'elle lui est donnée comme objet d'administration; il devra, par conséquent, distinguer les usurpations manifestes des empiétements douteux ou très-anciens; et

Art. 8. Les poursuites en contravention aux dispositions de la présente loi, seront portées devant les conseils de préfecture, sauf le recours au conseil d'état.

---

lorsqu'il ne lui sera pas évidemment prouvé qu'un terrain a dû, de mémoire d'homme, faire partie d'un chemin auquel il s'agira de rendre sa largeur, il sera de sa justice d'obliger les communes à dédommager les propriétaires.

» L'établissement, la direction, le changement et l'entretien des chemins vicinaux restent dans les attributions du préfet.

» Deux genres de délits peuvent porter atteinte à la conservation des chemins vicinaux.

» Les uns, tels que les envahissements, les empiétements, les plantations d'arbres, etc., tendent à changer la largeur ou la direction que l'administration a fixée.

» Ces contraventions, conformément aux deux lois des 9 ventôse an XII et 9 ventôse an XIII, sont réprimées par le conseil de préfecture. Elles devront être constatées journellement par des procès-verbaux que dresseront les officiers de police municipale; le maire fera dénoncer ce procès-verbal au propriétaire délinquant; et si dans la huitaine, à compter du jour de la dénonciation, le chemin n'a pas été remis dans son état primitif, le maire devra vous faire passer, par la voie de la sous-préfecture, le procès-verbal du garde-champêtre, avec copie de l'acte de notification faite au délinquant, pour vous mettre à portée de provoquer, auprès du conseil de préfecture, la décision convenable. Vous la rendrez exécutoire soit pour faire confectionner d'office les ouvrages nécessaires, soit pour faire payer les dépenses qu'ils auront occasionnées, et ce conformément au mode prescrit pour le recouvrement des contributions publiques.

» D'autres délits, tels que dépôts de fumiers, matériaux ou autres encombrements, fouillements de terre, enlèvements de bornes ou de pierres, comblements de fossés ou autres dégradations, nuisent au bon état des chemins et au libre usage de la voie publique.

» Ces détériorations, soit qu'elles soient commises par les riverains, soit qu'elles soient attribuées à d'autres habitants, sont des délits de police dont la connaissance n'a point été retirée à l'autorité judiciaire. Ils doivent être constatés journellement par le garde-champêtre ou autres officiers de police municipale, pour être ensuite dénoncés au juge de paix, et réprimés par voie d'amende et d'indemnités.

» Quant au mode d'entretien, il a déjà été réglé qu'on emploirait la prestation en nature; mais on n'a pas déterminé quels seraient les

XXIII.

24 JUILLET 1806. — *Décret concernant la compétence relativement aux usurpations commises sur les chemins vicinaux.*

Vu la loi du 9 ventôse an XIII ;

Considérant que la loi précitée attribue la police de conservation des chemins vicinaux, en ce qui concerne leur direction, leur étendue et leur largeur, à l'autorité administrative, et le contentieux y relatif aux conseils de préfecture ;

Que par conséquent le juge de paix de Geaune n'était pas compétent pour juger l'usurpation dont s'est plaint l'adjoint au maire de cette commune.....

Le maire de la commune se pourvoira, s'il y a lieu, devant le conseil de préfecture du département, pour faire prononcer sur l'usurpation reprochée au sieur Darrieu (1).

XXIV.

16 SEPTEMBRE 1807. — *Loi relative au desséchement des marais, etc.*

Art. 29. Lorsqu'il y aura lieu..... à l'ouverture ou à l'entretien de grandes routes d'un intérêt local, à la construction ou

---

habitants qui devraient concourir à cette charge... (*Ici sont exposées, pour la première fois, les règles sur la prestation en nature et sur son mode de répartition.*)

» J'ai remarqué que, dans quelques départements, on mettait le curement des fossés creusés le long des chemins, à la charge des seuls propriétaires aboutissants. Cette mesure est injuste. Les fossés font partie des chemins, et ils doivent être entretenus de la même manière ; sauf les poursuites à faire et les amendes à appliquer aux propriétaires qui auraient fait des encombrements extraordinaires, ainsi que je vous l'ai déjà fait observer. »

UNE circulaire du ministre de l'intérieur du 16 novembre 1839 a également prescrit la confection, dans chaque commune, d'un tableau ou état de tous les chemins publics non classés parmi les vicinaux, et qui sont qualifiés de *chemins ruraux*.

(1) Il existe plusieurs autres décrets semblables, cités par M. de Cormenin, *Quest. de droit administratif*, verbo *chemins vicinaux*.

à l'entretien de ponts sur lesdites routes ou sur des *chemins vi-cinaux*, les départements contribueront dans une proportion, les arrondissements les plus intéressés, dans une autre, les communes les plus intéressées, d'une manière encore différente : le tout selon les degrés d'utilité respective. Le gouvernement ne fournira de fonds, dans ce cas, que lorsqu'il le jugera convenable; les proportions des diverses contributions seront réglées par des lois spéciales.

Art. 30. Lorsque par suite des travaux déjà énoncés dans la présente loi, lorsque par l'ouverture de nouvelles rues, par la formation de places nouvelles, par la construction de quais ou par tous autres travaux publics généraux, départementaux ou *communaux*, ordonnés ou approuvés par le gouvernement, des propriétés privées auront acquis une notable augmentation de valeur, ces propriétés pourront être chargées de payer une indemnité qui pourra s'élever jusqu'à la valeur de la moitié des avantages qu'elles auront acquis : le tout sera réglé par estimation dans les formes déjà établies par la présente loi, jugé et homologué par la commission qui aura été nommée à cet effet.

Art. 49. Les terrains nécessaires pour l'ouverture des canaux et rigoles de desséchement, des canaux de navigation, de routes, de rues, la formation de places et autres travaux reconnus d'une utilité générale, seront payés à leurs propriétaires, et à dire d'experts, d'après leur valeur avant l'entreprise des travaux, et sans nulle augmentation du prix d'estimation.

Art. 50. Lorsqu'un propriétaire fait volontairement démolir sa maison, lorsqu'il est forcé de la démolir pour cause de vétusté, il n'a droit à indemnité que pour la valeur du terrain délaissé, si l'alignement qui lui est donné par les autorités compétentes le force à reculer sa construction.

Art. 51. Les maisons et bâtiments dont il serait nécessaire de faire démolir et d'enlever une portion pour cause d'utilité publique légalement reconnue, seront acquis en entier, si le propriétaire l'exige; sauf à l'administration publique ou aux communes à revendre les portions de bâtiment ainsi acquises, et qui ne seront pas nécessaires pour l'exécution du plan. La cession par le propriétaire à l'administration publique ou à la commune, et la revente, seront effectuées d'après un décret rendu en conseil d'état sur le rapport du ministre de l'intérieur, dans les formes prescrites par la loi.

Art. 52. Dans les villes (1), les alignements pour l'ouverture des nouvelles rues, pour l'élargissement des anciennes qui ne font point partie d'une grande route, ou pour tout autre objet d'utilité publique, seront donnés par les maires, conformément au plan dont les projets auront été adressés aux préfets, transmis avec leur avis au ministre de l'intérieur, et arrêtés en conseil d'état (2).

---

(1) Dont la population est de 2,000 ames et au-dessus (*Circulaires du ministre de l'intérieur des* 17 août 1813 *et* 7 *avril* 1818).

(2) **Dix** circulaires, rappelées par leurs dates, pag. 456 ci-dessus, ont été émises par le ministre de l'intérieur pour l'exécution de cet article; leurs prescriptions, en ce qui concerne la rédaction et la forme matérielle des plans, se trouvent résumées dans l'instruction suivante, annexée à celle du 2 octobre 1815.

» 1° Les plans de villes qui restent à lever ou à rapporter, seront à deux échelles différentes, savoir : les plans généraux, à un demi-millimètre pour mètre ; et les plans de division, à deux millimètres pour mètre.

» 2° Les plans généraux contiendront le tracé des rues, places, etc., en lignes noires. Ils indiqueront aussi les masses des édifices publics, les boulevards, cours et promenades, avenues, plantations. Les cours d'eau apparents seront lavés en couleur d'eau ; ceux des eaux couvertes, ponctués et lavés plus pâle. Aux bordures des voies publiques, on lavera en gris ce qui est bâti, et en couleur de terre ou bistre léger ce qui ne l'est pas. On indiquera les clôtures en murs, palissades et haies. Autant que possible, les plans généraux seront en une seule feuille pliée, quand le besoin l'exigera, et placés en tête de l'atlas des plans de division. Le nord sera au haut du plan général, et indiqué par une boussole linéaire.

» 3° Les plans de division par îles entourées de rues, quais, cours d'eau, etc., seront à l'échelle de deux millimètres pour mètre. Ils formeront un atlas, dont chaque feuille aura un mètre de long sur soixante-cinq centimètres de hauteur, pliée en deux, de manière à en bien développer les plis. Les propriétés auront leurs faces actuelles sur les voies publiques, tracées en lignes noires, ainsi que les faces

En cas de réclamation des tiers intéressés, il sera de même statué en conseil d'état sur le rapport du ministre de l'intérieur.

Art. 53. Au cas où, par les alignements arrêtés, un proprié-

---

des édifices publics. Les faces seront lavées en gris, pour ce qui est bâti, et en couleur de terre, pour ce qui ne l'est pas; les eaux, clôtures, plantations, comme il vient d'être dit. On indiquera, à ces faces, les séparations respectives des propriétés. Chaque division aura un liseré de couleur ou une ligne ponctuée, dont le pourtour se répétera au plan général. Il y aura, à l'un et à l'autre plan, un numéro correspondant à chaque feuille divisionnaire. Les plans de division auront toujours, comme le plan général, le nord placé dans la marge supérieure, et la direction de ce point de l'horizon sera retracée par une flèche.

» 4° Sur l'un et l'autre plan, on écrira le nom des rues, places, etc.; ceux de tous les édifices publics, des rivières, cours ou promenades; et sur chaque plan de division, on placera par rue, place et quai, une série de numéros sur chaque division de propriété, en mettant des numéros pairs à droite et des impairs correspondants à gauche, à partir du centre de la ville.

» 5° Les alignements proposés seront tracés en lignes rouges. Ce dont on avancera sera lavé en rouge pâle, et ce dont on reculera, en jaune.

» Les projets généraux de percements et d'embellissements seront ponctués en rouge; on sera très-circonspect sur les avancements, en ne visant pas à un parallélisme bon en rues nouvelles, inutile souvent dans les rues anciennes où il ne s'agit que de redressements partiels; ces avances sont très-nuisibles quand l'un bâtit avant l'autre.

» 6° Il sera proposé des noms aux rues, places, etc., qui n'en ont pas; le ministre statuera.

» 7° En tête du volume sera l'état des rues et autres voies publiques, avec le procès-verbal du tracé des alignements, les largeurs proposées aux voies publiques. Ces largeurs seront cotées en rouge aux plans de détail.

» 8° A la fin du volume sera un autre état desdites rues, etc., avec colonnes comprenant les numéros des propriétés, les noms propres des propriétaires et la nature de chaque propriété; cela suffit, vu les fréquentes mutations qui y surviennent.

» On suivra, pour ces états, la marche des subdivisions du plan général.

» 9° Dans le cas où les alignements proposés seraient contestés, les variantes seront tracées en lignes bleues; et, au bas du plan d'en-

taire pourrait recevoir la faculté de s'avancer sur la voie publique, il sera tenu de payer la valeur du terrain qui lui sera
cédé. Dans la fixation de cette valeur, les experts auront égard

---

semble, ou même de chaque feuille, s'il est nécessaire, on fera connaître à l'opinion de qui se rapporte le tracé rouge ou bleu.

» 10° Les préfets feront vérifier les plans généraux et de détail, et
les feront rectifier, s'ils se trouvent inexacts. Les ingénieurs, architectes ou géomètres qui auront été chargés de les lever et rapporter,
seront invités à joindre, autant que possible, à l'atlas précité, un
tracé des polygones et autres lignes principales qui forment le fond
de leur plan, avec les ouvertures d'angles et cotes des longueurs de
bases.

» 11° On distinguera, dans les états de rues, celles qui sont des
grandes routes traversant la ville.

» 12° La direction générale des ponts et chaussées proposera, en
même temps, les alignements de ce qui est grande route traversant
la ville, et qui doivent se raccorder aux autres voies publiques, afin
de pouvoir provoquer en même temps une décision sur le tout, et
rendre ainsi l'ensemble des alignements simultanément exécutoire.

» 13° On indiquera et détaillera, dans toute leur épaisseur, les
murs de face des édifices publics, leurs entrées principales donnant
sur les rues, places, quais, etc., ainsi que les fontaines publiques et
puits banaux. Dans le cas où il y aurait impossibilité absolue de
donner les détails des murs de face des édifices publics, on les distinguera par une teinte grise plus forte que celle des édifices particuliers.

» 14° Les plans devront toujours être signés par les auteurs, et
certifiés véritables par les autorités locales et départementales »

LA forme des plans d'alignement des traverses des routes à la charge
de l'état, est réglée par la circulaire du ministre de l'intérieur du
13 thermidor an 6 (31 juillet 1798), rapportée en partie ci-dessus,
page 722, et celle des plans d'alignement des chemins vicinaux de
grande communication, par une autre circulaire du même ministre
du 10 décembre 1839, analysée page 732.

L'EXÉCUTION de l'article 52 de la loi du 16 septembre 1807, en ce
qui concerne la confection des plans généraux d'alignement, a été
suspendue et prorogée par les décrets et ordonnances ci-après:
Décret du 27 juillet 1808. — « Art. 1er. — Les alignements qui
seront donnés par les maires dans les villes, après l'avis des ingénieurs et sous l'approbation du préfet, seront exécutés jusqu'à ce

à ce que le plus ou le moins de profondeur du terrain cédé, la nature de la propriété, le reculement du reste du terrain bâti ou non bâti loin de la nouvelle voie, peuvent ajouter ou diminuer de valeur relative pour le propriétaire.

Au cas où le propriétaire ne voudrait point acquérir, l'administration publique est autorisée à le déposséder de l'ensemble de sa propriété, en lui payant la valeur telle qu'elle était avant l'entreprise des travaux. La cession et la revente seront faites comme il a été dit en l'art. 51 ci-dessus.

Art. 54. Lorsqu'il y aura lieu en même temps à payer une indemnité à un propriétaire pour terrains occupés, et à recevoir de lui une plus-value pour des avantages acquis à ses propriétés restantes, il y aura compensation jusqu'à concurrence, et le surplus seulement, selon les résultats, sera payé au propriétaire ou acquitté par lui.

Art. 55. Les terrains occupés pour prendre les matériaux nécessaires aux routes ou aux constructions publiques, pourront être payés aux propriétaires comme s'ils eussent été pris pour la route même.

---

que les plans généraux d'alignement aient été arrêtés en conseil d'état, et, au plus tard, pendant deux années à compter de ce jour.

» Art. 2. — En cas de réclamation de tiers intéressés, il y sera statué en notre conseil, sur le rapport de notre ministre de l'intérieur. »

Ordonnance du roi du 29 février 1816. — « Les maires des villes susceptibles de l'application de l'art. 52 de la loi du 16 septembre 1807, et dont les plans généraux d'alignement n'ont pas encore été arrêtés en conseil d'état, pourront, en cas d'urgence et jusqu'au 1er mars 1818, donner des alignements partiels pour les constructions à faire dans les rues qui ne dépendent point de la grande voirie des ponts et chaussées, après avoir pris l'avis des architectes-voyers et sauf l'approbation des préfets.

» En cas de réclamations contre ces alignements particuliers, il sera statué en conseil d'état et sur le rapport du ministre de l'intérieur. »

M. Favard de Langlade, dans son *Répertoire*, v° *plans des villes*, cite une autre décision royale rendue dans les mêmes termes que la précédente, le 18 mars 1818 (notifiée par une circulaire du 7 avril suivant), et qui a prorogé le délai jusqu'au 1er mai 1819.

Il n'y aura lieu à faire entrer dans l'estimation la valeur des matériaux à extraire, que dans les cas où l'on s'emparerait d'une carrière déjà en exploitation; alors les matériaux seront évalués d'après leur prix courant, abstraction faite de l'existence et des besoins de la route pour laquelle ils seraient pris, ou des constructions auxquelles on les destine.

Art. 56. Les experts, pour l'évaluation des indemnités relatives à une occupation de terrain, dans les cas prévus au présent titre, seront nommés, pour les objets de travaux de grande voirie, l'un par le propriétaire, l'autre par le préfet, et le tiers expert, s'il en est besoin, sera de droit l'ingénieur en chef du département; lorsqu'il y aura des concessionnaires, un expert sera nommé par le propriétaire, un par le concessionnaire, et le tiers expert par le préfet.

Quant aux travaux des villes, un expert sera nommé par le propriétaire, un par le maire de la ville, ou de l'arrondissement pour Paris, et le tiers expert par le préfet.

Art. 57. Le contrôleur et le directeur des contributions donneront leur avis sur le procès-verbal d'expertise, qui sera soumis, par le préfet, à la délibération du conseil de préfecture. Le préfet pourra, dans tous les cas, faire faire une nouvelle expertise.

XXV.

12-22 FÉVRIER 1810. — *Code pénal.*

Les dispositions du Code pénal concernant les chemins et rues, et renfermées principalement dans ses art. 437, 438, 444, 445, 446, 448, 456, 457, 471, nos 4, 6, 7; 475, nos 3, 4 et 5; 479, nos 4, 11 et 12, sont analysées ci-dessus, pag. 892 et suiv., 924 et 925.

XXVI.

8 MARS 1810. — *Loi sur les expropriations pour cause d'utilité publique.*

Cette loi qui, par son art. 27, rapportait les dispositions contraires de la loi du 16 septembre 1807 et de toutes autres, a été elle-même abrogée par la loi du 7 juillet 1833, que celle du 3 mai 1841 a remplacée à son tour.

Les art. 15 *et* 20 *de cette loi du* 8 *mars* 1810 *sont textuellement rapportés ci-dessus, pag.* 868 *et* 658.

XXVII.

3 SEPTEMBRE 1811. — *Avis du conseil d'état, portant que les demandes d'acquisition de maisons ou terrains nécessaires à l'embellissement ou à l'utilité des villes ou communes, doivent être précédées d'un plan ou projet de plan d'alignement* (et de nivellement).

Le conseil d'état.... considérant que, conformément à l'article 52 de la loi du 16 septembre 1807, le conseil de S. M. ne peut autoriser des acquisitions pour l'ouverture de nouvelles rues, pour l'élargissement des anciennes, ou pour tout autre objet d'utilité publique, que pour les communes dont les projets de plan auront été arrêtés en conseil d'état,

Est d'avis : 1° que le ministre de l'intérieur soit invité, avant de proposer à S. M. un projet d'acquisition de maisons ou terrains nécessaires à l'embellissement ou à l'utilité soit de la ville de Paris, soit de toute autre ville ou commune de l'empire, à faire précéder cette demande, soit du plan des alignements déjà arrêtés légalement, s'il y en a eu, soit d'un projet de plan d'alignement, pour ledit plan être arrêté en conseil d'état, en exécution de l'art. 52 de la loi du 16 septembre 1807 ;

2° Que, pour la ville de Paris spécialement, il est important de mettre de la régularité dans les alignements qui sont quelquefois donnés maison par maison et sans système général, et qu'à cet effet, le préfet du département de la Seine, dans les attributions duquel est ce travail, doit faire présenter, dans le plus court délai possible, au ministre de l'intérieur, le plan des alignements, et, autant qu'il se pourra, des nivellements pour la ville de Paris, et que, pour faire jouir plus tôt ses habitants des avantages et de la sécurité qui en résulteront, ce plan soit présenté successivement et par quartiers, quand la chose sera possible, pour, sur le rapport du ministre de l'intérieur, y être statué par S. M. aux termes dudit art. 52 ;

3° Que le présent avis soit inséré au *Bulletin des lois.*

XXVIII.

4 AOUT 1811. — *Décret relatif aux travaux d'entretien et de réparation des routes et des chemins vicinaux à la charge des communes, qui traversent les fortifications et des rues qui aboutissent aux remparts, et à l'exécution des routes qui traversent les frontières.*

(*V. dans le* Bull. des Lois, *le texte de ce décret, ainsi que de ceux des* 13 *fructidor an* 13, 20 *février,* 20 *juin* 1810, 22 *décembre* 1812 *et* 31 *janvier* 1813, *comme encore des ordonnances royales des* 27 *février* 1815, 18 *septembre* 1816 *et* 28 *décembre* 1828, *sur la création et les pouvoirs de la commission mixte des travaux publics, et qui assujettissent aussi à des règles particulières la construction des chemins vicinaux traversant les fortifications; décrets qui sont encore en vigueur, ainsi qu'il résulte du rejet par la chambre des députés, d'un amendement tendant à déclarer leur abrogation*).

XXIX.

16 DÉCEMBRE 1811. — *Décret contenant règlement sur la construction, la réparation et l'entretien des routes.*

Art. 13. Dans leur session de 1812, les conseils généraux indiqueront, 1° celles des routes départementales désignées en l'art. 3 (*routes connues jusqu'alors sous la dénomination de routes de* 3e *classe*), qu'ils jugeraient devoir être supprimées ou rangées dans la classe des chemins vicinaux, ou ceux des chemins vicinaux qu'ils jugeraient devoir être élevés au rang de routes départementales.

XXX.

16 OCTOBRE 1813. — *Décret qui annulle, pour cause d'incompétence, un arrêté par lequel un conseil de préfecture a fixé la largeur d'un chemin déclaré vicinal, et a jugé une question de propriété dont la connaissance appartient aux tribunaux.*

Vu, etc.;

Considérant, sur la demande dirigée contre l'arrêté du préfet qui déclare vicinal le chemin dont il s'agit, que cette décision ayant été rendue compétemment, et n'ayant pas été attaquée devant notre ministre de l'intérieur, ne peut, quant à présent, être soumise à notre examen;

Sur la demande dirigée contre l'arrêté du conseil de préfecture,

Considérant, 1° qu'aux termes de l'article 6 de la loi du 9 ventôse an 13, le droit de fixer la largeur des chemins vicinaux n'appartient qu'à l'administration publique, c'est-à-dire aux préfets, sauf le recours à notre ministre de l'intérieur et ensuite à notre conseil d'état;

Que, sous ce premier rapport, le conseil de préfecture a excédé les bornes de sa compétence, en fixant lui-même la largeur du chemin qui fait l'objet de la contestation;

2° Que la question de savoir si le terrain sur lequel un chemin vicinal est établi, appartient à une commune ou à de simples particuliers, est une question de propriété qui, comme toutes celles de ce genre, est du ressort exclusif des tribunaux;

Que, sous ce second rapport, le conseil de préfecture a encore excédé les bornes de sa compétence, puisqu'il a décidé, au moins implicitement, que le terrain sur lequel le chemin contentieux est actuellement ouvert n'appartient pas au suppliant, bien que celui-ci s'en prétende propriétaire et demande son renvoi devant les tribunaux;

3° Que l'arrêté du préfet, qui déclare un chemin vicinal, ne fait pas obstacle à ce que la question concernant la propriété du terrain soit soumise aux tribunaux; car tout ce qui résulte de l'arrêté, c'est que le chemin est reconnu nécessaire et doit être maintenu, sauf à indemniser le tiers qui serait judiciairement reconnu propriétaire du terrain;

Notre conseil d'état entendu, etc.

XXXI.

8 NOVEMBRE 1813. — *Avis du conseil d'état sur un rapport du ministre de l'intérieur, qui tendait à faire autoriser la suppression d'un chemin communal.*

Le conseil d'état, qui, d'après le renvoi ordonné par S. M., a entendu le rapport de la section de l'intérieur sur celui du ministre de ce département, tendant à autoriser la suppression d'un chemin, commune de Sainte-Colombe,

Est d'avis :

Que cette affaire n'est pas susceptible d'être portée au conseil d'état ; que c'est au préfet à prononcer sur l'utilité et la conservation du chemin, sauf le recours au ministre de l'intérieur, et ensuite au Conseil d'état, sur le rapport de ce ministre en cas de pourvoi, comme pour affaire d'administration ;

Et que le présent avis soit inséré au *Bulletin des Lois.*

XXXII.

6 JANVIER 1814. — *Décret portant rejet d'un recours au conseil d'état contre un arrêté par lequel le préfet du département du Doubs a fixé la direction d'un chemin vicinal.*

Sur le rapport de notre commission du contentieux ;

Vu la requête qui nous a été présentée par le sieur...., etc.;

Vu la loi du 9 ventôse an 13, et notre décret du 16 octobre 1813, qui fixent les attributions de l'autorité administrative et de l'autorité judiciaire sur l'établissement des chemins vicinaux ;

Considérant que le préfet du département du Doubs, par son arrêté du 15 février 1813, n'a fait que fixer la direction que doit suivre le chemin de communication entre la commune de Saône et celle de Naizey, sauf l'indemnité des propriétaires de terrain sur lequel le nouveau chemin est établi ; que dès-lors ce préfet s'est renfermé dans ses attributions, et qu'on ne peut lui reprocher aucun excès de pouvoir ;

Considérant au fond, que, si le requérant croit avoir à se plaindre de la direction donnée au chemin en question, il doit d'abord porter sa réclamation devant notre ministre de l'intérieur, et ensuite à notre conseil d'état ;

Que si, au contraire, le requérant n'entend pas attaquer la direction donnée au chemin dont il s'agit, mais seulement prétendre qu'il est propriétaire de tout ou de partie du terrain que ce chemin doit parcourir, dans ce cas il doit porter sa réclamation devant l'autorité judiciaire ;

Notre conseil d'état entendu,

Nous avons décrété et décrétons ce qui suit :

Art. 1er. La requête du sieur.... est rejetée, sauf à lui à se pourvoir, s'il s'y croit fondé, ou devant notre ministre de l'intérieur s'il veut faire réformer l'arrêté du 15 février 1813, ou devant les tribunaux s'il se borne à élever des questions de propriété.

XXXIII.

4-10 JUIN 1814. — *Charte constitutionnelle.*

Art. 10. L'état peut exiger le sacrifice d'une propriété pour cause d'intérêt public légalement constaté, mais avec une indemnité préalable.

XXXIV.

28 JUILLET 1824. — *Loi relative aux chemins communaux ou vicinaux* (1).

Art. 1er. Les chemins reconnus, par un arrêté du préfet, sur une délibération du conseil municipal, pour être nécessaires à la communication des communes, sont à la charge de celles sur le territoire desquelles ils sont établis ; sauf le cas prévu par l'article 9 ci-après.

2. Lorsque les revenus des communes ne suffisent point aux dépenses ordinaires de ces chemins, il y est pourvu par des prestations en argent ou en nature, au choix des contribuables.

3. Tout habitant chef de famille ou d'établissement à titre de propriétaire, de régisseur, de fermier ou de colon partiaire, qui est porté sur l'un des rôles des contributions directes, peut être tenu, pour chaque année :

1° A une prestation qui ne peut excéder deux journées de travail ou leur valeur en argent, pour lui et pour chacun de ses fils vivant avec lui, ainsi que pour chacun de ses domestiques mâles, pourvu que les uns et les autres soient valides et âgés de vingt ans accomplis ;

_____

(1) Cette loi a été suivie, le 31 octobre 1824, d'une instruction du ministre de l'intérieur pour son exécution.

2° A fournir deux journées, au plus, de chaque bête de trait ou de somme, de chaque cheval de selle, ou d'attelage de luxe, et de chaque charrette, en sa possession pour son service, ou pour le service dont il est chargé.

4. En cas d'insuffisance des moyens ci-dessus, il pourra être perçu sur tout contribuable jusqu'à cinq centimes additionnels au principal de ses contributions directes.

5. Les prestations et les cinq centimes mentionnés dans l'article précédent, seront votés par les conseils municipaux, qui fixeront également le taux de la conversion des prestations en nature. Les préfets en autoriseront l'imposition. Le recouvrement en sera poursuivi comme pour les contributions directes, les dégrèvements prononcés sans frais, les comptes rendus comme pour les autres dépenses communales.

Dans le cas prévu par l'art. 4, les conseils municipaux devront être assistés des plus imposés, en nombre égal à celui de leurs membres.

6. Si des travaux indispensables exigent qu'il soit ajouté, par des contributions extraordinaires, au produit des prestations, il y sera pourvu, conformément aux lois, par des ordonnances royales.

7. Toutes les fois qu'un chemin sera habituellement ou temporairement dégradé par des exploitations de mines, de carrières, de forêts, ou de toute autre entreprise industrielle, il pourra y avoir lieu à obliger les entrepreneurs ou propriétaires à des subventions particulières, lesquelles seront, sur la demande des communes, réglées par les conseils de préfecture, d'après des expertises contradictoires.

8. Les propriétés de l'état et de la couronne contribueront aux dépenses des chemins communaux, dans les proportions qui seront réglées par les préfets en conseil de préfecture.

9. Lorsqu'un même chemin intéresse plusieurs communes, et en cas de discord entre elles sur la proportion de cet intérêt et des charges à supporter, ou en cas de refus de subvenir auxdites charges, le préfet prononce, en conseil de préfecture, sur

la délibération des conseils municipaux, assistés des plus imposés, ainsi qu'il est dit à l'article 5.

10. Les acquisitions, aliénations et échanges, ayant pour objet les chemins communaux, seront autorisés par arrêtés des préfets en conseil de préfecture, après délibération des conseils municipaux intéressés, et après enquête *de commodo et incommodo*, lorsque la valeur des terrains à acquérir, à vendre ou à échanger, n'excédera pas trois mille francs.

Seront aussi autorisés par les préfets, dans les mêmes formes, les travaux d'ouverture ou d'élargissement desdits chemins, et l'extraction des matériaux nécessaires à leur établissement, qui pourront donner lieu à des expropriations pour cause d'utilité publique, en vertu de la loi du 8 mars 1810, lorsque l'indemnité due aux propriétaires, pour les terrains ou pour les matériaux, n'excédera pas la même somme de trois mille francs.

XXXV.

9 AOUT 1830. — *Charte constitutionnelle.*

Art. 9. L'état peut exiger le sacrifice d'une propriété pour cause d'intérêt public légalement constaté, mais avec une indemnité préalable.

XXXVI.

7 JUILLET 1833. — *Loi sur l'expropriation pour cause d'utilité publique.*

Cette loi, modifiant celle du 8 *mars* 1810, *notamment par l'intervention du jury, a été complètement remplacée par la loi du* 3 *mai* 1841.

C'est pour l'exécution de l'art. 3 *de cette loi de* 1833, *reproduit sous le même numéro dans celle de* 1841, *qu'ont été rendues les ordonnances ci-après des* 18 *février* 1834, 15 *février et* 23 *août* 1835, *encore aujourd'hui en vigueur.*

XXXVII.

18 FÉVRIER 1834. — *Ordonnance du roi, portant réglement sur les formalités des enquêtes relatives aux travaux publics.*

TITRE Iᵉʳ.

Formalités des enquêtes relatives aux travaux publics qui ne peuvent être exécutés qu'en vertu d'une loi.

Art. 1ᵉʳ. Les entreprises de travaux publics qui, aux termes du premier § de l'art. 3 de la loi du 7 juillet 1833 (3 mai 1841), ne peuvent être exécutés qu'en vertu d'une loi, seront soumises à une enquête préalable dans les formes ci-après déterminées.

2. L'enquête pourra s'ouvrir sur un avant-projet où l'on fera connaître le tracé général de la ligne des travaux, les dispositions principales des ouvrages les plus importants, et l'appréciation sommaire des dépenses.

S'il s'agit d'un canal, d'un chemin de fer ou d'une canalisation de rivière, l'avant-projet sera nécessairement accompagné d'un nivellement en longueur, et d'un certain nombre de profils transversaux; et si le canal est à point de partage, on indiquera les eaux qui doivent l'alimenter.

3. A l'avant-projet sera joint, dans tous les cas, un mémoire descriptif indiquant le but de l'entreprise et les avantages qu'on peut s'en promettre; on y annexera le tarif des droits, dont le produit serait destiné à couvrir les frais des travaux projetés, si ces travaux devaient devenir la matière d'une concession.

4. Il sera formé, au chef-lieu de chacun des départements que la ligne des travaux devra traverser; une commission de neuf membres au moins et de treize au plus, pris parmi les principaux propriétaires de terres, de bois, de mines, les négociants, les armateurs et les chefs d'établissements industriels.

Les membres et le président de cette commission seront désignés par le préfet dès l'ouverture de l'enquête.

5. Des registres destinés à recevoir les observations auxquelles pourra donner lieu l'entreprise projetée, seront ouverts, pendant un mois au moins et quatre mois au plus, au chef-lieu de chacun des départements et des arrondissements que la ligne des travaux devra traverser.

Les pièces qui, aux termes des articles 2 et 3, doivent servir de base à l'enquête, resteront déposées pendant le même temps et aux mêmes lieux.

La durée de l'ouverture des registres sera déterminée dans chaque cas particulier par l'administration supérieure.

Cette durée, ainsi que l'objet de l'enquête, seront annoncés par des affiches.

6. A l'expiration du délai qui sera fixé en vertu de l'article précédent, la commission mentionnée à l'article 4 se réunira sur-le-champ. Elle examinera les déclarations consignées aux registres de l'enquête; elle entendra les ingénieurs des ponts et chaussées et des mines, employés dans le département; et après avoir recueilli, auprès de toutes les personnes qu'elle jugerait utile de consulter, les renseignements dont elle croira avoir besoin, elle donnera son avis motivé tant sur l'utilité de l'entreprise que sur les diverses questions qui auront été posées par l'administration.

Ces diverses opérations, dont elle dressera procès-verbal, devront être terminées dans un nouveau délai d'un mois.

7. Le procès-verbal de la commission d'enquête sera clos immédiatement; le président de la commission le transmettra sans délai, avec les registres et les autres pièces, au préfet, qui l'adressera avec son avis à l'administration supérieure, dans les quinze jours qui suivront la clôture du procès-verbal.

8. Les chambres de commerce, et, au besoin, les chambres consultatives des arts et manufactures des villes intéressées à l'exécution des travaux, seront appelées à délibérer et à exprimer leur opinion sur l'utilité et la convenance de l'opération.

Les procès-verbaux de leurs délibérations devront être remis au préfet avant l'expiration du délai fixé dans l'article 6.

TITRE II.

Formalités des enquêtes relatives aux travaux publics qui peuvent être autorisés par une ordonnance royale.

9. Les formalités prescrites par les articles 2, 3, 4, 5, 6, 7 et 8, seront également appliquées, sauf les modifications ci-après, aux travaux qui, aux termes du second § de l'article 3

de la loi du 7 juillet 1833 (3 mai 1841), peuvent être autorisés par une ordonnance royale.

10. Si la ligne des travaux n'excède pas les limites de l'arrondissement dans lequel ils sont situés, le délai de l'ouverture des registres et du dépôt des pièces sera fixé au plus à un mois et demi, et au moins à vingt jours.

La commission d'enquête se réunira au chef-lieu de l'arrondissement, et le nombre de ses membres variera de cinq à sept.

XXXVIII.

15 FÉVRIER 1835. — *Ordonnance du roi, qui modifie celle du 18 février 1834, relative aux entreprises d'utilité publique.*

Art. 1er. Lorsque la ligne des travaux relatifs à une entreprise d'utilité publique devra s'étendre sur le territoire de plus de deux départements, les pièces de l'avant-projet qui serviront de base à l'enquête ne seront déposées qu'au chef-lieu de chacun des départements traversés. — Des registres continueront d'être ouverts, conformément au § 1er de l'art. 5 de notre ordonnance du 18 février 1834, tant aux chefs-lieux de département qu'aux chefs-lieux d'arrondissement, pour recevoir les observations auxquelles pourra donner lieu l'entreprise projetée.

XXXIX.

23 AOUT 1835. — *Ordonnance du roi, portant que les enquêtes qui doivent précéder les entreprises de travaux publics seront soumises aux formalités y déterminées pour les travaux d'intérêt purement communal.*

Art. 1er. Les enquêtes qui, aux termes du § 3 de l'article 3 de la loi du 7 juillet 1833 (3 mai 1841), doivent précéder les entreprises de travaux publics, dont l'exécution doit avoir lieu en vertu d'une ordonnance royale, seront soumises aux formalités ci-après déterminées pour les travaux proposés par un conseil municipal dans l'intérêt exclusif de sa commune.

2. L'enquête s'ouvrira sur un projet où l'on fera connaître le but de l'entreprise, le tracé des travaux, les dispositions principales des ouvrages et l'appréciation sommaire des dépenses.

3. Ce projet sera déposé à la mairie pendant quinze jours, pour que chaque habitant puisse en prendre connaissance ; à l'expiration de ce délai, un commissaire désigné par le préfet recevra à la mairie, pendant trois jours consécutifs, les déclarations des habitants sur l'utilité publique des travaux projetés. Les délais ci-dessus prescrits pour le dépôt des pièces à la mairie et pour la durée de l'enquête, pourront être prolongés par le préfet.

Dans tous les cas, ces délais ne courront qu'à dater de l'avertissement donné par voie de publication et d'affiches.

Il sera justifié de l'accomplissement de cette formalité par un certificat du maire.

4. Après avoir clos et signé le registre de ces déclarations, le commissaire le transmettra immédiatement au maire, avec son avis motivé et les autres pièces de l'instruction qui auront servi de base à l'enquête.

Si le registre d'enquête contient des déclarations contraires à l'adoption du projet, ou si l'avis du commissaire lui est opposé, le conseil municipal sera appelé à les examiner, et émettra son avis par une délibération motivée, dont le procès-verbal sera joint aux pièces. Dans tous les cas, le maire adressera immédiatement les pièces au sous-préfet, et celui-ci au préfet, avec son avis motivé.

5. Le préfet, après avoir pris, dans les cas prévus par les réglements, l'avis des chambres de commerce et des chambres consultatives des arts et manufactures dans les lieux où il en est établi, enverra le tout à notre ministre de l'intérieur, avec son avis motivé, pour, sur son rapport, être statué par nous sur la question d'utilité publique des travaux, conformément aux dispositions de la loi du 7 juillet 1833 (3 mai 1841).

6. Lorsque les travaux n'intéresseront pas exclusivement la commune, l'enquête aura lieu, suivant leur degré d'importance, conformément aux articles 9 et 10 de l'ordonnance du 18 février 1834.

7. Notre ministre des finances sera préalablement consulté toutes les fois que les travaux entraîneront l'application de l'avis

du conseil d'état, approuvé le 21 février 1808, sur la cession aux communes de tout ou partie d'un bien de l'état.

XL.

21 mai 1836. — *Loi sur les chemins vicinaux* (1).

SECTION PREMIÈRE.

Chemins vicinaux.

Art. 1er. Les chemins vicinaux légalement reconnus sont

---

(1) Le projet du ministre, qui avait déjà été présenté à la chambre des députés le 24 mars 1835 (*Moniteur du 25*), et sur lequel un rapport avait été fait par M. Vatout, dans la séance du 22 avril suivant (*Monit. du 23*), a été repris dans la session de 1836.

Nouveau rapport de M. Vatout à la séance du 19 février (*Monit. du 20, page 308*).

Discussion générale les 22 et 24 février (*Monit. des 23 et 25, pages 322 et 331*). — Discussion des articles : 24, 26, 29 février ; 2, 3, 4, 7 et 8 mars. — Adoption, séance du 8 mars.

Présentation à la chambre des pairs, séance du 11 mars (*Monit. des 14 et 22*). — Rapport de M. le comte Roy, 25 avril (*Monit. du 26*).

Discussion générale, 28 avril (*Monit. du 29, page 914*). — Discussion des articles : 28, 29, 30 avril et 2 mai. — Adoption, à la séance du 2 mai.

Nouvelle présentation à la chambre des députés, à raison des amendements de la chambre des pairs, séance du 4 mai (*Monit. du 6*). — Rapport de M. Vatout, 11 mai (*Monit. du 12*). — Discussion et adoption, 17 mai (*Monit. du 18*).

Sanction par le roi, 21 mai. — Promulgation, 25 mai.

Instruction du ministre de l'intérieur, du 24 juin 1836, pour l'exécution, imprimée en 118 pages petit in-4°.

Les rapports et discussions auxquels cette loi a donné lieu dans les deux chambres, se trouvent épars dans 25 numéros du *Moniteur universel*, des mois de février, mars, avril et mai 1836.

Comme il est probable que ces travaux préparatoires ne seront point réimprimés séparément et dans un ordre qui facilite les recherches, nous croyons faire une chose utile pour les personnes qui voudraient les consulter, d'indiquer les pages du journal officiel où on les trouvera, et d'établir une espèce de concordance avec les articles

à la charge des communes, sauf les dispositions de l'art. 7 ci-
après (1).

Art. 2. En cas d'insuffisance des ressources ordinaires des
communes, il sera pourvu à l'entretien des chemins vicinaux, à

---

de la loi, d'après les numéros qu'ils portent aujourd'hui, sans égard
à ceux des projets.

Articles.	Chambre des Députés.	Chambre des Pairs.	2e discussion à la Chambre des Députés.
I.	*Monit. Page* 337	917 à 919	1121
II.	338 à 344	929 à 934	
III.	347 à 351	942	1121
IV.	351, 352, 367	942 à 944	1121
V.	368 à 370	944	
VI.	370 et 407	944 à 946	
VII.	370 à 382 et 387 à 389	946, 947, 963, 964	1121
VIII.	389 à 399	964	1121
IX.	399 à 402	964	
X.	337 et 407	964	1121
XI.	402 à 406	965	
XII.	370	965	1121
XIII.	407	965	1121
XIV.	408 et 419	965	1121
XV.	430 à 432	965	1121
XVI.	421 et 428	965	1121
XVII.	432	965	1121
XVIII.	434	966	1121
XIX.		966	1121
XX.	433	966	1121
XXI.	433	966	1121
XXII.		966	1121

(1) Voyez, sur la déclaration de vicinalité, les instructions ministérielles des 7 prairial an 13, *suprà*, 30 octobre 1824, 24 juin 1836, et
l'art. 1er de la loi du 28 juillet 1824 ; — et, sur les plans d'alignement
des chemins de grande communication, l'instruction du 10 décembre
1839 (*suprà*, page 732).

l'aide soit de prestations en nature, dont le maximum est fixé à trois journées de travail, soit de centimes spéciaux en addition au principal des quatre contributions directes, et dont le maximum est fixé à cinq.

Le conseil municipal pourra voter l'une ou l'autre de ces ressources, ou toutes les deux concurremment.

Le concours des plus imposés ne sera pas nécessaire dans les délibérations prises pour l'exécution du présent article.

Art. 3. Tout habitant, chef de famille ou d'établissement, à titre de propriétaire, de régisseur, de fermier, ou de colon partiaire, porté au rôle des contributions directes, pourra être appelé à fournir, chaque année, une prestation de trois jours : 1° pour sa personne et pour chaque individu mâle, valide, âgé de 18 ans au moins et de 60 ans au plus, membre ou serviteur de la famille, et résidant dans la commune; 2° pour chacune des charrettes ou voitures attelées, et, en outre, pour chacune des bêtes de somme, de trait, de selle, au service de la famille ou de l'établissement dans la commune (1).

Art. 4. La prestation sera appréciée en argent, conformément à la valeur qui aura été attribuée annuellement pour la commune à chaque espèce de journée, par le conseil général, sur les propositions des conseils d'arrondissement.

La prestation pourra être acquittée en nature ou en argent, au gré du contribuable. Toutes les fois que le contribuable n'aura pas opté dans les délais prescrits, la prestation sera de droit exigible en argent.

La prestation, non rachetée en argent, pourra être convertie en tâches, d'après les bases et évaluations de travaux préalablement fixées par le conseil municipal (2).

Art. 5. Si le conseil municipal, mis en demeure, n'a pas voté dans la session désignée à cet effet, les prestations et centimes né-

----

(1) Instructions des 15 septembre 1833 et 11 avril 1839.

(2) Loi du 28 juillet 1824, art. 5. — Instructions des 21 octobre 1830, 24 juin et 12 septembre 1836, 16 mai 1837, 13 juin, 19 novembre et 6 décembre 1838, 30 janvier et 30 avril 1839.

cessaires, ou si la commune n'en a point fait emploi dans les délais prescrits, le préfet pourra d'office, soit imposer la commune dans les limites du maximum, soit faire exécuter les travaux.

Chaque année, le préfet communiquera au conseil général l'état des impositions établies d'office en vertu du présent article.

Art. 6. Lorsqu'un chemin vicinal intéressera plusieurs communes, le préfet, sur l'avis des conseils municipaux, désignera les communes qui devront concourir à sa construction ou à son entretien, et fixera la proportion dans laquelle chacune d'elles y contribuera.

SECTION II.
Chemins vicinaux de grande communication.

Art. 7. Les chemins vicinaux peuvent, selon leur importance, être déclarés chemins vicinaux de grande communication par le conseil général, sur l'avis des conseils municipaux, des conseils d'arrondissement, et sur la proposition du préfet. Sur les mêmes avis et propositions, le conseil général détermine la direction de chaque chemin vicinal de grande communication, et désigne les communes qui doivent contribuer à sa construction ou à son entretien (1).

Le préfet fixe la largeur et les limites du chemin, et détermine annuellement la proportion dans laquelle chaque commune doit concourir à l'entretien de la ligne vicinale dont elle dépend; il statue sur les offres faites par les particuliers, associations de particuliers ou de communes (2).

Art. 8. Les chemins vicinaux de grande communication, et, dans des cas extraordinaires, les autres chemins vicinaux, pourront recevoir des subventions sur les fonds départementaux. Il sera pourvu à ces subventions au moyen des centimes faculta-

---

(1) Voyez, sur les limites des attributions respectives des préfets et des conseils généraux, l'instruction du 18 février 1839. — Voyez aussi l'instruction du 10 août 1836.

(2) Instructions des 24 décembre 1836 et 3 juin 1841.

tifs ordinaires du département, et de centimes spéciaux votés annuellement par le conseil général. La distribution des subventions sera faite, en ayant égard aux ressources, aux sacrifices et aux besoins des communes, par le préfet, qui en rendra compte chaque année au conseil général (1). Les communes acquitteront la portion des dépenses mise à leur charge au moyen de leurs revenus ordinaires, et, en cas d'insuffisance, au moyen de deux journées de prestations sur les trois journées autorisées par l'article 2, et des deux tiers des centimes votés par le conseil municipal en vertu du même article.

Art. 9. Les chemins vicinaux de grande communication sont placés sous l'autorité du préfet. Les dispositions des art. 4 et 5 de la présente loi leur sont applicables (2).

Dispositions générales.

Art. 10. Les chemins vicinaux reconnus et maintenus comme tels sont imprescriptibles.

Art. 11. Le préfet pourra nommer des agents-voyers. Leur traitement sera fixé par le conseil général. Ce traitement sera prélevé sur les fonds affectés aux travaux. Les agents-voyers prêteront serment; ils auront le droit de constater les contraventions et délits, et d'en dresser des procès-verbaux.

Art. 12. Le maximum des centimes spéciaux qui pourront être votés par les conseils généraux, en vertu de la présente loi, sera déterminé annuellement par la loi de finances.

Art. 13. Les propriétés de l'Etat, productives de revenus, contribueront aux dépenses des chemins vicinaux dans les mêmes proportions que les propriétés privées, et d'après un rôle spécial dressé par le préfet.

Les propriétés de la Couronne contribueront aux mêmes dépenses, conformément à l'art. 13 de la loi du 2 mars 1832 (3).

(1) Instr. des 15 mars 1837, 15 mai, 31 mai et 20 septembre 1838.
(2) Voyez, sur les rues qui sont le prolongement des chemins de grande communication, l'avis du conseil d'état du 25 janvier 1837, et l'instruction du 19 août suivant.
(3) Instruction du 12 septembre 1836.

Art. 14. Toutes les fois qu'un chemin vicinal, entretenu à l'état de viabilité par une commune, sera habituellement ou temporairement dégradé par des exploitations de mines, de carrières, de forêts, ou de toute entreprise industrielle appartenant à des particuliers, à des établissements publics, à la Couronne ou à l'Etat, il pourra y avoir lieu à imposer aux entrepreneurs ou propriétaires, suivant que l'exploitation ou les transports auront eu lieu pour les uns ou les autres, des subventions spéciales, dont la quotité sera proportionnée à la dégradation extraordinaire qui devra être attribuée aux exploitations.

Ces subventions pourront, au choix des subventionnaires, être acquittées en argent ou en prestations en nature, et seront exclusivement affectées à ceux des chemins qui y auront donné lieu.

Elles seront réglées annuellement, sur la demande des communes, par les conseils de préfecture, après des expertises contradictoires, et recouvrées comme en matière de contributions directes.

Les experts seront nommés suivant le mode déterminé par l'art. 17 ci-après.

Ces subventions pourront aussi être déterminées par abonnement; elles seront réglées, dans ce cas, par le préfet en conseil de préfecture.

Art. 15. Les arrêtés du préfet portant reconnaissance et fixation de la largeur d'un chemin vicinal, attribuent définitivement au chemin le sol compris dans les limites qu'ils déterminent.

Le droit des propriétaires riverains se résout en une indemnité, qui sera réglée à l'amiable ou par le juge de paix du canton, sur le rapport d'experts nommés conformément à l'art. 17.

Art. 16. Les travaux d'ouverture et de redressement des chemins vicinaux seront autorisés par arrêté du préfet.

Lorsque, pour l'exécution du présent article, il y aura lieu de recourir à l'expropriation, le jury spécial chargé de régler les indemnités ne sera composé que de quatre jurés. Le tribunal d'arrondissement, en prononçant l'expropriation, désignera, pour présider et diriger le jury, l'un de ses membres ou le juge de paix du canton. Ce magistrat aura voix délibérative en cas de partage.

Le tribunal choisira, sur la liste générale prescrite par l'article 29 de la loi du 7 juillet 1833 (3 mai 1841), quatre personnes pour former le jury spécial, et trois jurés supplémentaires. L'administration et la partie intéressée auront respectivement le droit d'exercer une récusation péremptoire.

Le juge recevra les acquiescements des parties.

Son procès-verbal emportera translation définitive de propriété.

Le recours en cassation, soit contre le jugement qui prononcera l'expropriation, soit contre la déclaration du jury qui réglera l'indemnité, n'aura lieu que dans les cas prévus et selon les formes déterminées par la loi du 7 juillet 1833 (3 mai 1841).

Art. 17. Les extractions de matériaux, les dépôts ou enlèvements de terre, les occupations temporaires de terrains, seront autorisés par arrêté du préfet, lequel désignera les lieux ; cet arrêté sera notifié aux parties intéressées au moins dix jours avant que son exécution puisse être commencée.

Si l'indemnité ne peut être fixée à l'amiable, elle sera réglée par le conseil de préfecture, sur le rapport d'experts nommés, l'un par le sous-préfet et l'autre par le propriétaire.

En cas de discord, le tiers-expert sera nommé par le conseil de préfecture.

Art. 18. L'action en indemnité des propriétaires pour les terrains qui auront servi à la confection des chemins vicinaux et pour extraction de matériaux, sera prescrite par le laps de 2 ans.

Art. 19. En cas de changement de direction ou d'abandon d'un chemin vicinal, en tout ou partie, les propriétaires riverains de la partie de ce chemin qui cessera de servir de voie de communication, pourront faire leur soumission de s'en rendre acquéreurs et d'en payer la valeur, qui sera fixée par des experts nommés dans la forme déterminée par l'art. 17 (1).

_____

(1) Instruction du 26 mars 1838, dont le texte est rapporté *suprà*, page 321.

Art. 20. Les plans, procès-verbaux, certificats, significations, jugements, contrats, marchés, adjudications de travaux, quittances et autres actes ayant pour objet exclusif la construction, l'entretien et la réparation des chemins vicinaux, seront enregistrés moyennant le droit fixe de un franc.

Les actions civiles intentées par les communes ou dirigées contre elles relativement à leurs chemins, seront jugées comme affaires sommaires et urgentes, conformément à l'art. 405 du Code de procédure civile.

Art. 21. Dans l'année qui suivra la promulgation de la présente loi, chaque préfet fera, pour en assurer l'exécution, un réglement qui sera communiqué au conseil général, et transmis, avec ses observations, au ministre de l'intérieur, pour être approuvé, s'il y a lieu.

Ce réglement fixera, dans chaque département, le maximum de la largeur des chemins vicinaux; il fixera, en outre, les délais nécessaires à l'exécution de chaque mesure, les époques auxquelles les prestations en nature devront être faites, le mode de leur emploi ou de leur conversion en tâches, et statuera, en même temps, sur tout ce qui est relatif à la confection des rôles, à la comptabilité, aux adjudications et à leur forme, aux alignements, aux autorisations de construire le long des chemins, à l'écoulement des eaux, aux plantations, à l'élagage, aux fossés, à leur curage, et à tous autres détails de surveillance et de conservation.

Art. 22. Toutes les dispositions de lois antérieures demeurent abrogées en ce qu'elles auraient de contraire à la présente loi.

XLI.

18 JUILLET 1837. — *Loi sur l'administration municipale.*

Art. 10. Le maire est chargé, sous la surveillance de l'administration supérieure,

1° De la police municipale, de la police rurale et de la voirie municipale, et de pourvoir à l'exécution des actes de l'autorité supérieure qui y sont relatifs;

2° De la conservation et de l'administration des propriétés de la commune, et de faire en conséquence tous actes conservatoires de ses droits;

3° De la gestion des revenus, de la surveillance des établissements communaux et de la comptabilité communale;

4° De la proposition du budget et de l'ordonnancement des dépenses;

5° De la direction des travaux communaux;

6° De souscrire les marchés, de passer les baux des biens et les adjudications des travaux communaux, dans les formes établies par les lois et réglements;

7° De souscrire, dans les mêmes formes, les actes de vente, échange, partage, acceptation de dons ou legs, acquisition, transaction, lorsque ces actes ont été autorisés conformément à la présente loi;

8° De représenter la commune en justice, soit en demandant, soit en défendant.

Art. 11. *Voyez-en le texte suprà, page* 894, *à la note.*

Art. 12. Le maire nomme à tous les emplois communaux pour lesquels la loi ne prescrit pas un mode spécial de nomination. Il suspend et révoque les titulaires de ces emplois.

Art. 14. Le maire est chargé seul de l'administration; mais il peut déléguer une partie de ses fonctions à un ou plusieurs de ses adjoints, et, en l'absence des adjoints, à ceux des conseillers municipaux qui sont appelés à en faire les fonctions.

Art. 15. Dans le cas où le maire refuserait ou négligerait de faire un des actes qui lui sont prescrits par la loi, le préfet, après l'en avoir requis, pourra y procéder d'office par lui-même ou par un délégué spécial.

Art. 19. Le conseil municipal délibère sur les objets suivants :

3° Les acquisitions, aliénations et échanges des propriétés communales, leur affectation aux différents services publics, et, en général tout ce qui intéresse leur conservation et leur amélioration;

6° Les projets de constructions, de grosses réparations et de démolitions, et en général tous les travaux à entreprendre;

7° L'ouverture des rues et places publiques et les projets d'alignement de voirie municipale ;

9° L'acceptation des dons et legs faits à la commune et aux établissements communaux ;

10° Les actions judiciaires et transactions ;

Et tous les autres objets sur lesquels les lois et réglements appellent les conseils municipaux à délibérer.

Art. 20. Les délibérations des conseils municipaux sur les objets énoncés à l'article précédent, sont adressées au sous-préfet.

Elles sont exécutoires sur l'approbation du préfet, sauf les cas où l'approbation par le ministre compétent, ou par ordonnance royale, est prescrite par les lois ou par les réglements d'administration publique.

Art. 21. Le conseil municipal est toujours appelé à donner son avis sur les objets suivants :

3° Les projets d'alignement de grande voirie dans l'intérieur des villes, bourgs et villages.

Art. 30. Sont obligatoires les dépenses suivantes :

18° Les frais des plans d'alignement ;

Et généralement toutes les autres dépenses mises à la charge des communes par une disposition des lois.

Art. 31. Les recettes ordinaires des communes se composent :

7° Du produit des permis de stationnement et des locations sur la voie publique, sur les ports et rivières et autres lieux publics ;

8° Du produit des péages communaux ,..... des droits de voirie...

10° Du produit des concessions.... de l'enlèvement des boues et immondices de la voie publique, et autres concessions autorisées pour les services communaux.

Art. 43. Les tarifs des droits de voirie sont réglés par ordonnance du Roi, rendue dans la forme des réglements d'administration publique.

Art. 46. Les délibérations des conseils municipaux ayant pour objet des acquisitions, des ventes ou échanges d'immeubles, le partage de biens indivis, sont exécutoires sur arrêté du préfet, en conseil de préfecture, quand il s'agit d'une valeur n'excédant pas 3,000 fr., pour les communes dont le revenu est au-dessous de cent mille francs, et de 20,000 fr., pour les autres communes.

S'il s'agit d'une valeur supérieure, il est statué par ordonnance du Roi.

Art. 72. Lorsqu'un même travail intéressera plusieurs communes, les conseils municipaux seront spécialement appelés à délibérer sur leurs intérêts respectifs et sur la part de la dépense que chacune d'elles devra supporter. Ces délibérations seront soumises à l'approbation du préfet.

En cas de désaccord entre les conseils municipaux, le préfet prononcera, après avoir entendu les conseils d'arrondissement et le conseil général. Si les conseils municipaux appartiennent à des départements différents, il sera statué par ordonnance royale.

La part de la dépense définitivement assignée à chaque commune sera portée d'office aux budgets respectifs, conformément à l'art. 3) de la présente loi.

Art. 73. En cas d'urgence, un arrêté du préfet suffira pour ordonner les travaux, et pourvoira à la dépense à l'aide d'un rôle provisoire. Il sera procédé ultérieurement à sa répartition définitive, dans la forme déterminée par l'article précédent.

XLII.

10-12 MAI 1838. — *Loi sur les attributions des conseils généraux et des conseils d'arrondissement.*

Art. 41. Le conseil d'arrondissement donne son avis :

2° Sur le classement et la direction des chemins vicinaux de grande communication.

XLIII.

3 MAI 1841. — *Loi sur l'expropriation pour cause d'utilité publique.*

TITRE Ier.

Dispositions préliminaires.

Art. 1er. L'expropriation pour cause d'utilité publique s'opère par autorité de justice.

2. Les tribunaux ne peuvent prononcer l'expropriation qu'autant que l'utilité en a été constatée et déclarée dans les formes prescrites par la présente loi.

Ces formes consistent :

1° Dans la loi ou l'ordonnance royale qui autorise l'exécution des travaux pour lesquels l'expropriation est requise ;

2° Dans l'acte du préfet qui désigne les localités ou territoires sur lesquels les travaux doivent avoir lieu, lorsque cette désignation ne résulte pas de la loi ou de l'ordonnance royale ;

3° Dans l'arrêté ultérieur par lequel le préfet détermine les propriétés particulières auxquelles l'expropriation est applicable.

Cette application ne peut être faite à aucune propriété particulière qu'après que les parties intéressées ont été mises en état d'y fournir leurs contredits, selon les règles exprimées au titre 2.

3. Tous grands travaux publics, routes royales, canaux, chemins de fer, canalisation de rivières, bassins et docks, entrepris par l'état, les départements, les communes, ou par compagnies particulières, avec ou sans péage, avec ou sans subside du trésor, avec ou sans aliénation du domaine public, ne pourront être exécutés qu'en vertu d'une loi, qui ne sera rendue qu'après une enquête administrative.

Une ordonnance royale suffira pour autoriser l'exécution des routes départementales, celle des canaux et chemins de fer d'embranchement de moins de 20,000 mètres de longueur, des ponts et de tous autres travaux de moindre importance.

Cette ordonnance devra également être précédée d'une enquête.

Ces enquêtes auront lieu dans les formes déterminées par un réglement d'administration publique (1).

_____

(1) Ces réglements sont, pour les travaux *d'intérêt général*, c'est-à-dire concernant l'état ou les départements, les ordonnances des 18 février 1834 et 15 février 1835, et pour ceux *d'intérêt communal* l'ordonnance du 23 août 1835 (voy. *suprà*, nᵒˢ xxxvii, xxxviii et xxxix, pag. 1003 et 1005).

TITRE II.

Des mesures d'administration relatives à l'expropriation.

4. Les ingénieurs ou autres gens de l'art chargés de l'exécution des travaux lèvent, pour la partie qui s'étend sur chaque commune, le plan parcellaire des terrains ou des édifices dont la cession leur paraît nécessaire.

5. Le plan desdites propriétés particulières, indicatif des noms de chaque propriétaire, tels qu'ils sont inscrits sur la matrice des rôles, reste déposé, pendant huit jours, à la mairie de la commune où les propriétés sont situées, afin que chacun puisse en prendre connaissance.

6. Le délai fixé à l'article précédent ne court qu'à dater de l'avertissement, qui est donné collectivement aux parties intéressées, de prendre communication du plan déposé à la mairie.

Cet avertissement est publié à son de trompe ou de caisse dans la commune, et affiché tant à la principale porte de l'église du lieu qu'à celle de la maison commune.

Il est en outre inséré dans l'un des journaux publiés dans l'arrondissement, ou, s'il n'en existe aucun, dans l'un des journaux du département.

7. Le maire certifie ces publications et affiches; il mentionne sur un procès-verbal qu'il ouvre à cet effet, et que les parties qui comparaissent sont requises de signer, les déclarations et réclamations qui lui ont été faites verbalement, et y annexe celles qui lui sont transmises par écrit.

8. A l'expiration du délai de huitaine prescrit par l'art. 5, une commission se réunit au chef-lieu de la sous-préfecture.

Cette commission, présidée par le sous-préfet de l'arrondissement, sera composée de quatre membres du conseil général du département ou du conseil de l'arrondissement désignés par le préfet, du maire de la commune où les propriétés sont situées, et de l'un des ingénieurs chargés de l'exécution des travaux.

La commission ne peut délibérer valablement qu'autant que cinq de ses membres au moins sont présents.

Dans le cas où le nombre des membres présents serait de six, et où il y aurait partage d'opinions, la voix du président sera prépondérante.

Les propriétaires qu'il s'agit d'exproprier ne peuvent être appelés à faire partie de la commission.

9. La commission reçoit, pendant huit jours, les observations des propriétaires.

Elle les appelle toutes les fois qu'elle le juge convenable. Elle donne son avis.

Ses opérations doivent être terminées dans le délai de dix jours; après quoi le procès-verbal est adressé immédiatement par le sous-préfet au préfet.

Dans le cas où lesdites opérations n'auraient pas été mises à fin dans le délai ci-dessus, le sous-préfet devra, dans les trois jours, transmettre au préfet son procès-verbal et les documents recueillis.

10. Si la commission propose quelque changement au tracé indiqué par les ingénieurs, le sous-préfet devra, dans la forme indiquée par l'art. 6, en donner immédiatement avis aux propriétaires que ces changements pourront intéresser. Pendant huitaine, à dater de cet avertissement, le procès-verbal et les pièces resteront déposés à la sous-préfecture; les parties intéressées pourront en prendre communication sans déplacement et sans frais, et fournir leurs observations écrites.

Dans les trois jours suivants, le sous-préfet transmettra toutes les pièces à la préfecture.

11. Sur le vu du procès-verbal et des documents y annexés, le préfet détermine, par un arrêté motivé, les propriétés qui doivent être cédées, et indique l'époque à laquelle il sera nécessaire d'en prendre possession. Toutefois, dans le cas où il résulterait de l'avis de la commission qu'il y aurait lieu de modifier le tracé des travaux ordonnés, le préfet surseoira jusqu'à ce qu'il ait été prononcé par l'administration supérieure.

L'administration supérieure pourra, suivant les circonstances, ou statuer définitivement, ou ordonner qu'il soit procédé de nouveau à tout ou partie des formalités prescrites par les articles précédents.

12. Les dispositions des art. 8 , 9 et 10 ne sont point applicables au cas où l'expropriation serait demandée par une commune, et dans un intérêt purement communal, non plus qu'aux travaux d'ouverture ou de redressement des chemins vicinaux.

Dans ce cas, le procès-verbal prescrit par l'article 7 est transmis, avec l'avis du conseil municipal, par le maire au sous-préfet, qui l'adressera au préfet avec ses observations.

Le préfet, en conseil de préfecture, sur le vu de ce procès-verbal, et sauf l'approbation de l'administration supérieure, prononcera comme il est dit en l'article précédent.

TITRE III.
De l'expropriation et de ses suites, quant aux privilèges, hypothèques et autres droits réels.

13. Si des biens de mineurs, d'interdits, d'absents, ou autres incapables, sont compris dans les plans déposés en vertu de l'art. 5, ou dans les modifications admises par l'administration supérieure, aux termes de l'article 11 de la présente loi, les tuteurs, ceux qui ont été envoyés en possession provisoire, et tous représentants des incapables, peuvent, après autorisation du tribunal donnée sur simple requête, en la chambre du conseil, le ministère public entendu, consentir amiablement à l'aliénation desdits biens.

Le tribunal ordonne les mesures de conservation ou de remploi qu'il juge nécessaires.

Ces dispositions sont applicables aux immeubles dotaux et aux majorats.

Les préfets pourront, dans le même cas, aliéner les biens des départements, s'ils y sont autorisés par délibération du conseil général ; les maires ou administrateurs pourront aliéner les biens des communes ou établissements publics, s'ils y sont autorisés par délibération du conseil municipal ou du conseil d'administration, approuvée par le préfet en conseil de préfecture.

Le ministre des finances peut consentir à l'aliénation des biens de l'état, ou de ceux qui font partie de la dotation de la couronne, sur la proposition de l'intendant de la liste civile.

A défaut de conventions amiables, soit avec les propriétaires des terrains ou bâtiments dont la cession est reconnue nécessaire, soit avec ceux qui les représentent, le préfet transmet au procureur du roi dans le ressort duquel les biens sont situés, la loi ou l'ordonnance qui autorise l'exécution des travaux, et l'arrêté mentionné en l'art. 11.

14. Dans les trois jours, et sur la production des pièces constatant que les formalités prescrites par l'art. 2 du titre 1er, et par le titre 2 de la présente loi, ont été remplies, le procureur du roi requiert et le tribunal prononce l'expropriation pour cause d'utilité publique des terrains ou bâtiments indiqués dans l'arrêté du préfet.

Si, dans l'année de l'arrêté du préfet, l'administration n'a pas poursuivi l'expropriation, tout propriétaire dont les terrains sont compris audit arrêté peut présenter requête au tribunal. Cette requête sera communiquée par le procureur du roi au préfet, qui devra, dans le plus bref délai, envoyer les pièces, et le tribunal statuera dans les trois jours.

Le même jugement commet un des membres du tribunal pour remplir les fonctions attribuées par le titre 4, chapitre 2, au magistrat directeur du jury chargé de fixer l'indemnité, et désigne un autre membre pour le remplacer au besoin.

En cas d'absence ou d'empêchement de ces deux magistrats, il sera pourvu à leur remplacement par une ordonnance sur requête du président du tribunal civil.

Dans le cas où les propriétaires à exproprier consentiraient à la cession, mais où il n'y aurait point accord sur le prix, le tribunal donnera acte du consentement, et désignera le magistrat directeur du jury, sans qu'il soit besoin de rendre le jugement d'expropriation, ni de s'assurer que les formalités prescrites par le titre 2 ont été remplies.

15. Le jugement est publié et affiché, par extrait, dans la commune de la situation des biens, de la manière indiquée en l'art. 6. Il est en outre inséré dans l'un des journaux publiés dans l'arrondissement, ou, s'il n'en existe aucun, dans l'un de ceux du département.

Cet extrait, contenant les noms des propriétaires, les motifs et le dispositif du jugement, leur est notifié au domicile qu'ils auront élu dans l'arrondissement de la situation des biens, par une déclaration faite à la mairie de la commune où les biens sont situés; et, dans le cas où cette élection de domicile n'aurait pas eu lieu, la notification de l'extrait sera faite en double copie au maire et au fermier, locataire, gardien ou régisseur de la propriété.

Toutes les autres notifications prescrites par la présente loi seront faites dans la forme ci-dessus indiquée.

16. Le jugement sera, immédiatement après l'accomplissement des formalités prescrites par l'art. 15 de la présente loi, transcrit au bureau de la conservation des hypothèques de l'arrondissement, conformément à l'article 2181 du Code civil.

17. Dans la quinzaine de la transcription, les privilèges et les hypothèques conventionnelles, judiciaires ou légales seront inscrits.

A défaut d'inscription dans ce délai, l'immeuble exproprié sera affranchi de tous privilèges et hypothèques, de quelque nature qu'ils soient, sans préjudice des droits des femmes, mineurs et interdits, sur le montant de l'indemnité, tant qu'elle n'a pas été payée ou que l'ordre n'a pas été réglé définitivement entre les créanciers.

Les créanciers inscrits n'auront, dans aucun cas, la faculté de surenchérir, mais ils pourront exiger que l'indemnité soit fixée conformément au titre 4.

18. Les actions en résolution, en revendication, et toutes autres actions réelles, ne pourront arrêter l'expropriation ni en empêcher l'effet. Le droit des réclamants sera transporté sur le prix, et l'immeuble en demeurera affranchi.

19. Les règles posées dans le premier paragraphe de l'art. 15 et dans les art. 16, 17, 18, sont applicables dans le cas de conventions amiables passées entre l'administration et les propriétaires.

Cependant l'administration peut, sauf les droits des tiers, et sans accomplir les formalités ci-dessus tracées, payer le prix des acquisitions dont la valeur ne s'élèverait pas au-dessus de 500 fr. (1).

Le défaut d'accomplissement des formalités de la purge des hypothèques n'empêche pas l'expropriation d'avoir son cours ; sauf, pour les parties intéressées, à faire valoir leurs droits ultérieurement, dans les formes déterminées par le titre 4 de la présente loi.

20. Le jugement ne pourra être attaqué que par la voie du recours en cassation, et seulement pour incompétence, excès de pouvoir ou vice de forme du jugement.

Le pourvoi aura lieu, au plus tard, dans les trois jours, à dater de la notification du jugement, par déclaration au greffe du tribunal. Il sera notifié dans la huitaine, soit à la partie, au domicile indiqué par l'article 15, soit au préfet ou au maire, suivant la nature des travaux ; le tout à peine de déchéance.

Dans la quinzaine de la notification du pourvoi, les pièces seront adressées à la chambre civile de la Cour de cassation, qui statuera dans le mois suivant.

L'arrêt, s'il est rendu par défaut, à l'expiration de ce délai, ne sera pas susceptible d'opposition.

TITRE IV.
Du règlement des indemnités.
CHAPITRE 1ᵉʳ. — *Mesures préparatoires.*

21. Dans la huitaine qui suit la notification prescrite par l'article 15, le propriétaire est tenu d'appeler et de faire connaître à l'administration les fermiers, locataires, ceux qui ont des droits d'usufruit, d'habitation ou d'usage, tels qu'ils sont réglés par le Code civil, et ceux qui peuvent réclamer des servitudes résultant des titres mêmes du propriétaire ou d'autres actes dans lesquels il serait intervenu ; sinon il restera seul chargé envers eux des indemnités que ces derniers pourront réclamer.

Les autres intéressés seront en demeure de faire valoir leurs droits par l'avertissement énoncé en l'art. 6, et tenus de se faire

_____

(1) Voyez l'ordonnance royale du 18 avril 1842.

connaître à l'administration dans le même délai de huitaine, à défaut de quoi ils seront déchus de tous droits à l'indemnité.

22. Les dispositions de la présente loi relatives aux propriétaires et à leurs créanciers sont applicables à l'usufruitier et à ses créanciers.

23. L'administration notifie aux propriétaires et à tous autres intéressés qui auront été désignés ou qui seront intervenus dans le délai fixé par l'art. 21, les sommes qu'elle offre pour indemnités.

Ces offres sont, en outre, affichées et publiées conformément à l'article 6 de la présente loi.

24. Dans la quinzaine suivante, les propriétaires et autres intéressés sont tenus de déclarer leur acceptation, ou, s'ils n'acceptent pas les offres qui leur sont faites, d'indiquer le montant de leurs prétentions.

25. Les femmes mariées sous le régime dotal, assistées de leurs maris, les tuteurs, ceux qui ont été envoyés en possession provisoire des biens d'un absent, et autres personnes qui représentent les incapables, peuvent valablement accepter les offres énoncées en l'art. 23, s'ils y sont autorisés dans les formes prescrites par l'article 13.

26. Le ministre des finances, les préfets, maires ou administrateurs, peuvent accepter les offres d'indemnité pour expropriation des biens appartenant à l'état, à la couronne, aux départements, communes ou établissements publics, dans les formes et avec les autorisations prescrites par l'art. 13.

27. Le délai de quinzaine, fixé par l'art. 24, sera d'un mois dans les cas prévus par les art. 25 et 26.

28. Si les offres de l'administration ne sont pas acceptées dans les délais prescrits par les articles 24 et 27, l'administration citera devant le jury, qui sera convoqué à cet effet, les propriétaires et tous autres intéressés qui auront été désignés, ou qui seront intervenus, pour qu'il soit procédé au réglement des indemnités de la manière indiquée au chapitre suivant. La citation contiendra l'énonciation des offres qui auront été refusées.

CHAPITRE II. — *Du jury spécial chargé de régler les indemnités.*

29. Dans sa session annuelle, le conseil général du département désigne, pour chaque arrondissement de sous-préfecture, tant sur la liste des électeurs que sur la seconde partie de la liste du jury, trente-six personnes au moins, et soixante-douze au plus, qui ont leur domicile réel dans l'arrondissement, parmi lesquelles sont choisis, jusqu'à la session suivante ordinaire du conseil général, les membres du jury spécial appelé, le cas échéant, à régler les indemnités dues par suite d'expropriation pour cause d'utilité publique.

Le nombre des jurés désignés pour le département de la Seine sera de six cents.

30. Toutes les fois qu'il y a lieu de recourir à un jury spécial, la première chambre de la Cour royale, dans les départements qui sont le siége d'une Cour royale, et, dans les autres départements, la première chambre du tribunal du chef-lieu judiciaire, choisit en la chambre du conseil, sur la liste dressée en vertu de l'article précédent pour l'arrondissement dans lequel ont lieu les expropriations, seize personnes qui formeront le jury spécial chargé de fixer définitivement le montant de l'indemnité, et, en outre, quatre jurés supplémentaires; pendant les vacances, ce choix est déféré à la chambre de la Cour ou du tribunal chargé du service des vacations. En cas d'abstention ou de récusation des membres du tribunal, le choix du jury est déféré à la Cour royale.

Ne peuvent être choisis :

1° Les propriétaires, fermiers, locataires des terrains et bâtiments désignés en l'arrêté du préfet, pris en vertu de l'art. 11, et qui restent à acquérir;

2° Les créanciers ayant inscription sur lesdits immeubles;

3° Tous autres intéressés désignés ou intervenant en vertu des art. 21 et 22.

Les septuagénaires seront dispensés, s'ils le requièrent, des fonctions de juré.

31. La liste des seize jurés et des quatre jurés supplémen-

taires est transmise par le préfet au sous-préfet, qui, après s'être concerté avec le magistrat directeur du jury, convoque les jurés et les parties, en leur indiquant, au moins huit jours à l'avance, le lieu et le jour de la réunion. La notification aux parties leur fait connaître les noms des jurés.

32. Tout juré qui, sans motifs légitimes, manque à l'une des séances ou refuse de prendre part à la délibération, encourt une amende de cent francs au moins et de trois cents francs au plus.

L'amende est prononcée par le magistrat directeur du jury.

Il statue en dernier ressort sur l'opposition qui serait formée par le juré condamné.

Il prononce également sur les causes d'empêchement que les jurés proposent, ainsi que sur les exclusions ou incompatibilités dont les causes ne seraient survenues ou n'auraient été connues que postérieurement à la désignation faite en vertu de l'art. 30.

33. Ceux des jurés qui se trouvent rayés de la liste par suite des empêchements, exclusions ou incompatibilités prévus à l'article précédent, sont immédiatement remplacés par les jurés supplémentaires, que le magistrat directeur du jury appelle dans l'ordre de leur inscription.

En cas d'insuffisance, le magistrat directeur du jury choisit, sur la liste dressée en vertu de l'art. 29, les personnes nécessaires pour compléter le nombre de seize jurés.

34. Le magistrat directeur du jury est assisté, auprès du jury spécial, du greffier ou commis-greffier du tribunal, qui appelle successivement les causes sur lesquelles le jury doit statuer, et tient procès-verbal des opérations.

Lors de l'appel, l'administration a le droit d'exercer deux récusations péremptoires; la partie adverse a le même droit.

Dans le cas où plusieurs intéressés figurent dans la même affaire, ils s'entendent pour l'exercice du droit de récusation, sinon le sort désigne ceux qui doivent en user.

Si le droit de récusation n'est point exercé, ou s'il ne l'est que partiellement, le magistrat directeur du jury procède à la réduction des jurés au nombre de douze, en retranchant les derniers noms inscrits sur la liste.

35. Le jury spécial n'est constitué que lorsque les douze jurés sont présents.

Les jurés ne peuvent délibérer valablement qu'au nombre de neuf au moins.

36. Lorsque le jury est constitué, chaque juré prête serment de remplir ses fonctions avec impartialité.

37. Le magistrat directeur met sous les yeux du jury :

1° Le tableau des offres et demandes notifiées en exécution des articles 23 et 24 ;

2° Les plans parcellaires et les titres ou autres documents produits par les parties à l'appui de leurs offres et demandes.

Les parties ou leurs fondés de pouvoir peuvent présenter sommairement leurs observations.

Le jury pourra entendre toutes les personnes qu'il croira pouvoir l'éclairer.

Il pourra également se transporter sur les lieux, ou déléguer à cet effet un ou plusieurs de ses membres.

La discussion est publique ; elle peut être continuée à une autre séance.

38. La clôture de l'instruction est prononcée par le magistrat directeur du jury.

Les jurés se retirent immédiatement dans leur chambre pour délibérer, sans désemparer, sous la présidence de l'un d'eux, qu'ils désignent à l'instant même.

La décision du jury fixe le montant de l'indemnité ; elle est prise à la majorité des voix.

En cas de partage, la voix du président du jury est prépondérante.

39. Le jury prononce des indemnités distinctes en faveur des parties qui les réclament à des titres différents, comme propriétaires, fermiers, locataires, usagers et autres intéressés, dont il est parlé à l'art. 21.

Dans le cas d'usufruit, une seule indemnité est fixée par le jury, eu égard à la valeur totale de l'immeuble ; le nu-propriétaire et l'usufruitier exercent leurs droits sur le montant de l'indemnité, au lieu de l'exercer sur la chose.

L'usufruitier sera tenu de donner caution ; les père et mère ayant l'usufruit légal des biens de leurs enfants en seront seuls dispensés.

Lorsqu'il y a litige sur le fond du droit ou sur la qualité des réclamants, et toutes les fois qu'il s'élève des difficultés étrangères à la fixation du montant de l'indemnité, le jury règle l'indemnité indépendamment de ces litiges et difficultés, sur lesquels les parties sont renvoyées à se pourvoir devant qui de droit.

L'indemnité allouée par le jury ne peut, en aucun cas, être inférieure aux offres de l'administration, ni supérieure à la demande de la partie intéressée.

40. Si l'indemnité réglée par le jury ne dépasse pas l'offre de l'administration, les parties qui l'auront refusée seront condamnées aux dépens.

Si l'indemnité est égale à la demande des parties, l'administration sera condamnée aux dépens.

Si l'indemnité est à la fois supérieure à l'offre de l'administration, et inférieure à la demande des parties, les dépens seront compensés de manière à être supportés par les parties et l'administration, dans les proportions de leur offre ou de leur demande avec la décision du jury.

Tout indemnitaire qui ne se trouvera pas dans le cas des articles 25 et 26 sera condamné aux dépens, quelle que soit l'estimation ultérieure du jury, s'il a omis de se conformer aux dispositions de l'article 24.

41. La décision du jury, signée des membres qui y ont concouru, est remise par le président au magistrat directeur, qui la déclare exécutoire, statue sur les dépens, et envoie l'administration en possession de la propriété, à la charge par elle de se conformer aux dispositions des articles 53, 54 et suivants.

Ce magistrat taxe les dépens, dont le tarif est déterminé par un réglement d'administration publique (1).

La taxe ne comprendra que les actes faits postérieurement à

(1) Ce tarif, en 31 articles, a été arrêté par l'ordonnance royale du 18 septembre 1833.

l'offre de l'administration ; les frais des actes antérieurs demeurent, dans tous les cas, à la charge de l'administration.

42. La décision du jury et l'ordonnance du magistrat directeur ne peuvent être attaquées que par la voie du recours en cassation, et seulement pour violation du premier paragraphe de l'art. 30, de l'art. 31, des deuxième et quatrième paragraphes de l'art. 34, et des art. 35, 36, 37, 38, 39 et 40.

Le délai sera de quinze jours pour ce recours, qui sera d'ailleurs formé, notifié et jugé comme il est dit en l'art. 20; il courra à partir du jour de la décision.

43. Lorsqu'une décision du jury aura été cassée, l'affaire sera renvoyée devant un nouveau jury, choisi dans le même arrondissement.

Néanmoins la Cour de cassation pourra, suivant les circonstances, renvoyer l'appréciation de l'indemnité à un jury choisi dans un des arrondissements voisins, quand même il appartiendrait à un autre département.

Il sera procédé, à cet effet, conformément à l'art. 30.

44. Le jury ne connaît que des affaires dont il a été saisi au moment de sa convocation, et statue successivement et sans interruption sur chacune de ces affaires. Il ne peut se séparer qu'après avoir réglé toutes les indemnités dont la fixation lui a été ainsi déférée.

45. Les opérations commencées par un jury, et qui ne sont pas encore terminées au moment du renouvellement annuel de la liste générale mentionnée en l'art. 29, sont continuées, jusqu'à conclusion définitive, par le même jury.

46. Après la clôture des opérations du jury, les minutes de ses décisions et les autres pièces qui se rattachent auxdites opérations sont déposées au greffe du tribunal civil de l'arrondissement.

47. Les noms des jurés qui auront fait le service d'une session, ne pourront être portés sur le tableau dressé par le conseil général pour l'année suivante.

CHAPITRE III. — *Des règles à suivre pour la fixation des indemnités.*

48. Le jury est juge de la sincérité des titres et de l'effet des

actes qui seraient de nature à modifier l'évaluation de l'indemnité.

49. Dans le cas où l'administration contesterait au détenteur
exproprié le droit à une indemnité, le jury, sans s'arrêter à la
contestation, dont il renvoie le jugement devant qui de droit,
fixe l'indemnité comme si elle était due, et le magistrat directeur du jury en ordonne la consignation, pour, ladite indemnité, rester déposée jusqu'à ce que les parties se soient entendues ou que le litige soit vidé.

50. Les bâtiments dont il est nécessaire d'acquérir une portion pour cause d'utilité publique seront achetés en entier, si
les propriétaires le requièrent par une déclaration formelle
adressée au magistrat directeur du jury, dans les délais énoncés
aux art. 24 et 27.

Il en sera de même de toute parcelle de terrain qui, par suite
du morcellement, se trouvera réduite au quart de la contenance
totale, si toutefois le propriétaire ne possède aucun terrain immédiatement contigu, et si la parcelle ainsi réduite est inférieure à dix ares.

51. Si l'exécution des travaux doit procurer une augmentation
de valeur immédiate et spéciale au restant de la propriété, cette
augmentation sera prise en considération dans l'évaluation du
montant de l'indemnité.

52. Les constructions, plantations et améliorations ne donneront lieu à aucune indemnité, lorsque, à raison de l'époque
où elles auront été faites ou de toutes autres circonstances dont
l'appréciation lui est abandonnée, le jury acquiert la conviction qu'elles ont été faites dans la vue d'obtenir une indemnité
plus élevée.

TITRE V.
Du paiement des indemnités.

53. Les indemnités réglées par jury seront, préalablement
à la prise de possession, acquittées entre les mains des ayant-
droits.

S'ils se refusent à les recevoir, la prise de possession aura lieu
après offres réelles et consignation.

S'il s'agit de travaux exécutés par l'état ou les départements, les offres réelles pourront s'effectuer au moyen d'un mandat égal au montant de l'indemnité réglée par le jury : ce mandat, délivré par l'ordonnateur compétent, visé par le payeur, sera payable sur la caisse publique qui s'y trouvera désignée.

Si les ayant-droit refusent de recevoir le mandat, la prise de possession aura lieu après consignation en espèces.

54. Il ne sera pas fait d'offres réelles toutes les fois qu'il existera des inscriptions sur l'immeuble exproprié ou d'autres obstacles au versement des deniers entre les mains des ayant-droit ; dans ce cas, il suffira que les sommes dues par l'administration soient consignées, pour être ultérieurement distribuées ou remises, selon les règles du droit commun.

55. Si, dans les six mois du jugement d'expropriation, l'administration ne poursuit pas la fixation de l'indemnité, les parties pourront exiger qu'il soit procédé à ladite fixation.

Quand l'indemnité aura été réglée, si elle n'est ni acquittée ni consignée dans les six mois de la décision du jury, les intérêts courront de plein droit à l'expiration de ce délai.

TITRE VI.
Dispositions diverses.

56. Les contrats de vente, quittances et autres actes relatifs à l'acquisition des terrains, peuvent être passés dans la forme des actes administratifs ; la minute restera déposée au secrétariat de la préfecture : expédition en sera transmise à l'administration des domaines.

57. Les significations et notifications mentionnées en la présente loi sont faites à la diligence du préfet du département de la situation des biens.

Elles peuvent être faites tant par huissier que par tout agent de l'administration dont les procès-verbaux font foi en justice.

58. Les plans, procès-verbaux, certificats, significations, jugements, contrats, quittances et autres actes faits en vertu de la présente loi, seront visés pour timbre et enregistrés gratis, lorsqu'il y aura lieu à la formalité de l'enregistrement.

Il ne sera perçu aucuns droits pour la transcription des actes au bureau des hypothèques.

Les droits perçus sur les acquisitions amiables faites antérieurement aux arrêtés du préfet seront restitués, lorsque, dans le délai de deux ans à partir de la perception, il sera justifié que les immeubles acquis sont compris dans ces arrêtés. La restitution des droits ne pourrra s'appliquer qu'à la portion des immeubles qui aura été reconnue nécessaire à l'exécution des travaux.

59. Lorsqu'un propriétaire aura accepté les offres de l'administration, le montant de l'indemnité devra, s'il l'exige et s'il n'y a pas eu contestation de la part des tiers dans les délais prescrits par les art. 24 et 27, être versés à la caisse des dépôts et consignations, pour être remis ou distribués à qui de droit, selon les règles du droit commun.

60. Si les terrains acquis pour des travaux d'utilité publique ne reçoivent pas cette destination, les anciens propriétaires ou leurs ayant-droit peuvent en demander la remise.

Le prix des terrains rétrocédés est fixé à l'amiable, et, s'il n'y a pas accord, par le jury, dans les formes ci-dessus prescrites. La fixation par le jury ne peut, en aucun cas, excéder la somme moyennant laquelle les terrains ont été acquis.

61. Un avis, publié de la manière indiquée en l'art. 6, fait connaître les terrains que l'administration est dans le cas de revendre. Dans les trois mois de cette publication, les anciens propriétaires qui veulent réacquérir la propriété desdits terrains sont tenus de le déclarer; et, dans le mois de la fixation du prix, soit amiable, soit judiciaire, ils doivent passer le contrat de rachat et payer le prix ; le tout à peine de déchéance du privilége que leur accorde l'article précédent (1).

62. Les dispositions des art. 60 et 61 ne sont pas applicables aux terrains qui auront été acquis sur la réquisition du propriétaire, en vertu de l'art. 50, et qui resteraient disponibles après l'exécution des travaux.

---

(1) L'exécution de cet article et du précédent a été réglée par l'ordonnance royale du 22 mars 1835.

63. Les concessionnaires des travaux publics exerceront tous les droits conférés à l'administration, et seront soumis à toutes les obligations qui lui sont imposées par la présente loi.

64. Les contributions de la portion d'immeubles qu'un propriétaire aura cédée, ou dont il aura été exproprié pour cause d'utilité publique, continueront à lui être comptées pendant un an, à partir de la remise de la propriété, pour former son cens électoral.

TITRE VII.
Dispositions exceptionnelles.

CHAPITRE 1er.

65. Lorsqu'il y aura urgence de prendre possession des terrains non bâtis qui seront soumis à l'expropriation, l'urgence sera spécialement déclarée par une ordonnance royale.

66. En ce cas, après le jugement d'expropriation, l'ordonnance qui déclare l'urgence et le jugement seront notifiés, conformément à l'art. 15, aux propriétaires et aux détenteurs, avec assignation devant le tribunal civil. L'assignation sera donnée à trois jours au moins; elle énoncera la somme offerte par l'administration.

67. Au jour fixé, le propriétaire et les détenteurs seront tenus de déclarer la somme dont ils demandent la consignation avant l'envoi en possession.

Faute par eux de comparaître, il sera procédé en leur absence.

68. Le tribunal fixe le montant de la somme à consigner.

Le tribunal peut se transporter sur les lieux, ou commettre un juge pour visiter les terrains, recueillir tous les renseignements propres à en déterminer la valeur, et en dresser, s'il y a lieu, un procès-verbal descriptif. Cette opération devra être terminée dans les cinq jours, à dater du jugement qui l'aura ordonnée.

Dans les trois jours de la remise de ce procès-verbal au greffe, le tribunal déterminera la somme à consigner.

69. La consignation doit comprendre, outre le principal, la somme nécessaire pour assurer, pendant deux ans, le paiement des intérêts à 5 pour cent.

70. Sur le vu du procès-verbal de consignation, et sur une

nouvelle assignation à deux jours de délai au moins, le président ordonne la prise de possession.

71. Le jugement du tribunal et l'ordonnance du président sont exécutoires sur minute et ne peuvent être attaqués par opposition ni par appel.

72. Le président taxera les dépens, qui seront supportés par l'administration.

73. Après la prise de possession, il sera, à la poursuite de la partie la plus diligente, procédé à la fixation définitive de l'indemnité, en exécution du titre IV de la présente loi.

74. Si cette fixation est supérieure à la somme qui a été déterminée par le tribunal, le supplément doit être consigné dans la quinzaine de la notification de la décision du jury, et, à défaut, le propriétaire peut s'opposer à la continuation des travaux.

CHAPITRE II.

75. Les formalités prescrites par les titres I et II de la présente loi ne sont applicables ni aux travaux militaires ni aux travaux de la marine royale.

Pour ces travaux, une ordonnance royale détermine les terrains qui sont soumis à l'expropriation.

76. L'expropriation ou l'occupation temporaire, en cas d'urgence, des propriétés privées qui seront jugées nécessaires pour des travaux de fortification, continueront d'avoir lieu conformément aux dispositions prescrites par la loi du 30 mars 1831.

Toutefois, lorsque les propriétaires ou autres intéressés n'auront pas accepté les offres de l'administration, le réglement définitif des indemnités aura lieu conformément aux dispositions du titre IV ci-dessus.

Seront également applicables aux expropriations poursuivies en vertu de la loi du 30 mars 1831, les art. 16, 17, 18, 19 et 20, ainsi que le titre VI de la présente loi.

TITRE VIII.

Dispositions finales.

77. Les lois des 8 mars 1810 et 7 juillet 1833 sont abrogées.

XLIV.

23 MARS 1842. — *Loi relative à la police de la grande voirie.*

Art. 1er. A dater de la promulgation de la présente loi, les amendes fixes, établies par les réglements de grande voirie antérieurs à la loi des 19-22 juillet 1791, pourront être modérées, eu égard au degré d'importance ou aux circonstances atténuantes des délits, jusqu'au vingtième desdites amendes, sans toutefois que ce minimum puisse descendre au-dessous de 16 fr.

A dater de la même époque, les amendes dont le taux, d'après ces réglements, était laissé à l'arbitrage du juge, pourront varier entre un minimum de 16 fr. et un maximum de 300 fr.

Art. 2. Les piqueurs des ponts et chaussées et les cantonniers-chefs, commissionnés et assermentés à cet effet, constateront tous les délits de grande voirie, concurremment avec les fonctionnaires et agents dénommés dans les lois et décrets antérieurs sur la matière.

XLV.

24 MAI 1842. — *Loi relative aux portions de routes royales délaissées par suite de changement de tracé ou d'ouverture d'une nouvelle route.*

(*Voyez-en le texte* suprà, *page* 312).

TEL est l'extrait des lois anciennes et modernes sur les chemins vicinaux, la voirie urbaine, les alignements et l'expropriation pour cause d'utilité publique; sans la crainte de trop augmenter le volume, nous y aurions joint un aperçu de la législation des peuples voisins; nous nous bornerons, en ce qui concerne l'Angleterre, où depuis longtemps les moyens de communication ont été un objet spécial de la sollicitude du gouvernement, à renvoyer au savant ouvrage de M. Charles Dupin, intitulé : VOYAGE DANS LA GRANDE-BRETAGNE, dont M. le procureur-général Dupin a présenté, pour cette partie, l'analyse dans son *Introduction* aux LOIS DES COMMUNES, *ch.* 4, *sect.* 10, § 5, *page* 250).

TABLE

DES PRINCIPALES DIVISIONS DE L'OUVRAGE.

———

COMMENTAIRE

SUR LA LOI DU 21 MAI 1836 RELATIVE AUX CHEMINS
VICINAUX.

APPENDICE

SUR LA COMPÉTENCE ET LES ATTRIBUTIONS DES DIVERSES AUTORITÉS EN MATIÈRE DE PETITE VOIRIE.

LÉGISLATION

SUR LES CHEMINS VICINAUX ET SUR LES ALIGNEMENTS.

TABLE
ANALYTIQUE ET ALPHABÉTIQUE
DES MATIÈRES.

————⋙✠⋘————

Les chiffres indiquent la page.

A

1044 TABLE ANALYTIQUE.

(1) Cette matière importante n'a pu recevoir dans l'ouvrage l'ordre et les divisions qui eussent sans doute été nécessaires pour en montrer l'étendue et pour soulager l'attention et la mémoire. L'alignement était un sujet tout-à-fait secondaire de la loi de 1836, et en le développant dans le commentaire de l'article 21 auquel il appartenait, il était impossible de le diviser par chapitres et paragraphes, sans rompre l'unité du livre et induire en erreur sur l'importance relative de cette matière dans l'ensemble. Cet inconvénient a été réparé dans le présent article de la table, où le travail est classé dans l'ordre rationnel qu'un traité méthodique devrait présenter.

§ 2.

NATURE DE L'ALIGNEMENT.

L'alignement est une sorte d'expropriation pour cause d'utilité publique, 611, 612. — Différence de l'alignement et de l'expropriation : dans le principe, 616 et 617 ; — dans la portée, 617 ; — dans le mode d'action et l'époque de son exercice, 619 ; — dans la nature de l'indemnité et l'étendue du sol à laquelle elle s'applique, 620 ; — dans la forme, 622 ; — dans quels cas la voie d'alignement doit être employée, dans quels cas celle de l'expropriation. L'alignement ne peut être employé que pour le rélargissement et la rectification des voies anciennes, 623 à 643. — On ne pourrait ouvrir une rue nouvelle par la voie indirecte de l'alignement, 681 à 684. — En cas de rélargissement ou d'ouverture d'une rue, l'administration peut exproprier la totalité des bâtiments entamés, 677 à 681. — Le retranchement par alignement peut s'étendre à la totalité d'une maison, 644 à 649. — Différence de l'alignement et du bornage, 595. — Equité de la servitude d'alignement, 579.

§ 3.

LOCALITÉS ASSUJETTIES A L'ALIGNEMENT.

Les routes dépendant de la grande voirie, 495. — Les chemins vicinaux, 458, 462, 496, 507. — Les chemins ruraux non classés peuvent être soumis à l'alignement par un arrêté municipal ; caractère spécial de cet alignement, 548. — Conséquence, en cas de contravention, pour la compétence, 554. — Les rues, places, ruelles, impasses et passages publics des villes, 593. — *Secùs* des promenades publiques et autres propriétés communales ; elles ne peuvent être limitées que par un bornage, 595 à 598.

Quid des rues, des bourgs et villages ? silence fâcheux du législateur, 459. — Un arrêté du maire peut y suppléer, 460.

La défense de bâtir à moins de cent mètres des cimetières est une servitude analogue à celle de l'alignement, 707.

§ 4.

CONSTRUCTIONS ET TRAVAUX SOUMIS A L'ALIGNEMENT.

L'alignement arrêté s'applique :

Non-seulement aux murs de face des maisons, mais à toutes les parties retranchables, 636 à 639.

Aux constructions souterraines avançant sous la voie publique ; exception, 472.

Aux travaux en saillie ; tolérance nécessaire à cet égard, 473.

Aux plantations d'arbres ou haies, aux fossés et à leur entretien, 708.

Aux travaux confortatifs ; distinctions généralement reçues, 561 à 564. — Difficultés de leur application ; exemples nombreux, 564 à 577. — Critique de la distinction des travaux confortatifs et non confortatifs ; doctrine de l'auteur, 578 à 588. — La prohibition des travaux confortatifs est absolue, aucune distinction n'est admissible selon le plus ou le moins d'urgence de la rectification de l'alignement, 588 à 593.

Une autorisation doit être demandée pour toute espèce de travaux faits aux constructions, même ceux de peinture et de badigeonage, 467 — Mais l'administration ne pourrait prescrire de construire ou de peindre sur des plans donnés, 469. — Elle peut cependant prohiber, autant que les localités le permettent, les travaux et matériaux contraires à la propreté et à la sûreté, 471, 491. — La permission de bâtir n'est pas nécessaire pour les constructions élevées en retraite de l'alignement, à moins d'arrêté contraire, 466. — Id. pour les réparations confortatives, 467. — L'alignement arrêté ne peut obliger à avancer les constructions en retraite, 486, 671. — Mais seulement à se clore sur la limite de l'alignement, 487, 672, 768.

§ 5.
DÉLIVRANCE DE L'ALIGNEMENT.

1° *Généralités*. — Précautions à prendre dans l'acte approbatif et la permission de bâtir, pour la sûreté et la viabilité :

Défense d'avancer tant que les constructions situées vis-à-vis ne seront pas reculées, 474. — En cas d'avancement, interdiction d'établir des jours et des égouts sur les pignons latéraux, 475. — Fixation de la hauteur et du niveau du seuil des portes, 489. — Restriction de la hauteur des maisons, 490. — Droit de faire supporter exclusivement aux maisons d'un seul côté de la rue le retranchement à opérer pour son rélargissement, 713. — Prohibition de bâtir à 100 mètres des cimetières, 707.

De la péremption des permissions de construire, 704.

11° *Formes de l'alignement, et autorités chargées de le donner.*
Plans généraux d'alignement.

1° *Voirie urbaine*. — Le maire fait dresser le plan, et tracer l'alignement par l'architecte-voyer, 713 — Le tracé doit être soumis au conseil municipal, 714. — Le préfet nomme le commissaire chargé de présider à l'enquête et peut en prolonger la durée, 715. — L'enquête est soumise, avec l'avis du commissaire, au conseil municipal qui en délibère, 715, 716. — Puis au préfet avec l'avis du maire, 716. — Avis du préfet; du conseil des bâtiments civils; du ministre des finances en certains cas, 719. — Soumission au conseil d'état; ordonnance du roi approbative, 720.

2° *Grande voirie*. — Les ingénieurs des ponts et chaussées dressent les plans et tracés, 722. — L'enquête est reçue par le maire, 723, 726. — Le conseil municipal donne son avis si l'alignement concerne l'intérieur des villes, bourgs et villages, 726. — Commission composée de quatre membres du conseil général ou d'arrondissement, du maire et d'un ingénieur, présidée par le sous-préfet, chargée d'entendre les intéressés; elle donne

III° *Recours contre l'alignement.*

Contre le plan général.

1° *Voirie urbaine.* — Jusqu'à l'ordonnance approbative, le plan général peut être critiqué par voie de réclamation. *Secùs*, après l'ordonnance, à moins que les formes de l'enquête n'aient été violées; dans ce cas, recours au ministre qui fait son rapport, et décision du roi en son conseil, 720.

2° *Grande voirie.* — Mêmes règles, 730.

3° *Voirie vicinale.* — Le recours est le même que contre les arrêtés déclaratifs de vicinalité, 10, 12, 155. — Voy. *Recours.*

Ces voies épuisées, les alignements généraux sont obligatoires. *Secùs* s'ils doivent entraîner une expropriation proprement dite; les formes requises en ce cas doivent être observées, 725, 731.

Contre les alignements partiels.

1° *Voirie urbaine.* Contre l'application du plan général faite par le maire, recours au préfet, puis au ministre et au roi en conseil d'état par voie contentieuse, 738. - Mode de statuer du conseil d'état, 478 — Même recours par voie non contentieuse contre l'alignement donné en l'absence de plan général, 742, 760. - En cas de refus ou de retard de la part du maire de délivrer l'alignement, il faut s'adresser au préfet, 507.

2° *Grande voirie.* — Mêmes règles que pour la voirie urbaine, 745.

3° *Voirie vicinale.* — Même recours que pour le plan général.

Ces voies épuisées ou omises, l'alignement est obligatoire, 743, 745.

§ 6.

EFFETS DE LA DÉLIVRANCE D'ALIGNEMENT. DROITS ET OBLIGATIONS.

1° *A l'égard du propriétaire.*

L'administration n'est point obligée d'exécuter les plans d'alignement arrêtés; elle peut les modifier et les abandonner, 684 à 686. — Elle peut changer pour l'avenir, sans indemnité, le plan d'alignement précédemment exécuté, 499. Mais elle ne peut détruire sans indemnité les constructions conformes à l'alignement donné par le maire, même sans approbation du préfet, 497.

L'arrêté d'alignement n'est exécutoire que par la ruine ou la démolition du bâtiment, 492. — *Secùs* de l'arrêté ordonnant la suppression immédiate des bornes et autres saillies, 492, 709, 710. Même avant le paiement de l'indemnité, la partie retranchable d'un édifice est censée réunie à la voie publique dès sa démolition, 503. — Conséquences : le propriétaire ne peut reconstruire sans autorisation, 503, 660. - Il en est de même des voisins qui, par l'effet de la démolition, joignent alors la voie publique, 504 — Quand une maison est censée démolie, 505.

INDEMNITÉS RÉSULTANT DE L'ALIGNEMENT.

1° *Cause.* — Le *retranchement* par voie d'alignement donne droit à une indemnité; nature de cette indemnité; elle ne représente que la valeur du

§ 7.
SANCTION DE L'ALIGNEMENT.

Généralités. — C'est le fait matériel et non l'intention qui constitue la contravention, 532, 920. — Les règles de la complicité ne s'appliquent pas aux contraventions à moins d'exception formelle, 923. — Circonstances atténuantes, maximum et minimum de la peine, 922. — La prohibition du cumul des peines s'applique aux contraventions, 923.

1° *Amende.* — Art. 471 du C. pén., 465. — L'amende est applicable même aux ouvriers et entrepreneurs auxquels un arrêté administratif impose l'obligation de demander la permission de bâtir, 467. — L'amende pour contravention de grande voirie n'a pas un caractère purement pénal. Conséquences envers les personnes responsables, les locataires, les tiers acquéreurs, et relativement à la prescription, 528 à 531. — *Secùs* en matière de petite voirie, 531.

2° *Emprisonnement.* — Il peut être prononcé en cas de récidive, 527.

3° *Démolition.* — Le maire ne peut l'ordonner avant jugement. — *Secùs* pour les maisons menaçant ruine, sauf recours à l'autorité supérieure, 510, 515. — Comment s'exécutent les jugements prononçant la démolition, 519. — Il n'y a pas lieu d'ordonner la démolition de travaux élevés sans autorisation dans les limites de l'alignement, 466, 467, 520. — La démolition est prononcée même contre les tiers acquéreurs, 530.

Voy. § suiv., *Juridiction civile.*

4° *Dommages-intérêts civils.* — Les particuliers peuvent-ils poursuivre les contraventions à l'alignement? Distinction, 522 à 525.

5° *Solidarité.* — Elle ne s'applique pas à la contravention d'alignement, 533, 923. — *Secùs* pour l'amende de grande voirie, 529.

6° *Prescription.* — Poursuite, 525; peine, 527; démolition, 527; amendes et infractions de grande voirie, 529 à 531, 888.

§ 8.
JURIDICTION ET COMPÉTENCE EN MATIÈRE D'ALIGNEMENT.

1° *Juridiction civile.*

1° *Juges de paix.* — Ils connaissent au possessoire de l'existence des servitudes menacées par l'avancement des constructions voisines, 674.

Voy. *Possessoire.* — Du bornage des chemins, 780 à 784.

2° *Tribunaux d'arrondissement.* — Ils statuent:

Sur l'action directe à fins civiles que peut intenter le maire sans autorisation préalable, pour faire respecter l'alignement et demander la démolition, 509. — Sur la démolition ou toute autre réparation, lorsque aucune peine ne peut être appliquée, 532. — Ils sont incompétents pour apprécier la convenance de l'alignement, 345, 760. — Voy. *suprà*, § 5, *Recours contre l'alignement.*

Sur les questions de propriété, 156, 534 et suiv., 760, 761; — et de

Voy. le résumé des attributions du tribunal de police municipale en matière de petite voirie, 892, 921. — Voy. *Réglement municipal.*

II° *Conseils de préfecture.* — Ils statuent sur les contraventions de grande voirie, 528, — tant sur l'action que sur l'exception, 556 — Voy. *Conseils de préfecture. Résumé de leurs attributions en matière de voirie.*

III° *Tribunaux d'appel.* — Voy. les attributions du tribunal correctionnel, 924, — et du conseil d'état, 890.

Conclusion de l'alignement, 769. — Voy. *Voirie.*

ALLUVION, 817. — Voy. *Chemins vicinaux.*

AMENDE. — L'amende pour contravention à l'alignement s'applique même aux ouvriers et entrepreneurs, auxquels un arrêté impose l'obligation d'obtenir la permission de bâtir, 467.

L'amende pour contravention de grande voirie n'a pas un caractère purement pénal. Conséquences envers les personnes responsables, les locataires, les tiers acquéreurs et relativement à la prescription, 528 à 531, 888. — *Secùs* en matière de petite voirie, 531. — Prescription, 527, 529 à 531, 888.

ANTICIPATIONS. — Voy. *Police des chemins.*

APPEL. — Voy. *Tribunal correctionnel.* — *Cour royale.* — *Recours.*

APPENDICE sur la compétence et les attributions des diverses autorités en matière de voirie, 834 et suiv.

AQUEDUC, 354. — Les riverains sont obligés de supporter les travaux de confection d'aqueducs sur la voie publique, 354. — Les aqueducs nécessaires à l'écoulement des eaux doivent être autorisés et construits, selon les cas, aux frais des communes ou des particuliers, sous la surveillance de l'agent-voyer, 437.

ARBITRAIRE. — Voy. *Equité*, 586, 652.

ARBRES. — Voy. *Plantations.*

ARRÊTÉS. — ARRÊTÉS D'ALIGNEMENT. — Voy. *Alignement*, § 5.

ARRÊTÉS DES CONSEILS DE PRÉFECTURE. — Voy. *Conseil de préfecture.*

ARRÊTÉS DES MAIRES. — Voy. *Réglement municipal.*

ARRÊTÉS DES PRÉFETS. — Différence entre les arrêtés des préfets en conseil de préfecture et les arrêtés des conseils de préfecture, 151. — Résumé des attributions des préfets en matière de voirie, 842. — Voy. *Préfet.*

ASSISES. — Voy. *Cour d'assises.*

ATTRIBUTIONS. — Voy. *Compétence.*

AUTEURS et OUVRAGES cités dans le cours du commentaire et de ses appendices. — Voy. en la table particulière après celle alphabétique.

AUTORISATION DE BATIR. — Voy. *Alignement.*

AUTORITÉ JUDICIAIRE. — Voy. *Tribunal civil.*

AUTORITÉ MILITAIRE. — Voy. *Fortifications.*

B.

C.

tice de ces dispositions, 3o. — Les propriétés de l'état et de la couronne contribuent aux dépenses des chemins vicinaux, 128. — Ces chemins sont les seuls donnant lieu à des subventions de la part des exploitants qui les dégradent, 131. — Voy. *Communes*, — *prestation*, — *subvention*. — Diverses atteintes portées à la propriété privée pour l'établissement des chemins vicinaux, 154. — Le riverain ne peut être exproprié pour refus d'acquérir les terrains retranchés d'un chemin vicinal, 768, 668 à 671. — Voy. *Entretien*, — *expropriation*, — *extraction de matériaux*, — *indemnité*.

Alignement. — Ils sont assujettis à l'alignement, 458, 496, 462, 507. — Plans généraux d'alignement de voirie vicinale ordinaire, 731 et suivantes. — Méthode pour lever les plans des chemins vicinaux, 733 (*note*). — Délivrance des alignements partiels; forme et autorité compétente. Voy. *Alignement*, § 5. — En matière d'alignement de voirie vicinale, l'indemnité pour reculement à la charge de la commune est réglée par le juge de paix sur le rapport d'experts, 766. — Mode de fixation quand l'indemnité est due à la commune pour cession de terrains, 768. Voy. *Alignement*, § 6. — Exception de propriété sur la poursuite d'une contravention à un alignement de voirie vicinale. Voy. *Alignement* (§ 8, *tribunaux de simple police, question préjudicielle*).

Déclassement. — Déclassement des chemins vicinaux. Voy. *Déclassement*. — Du cas où un chemin vicinal serait exproprié en tout ou en partie pour cause d'utilité publique. Double hypothèse : sa conversion en route d'une classe supérieure ou en travaux autres qu'une route, tels que canal, chemin de fer. Conséquences quant aux droits de la commune, 264 ; quant à la procédure, 719 (*note*).

Contentieux. — Le maire est contradicteur légitime pour les procès concernant les chemins vicinaux ordinaires, et, dans certains cas, ceux de grande communication, 13, 14. Voy. *Affaire sommaire*. — *Contraventions*, — *police des chemins*.

CHEMINS VICINAUX DE GRANDE COMMUNICATION, 88. — Ils seraient mieux désignés sous le nom de chemins cantonnaux, 89. — Ils appartiennent à la petite voirie, 496.

Classement. — Attributions des préfets relativement à ces chemins, 89. — Attributions des conseils généraux, 90, — municipaux, 93, — d'arrondissement, 7. — Ils doivent être préalablement classés par le préfet parmi les chemins vicinaux ordinaires, 92. — Ils appartiennent au domaine public et sont imprescriptibles. Voy. *Chemins vicinaux*.

Dépenses. — L'indemnité pour leur établissement est à la charge des communes, 13, 95. — Ressources destinées à leur entretien, 99. — Offres des particuliers et des communes à cet égard ; en quoi elles doivent consister ; de leur acceptation et recouvrement. 95.

67

D.

sous les chemins devront être autorisés et construits, selon les cas, aux frais des communes ou des particuliers, sous la surveillance de l'agent-voyer, 437.

Eaux pluviales — Les communes peuvent disposer, sans indemnité, des eaux pluviales tombant sur les chemins, nonobstant toute possession contraire des riverains, 445. — Nulle prescription entre riverains du droit exclusif de s'approprier ces eaux, 446.

Eaux insalubres.—L'écoulement, sur les chemins, des eaux ménagères et autres malpropres ou insalubres, ne peut constituer un droit de servitude au profit des riverains; il pourra être prohibé sans indemnité par arrêtés du préfet ou du maire, 437 à 441.

ÉDILES. — Leurs attributions chez les Romains, 944.

EFFET suspensif. — Le recours contre l'arrêté du préfet qui autorise l'ouverture ou le redressement d'un chemin vicinal n'est pas suspensif, 222.

EGOUT. — Voy. *Servitudes.* — *Avancement.*

ELAGAGE. — Ancienne législation française, 967.

Le préfet détermine, par un réglement général, tout ce qui concerne l'élagage des plantations le long des chemins, 454. — L'essartement des bois le long des chemins donne lieu à indemnité, 776.

EMPRISONNEMENT. — Peut être prononcé pour contravention à l'alignement en cas de récidive, 527. — Ne peut l'être par les conseils de préfecture, 824, 887. — Limites dans lesquelles les tribunaux de police peuvent condamner à l'emprisonnement, 892, 923.

ENQUÊTE. — Voy. *Expropriation*, 205 à 214, 229 et suiv. — *Alignement* (§ 5, plans généraux).

ENREGISTREMENT. — Les actes relatifs à la confection des chemins vicinaux ne sont passibles que du droit fixe d'un franc, 404. — Conditions de ce privilége et précautions nécessaires pour en jouir, 405. — Il ne s'applique pas aux aliénations des terrains déclassés, 336. — Il y a exemption complète de tout droit d'enregistrement pour les expropriations nécessaires à la confection des chemins vicinaux. Diverses décisions du directeur général de l'enregistrement, 406, 407, 260 à 264. — Mêmes décisions en matière d'alignement, 608 à 615.

La modération des droits d'enregistrement doit s'étendre aux instances et actes relatifs à tous dommages causés par l'établissement des chemins, 409, 411.

Les affiches annonçant l'adjudication des travaux des chemins doivent être sur papier de couleur et timbré, 408.

Voy. *Timbre.*

ENREGISTREMENT des lois. — Cette formalité n'était pas nécessaire avant la révolution pour rendre les réglements de police obligatoires, 947.

en ce qui concerne la déclaration de vicinalité est absolu, 217 à 219. — Les deux premiers numéros de l'art. 2, et l'art. 3 de la loi du 3 mai 1841, ne sont pas applicables aux chemins vicinaux, 214 à 216. — La loi du 3 mai 1841 a été substituée à celle du 7 juillet 1833, pour l'exécution de l'art. 16 de la loi du 21 mai 1836, 219. — L'expropriation, pour les chemins vicinaux, doit s'intenter par requête, 220.

II° *Application du projet général aux propriétés particulières.* — Plans parcellaires, enquête, avis du conseil municipal, arrêté du préfet désignant les terrains à céder, 229. — Il n'y a pas lieu de recourir à la commission spéciale instituée par l'art. 8 de la loi du 3 mai 1841, pour examiner les oppositions des intéressés, 205 à 214. — Au maire seul, même à celui de la commune intéressée, appartient le droit de délivrer les certificats constatant le dépôt des pièces à la mairie, 226.

III° *Transmission de la propriété,* 232. — Transmission amiable; personnes qui peuvent céder; forme des cessions, 233. — Transmission forcée; envoi des pièces par le préfet; jugement d'expropriation, notification du jugement; recours en cassation, 237. — Sur le recours en cassation, inutilité du dernier alinéa de l'art. 16, 226. — Il faut autant de jugements d'expropriation qu'il y a de ressorts différents pour les fonds à exproprier, 223. — La commune dans l'intérêt de laquelle se poursuit l'expropriation n'est point partie dans l'instance; double conséquence, 227.

IV° *Réglement de l'indemnité par le jury: 1° mesures préparatoires et offres;* — appel ou intervention des intéressés; offres de l'administration; acceptation ou demandes; renvoi de l'affaire au jury, 246. — C'est toujours au tribunal de la situation qu'appartient la nomination du jury, 224. — Le tribunal peut prononcer par un seul jugement l'expropriation et la désignation des membres du jury, 225. — Le choix des jurés doit être fait en la chambre du conseil, 225. — Le tribunal peut confier la présidence du jury à un juge de paix de l'arrondissement quoique les biens soient situés dans plusieurs cantons, 223 — 2° *Convocation, constitution et opérations du jury:* convocation du jury et citation des parties, formation du jury; empêchements; récusation; opération du jury, 249 à 253. — Les attributions du directeur du jury diffèrent de celles conférées par la loi du 3 mai 1841, 221. — Le greffier ne peut accompagner le directeur du jury dans la salle des délibérations, 222. — Règles pour la fixation des indemnités; dépens, 253 à 255. — Le procès-verbal de la délibération du jury transfère la propriété sans qu'il soit besoin d'une ordonnance distincte, 225. — Ce procès-verbal doit être déposé au greffe du tribunal, lors même que le directeur du jury est un juge de paix, 225. — Recours en cassation, 256, 257, 226.

V° *Prise de possession et paiement des indemnités.* — Paiement et offres

F.

FACULTÉ. — La cession du terrain sujet à avancement par alignement est facultative de la part de l'administration; conséquences, 666 à 668. — *Id.* du sol des chemins déclassés, 317 à 320, 324.

Les prestations peuvent être acquittées en nature *ou* en argent au gré du contribuable, 70. — *Secùs* de la conversion des prestations en tâche, 68.

FAUBOURGS. — Voy. *Voirie.*

FAUTE. — Aucune indemnité n'est due au voisin pour préjudice du reculement ordonné pour l'alignement, s'il n'y a faute du constructeur, 476.

Les communes ne sont responsables des conséquences du mauvais état de leurs chemins que s'il y a faute ou négligence de leur part. — *Secùs* s'il y a cas fortuit, 813.

FERMIERS. — Doivent la prestation, 45. — Quand les subventions pour dégradation des chemins sont à leur charge, 140.

Voy. *Locataire.*

FINS CIVILES. — Voy. *Alignement* (§ 8, *juridiction répressive, question préjudicielle*).

FINS DE NON-RECEVOIR. — L'absence de procès-verbal de reconnaissance de viabilité des chemins n'est pas une fin de non-recevoir à la demande en subvention contre l'exploitation qui a dégradé, 135.

FOI DUE AUX PROCÈS-VERBAUX. — Voy. *Procès-verbaux.*

FOIRE, 353.

Voy. *Servitudes.*

FONCTIONNAIRES. — Ne sont pas dispensés de la prestation, 45.

FORAINS. — Ne sont pas assujettis à la prestation, 42.

FORESTIÈRES (MATIÈRES). — Dans les matières non forestières, le prévenu qui a obtenu son renvoi à fins civiles n'est pas obligé de se porter demandeur; distinction, 537 à 539.

Formalités préalables à l'extraction des matériaux dans les bois soumis au régime forestier, 274.

FORTIFICATIONS. — Règles et précautions pour l'établissement de chemins vicinaux traversant des fortifications, 794. — Dans les places de guerre il faut demander l'alignement à l'autorité militaire et à l'autorité civile, 706, 737.

FOSSÉS. — Ancienne législation française, 966.

A qui appartiennent les fossés des chemins vicinaux, 20. — Curage, 20. — Berges, 20. — Leur établissement ne peut avoir lieu sur les fonds voisins qu'en payant une indemnité, 24. — Les fossés des chemins vicinaux sont imprescriptibles, 112, 434. — Ils doivent être entretenus et curés aux frais de la commune et avec les ressources créées par la loi du 21 mai

Prise de possession. — Si la prise de possession préalable à l'indemnité est permise pour les chemins vicinaux, 174, 219. — L'indemnité ne doit être préalable que lorsque l'arrêté du préfet ordonne une dépossession nouvelle, 170, 174. — Droits à l'indemnité résultant de la dépossession en matière d'expropriation, 257.

Locataire. — Indemnité due au locataire en cas d'expropriation totale de la maison, 686. — En cas d'expropriation partielle, 687 à 690. — En cas où le propriétaire a contraint l'administration à acquérir la totalité du fonds, 690 à 693. — En cas d'alignement, aucune indemnité n'est due au locataire par l'administration, 693.

Acquéreur. — L'indemnité lui appartient en cas de reculement par alignement, 604.

Compétence. — Le réglement amiable des indemnités pour terrains réunis aux chemins vicinaux est fait par le conseil municipal, 158. — Le réglement judiciaire a lieu devant le juge de paix, 158. — L'indemnité à la charge de la commune pour alignement de voirie vicinale, est réglée par le juge de paix sur le rapport d'experts, 766. — Mode de fixation quand l'indemnité est due à la commune pour cession de terrain, 768. — Voy. *Alignement*, § 6. — Autorité compétente pour fixer l'indemnité pour dommages temporaires et permanents, dépréciation et perte de servitudes, 340, 344, 366 à 404. — Voy. *Ecoulement des eaux.* — *Expropriation.* — *Servitudes.* — Le tribunal civil statue sur l'indemnité due par l'administration ou un particulier pour suppression de servitudes par suite d'avancement par alignement, 673, 344. — Réglement de l'indemnité pour expropriation par le jury, 246 à 257. — Voy. *Expropriation.* — Résumé de la compétence en matière d'indemnité pour les diverses espèces d'atteintes à la propriété dans l'intérêt des chemins, 403. — Voy. *Juge de paix.*

INDIGENTS. — Sont dispensés de la prestation, 45, 48. — N'ont droit en justice commutative à aucune faveur à raison de leur position, 645.

INFIRMITÉS. — Quelles sont celles qui dispensent des prestations? 55.

INGÉNIEURS. — Voy. *Ponts et chaussées.*

INSCRIPTIONS. — Les maisons riveraines des rues sont assujetties à supporter le numérotage et les inscriptions indicatives des distances, de la direction des routes et du nom des rues, 353.

INTERDICTION, INTERDIT. — Les interdits sont dispensés de la prestation, 55.

Voy. *Suspension de la prescription*, 298.

INTÉRÊTS. — Point de départ des intérêts de l'indemnité en matière d'alignement, 657. — Dans quels cas ces intérêts sont dus, 705. — Intérêts de l'indemnité d'expropriation, 259. — Effets d'une sommation, 705.

INTERRUPTION. — Voy. *Prescription*, 291 à 298.

J.

en matière de petite voirie, 881. — En matière d'expropriation, 246 à 257, 221 à 225. — Voy. *Expropriation.*

Voy. *Alignement* (§ 6 , *indemnité, mode de fixation*).

L.

LARGEUR des chemins, 14. — Sous l'ancienne législation, 952.— Elle n'est limitée à 6 mètres qu'en cas de rélargissement d'un chemin préexistant, 185.—Sont présumés dépendance des chemins, les terrains laissés en dehors des clôtures des propriétés riveraines, 187.

Le préfet fixe la largeur des chemins de grande communication, 94.

Le réglement général du préfet ne peut fixer qu'un *maximum* de largeur des chemins vicinaux, 430. — La largeur de chaque chemin est l'objet d'une fixation spéciale, 431.—Ce second arrêté est le seul titre des communes soit pour exproprier les terrains nécessaires à la largeur des chemins, soit pour prouver cette largeur en cas de contestation, 431. — Le réglement doit fixer la largeur des fossés ou talus et des emplacements destinés au dépôt des matériaux, 432.

LAVOIR, 353. — Voy. *Servitudes.*

LÉGISLATION — *romaine* sur les chemins publics et la voirie urbaine, 937 à 946.

Ancienne législation française sur les chemins vicinaux , 947 à 974.

Législation française depuis 1789. — Textes relatifs aux chemins vicinaux, à l'expropriation et aux alignements, 974 à 1036.—Voy. *Alignement.* — *Chemins.* — *Expropriation.*

Législation sur l'aliénation des biens communaux, 234.

Unité de la législation. Inconvénients des réglements partiels, 414 à 418. — Inconvénient du renvoi habituel des lois nouvelles aux lois anciennes, 689 et suiv.

Caractères d'une bonne législation. — Elle doit être appropriée aux mœurs, aux habitudes, à la civilisation, etc., de la nation, 465.

Anomalies de la législation. — Exemples : 160, 767, 845, 852.

LOCATAIRE. — En cas d'expropriation totale de la maison louée, indemnité due au locataire, 686. — Si elle est partielle, droits du locataire, soit à l'indemnité, soit aux réparations, soit à la résolution du bail, 687 à 690. — Droits du locataire au cas où le propriétaire a contraint l'administration à acquérir la totalité du fonds, 690 à 693.

En cas d'alignement, aucune indemnité n'est due au locataire par l'administration, 693. — Le bailleur n'est tenu à aucune garantie pour l'impossibilité de réparer, 693 à 696. — Droits du locataire en cas de diminution ou de privation complète de jouissance, par suite de démolition volontaire, 696.—*Id.* en cas de démolition forcée, soit totale, soit

M.

que sur les points dont le préfet leur aurait délégué la surveillance par son réglement général, 424 ; ou que pour la salubrité ou la sécurité, 440.

Au maire seul appartient le droit de délivrer des certificats constatant le dépôt à la mairie des pièces relatives à l'expropriation, 227.

Resumé des attributions des maires en matière de petite voirie, 835 à 839.—Voy. *Réglement municipal.*

Le maire concentre en lui les pouvoirs réglementaire, d'officier de police, de juge et d'administrateur, 512.

MAJORITÉ. — Voy. *Age.*

MALADIE. — La journée doit être comptée au prestataire qui tombe malade en exécutant sa tâche, 52.

Voy. *Infirmités.*

MALLES-POSTE— ne sont soumises qu'aux réglements de l'administration supérieure, et non à ceux des maires, 919.

MARCHÉS. — Voy. *Entrepreneur.*

MATÉRIAUX. — Voy. *Extraction de—.*

MAXIMUM. — Le *maximum* des centimes additionnels est déterminé annuellement par la loi de finance, 127.

Le réglement général du préfet ne peut fixer qu'un *maximum* de largeur des chemins vicinaux, 430. — Ce *maximum* n'est limité à 6 mètres qu'en cas de rélargissement d'un chemin préexistant, 185. — Voy. *Contravention.*

MÉMOIRE. — Celui qui demande une indemnité pour rélargissement de chemin doit présenter un mémoire, 164. — Toute action contre une commune doit être précédée d'un mémoire, 166.—Ce mémoire interrompt la prescription, 293. — Inconvénient de l'effet interruptif indéfini d'un simple mémoire, 296. — Mémoire qui précède une action contre l'état a aussi l'effet interruptif, 845. — *Secùs* contre les départements il n'a qu'un effet suspensif, *ibid.*

MESURES de longueur et itinéraires des Romains, 929.

MINISTÈRE public. — Cette institution n'existait pas chez les Romains, 522.

MINISTRE.

Des finances, est sans qualité pour se pourvoir contre le rôle des prestations, 66.

De l'intérieur, doit prononcer sur les difficultés relatives aux chemins qui intéressent plusieurs départements, 85. — Résumé de la compétence et des attributions du ministre de l'intérieur en matière de petite voirie, 850.

MINISTRES du culte — sont assujettis à la prestation, 45.

MINORITÉ. — La prescription biennale des indemnités en fait de chemins vicinaux est suspendue pendant la minorité, 298.

ORGANISATION ADMINISTRATIVE ET JUDICIAIRE dans ses rapports avec la voirie; elle embrasse l'administration et les tribunaux :

Elle s'exerce par un... dans	Administrateur.	Corps délibérant élu.	Comité consultatif nommé.
la commune.	Maire, 835, 894.	conseil municipal, 839.	«
l'arrondissement.	Sous-préfet, 841.	conseil d'arrond., 842.	«
le département.	Préfet, 842.	conseil général, 848.	cons. de Préf., 846, 847, 852.
l'état.	Le Roi et les ministres, 850, 852.	chambres législatives.	conseil d'état, 850.

Administration

Tribunaux

civils :

administratifs.
1° Conseil de préfecture, 855.
2° Conseil d'état, (comité du contentieux), 864.

judiciaires.
1° Juges de paix, 866.
2° Tribunaux de première instance, 867.
3° Jurys d'expropriation, 881.
4° Cours royales (chambres civiles), 882.
5° Cour de cassation (sections civiles), 883.

criminels :

administratifs.
1° Conseils de préfecture, 884.
2° Conseil d'état, 884.

judiciaires.
1° Tribunaux de police municipale, 892.
2° Tribunaux correctionnels, 924.
2° bis. Cours royales (chambres correctionnelles), 924.
3° Cours d'assises, 925.
4° Cour de cassation (section criminelle), 926.

ORNEMENTS D'ARCHITECTURE ne peuvent être prescrits par les maires dans les permissions de bâtir, 469, 491. — Seciis comme condition de vente, 668. — Saillie des ornements est précaire, 492, 655.

OUTILS nécessaires au travail, doivent être fournis par le prestataire, 52.

OUVERTURES DE RUES OU CHEMINS.

En cas de rélargissement ou d'ouverture d'une rue, l'administration peut exproprier la totalité des bâtiments entamés, 677 à 681.—L'ouverture d'une rue nouvelle sans autorisation est une contravention du ressort des tribunaux de police municipale, 684.—On ne pourrait ouvrir une rue nouvelle par la voie indirecte de l'alignement, 681 à 684.

Le recours contre l'arrêté du préfet qui autorise l'ouverture d'un chemin vicinal n'est pas suspensif, 222.

OUVRIERS et MANŒUVRES.—Où doivent-ils la prestation? 43.—Les ouvriers et entrepreneurs sont obligés de se pourvoir de l'autorisation de bâtir quand les arrêtés leur en imposent l'obligation, 467.— Voy. Amende.

P.

PACTE.—On ne peut pactiser sur des objets d'ordre public, 914.

PAIEMENT.— Voy. Indemnité.

PAPIER LIBRE.— Voy. Timbre.

PARTAGE.—Les difficultés élevées entre voisins après l'alignement donné, pour le partage des terrains retranchés de la voie publique, sont de la compétence des Tribunaux civils, 478 à 485.—D'après quelles bases doit s'opérer ce partage, 315 à 317.

PASSAGE.— Voy. Servitudes.

PAUVRES.— Voy. Indigents.

PEINES.—Autorités compétentes pour l'application des peines aux contrevenants à la voirie vicinale, 819 à 833, 884.— Circonstances atténuantes, maximum et minimum de la peine, 222.— Prescription des peines de police, 527.— La prohibition du cumul des peines s'applique aux contraventions, 923.

L'erreur dans la fixation de la peine n'empêche pas l'exécution d'un arrêté, 901.— Les amendes de grande voirie n'ont pas un caractère purement pénal, 528.— Les peines sont personnelles, 531.

Voy. Alignement (§ 7, sanction).— Police des chemins.— Règlement général, 424.

PÉREMPTION DES PERMISSIONS DE BATIR, 704.

PERMISSION DE BATIR.

Voy. Alignement.— Amende.— Entrepreneur.— Ouvrier.

PLACE DE GUERRE.— Voy. Fortifications.

PLAIDER (AUTORISATION DE —). Corps moraux et établissements auxquels elle est nécessaire, 852.— Anomalie en ce qui concerne l'état, id.

Mémoire à présenter par le demandeur en règlement de l'indemnité pour rélargissement des chemins vicinaux, 166.— Effet interruptif de ce mémoire, 296. — Inconvénient, *id.* — Ce préliminaire est aussi exigé pour les actions contre l'état et les départements, 845. — Anomalie en ce qui a trait à ces derniers sous le rapport interruptif, *id.*

PLANS D'ALIGNEMENT. — Rédaction et forme matérielle de ceux de *voirie urbaine*, 456, 711, 991. — De *grande voirie*, 721. — De *voirie vicinale*, 731. — Méthode géométrique pour la levée des plans des chemins, 733 (*note*).

Il faudrait tracer sur les plans d'alignement la zone autour des cimetières dans laquelle il est défendu de bâtir, 708.

Les plans d'alignement approuvés par ordonnance royale ne peuvent servir de base à l'expropriation des maisons sujettes à reculement en fait, soit de voirie urbaine, 644 (*en note*), soit de grande voirie, 725, 730.

Voy. *Alignement* (§ 5, *plans généraux*, II° et III°).

PLANTATIONS. — Le long des chemins vicinaux, 21. — Historique de la législation relativement à l'obligation de planter des arbres et haies au bord des chemins, relativement au droit de propriété des arbres et aux distances à observer, 447 et 967.

C'est le préfet qui règle la distance des plantations, 452. — Il détermine tout ce qui concerne l'espacement des arbres entre eux et leur élagage, 454. — Mais il ne peut contraindre les propriétaires à planter des arbres le long des chemins vicinaux, 453. — Ni à les planter sans indemnité à des distances supérieures à celles prescrites par le Code civil, 453. — Ni à arracher les plantations existantes qui ne seraient pas à la distance légale, 454.

Les particuliers doivent observer entre eux les distances prescrites par le Code civil pour les plantations qu'ils font le long des chemins, 456.

Les plantations d'arbres ou de haies sont assujetties à l'alignement, 708.

Voy. *Conservation des chemins.* — *Police des chemins.* — *Servitudes.*

POLICE DES CHEMINS.

Législation romaine, 939. — Ancienne législation française, 947 et suiv., 968.

A quelle autorité appartient la répression des contraventions commises sur les chemins vicinaux. Aperçu historique de la législation, 819. — Jurisprudence du conseil d'état qui investit les conseils de préfecture de cette compétence, sauf recours au conseil d'état, et, pour l'application de l'amende, aux tribunaux de police, 821. — Jurisprudence contraire de la Cour de cassation qui attribue juridiction exclusive aux tribunaux de police, 824. — Adoption de cette dernière jurisprudence comme plus conforme à la loi, 829 à 833. — Nature de la peine, 825.

Voy. *Conseil de préfecture.* — Il règle les subventions pour dégradations faites aux chemins, 148 à 151.

POURVOI. — Voy. *Recours.*

PRÉEMPTION. — Nature, exercice et effet de ce droit, 311, 667.

PRÉFET. — *Ses attributions par rapport aux chemins vicinaux ordinaires.*

Étendue de ses attributions, 12. — Déclare la vicinalité, 10. — Cette déclaration est sans influence sur la question de propriété, 156, 798, 878. — Peut forcer les communes à s'imposer pour la réparation des chemins, 76. — Mode de mise en demeure, 77. — Il doit communiquer au conseil général l'état des impositions par lui établies pour la réparation des chemins, 80.

A le droit d'administration directe des chemins intéressant plusieurs communes, 82. — Moyens mis à sa disposition pour l'entretien de ces sortes de chemins, 82. — Les divers départements doivent s'entendre pour pourvoir aux réparations des chemins intéressant ces départements, 85.

Attributions du préfet quant aux chemins de grande communication, 89. — Doit préalablement classer parmi les chemins vicinaux ceux qu'il veut faire élever au rang de grande communication, 92. — Ses arrêtés relatifs aux chemins de grande communication sont susceptibles d'être attaqués, 94. — Fixe la largeur de ces chemins, 94. — Il ne peut seul rectifier les chemins de grande communication, 94. — A qualité pour accepter les offres faites par les particuliers et les communes pour l'établissement des chemins de grande communication, 95. — Il donne l'alignement sur les chemins de grande communication, 106, — et dans les rues qu'ils traversent, 17. — Sa participation à la délivrance des alignements. — Voy. *Alignement*, § 5. — Il a action pour réclamer les subventions pour dégradation aux chemins de grande communication, 147. — Il est contradicteur légitime dans les procès concernant ces chemins, 13.

Ses attributions relativement aux chemins vicinaux en général :

Il ne peut imposer de servitudes aux fonds voisins des chemins vicinaux que moyennant indemnité, 23, 442, 453, 473, 773, 776, 915.

Il dresse le rôle de la contribution des propriétés de l'état et de la couronne aux dépenses des chemins vicinaux, 128, — Il règle en conseil de préfecture les subventions par abonnement pour dégradation des chemins, 151.

Il reçoit le serment des agents-voyers, 128.

Ses pouvoirs pour la conservation et la surveillance des chemins, 771 à 784. — Voy. *Conservation des chemins.* — *Communes.* — *Plantations.* — *Règlement général.*

Différence entre les arrêtés du préfet en conseil de préfecture et ceux des conseils de préfecture, 151.

Cas où le préfet peut prendre un arrêté de police municipale, 904.

Résumé de ses attributions en matière de petite voirie, 842. — Voy. *Chemins vicinaux*, 793. — *Réglement municipal*.

PRÉFET de la Côte-d'Or. — Ses *arrêtés généraux* sur les inspecteurs des chemins vicinaux, 122. — Sur les ponts des fossés des chemins vicinaux, 358. — Sur les plans d'alignement des rues des bourgs et villages, 461. — Sur les travaux non confortatifs, 576. — Sur le renvoi au maire des alignements de grande voirie, 711. — Sur les excavations près des chemins, 772. = Ses *arrêtés spéciaux* sur la question de compétence pour le réglement des dommages causés par des travaux publics, 381. — Sur l'obligation imposée au propriétaire d'un fonds en contre-bas d'une voie publique d'élever un mur de soutènement avec parapet, 489.

PRÉJUDICE. — Voy. *Dommages*.

PRESCRIPTION. — *Prescriptibilité des chemins.* — Diversité des opinions anciennes sur la prescriptibilité des chemins vicinaux, 107, 954. — Les chemins vicinaux reconnus et maintenus comme tels sont imprescriptibles, 108. — *Quid* des autres? 108 à 112. — Les accessoires des chemins sont imprescriptibles, 112. — Condition pour qu'un chemin devienne prescriptible, 113. — Temps nécessaire pour cette prescription, 115. — On ne peut acquérir par prescription des servitudes sur les chemins, 118. — Ni sur les promenades publiques, 596. — Non plus que des saillies ou des excavations, 118. — La prescription par rapport aux chemins peut être considérée comme moyen de les acquérir et comme moyen de les perdre, 119.

Indemnités. — L'action en indemnité due aux propriétaires pour les terrains qui auront servi à la confection des chemins vicinaux et à l'extraction des matériaux, se prescrit par deux ans, 283. — La créance de l'indemnité liquidée n'est prescriptible que par 30 ans, 286. — La prescription de deux ans ne peut être invoquée qu'au cas où la dépossession a eu lieu dans les formes légales, 283 à 285. — Point de départ de cette prescription, 287. — Hypothèses où elle recevra son application, 290. — Elle est susceptible d'interruption ; actes interruptifs ; cas où l'interruption résulte d'actes extra-judiciaires, 291 à 296. — L'effet interruptif de ces derniers actes ne devrait pas s'appliquer à toute espèce de prescription, 296. — Cas où l'interruption est non avenue, 298. — La prescription biennale est suspendue pendant la minorité et l'interdiction, 298. — L'article 2275 du Code civil est inapplicable à cette prescription, 303. — La prescription biennale s'applique aux usufruitiers, locataires et fermiers comme au propriétaire, 303. — Autorités compétentes pour statuer sur la question de prescription, 304. — Question transitoire. La prescription de deux ans s'applique-t-elle aux indemnités dont le principe est antérieur à la loi de 1836? 305. — Cette prescription n'existe qu'en

Destination. — Elle ne peut être employée à d'autres travaux qu'à ceux des chemins, 49. — Elle peut l'être hors de la commune, 70.

Recouvrement. — Mode, 72, 793. — Peut être recouvrée par voie de garnisaires, 73.

Cens électoral. — La valeur de la prestation entre dans la composition du cens électoral, 37. — Comment elle est comptée à ce titre au fermier et au colon, 39.

Compétence. — Les conseils municipaux et les répartiteurs ont un pouvoir discrétionnaire pour la répartition des prestations, 47. — Les réclamations contre le rôle des prestations s'adressent au conseil de préfecture, 66, 73. — Elles se font sur papier libre, 73.

Prestation en nature, son injustice, ses inconvénients, son inefficacité, 30, 65, 74, 427.

Voy. *Bête de somme.* — *Charrettes.* — *Prestataires.* — *Voitures.*

PREUVE. — PREUVE CONTRAIRE. — Voy. *Procès-verbaux.*

PREUVE TESTIMONIALE. — Ne peut suppléer à l'alignement écrit, 510.

PRIVILÉGE. — La commune n'a point de privilége pour le recouvrement des subventions à raison de dégradations commises sur ses chemins par des exploitations, 149. — Ni pour les prestations, 150.

PROCÈS. — Voy. *Maire.*

PROCÈS-VERBAUX. — Ceux des agents-voyers sont dispensés de l'affirmation, 124. — Ne font foi que jusqu'à preuve contraire, 124.

Forme des procès-verbaux de reconnaissance de viabilité des chemins et des dégradations qui y sont commises, 132.

Procès-verbal des dégradations occasionnées par des exploitations, 148.

Le procès-verbal de la délibération du jury d'expropriation transfère la propriété, 225. — Il doit toujours être déposé au greffe du tribunal lors même que le directeur du jury est un juge de paix, 225.

PROMENADES. — Les promenades publiques ne sont pas assujetties à l'alignement; elles ne peuvent être limitées que par un bornage, 595 à 598. — Les servitudes ne peuvent s'y acquérir par prescription, *ibid.*

PROPRIÉTAIRE. — Effets de l'alignement à l'égard du propriétaire. — Voy. *Alignement*, § 6.

Effets de l'expropriation à son égard, 244 et suiv. — Quand les subventions pour dégradation des chemins sont à sa charge, 140.

PROPRIÉTÉ. — Les Rois de France n'ont jamais eu le droit de disposer de la propriété privée de leurs sujets, 196.

Le sacrifice d'une propriété privée ne pouvait autrefois en France être exigé pour l'intérêt public sans une juste indemnité, 650.

Respect outré du droit de propriété, 194. — Opinions de MM. Cotelle et Tarbé de Vauxclairs, à cet égard, 579.

Les questions de propriété sont du ressort des tribunaux civils, 156.—
Voy. *Alignement* (§ 8, *juridiction répressive, question préjudicielle*).—
Propriété des chemins vicinaux, 17 à 19, 85, 814, 817. — Sous l'an-
cienne législation, 950.

Les propriétés des communes, de l'état, de la couronne et du domaine privé du Roi, contribuent aux dépenses des chemins vicinaux,
128, 129.

Translation de propriété par l'expropriation, 225, 232 et suiv. —
Par l'alignement, 503 à 505, 660.

Propriété des arbres le long des chemins, 447 et 967.

PURGE. — Voy. *Hypothèque.*

Q.

QUESTION.

QUESTION PRÉJUDICIELLE DE PROPRIÉTÉ. — Voy. *Alignement* (§ 8,
juridiction répressive, question préjudicielle).—Extraction *de matériaux*,
282.

QUESTION TRANSITOIRE. — La prescription de deux ans s'applique-t-elle
aux indemnités pour terrains ayant servi à la confection des chemins
vicinaux, lorsque leur principe est antérieur à la loi de 1836? 305.

R.

RÉCIDIVE. — L'emprisonnement peut être prononcé pour contravention
à l'alignement en cas de récidive, 527.

RECONNAISSANCE DES CHEMINS VICINAUX. — Voy. *Déclaration de vicinalité.*

RECOURS. — Griefs des riverains et recours contre la déclaration de vicinalité par le préfet, 10, 12, 155. — Recours contre celle des chemins
de grande communication prononcée par le conseil général, 92. —
Contre les arrêtés des préfets relatifs aux chemins de grande communication, 94.

Le recours contre l'arrêté du préfet qui autorise l'ouverture ou le redressement d'un chemin vicinal n'est pas suspensif, 222.

Les communes peuvent se pourvoir contre l'imposition établie par le
préfet pour l'entretien des chemins vicinaux, 80.

Recours au *conseil de préfecture* contre le rôle des prestations, 66, 73.
— Le ministre des finances est sans qualité pour se pourvoir contre ce
rôle, 66.

Recours *en cassation* contre le jugement d'expropriation, 240. —
Contre la décision du jury et l'ordonnance du directeur, 256. — Voy.
Cassation.

—S'ils statuent sur d'autres objets, ils ne lient pas les tribunaux, 895.
— *Secùs* pour les réglements antérieurs à 1790 non abrogés, 898. —
Quand ils sont pris dans le cercle des attributions, ils lient les tribunaux
quelque injustes ou dommageables qu'ils soient, 896, 920; exemples, *id.*
(*en note*). — *Secùs* en Angleterre, 997. — Exemples d'arrêtés compétemment pris, 998, 471, 487, 488, 490, 491, 492, 768. — Exemples
d'arrêtés incompétemment rendus, 900, 469, 488, 738. — L'illégalité
d'une disposition n'annulle pas l'arrêté en entier, 901. — Ne peuvent
étendre ou restreindre les dispositions d'une loi, ni modifier la peine,
901. — Mais ne sont pas nuls parce qu'ils ne prononcent aucune peine
ou parce qu'ils en portent une trop forte ou trop faible, 902.

v° Effets : 1° *Étendue territoriale;* ils obligent tous ceux, même les
non habitants, qui se trouvent sur le territoire de la commune, 916.
Exception, 917.

2° *Personnes;* toutes y sont soumises sans qu'aucune autorité puisse
en dispenser certaines, 919; exemples pour les entrepreneurs du génie, *id.*
— Exception pour les courriers de la malle-poste, *id.*

3° *Dommages; indemnité; trouble.* — Quelque dommageable que soit
aux droits privés un arrêté légalement pris, il ne donne pas lieu à indemnité, 911, 440, 443. — *Secùs* s'il a pour objet des améliorations
entrainant expropriation, 23, 442, 453, 473, 773, 776, 915. — L'exécution d'un arrêté légalement pris ne peut être considérée comme
trouble et motiver la complainte, 909.

4° *Démolition; réparation.* — Les tribunaux doivent ordonner la suppression de ce qui a été fait en contravention à un arrêté, 515, 521;
quelque dommageable que soit cette exécution, 518 ; exception, 520.

vi° Excuse. — Aucune excuse tirée de la bonne foi, de la difficulté,
de la bonne intention, etc., ne peut être proposée en fait d'inexécution
d'un arrêté, 920. — *Quid* du défaut de discernement? *id.*

vii° Exceptions; abrogation. — Diverses espèces d'exceptions admis-
sibles contre l'exécution d'un arrêté; leur effet, 918. — Exceptions pré-
judicielles, 534. Voy. ce mot. — On ne peut exciper de l'abrogation par
désuétude, 909, 913, 441; — ni de l'usage contraire, *id.;* — ni du
droit de propriété, 910; — ni d'un titre contraire, *id.*, 914; — ni d'une
permission spéciale, 907; de quelque autorité qu'elle émane, 919.

RÉGLEMENTS de voirie urbaine chez les Romains, 935, 944 et suiv.

RÉLARGISSEMENT. — Différence avec le redressement, 193.

Aucune loi n'a fixé à six mètres la largeur des chemins vicinaux;
erreur à cet égard; la loi de l'an xiii n'avait fixé ce maximum que lorsqu'il s'agissait d'élargir un chemin préexistant, 185.

C'est au juge de paix à fixer l'indemnité en cas de rélargissement d'un

municipal rend responsable des suites de la contravention à cette prohibition, 524.

Réglement municipal; personnes responsables, 921.

RETRANCHEMENT. — Voy. *Avancement par alignement.*

RÉTROACTIVITÉ. — Le règlement général du préfet n'a point d'effet rétroactif, 454.—*Idem* des arrêtés de police des maires, 492 et suiv. 906, 916.

ROIS DE FRANCE n'ont jamais eu le droit de disposer de la propriété privée des citoyens, 196.—Il y avait autrefois, comme aujourd'hui, lieu indemnité, 650.

ROLE.— Le rôle des prestataires est dressé par les conseils municipaux, 78. — Pour y être porté, il faut être placé au rôle des contributions directes, 46. — Le conseil de préfecture connaît des réclamations contre le rôle des prestations, 66, 73. — Le ministre des finances est sans qualité pour se pourvoir contre ce rôle, 66. — Rôle de répartition des frais d'entretien des chemins intéressant plusieurs communes, 84. — Le préfet dresse le rôle de la contribution des propriétés de l'état et de la couronne aux dépenses des chemins vicinaux, 128.

ROUES, 784.

Voy. *Conservation des chemins — et Roulage (police du).*

ROULAGE (POLICE DU), 105, 784, 890, 968.

ROUTES. — Grandes routes, 1, — départementales, 1.— Lois relatives, 2. — Loi du 25 juin 1841 sur les routes départementales, 86 — Cette loi n'est pas applicable aux chemins vicinaux qui intéressent plusieurs départements, 88.

Les routes royales et départementales dépendent de la grande voirie, ainsi que leurs traverses dans les villes, bourgs et villages, 496, 708, 505. — Les portions de rues en dehors de l'alignement des routes qui les traversent appartiennent aux communes, 265, 744, 765.

Le riverain ne peut être exproprié pour refus d'acquérir les terrains retranchés d'une grande route, 765, 668 à 671.

L'ordonnance approbative du plan d'alignement des grandes routes ne peut servir de base à l'expropriation des maisons en saillie, 644, 725, 730.

Voy. — *Alignement. — Chemins.*

RUES DES BOURGS ET VILLAGES. — Elles font partie de la petite voirie, 496. — Elles ne sont point soumises à la loi des chemins vicinaux, 15.—*Secùs* lorsqu'elles sont le prolongement des chemins de grande communication, 16. — Elles sont soumises à l'alignement, 459, 460. — Tout le terrain compris entre les clôtures qui les bordent est présumé en faire partie, 187, 552, 593. — Les portions de rues traversées par des routes royales ou départementales, et qui sont en dehors de l'alignement de ces routes, appartiennent aux communes, 265, 744, 765.

Voy. — *Ouverture de rues* — *Voirie.*

RUELLES et impasses. — A. qui appartiennent-elles ? —Soumises à l'alignement, 593.

RUINE des maisons. — Le maire peut faire opérer sur-le-champ la démolition d'un bâtiment ruineux, 510, 838. — Il peut aussi la faire ordonner par voie soit civile, soit de police, 509. — Indices de ruine, 960 (*note*), 838. – Législation sur la démolition des maisons menaçant ruine, 960 à 963. — Effets de la démolition par rapport au locataire, 698; — à l'usufruitier, 702.

Voy. *Démolition.*

S.

SAILLIES. — La servitude d'alignement s'applique aux travaux en saillie; tolérance nécessaire, 473. — De leur suppression, 492, 709, 710. — — Saillie des ornements d'architecture ne constitue pas un droit, 654, 655.

SENTIER. — Peut être une voie publique, 180.

SÉPARATION des pouvoirs. — Séparation de ceux judiciaire et administratif, 368.

Le préfet et le maire ont une autorité distincte pour délivrer les alignements, 106, 495.

Avant la révolution, les pouvoirs judiciaire et administratif étaient confondus quant aux chemins; la compétence dépendait seulement de la nature du chemin, 819, 948.

Les tribunaux ne peuvent réformer ou modifier un arrêté administratif compétemment pris, 896.— La décision sur la question de propriété d'un chemin n'a point d'influence sur la déclaration de vicinalité, et *vice versâ*, 156, 798, 878.

SERMENT. — Les agents-voyers le prêtent devant le préfet, 123. — Les experts chargés de fixer l'indemnité pour extraction de matériaux sont dispensés du serment, 283. — Prestation de serment des experts chargés de fixer les subventions, 151.

SERVITEURS et domestiques. —Définitions, distinction, 56.

Dispositions de nos Codes où ces expressions sont employées, 58.

SERVITUDES.— Chemins de servitude, 2, 178.—La défense de bâtir dans le voisinage des cimetières est une servitude, 707.

On ne peut acquérir par prescription de servitudes sur les chemins, 118. — Cependant les chemins et autres voies publiques (*secùs* promenades publiques, 596), sont grevés, au profit des propriétés riveraines, de véritables servitudes de passage et de vue, conformément à la destination des chemins, 339, 351, 667, 912. — *Conséquences :*

1° On ne peut les supprimer que pour utilité publique et moyennant indemnité, 340. — Application à diverses hypothèses, 342 à 344. — L'indemnité est exigible même d'un particulier qui nuit à ces servitudes par une construction nouvelle, 344. — Mais s'il a reçu un alignement, les tribunaux ne peuvent ordonner la destruction des ouvrages, 345 à 347. — Il n'y a pas lieu à indemnité pour les atteintes portées aux constructions en saillie sur la voie publique, 495; — non plus que pour suppression d'écoulement d'eaux insalubres, 437 à 441.

2° Les droits et les devoirs des communes à l'égard de ces servitudes sont ceux des simples particuliers, 347. — Conséquences et application à diverses hypothèses : distances, passages, 348 ; vues, 48 ; plantations, 350. — Les maisons riveraines sont assujetties aux charges qui sont la conséquence nécessaire et légale de la destination des voies publiques, 353. — Espèces : poteaux indicateurs des routes et des distances; nom des rues; numérotage; affiches; appareils d'éclairage; bornes-fontaines; foires; lavoirs; travaux sur la voie publique, 353 à 358. — Le préfet ne peut imposer de servitudes aux fonds voisins des chemins vicinaux sans indemnité, 23, 442, 453, 454, 473, 773, 776, 915.

3° C'est aux riverains à exécuter les travaux nécessaires pour user de ces servitudes, 358.

4° Tout riverain et même tout habitant est recevable à agir *ut singulus* pour conserver ces servitudes contre les entreprises des tiers, 352 à 362. — Lors même qu'il serait obligé de se prévaloir du droit de la commune sur le chemin, 360 à 365. — Mais il ne pourrait mettre le droit communal en question sans observer les formes et les prescriptions de l'art. 49 de la loi du 18 juillet 1837, 365.

Alignement. — L'alignement est une servitude justement établie, 579. — Prohibitions résultant de l'alignement : hauteur des maisons, 490; jours et égouts, 475; travaux défendus; voy. *Alignement*, § 4. — Suppression de servitudes par suite d'alignement : cas où il y a lieu soit à indemnité, soit à expropriation, 672 à 676, 344. — Compétence, 673.

Effet de l'alignement entre usager et usufruitier, 702; entre voisins : mitoyenneté, 475, 476. — Vues obliques, 478.

Compétence. — Autorité compétente pour statuer sur les indemnités résultant de la suppression de ces droits de servitude. Distinction si la dépossession est accessoire ou non à l'expropriation du fonds même, 366 à 385. — Et s'il s'agit ou non de dommages permanents, 385 à 401. — Les dommages résultant de l'exercice d'une servitude discontinue ne sont pas permanents, 401.

Voy. *Écoulement des eaux.* — *Élagage.* — *Extraction de matériaux.* — *Fossés.* — *Plantation.* — *Possessoire.*

SERVITUDES MILITAIRES. — Voy. *Fortifications.*

SOL. — Celui des chemins vicinaux appartient aux communes respectives

SÛRETÉ. — Sur les précautions à prendre dans la délivrance d'alignement pour la sûreté. Voy. *Alignement* (§ 5, *généralités*). — Le maire peut ordonner la démolition des maisons menaçant ruine, 510 à 515.

SURSIS. — En cas de contestation sur l'application d'un arrêté, quelles exceptions obligent le juge à surseoir, 918.

Voy. *Alignement* (§ 8, *juridiction répressive; question préjudicielle*).— *Possessoire.*

SURVEILLANCE DES CHEMINS. — Voy. *Conservation des chemins.*

SUSPENSION. — La prescription biennale des indemnités en matière de chemins vicinaux est suspendue pendant la minorité et l'interdiction, 298.

Le dépôt du mémoire préalable à l'introduction d'une instance contre le département suspend la prescription, 845.

T.

TACHES — pour remplacer la prestation, 68.

TARIF. — Le tarif applicable à la procédure d'expropriation est celui de l'ordonnance du 18 septembre 1833, 220. — Voy. *Affaire sommaire.* — *Dépens.*

TAXE. — Voy. *Affaires sommaires.* — *Tarif.*

TERRAINS VAGUES. — Ceux entre les clôtures qui bordent les rues ou les chemins, sont présumés dépendre desdites voies, 187, 552, 593.

Ceux en dehors de l'alignement des routes royales, dans les rues des villes ou villages, appartiennent aux communes, 265, 744,765. — Terrains retranchés de la voie publique par alignement ou par suppression de chemins; mode de partage entre les riverains, 316. — Autorité compétente pour statuer sur ce partage, 478 à 485.— Mode d'aliénation de ces terrains, 320.

TIERS. — Effets de l'expropriation à leur égard, 241.

TIERS ACQUÉREUR. — L'amende pour contravention de grande voirie s'applique au tiers acquéreur comme responsable des faits de son auteur, 528 à 531. — La démolition peut être prononcée contre lui, 530.

TIMBRE. — Les actes relatifs à la confection des chemins vicinaux ne sont pas affranchis de la formalité du timbre, 404, 408. — *Sceûs* en cas d'expropriation, 406, 260 à 264. — Et pour les réclamations contre les prestations, 73.

Voy. *Enregistrement.* — *Papier libre.*

TRAITEMENT DES AGENTS-VOYERS. — Leur traitement est fixé par le conseil municipal ou par le conseil général, selon qu'ils sont ou non spéciaux pour la commune, 123.

TRANSLATION DE PROPRIÉTÉ. — En matière d'expropriation, 225, 232 et suiv., 241. — En matière d'alignement, 503 à 505, 660.

V.

VENDEUR. — Le vendeur ne doit aucune garantie pour la servitude d'alignement, s'il n'y a fraude de sa part, 598 à 604. — L'indemnité en cas de retranchement appartient-elle au vendeur ou à l'acquéreur? 604. — A qui des deux appartiennent, en cas d'avancement, les terrains retranchés de la voie publique, 605 à 608.

VENTE. — Législation sur l'aliénation des biens des communes, 234. — Vente des chemins déclassés. — Voy. *Déclassement.*

Voy. *Acquisition.*

VIABILITÉ. — Forme dans laquelle doit être constatée la viabilité des chemins pour donner lieu à des subventions contre les exploitants, 132 — Il n'est pas nécessaire qu'elle soit parfaite pour donner lieu à subvention, 136. — Conséquences de l'inviabilité des chemins pour les communes. Voy. *Responsabilité.* — L'exception d'inviabilité est justificative et non simplement préjudicielle, 866.

VILLAGE. — Voy. *Rues.*

VILLES et faubourgs. — Voy. *Acquisition.* — *Voirie.*

VOIES agraires. — Ou de servitude, 2, 178.

VOIES de communication par terre. — Diverses espèces, 1. — Routes royales et départementales; lois sur la matière, renvoi, 2. — Chemins vicinaux de grande et petite communication. — Voy. *ces mots.* — Chemins communaux, 2 et 3, 178. — Chemins publics non classés, dits chemins ruraux, 2, 108, 177, 183, 544, 811. — Chemins privés ou voies agraires, chemins de desserte ou de servitude, passages et sentiers privés, 2, 178.

Caractères distinctifs des chemins publics et des chemins privés, 178. — Contestations sur l'existence même du chemin, 180.

Voy. *Rues* — *Terrains vagues.* — *Accessoires.*

VOIES romaines. — Leur établissement, leur largeur, leur mode d'entretien, leurs accessoires, 928. — Législation, 937. — Honneurs attachés à l'administration des routes, 120. — Voies romaines dans les Gaules, 121.

VOIRIE.

Grande voirie. — Sens de ce mot avant 1789, 948. — Administrée à cette époque par les trésoriers de France, 933, 949. — Depuis 1789, elle comprend les grandes routes royales et départementales et leurs traverses dans les villes, bourgs et villages, 949, 496, 708, 505. — Elle ne comprend pas les chemins vicinaux de grande communication, 496.

L'amende pour contravention de grande voirie n'a pas un caractère purement pénal. Conséquences envers les personnes responsables, les locataires, tiers acquéreurs, et relativement à la prescription, 528 à 531.

Voy. *Alignement.* — *Préfet.*

FIN.

TABLE
DES AUTEURS ET OUVRAGES
CITÉS DANS LE COMMENTAIRE ET SES APPENDICES (1).

---

(1) Les deux dates séparées par un tiret et placées entre parenthèses à la suite
du nom de l'auteur, sont celles de sa naissance et de son décès. — Lorsqu'il
n'y en a qu'une seule, elle indique le décès.

Les autres chiffres renvoient aux pages du *Commentaire* où l'auteur est cité.

FIN.

Victor LAGIER, libraire, a DIJON ;
Et JOUBERT, libraire, rue des Grès, 14, à PARIS.

———————

TRAITÉ DES ACTIONS POSSESSOIRES, DU BORNAGE,

ET AUTRES DROITS DE VOISINAGE relatifs aux plantations, aux constructions, à l'élagage des arbres et des haies, au curage des fossés et canaux; par M. CURASSON, avocat à la Cour royale de Besançon. 3e édition conforme à la 2e; 1 gros vol. in-8º de 652 pages très-bien impr., demi-compacte, 7 fr. 50 c.

Ce volume est extrait du traité général de M. CURASSON sur la COMPÉTENCE DES JUGES DE PAIX. L'intime alliance des matières qui le composent, la convenance de cette séparation pour un grand nombre de personnes, ont motivé cette publication dont le succès a déjà attesté les avantages.

Depuis la publication de la première édition, l'auteur n'a cessé de travailler à l'amélioration de son ouvrage. Ce volume a été augmenté de plus de 180 pages consacrées surtout aux ACTIONS POSSESSOIRES et au BORNAGE.

En effet, le POSSESSOIRE, à l'occasion duquel il n'est pas de Tribunal, d'avocat, de praticien, qui ne soit journellement consulté ou saisi, suppose l'intelligence de la plupart des matières du droit. Il se rattache à la prescription et aux modes d'acquérir, par l'appréciation des caractères de la possession ; à la distinction des biens, à la propriété et autres droits réels, par l'examen des objets auxquels s'applique l'action possessoire. Ainsi l'auteur est conduit à exposer les principes qui régissent la distinction des meubles et des immeubles, les différents objets qui composent le domaine public national et municipal, les déplacements de bornes et usurpations de terre, les arbres, haies, fossés et autres clôtures, les servitudes et les droits d'usage, les chemins et les biens communaux, et notamment les entreprises sur les cours d'eau qui présentent de si graves difficultés. Le Possessoire se rattache encore à l'état des personnes, aux règles de la capacité juridique, en ce qui concerne ceux qui peuvent et contre qui on peut intenter l'action possessoire. A cette occasion, l'auteur examine les rapports de communiste, associé, héritier, usufruitier, usager, fermier, mineur, interdit, absent, failli, administrateur des biens domaniaux, des communes et établissements publics, etc. Il termine son traité en donnant les règles de la compétence, de l'instruction et des effets des jugements en matière possessoire.

Quant au BORNAGE, son importance pratique n'est pas plus douteuse. Et cependant, chose étrange, malgré la multitude des questions de bornage, malgré leurs difficultés qui tiennent aux appréciations les plus délicates, celles des titres et de la possession, aucun ouvrage, aucun monument de jurisprudence n'existent sur ce sujet; car on ne peut appeler de ce nom deux ou trois arrêts donnés par les recueils, et les quelques pages que MM. Toullier, Pardessus et autres ont à peine daigné lui consacrer.

Le Traité de bornage doit combler ce vide. Déjà notablement augmenté par l'auteur, on y a joint un *Appendice* renfermant l'application pratique des principes de la matière à toutes les hypothèses qui peuvent se présenter. Cet appendice important et surtout remarquable par la netteté des idées et la sagesse des solutions, est dû au savoir d'un jurisconsulte (1) familiarisé par une longue expérience avec les difficultés des opérations de bornage les plus compliquées.

Enfin il est inutile de faire ressortir l'utilité des diverses matières relatives aux autres droits de VOISINAGE, puisqu'il n'est pas un propriétaire ou détenteur des biens d'autrui qui n'ait besoin d'y recourir journellement pour s'éclairer sur ses droits et ses devoirs envers ses voisins.

Si la première édition du Traité de la compétence, épuisée en moins de deux ans, a mérité les suffrages du public, on peut croire que ce volume, considérablement amélioré, ne recevra pas un accueil moins empressé. Le nom de M. Curasson n'est plus de ceux qui cherchent à sortir de l'obscurité. Sa réputation est désormais fixée, et avant sa mort toute récente, il a eu souvent la satisfaction de voir ses ouvrages cités comme autorité par les plus savants de nos jurisconsultes, et vantés pour la lucidité de l'exposition, l'abondance des détails, la justesse des vues, la pureté des doctrines, et les traces heureuses de cet esprit pratique, de cette habileté des affaires qui l'avaient placé à la tête d'un des barreaux les plus distingués de France.

TRAITÉ DE LA COMPÉTENCE DES JUGES DE PAIX,

dans lequel la loi du 25 mai 1838 et toutes les lois de la matière sont développées et combinées avec les principes de droit qui s'y rattachent, et les règles de procédure civile et criminelle; par M. CURASSON, avocat à la Cour royale de Besançon; 2ᵉ édit. revue, corrigée et augm. de 320 pages; 2 gros vol. in-8° de 1500 pages, demi-compactes. . . 17 fr.
Le même ouvrage tiré sur pap. grand-raisin collé. . . 22 fr.

_____

(1) M. Victor Dumay, chevalier de la légion d'honneur, avocat à la Cour royale et maire de Dijon.

(Voir les couv. impr. de cet ouvrage.)

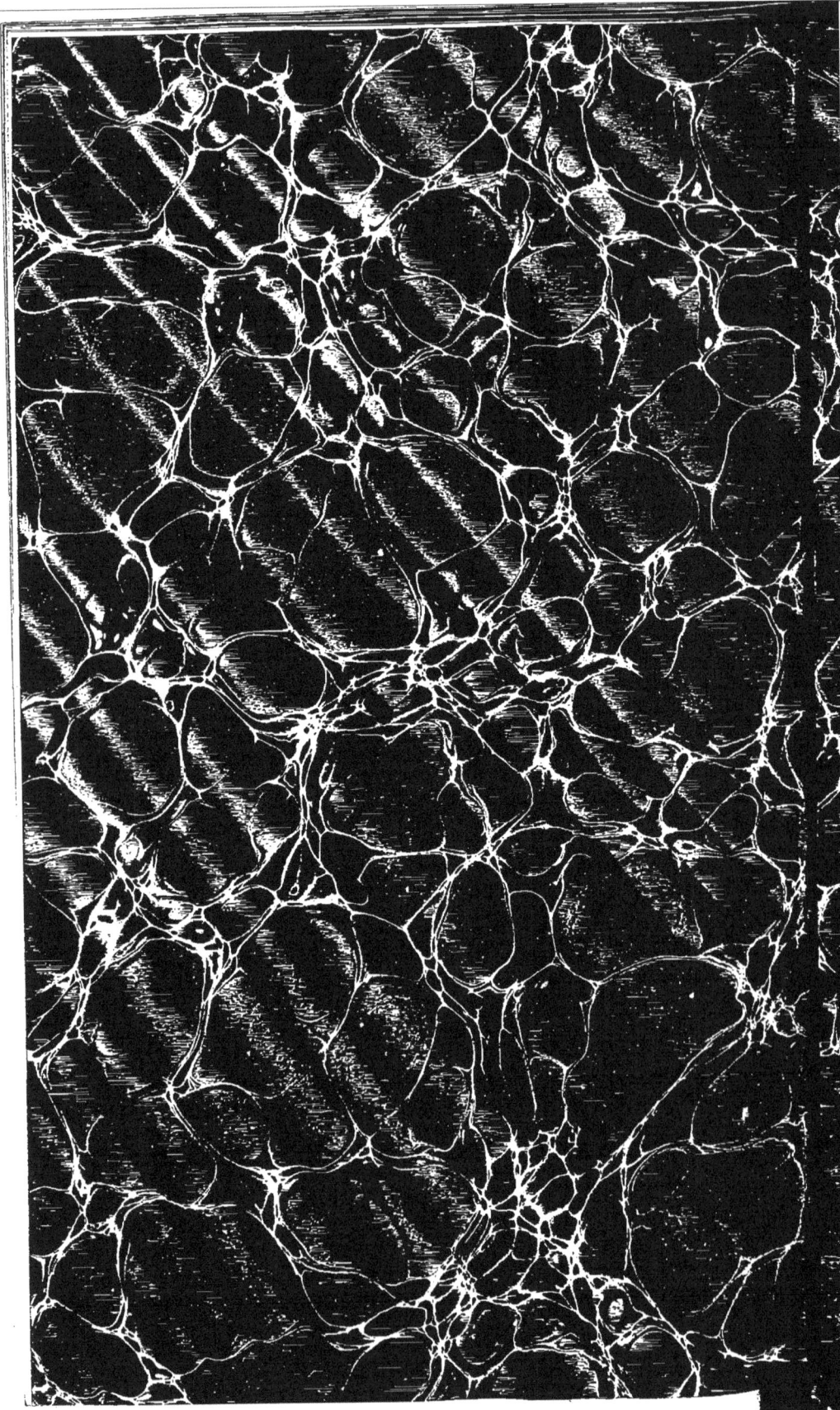

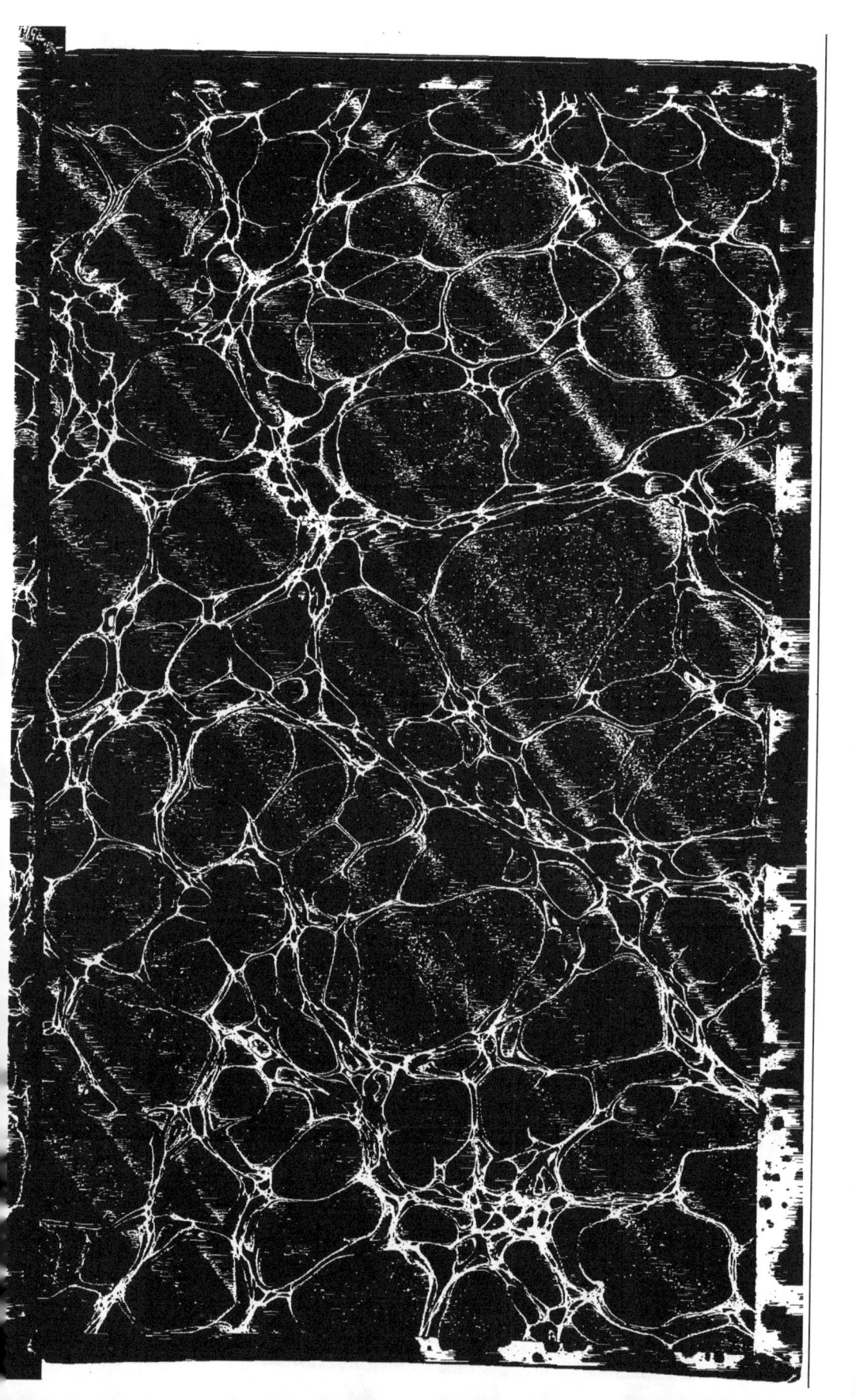